EViews 10.0 的应用与计量分析

The Application of
EViews 10.0
and Econometric Analysis

欧阳秋珍　苏　静　肖小勇　陈　昭　著

社会科学文献出版社
SOCIAL SCIENCES ACADEMIC PRESS (CHINA)

本书受 2018 年湖南省普通高校教学改革研究项目"转型背景下计量经济学利用'SPOC 平台 + PAD 模式'进行'三维一体'教学改革的研究"（湘教通〔2018〕436 号—544）资助。

本书可以作为经管类专业学生"计量经济学"课程的实验教材，也可以作为对计量经济学或者计量实证论文感兴趣的其他专业学生或者社会人士的参考用书。

序　言

随着信息技术与社会环境的不断发展，为了更好地培养创新型人才与促进自身的发展，众多地方高校将自己的定位由教学型大学转向应用型大学。高校的转型必将促进教学模式的更新，从而调动学生的积极性、主动性与创造性，激发他们的创新思维与创新意识，提高其创新实践能力。教育部1998年确定的高等院校经济学类专业八门核心课程之一的"计量经济学"具有极强的应用性和实践性，其教学对培养经济与管理类应用型人才具有十分重要的作用。经济专业的学生要分析统计资料，在标准的统计学课程中所学到的描述性统计，绝大多数学生无法将之应用到实际经济分析中。经济学家探索出相对适用于分析经济资料的统计方法，就是计量经济学。若想要比较深入地将统计方法应用到经济学研究中，必须好好学习计量经济学。

"计量经济学"是一门相对来说有一定难度的课程。计量经济学在20世纪90年代以前的发展大量借用矩阵代数，而近年来则相当广泛地引用概率论数理分析。正因为如此，计量经济学的初学者常为矩阵代数符号所困扰，而其在学习较深入的计量经济学的过程中，往往感到数学背景不足，总有一种信心不足和不踏实的感觉，以至于写作业、答考题乃至读文章时，一碰到未曾见过的数学术语就相当心虚，最后也就对计量经济学产生了敬而远之的态度。更重要的是即使掌握了理论，很多学生在写毕业论文与工作时对如何应用计量经济学摸不着头脑。但是学好计量经济学能在后期的研究中产生巨大的回报。借用山东大学经济学院陈强教授的话说就是"高投入，高回报"。

在大学转型的过程中，我们的教育对象已不是"买鱼的人"，而是"打鱼的人"。既要解决计量经济学中的教学难题，又要提高应用型本科院校学生解决实际问题的能力，本书正是在这样的背景下写作的。

我们查阅了多本计量经济学教材，发现理论教材偏多，实验教材偏少。大部分实验教材不仅包括初级计量经济学的内容，还包括中高级计量经济学的内容，导致初级部分讲解得较浅显或者不够细致，本教材以初级为主，适当引入部分中级实验。大部分实验教材案例较少，代表性不强，本教材包括大量案例，而且每一个案例不仅有详细的软件操作解说,软件操作还根据案例特点包含了初中级计量经济学必要的、完整的软件操作过程分析,并且有详细的案例解析,案例都是选自生活中的实际例子,包括我们发表的论文、学生制作的小论文等,更重要的是以图的形式为主展示,以软件操作为主,所以读者读起来没有什么压力,可以很快地熟悉并应用基本的核心步骤和理论。

"纸上得来终觉浅,绝知此事要躬行",看完基本的实验教材之后就可以对自己感兴趣的一些命题或者模型进行模拟了;通过"干中学"不断强化自己对基本知识的认识,反复理解模型,可以不断深化对经济模型和命题假设的理解。为此,本书最后还介绍了如何从选题、文献梳理、论证到结尾等完整的论文写作过程。

本书由三部分构成,主要内容如下。

上篇主要以案例为载体介绍 EViews 10.0 在计量实证中的操作,以具体操作为主,介绍了适合本科生的近几年流行的 EViews 10.0 软件操作方法和计量模型拟合技巧,力图为经济学界的数量分析初学者提供一本简洁的参考书。同时,也想从某种角度帮初学者树立一些信心,因为本书不涉及艰深的计量经济学原理,可直接进入数量模型的拟合程序。

中篇简化了操作,主要介绍如何用计量经济学理论和软件进行实证研究。每一个案例都包含了计量经济学建模的四个步骤:设定模型、收集数据、估计模型和模型检验。实施案例教学,为学生提供具体的、逼真的情景,引导学生运用计量经济学的四个步骤去思考、分析与处理实际的问题,通过分析、讨论与总结,培养学生的创新意识和解决现实问题的能力。

下篇告诉读者如何撰写计量实证论文,包括如何选题、文献梳理和文献的使用、论证、结尾、参考文献等以及一些注意事项,并提供了运用本书内容进行实证分析的两篇较好的论文供读者参考,最后指出计量经济学建模误区和回归技巧。

但是,我们觉得应该在序言中提醒读者需要注意的几个基本问题,希望读者深入思考,若有一定的心得,则有百利而无一弊。

第一,在研究绝大部分经济问题时,经济学理论都不可能直接拿来套用。要深入研究某一经济学理论的前提假设与待研究问题所在时空的市场条件是否一致或贴近。一旦发现经济学理论的前提假设与现实经济运行的前提发生冲突,势必需要修正理论框架的前提假设,进而增减因果关系函数中的自变量,得出与现实一致或贴近的结论。然而,这一修正过程需要研究者掌握必要的数学工具,以便从新前提推出新结论,从而杜绝"三言两语"的敷衍。

这里,谈谈我们对经济学中的"前提假设"和"前提"两个概念的理解。众所周知,经济学纯理论不是对某一具体时空的分析,而是探索更为"一般化"的规律。所以,理论模型的充要条件被称为"前提假设"或简称"假设"。也就是说,如果任何时空的经济中具备如此条件,那么就有如同理论模型所指出的因果关系。然而，在具体的经济分析中，经济运行条件和制度安排都应该是实实在在的"前提"，而不是"假设"了，在分析的最终结论上，也不应该再有任何理想化的"假设"。当然，不排除在研究过程中为分析方便做一定的技术性假设，但最终必须全部放开这些假设。

第二，计量经济学作为一种经济分析工具，其主要功能是做实证分析。实证是对某种逻辑结论的证实或证伪。因此，在动用数量分析工具之前，一定先有逻辑分析的结论。换句话说，其实就是用这个分析工具"说服"读者"相信"前面的逻辑结论。

众所周知，现代经济学的逻辑结论大都是以函数形式给出的。一个符合经济学范式的研究，必先要以严格的推理得出反映因果关系的一般函数，然后做相应的数量模型，这个程式大概可以被称为"逻辑指引"。经济学研究中最有价值的东西是发现经济中的因果关系，哪怕是不为人重视的某一经济层面的因果关系。然而，这个新发现的因果关系需要逻辑严谨的推理，而不是仅仅以三言两语敷衍一下。在完美的逻辑推理基础上，再做科学合理的实证分析，才能使读者信服。

第三，再对上一个问题说几句具体的分析思路。大学里的经济学教师经常语重心长地教导学生们"认真"读书，但少有师者能够教给学生"怎样认真"读书，这往往令想认真读书的学生们或事倍功半或茫然不解。我们在此谈谈体会，为肯于认真读书的初学者提供些许方便。

我们仅以经济学教科书为例。读书时，除了看懂书中交代的逻辑分析过程和结论之外，最为重要的是掌握前面说过的"如果……那么……"之思路，即"如果有如此前提假设，那么就有如此逻辑结论"。但是，经济学教科书，特别是初级经济学教科书很少或根本不讨论前提假设，这需要初学者自己去思考并将思考结果请教高人。

总之，只有在打牢经济学理论基础的条件下，才能做出高水平的数量分析。否则，数学就应该可以取代经济学了，然而，事实上经济学的逻辑不可替代。同时，提高数量分析水平，反过来有助于深刻理解经济学理论、修正经济学理论，甚至发展经济学理论。衷心希望读者能从这本书中获益，哪怕是一点点。

本书可以作为经管类专业学生计量经济学课程的实验教材，也可以作为对计量经济学或者计量实证论文感兴趣的其他专业学生或者社会人士的参考用书。

广东外语外贸大学中国计量经济史研究中心
陈　昭
2019 年 3 月

目　　录

上　篇　EViews 10.0 软件的基本操作

3　第一章　基本操作简介
3　　　第一节　创建工作文件和基本常识
9　　　第二节　数据的录入
13　　本章附录：对象和图标的含义

14　第二章　一元线性回归模型的估计与结果
15　　　第一节　图形分析及描述性统计
18　　　第二节　估计线性回归模型
24　　　第三节　预测

29　第三章　多元线性回归模型的估计与结果
29　　　第一节　模型和数据
30　　　第二节　变量的有关统计指标
37　　　第三节　模型的估计与结果
44　　　第四节　预测

45　第四章　可化为线性模型的非线性模型估计
45　　　第一节　非线性回归模型
48　　　第二节　非线性化操作

54　第五章　虚拟变量模型的估计
54　　　第一节　研究对象
56　　　第二节　虚拟变量模型与估计

64　第六章　受约束回归模型的估计
64　　　第一节　模型参数的线性约束
69　　　第二节　对回归模型增加或减少解释变量
74　　　第三节　检验不同组之间回归模型的差异

页码	章节	标题
80	第七章	模型的检验
		——放宽基本假定
80	第一节	多重共线性的检验和修正
86	第二节	内生解释变量的检验和修正
91	第三节	正态性检验和修正
93	第四节	异方差性检验和修正
99	第五节	时间序列模型的序列相关性的检验和修正
104	第六节	模型设定偏误问题的检验和修正
108	第七节	违反假设条件的处理：模型的变换与GMM估计
115	第八节	分位数回归
125	本章附录1：	如何做对数运算
127	本章附录2：	生成新序列和@函数的应用
132	第八章	时间序列计量经济模型的检验与估计
132	第一节	单位根检验
143	第二节	协整检验
151	第三节	格兰杰因果关系检验

中篇 计量经济模型的应用

页码	章节	标题
157	第九章	一元线性回归模型案例解析
157	第一节	中国消费模型
166	第二节	中国城镇汽车销售模型
173	第三节	常德市城区贸易对常德市经济增长贡献的实证研究
183	第四节	实际应用中的注意事项
185	第十章	多元线性回归模型案例解析
185	第一节	化妆品销售模型
194	第二节	中国农村居民消费模型
203	第三节	女性择偶偏好的实证分析
		——以《非诚勿扰》为例
216	第十一章	时间序列计量经济模型案例解析
216	第一节	技术扩散、模仿与创新的技术进步效应研究
		——基于我国大中型工业企业的实证分析

224	第二节	技术溢出、技能溢价与中国工资不平等
230	第三节	多渠道R&D溢出、全球生产网络与中国农业技术创新绩效

下篇 计量实证论文指导

243	**第十二章**	**本科计量实证论文的写作指导**
243	第一节	计量经济学在经济研究中的角色
244	第二节	本科计量实证论文的写作步骤
255	第三节	计量实证论文写作的总结
257	第四节	计量实证论文欣赏
284	**第十三章**	**计量经济学建模误区和模型的局限性**
284	第一节	计量经济模型常见误区
287	第二节	计量经济模型的局限性
289	主要参考文献	
292	后　记	

上 篇
EViews 10.0 软件的基本操作

第一章 基本操作简介

EViews 软件是计量经济学课程进行实证分析常用的软件。在正式介绍软件使用方法之前，请先安装软件 EViews 10.0。如果读者找不到该软件，请给我们发邮件，我们一定竭尽所能为您服务！目前 EViews（Econometrics Views）软件有以下几个流行版本，即 EViews 3.1、EViews 5.0、EViews 6.0、EViews 9.0、EViews 10.0 等，各个版本间的操作大同小异。对于初学者而言，可以选择任意一个版本作为使用的软件。然而，版本越高，应用能力将越强。如果想利用 EViews 软件进行高级计量经济学分析，建议使用 EViews 10.0。下面，我们的操作是以目前最高级的 EViews 10.0 软件为基础进行的。

第一节 创建工作文件和基本常识

一 研究对象

我们以著名的凯恩斯消费模型为研究对象，首先建立了理论模型：$Y = \beta_0 + \beta_1 X + u$。其中 Y 和 X 分别代表中国居民人均消费支出和居民人均可支配收入，β_0、β_1 是待估参数，u 是随机干扰项。

接着收集各个变量的数据，我们以 2017 年中国 31 个省、自治区、直辖市的数据为例进行演示，数据见表 1.1。

表 1.1 消费模型的数据

单位：元

地区	居民人均可支配收入（X）	居民人均消费支出（Y）	地区	居民人均可支配收入（X）	居民人均消费支出（Y）
北京	57229.83	37425.34	湖北	23757.17	16937.59
天津	37022.33	27841.38	湖南	23102.71	17160.40

续表

地区	居民人均可支配收入（X）	居民人均消费支出（Y）	地区	居民人均可支配收入（X）	居民人均消费支出（Y）
河北	21484.13	15436.99	广东	33003.29	24819.63
山西	20420.01	13664.44	广西	19904.76	13423.66
内蒙古	26212.23	18945.54	海南	22553.24	15402.73
辽宁	27835.44	20463.36	重庆	24152.99	17898.05
吉林	21368.32	15631.86	四川	20579.82	16179.94
黑龙江	21205.79	15577.48	贵州	16703.65	12969.62
上海	58987.96	39791.85	云南	18348.34	12658.12
江苏	35024.09	23468.63	西藏	15457.30	10320.12
浙江	42045.69	27079.06	陕西	20635.21	14899.67
安徽	21863.30	15751.74	甘肃	16011.00	13120.11
福建	30047.75	21249.35	青海	19001.02	15503.13
江西	22031.45	14459.02	宁夏	20561.66	15350.29
山东	26929.94	17280.69	新疆	19975.10	15087.30
河南	20170.03	13729.61			

资料来源：国家统计局，由EPS统计数据库整理。

二 创建工作文件

1. 认识主窗口

安装好软件后，双击电脑桌面软件图标的快捷方式或者利用开始菜单打开EViews软件的界面，结果如图1.1所示。

我们先关掉图1.1中间的白色窗口，熟悉主页面（见图1.2）。

标题栏：窗口的顶部是标题栏，标题栏的右端有三个按钮，分别是最小化、最大化（或复原）和关闭，点击这三个按钮可以控制窗口的大小或关闭窗口。

菜单栏：标题栏下方是菜单栏。菜单栏上共有10个选项：File、Edit、Object、View、Proc、Quick、Options、Add-ins、Window、Help。用鼠标点击可打开下拉式菜单（或再下一级菜单，如果有的话），点击某个选项电脑就执行对应的操作响应。

命令窗口：菜单栏下是命令窗口，窗口最左端一竖线是提示符，允许用户在提示符后通过键盘输入EViews命令。

主显示窗口：命令窗口之下是EViews的主显示窗口（简称主窗口），以后操作产生的窗口（称为子窗口）均在此范围之内，不能移出主窗口之外。

状态栏：主窗口之下是状态栏，左端显示信息，中部显示存储路径，靠右端显

图 1.1　EViews 10.0 软件的首页面

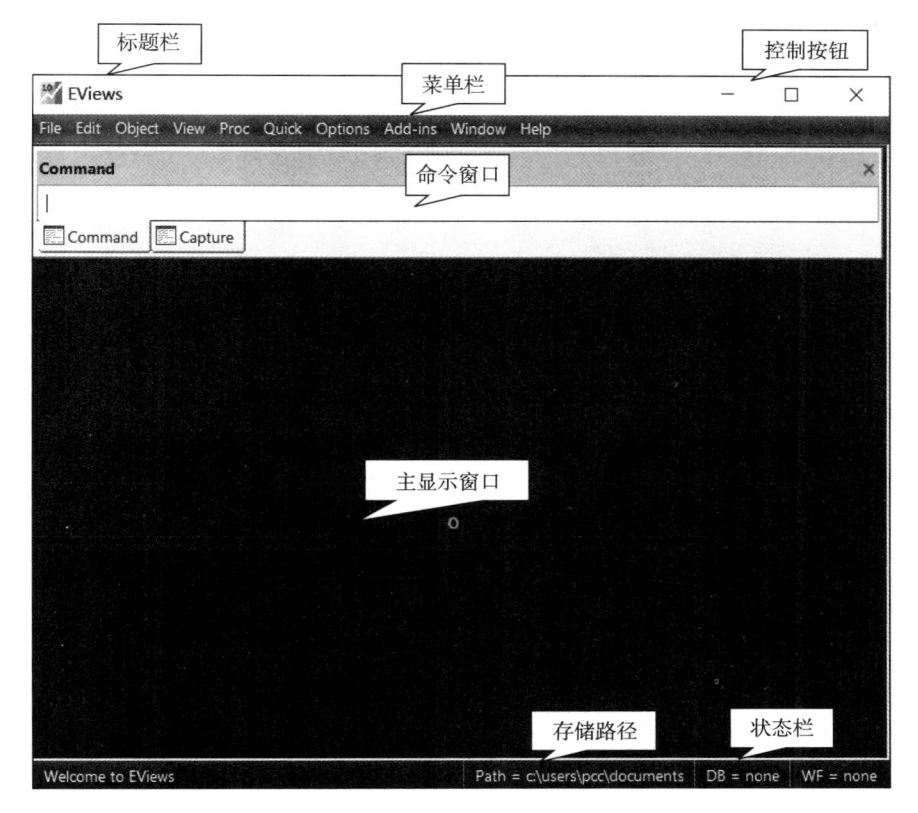

图 1.2　EViews 10.0 软件的主页面

示当前状态，例如有无工作文件，最右端显示工作文档的名称，none 表示无工作文档名称。

图 1.2 这个窗口称为主页面，该窗口不能关闭，否则该软件就关闭了。接下来我们需要在主页面创建工作文档。

2. 创建新的工作文件

EViews 有四种工作方式：①鼠标图形导向方式；②简单命令方式；③命令参数方式［（1）与（2）相结合］；④程序（采用 EViews 命令编制程序）运行方式。用户可以选择自己喜欢的方式进行操作。本书只介绍最简单的鼠标图形导向方式，属于傻瓜式操作。

创建新的工作文件有两种方式，第一是在图 1.1 的界面，点击"Create a new EViews workfile"。第二种是在图 1.2 的界面进行操作，首先，点击图 1.2 中的"File"（文件），出现一个下拉菜单，第一项为"New"（新建），因为我们是第一次操作，所以必然要选择这个选项，建立一个新的工作文件；然后，将鼠标放到"New"处，它会变蓝，出现一个小的下拉菜单，其中第一项为"Workfile…"（工作文件），这就是我们第一次操作要建立的工作文件，点击"Workfile…"就会出现如图 1.3 所示的窗口。不管使用以上哪种方式，都会出现图 1.3。

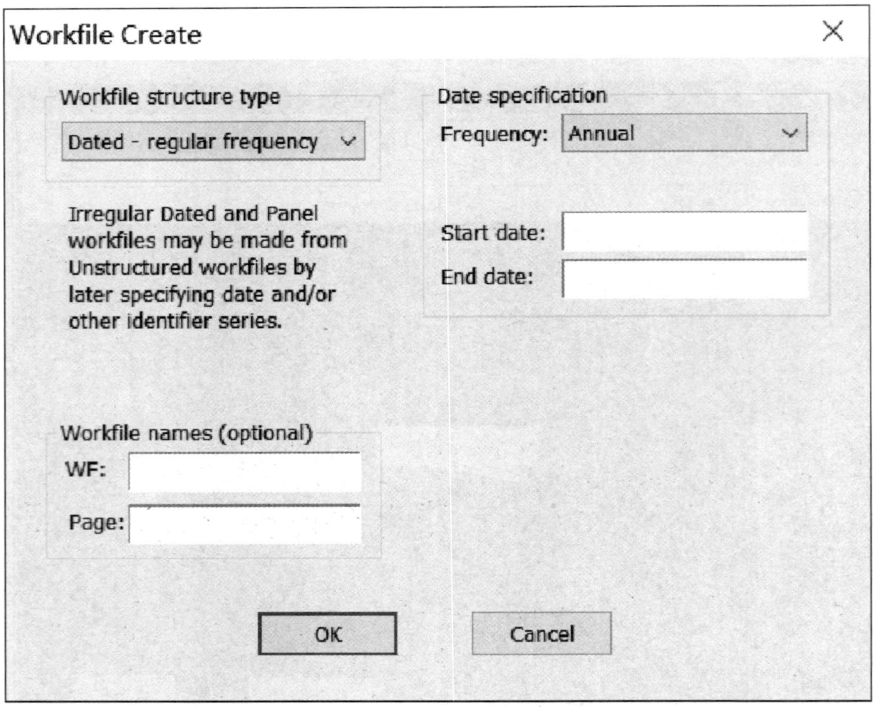

图 1.3 创建工作文件（一）

图 1.3 这个窗口分为如下三部分。

第一部分为"Workfile structure type"（工作文件类型），分为非结构/非日期（Unstructured/Undated）、日期－规则频率（Dated-regular frequency）、平衡面板（Balanced Panel），初学者可以先选择缺省状态（默认状态，这部分可以不操作）的 Dated-regular frequency。但是我们使用的研究对象的数据是截面数据，必须选择"Unstructured/Undated"（见图 1.4）。

如果选择"Dated-regular frequency"，第二部分出现的"Date specification"（日期设定）包括"Annual"等选项，建议初学者先选择年度数据输入，缺省状态为"Annual"；"Start"是起始时间，"End"是终止时间。在默认状态 Dated-regular frequency 类型下，另一选项区 Date specification 中有多个选择，分别是 Annual（年度的）、Semi-annual（半年度的）、Quarterly（季度的）、Monthly（月度的）、Weekly（周度的）、Daily-5 day week（一周5个工作日）、Daily-7 day week（一周7个工作日）和 Integer date（整序数的）等。但是我们选择截面数据后，出现的界面是图 1.4。我们要做的事情是在右边观测值"Observations"输入"31"。

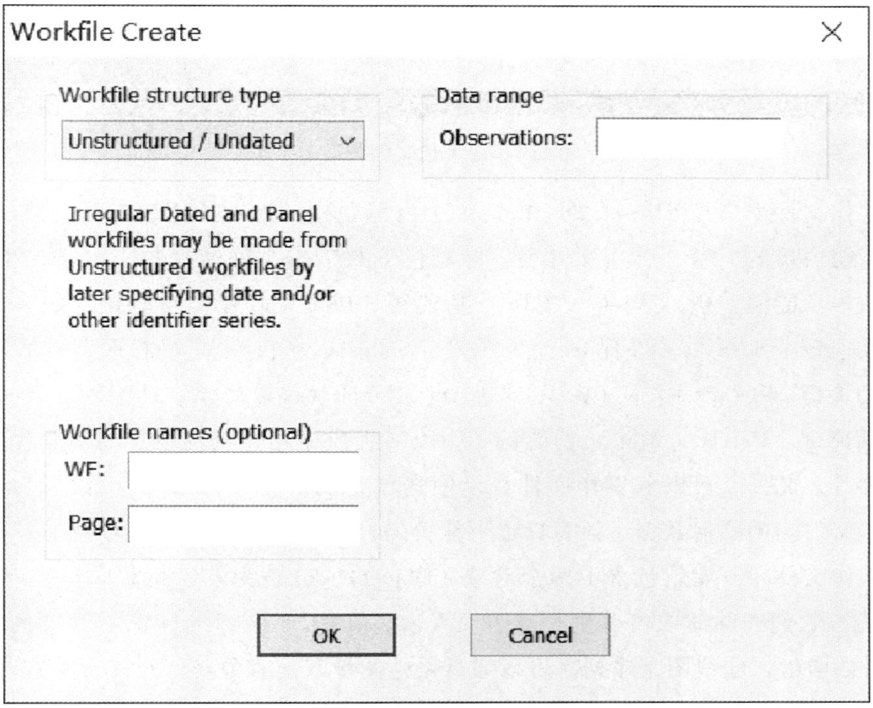

图 1.4 创建工作文件（二）

第三部分是"Workfile names（optional）"［工作文档名称（可选）］，就是给工作文件命名。"WF"后面的空白处我们输入"xf"（汉语拼音"消费"的缩写，以后的工作文件就是这个名称），然后点击"OK"。出现如图 1.5 所示的界面。这个窗口就是工作文件窗口。

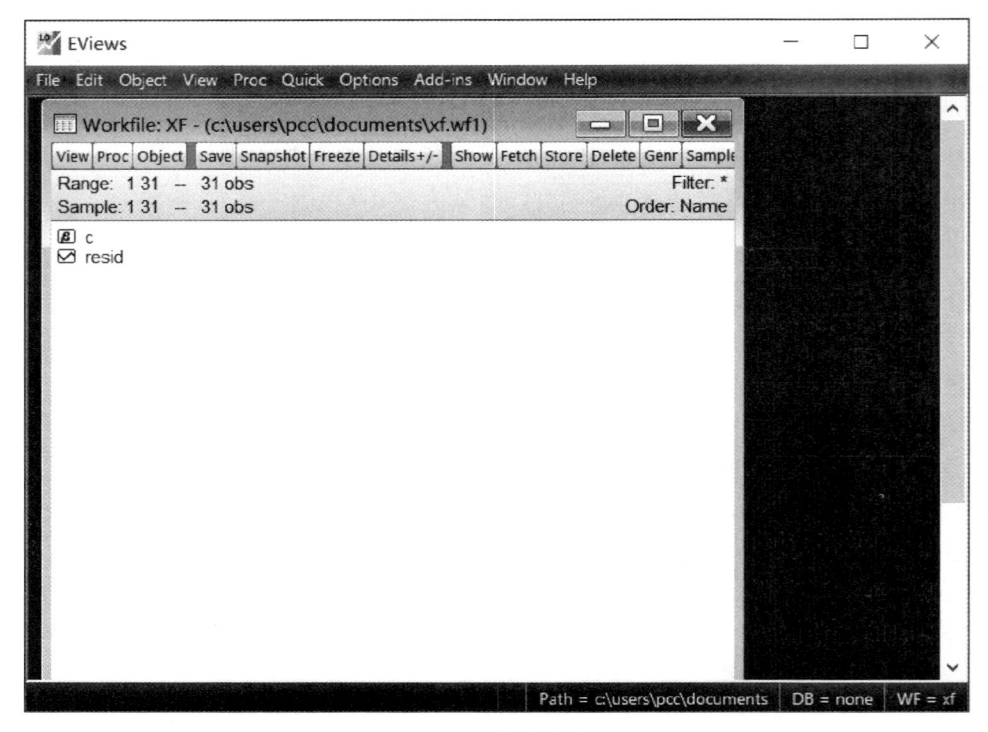

图 1.5 工作文件窗口

工作文件窗口是 EViews 的子窗口。它由标题栏、控制按钮和工具条组成。标题栏指明窗口的类型、工作文件名。标题栏下是工作文件窗口的工具条，工具条上有一些功能键，包括 View（视图）功能键、Proc（过程）功能键、Object（对象）功能键、Save（文件保存）功能键、Snapshot（快照）功能键、Freeze（冻结）功能键、Details＋／－（标识）功能键、Fetch（提取对象）功能键、Store（存储）功能键、Delete（删除）功能键、Genr（生成序列）功能键、Sample（样本）功能键等。此外，可以从工作文件目录中选取并双击对象，用户就可以展示和分析工作文件内的任何数据。该窗口也不能关闭，否则操作信息就关闭了。

工作文件一开始就包含了两个对象（Object），分别为 C（系数向量）和 resid（残差）。它们当前的取值分别是 0 和 NA（空值）。小图标上标识出对象的类型，C 是系数向量，曲线图是序列。可以通过鼠标左键双击对象名打开该对象查看其数据，也可以直接使用 EViews 主窗口顶部的菜单选项，还可以对工作文件和其中的对象进行一些处理。

此外，除了选用菜单方式，也可以选用命令方式建立工作文件，即在 EViews 软件的命令窗口中直接键入 Create 命令，就可以建立工作文件。

到这里，熟悉 EViews 软件的读者会发现，EViews 10.0 的界面与以往的版本有明显不同（见图 1.6）：第一，"Command"命令窗口可以从主窗口中分离出来，放在桌面任何地方，但是不能关闭；第二，在该命令窗口多了一个"Capture"窗口，"Capture"窗口展现你操作步骤的程序。

图 1.6　命令窗口

第二节　数据的录入

下面的工作就是要输入数据了。

第一种方式，点击主页面下的"Quick"（见图 1.2），出现一个下拉菜单，其中一项"Empty Group（Edit Series）"就是数据的编辑项，点击"Empty Group（Edit Series）"（可编辑序列的空组）后出现如图 1.7 所示的窗口。

图 1.7　数据录入窗口

这个窗口被称为数据录入窗口，这样就可以把事先从统计数据库找到的数据输入里面（或者先将数据输入 Excel，然后复制到 EViews，熟悉软件之后，还可以应用导入功能导入数据）。首先输入的是"Y"，如图1.8所示。

图1.8 数据的录入

关闭数据窗口，就可以观察到工作文件窗口下有一个序列为"ser01"，这就是我们刚才输入的"Y"数据。右键点击"ser01"这个名称，出现一个下拉菜单，有一项为"Rename…"（改名），左键点击这个"Rename…"，出现如图1.9所示的界面。

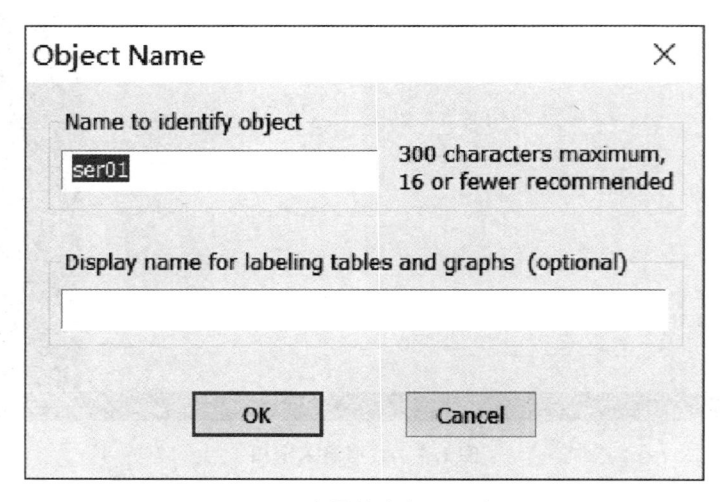

图1.9 变量的命名（改名）

在"Name to identify object"下方的空白处删除"ser01",输入"Y",然后点击"OK",结果如图1.10所示(需要注意的是,EViews软件不区分变量的大小写,不能用大写和小写的同一个字母代表两个变量)。

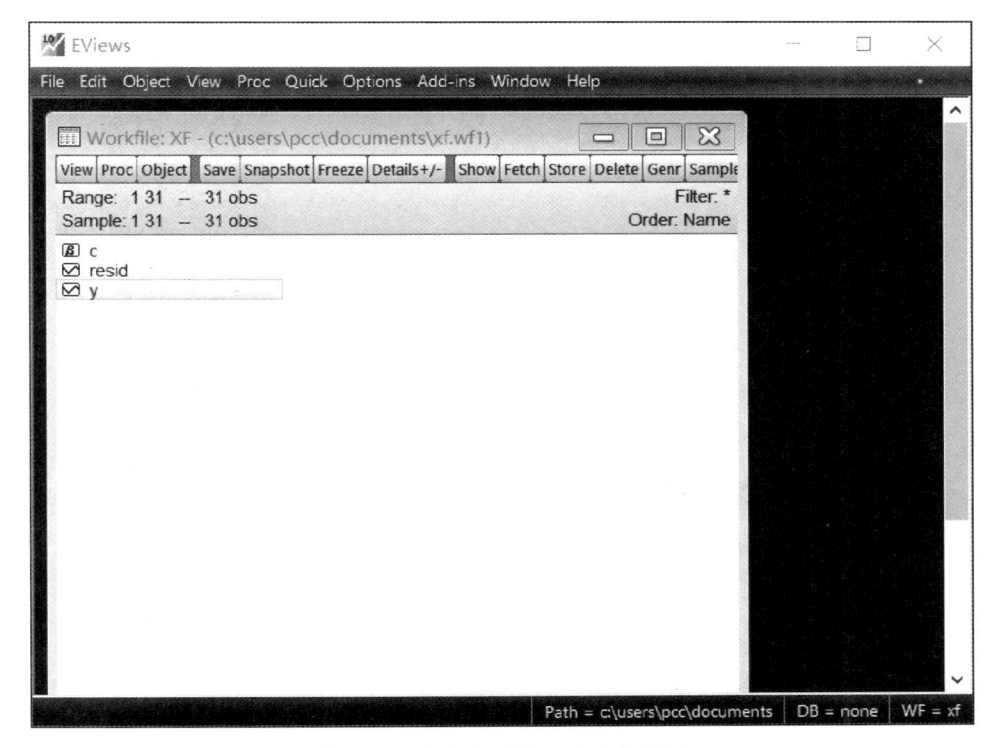

图1.10　名称为 xf 的工作文件窗口

同样道理,输入"X",结果如图1.11所示。序列 X 和 Y 的图标是折线形。

第二种是序列方式。点击主菜单的"Object",选择"New Object",然后选择"Series",输入序列名称,例如 Y,点击"OK",进入数据编辑窗口,接着点击"Edit+/-",打开数据编辑状态(用户可以根据习惯点击"Smpl+/-",改变数据按行或列的显示形式),最后输入数据,方式同上。

这样,我们就完成数据输入的任务了。如果不想休息,请继续我们第二章的学习;如果想休息一下,可以点击主页面窗口右边的关闭按钮,关掉工作文件窗口,这时候系统会提示你是否保存,如图1.12所示。

这时候要小心,我们辛苦的工作一定要保存,所以你要选择"Yes",系统会自动为你保存在默认目录下(建议初学者不要改变路径,学有所成后可以自由发挥)。点击"Yes"后,系统会出现如图1.13所示的界面,直接点击"OK"就可以了,然后才可以关掉主页面窗口,这时工作文件就保存好了。

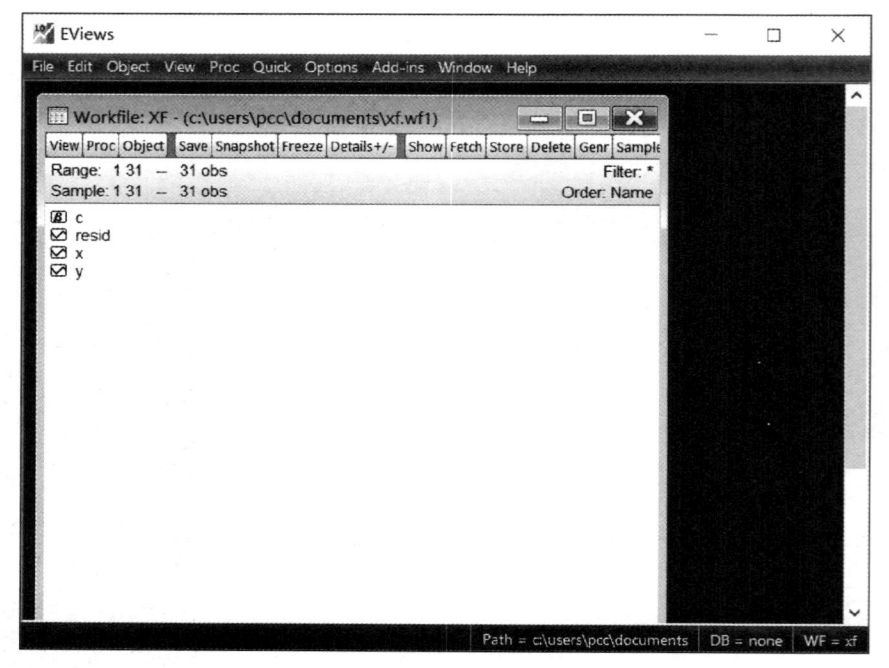

图 1.11　所需变量输入完成后的工作文件窗口

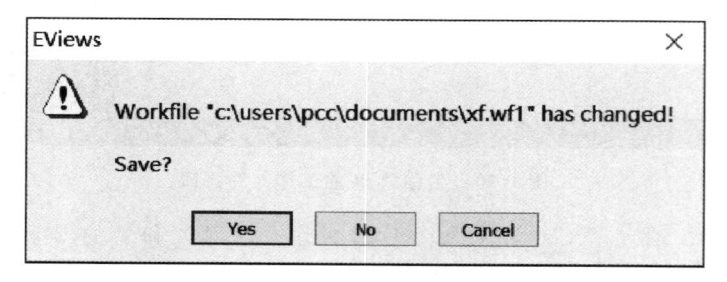

图 1.12　是否保存工作文件的命令提示

图 1.13　工作文件的保存

本章附录：对象和图标的含义

附表 1　不同对象和图标的含义

图标	含义
α	Coefficient Vector（系数向量）
≡	Equation（方程）
📊	Graph（图形）
G	Group（序列组）
▦	Matrix（矩阵）
M	Model（模型）
P	Pool（time-series/cross-section）（面板数据）
↔	Sample（样本）
#	Scalar（标量）
✉	Series（序列）
S	System（系统）
▦	Symmetric matrix（对称矩阵）
Table	Table（表格）
TXT	Text（文本）
var	VAR（vector autoregression）（向量自回归）
[ ]	Vector/Row vector（向量或行向量）

注：如果"Series"（序列）名称前的图标不是"✉"，就说明出现问题了，要按照前面的操作重新输入数据，直到符合规范和要求；如果弄错了，后面的操作将无法进行。

第二章 一元线性回归模型的估计与结果

本书第二章使用的是中国居民消费模型，模型和数据见第一章。接下来需要对一元线性回归模型进行估计、检验和预测。

上一章内容我们将要估计的模型的数据输入 EViews 软件里面了，并进行了保存，你可能不知道保存的结果放到哪里了，没有关系，我们现在找回来。

现在，我们双击桌面上的快捷方式，打开 EViews 软件。片刻，主页面出现了。

左键单击主页面"File"后会出现下拉菜单，其中第一项"0 xf.wf1"就是你最近使用的文档，这是系统自动为你保存的目录，文件名字是"xf.wf1"，如图 2.1 所示。

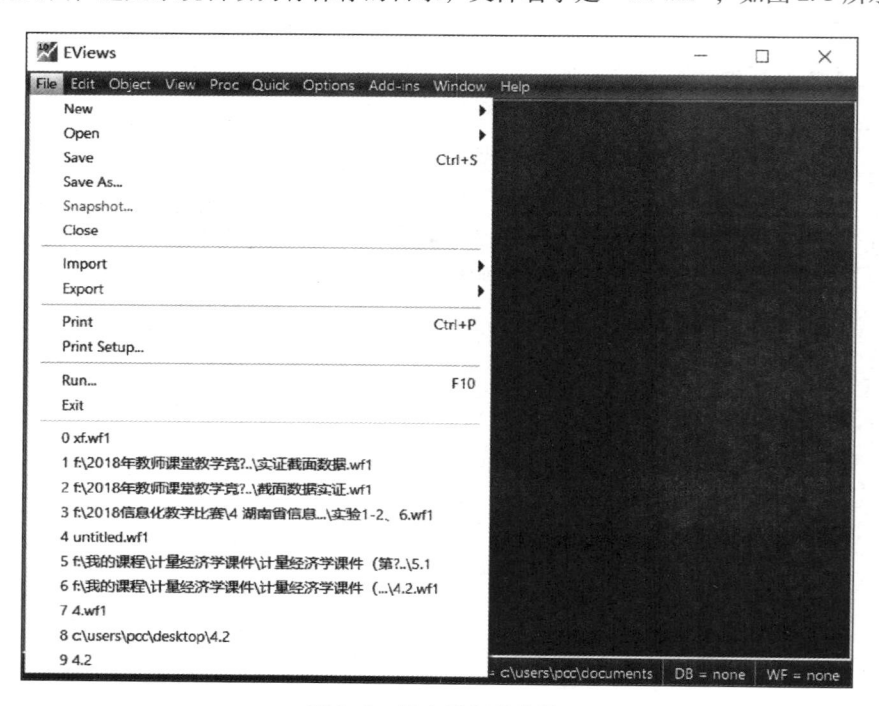

图 2.1 保存路径的提取

点击这个"0 xf.wf1"，出现了如图 2.2 所示的界面。

图 2.2　保存的工作文件

细心的朋友会发现,这不就是第一章的图 1.11 吗?没错儿!

第一节　图形分析及描述性统计

借助图形分析可以直观地观察经济变量的变动规律和相关关系,以便合理地确定模型的数学形式。

一　趋势图和散点图

1. 趋势图分析

在输入数据的窗口(如果忘记了,可以在图 2.2 的基础上选定 X 和 Y 图标,点击右键,选择"Open"和"as Group"),点击"View",选择"Graph",然后选择"Lines & Symbols",图形类别在"Scatter"以上的都是趋势图,"Scatter"及以下的都是相关图,可以选择任一趋势图分析。我们选择线形图,可以得到如图 2.3 所示的趋势图。当然,也可以利用主页面的"Quick"菜单进行,选择"Graph",输入"X"和"Y"(两个字母之间必须有空格),再选择图形类型,读者可以自行试试。

2. 散点图分析

点击主页面的"Quick",选择"Graph",再选择"Scatter",在弹出的"Series

图 2.3 趋势图

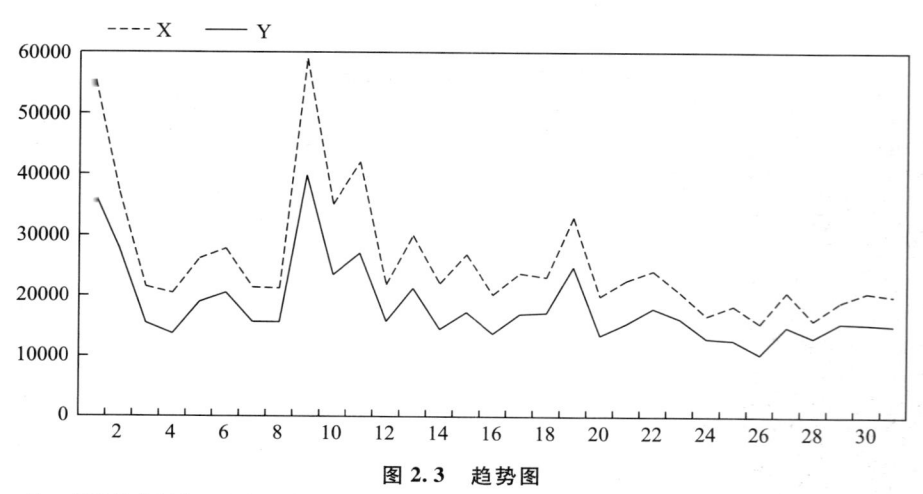

注：图为软件制作生成，故横纵轴均不加单位，图中变量也不做斜体处理，下同。

List"窗口输入序列名"X"和"Y"，点击"OK"，或者在数据窗口，点击 View \ Graph \ Scatter。

注意：作散点图时输入的第一个变量为横轴变量，一般取为解释变量；第二个变量为纵轴变量，一般取为被解释变量。每次只能显示两个变量之间的散点图，若模型中含有多个解释变量，可以逐个进行分析。

此外还可以选择鼠标图形界面方式——序列方式。首先打开序列组文件，再选择 View \ Graph \ Scatter，操作方式类似，读者可以自行试试。

通过不同的方式都可以得到变量的散点图，图 2.4 为我国居民人均可支配收入

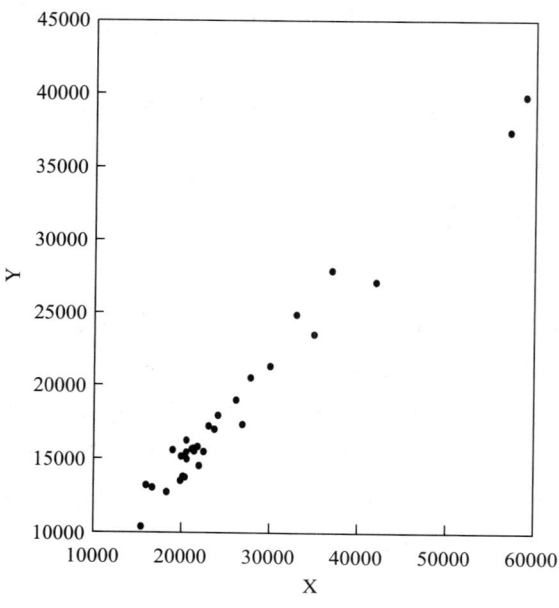

图 2.4 散点图

与居民人均消费支出的散点图，可以发现 X 和 Y 之间存在近似的线性关系，还可以检查是否有数据错误。

二 描述性统计

若是单独打开一个序列窗口，从序列窗口菜单选择"View"，点击"Descriptive Statistics & Tests"，再点击"Histogram and Stats"（直方图和统计），则会显示变量的描述性统计，如图 2.5 所示。

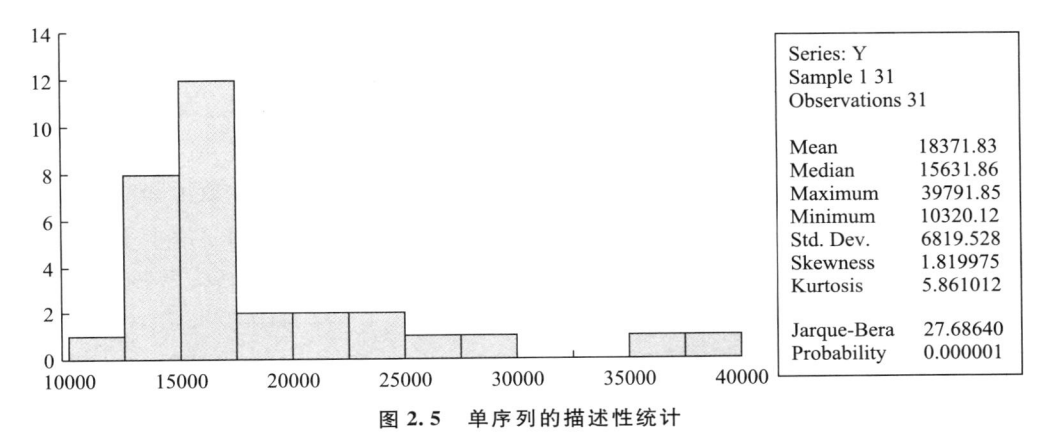

图 2.5 单序列的描述性统计

若是数组窗口，从数组窗口菜单选择"View"，点击"Descriptive Stats"，再点击"Individual Samples"，就可以对每个序列进行描述性统计。描述性统计也可以采用"Quick"菜单进行，操作方式类似。如图 2.6 所示，其中：Mean 表示均值；

图 2.6 数组的描述性统计

Median 表示中位数；Maximum 表示最大值；Minimum 表示最小值；Std. Dev. 表示标准差；Skewness 表示偏度；Kurtosis 表示峰度；Jarque-Bera 表示 JB 统计量；Probability 表示概率；Sum 表示总和；Sum Sq. Dev. 表示平方和；Observations 表示观测值个数。

第二节　估计线性回归模型

一　OLS 估计

模型估计是计量经济学建模的核心。在 EViews 主窗口中点击"Quick",选择"Estimate Equation",在弹出的方程设定框内输入模型（见图 2.7），即"Y C X"或"Y = C（1）+ C（2）* X",被解释变量必须放在第一个,常数项和解释变量位置可以变,常数项必须是字母 C,所有的字母不区分大小写,但是两个字母之间必须有空格。研究方法"Method"使用默认的"LS"法,点击"确定"即可。

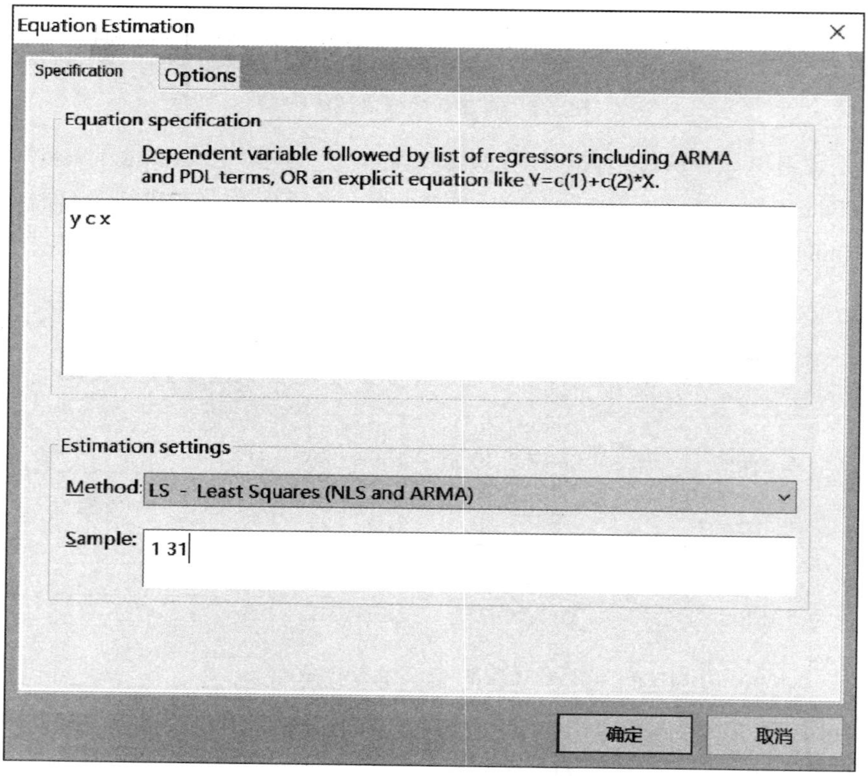

图 2.7　估计设定

系统将弹出一个窗口来显示有关估计结果,如图 2.8 所示。

从上往下看,有以下内容。

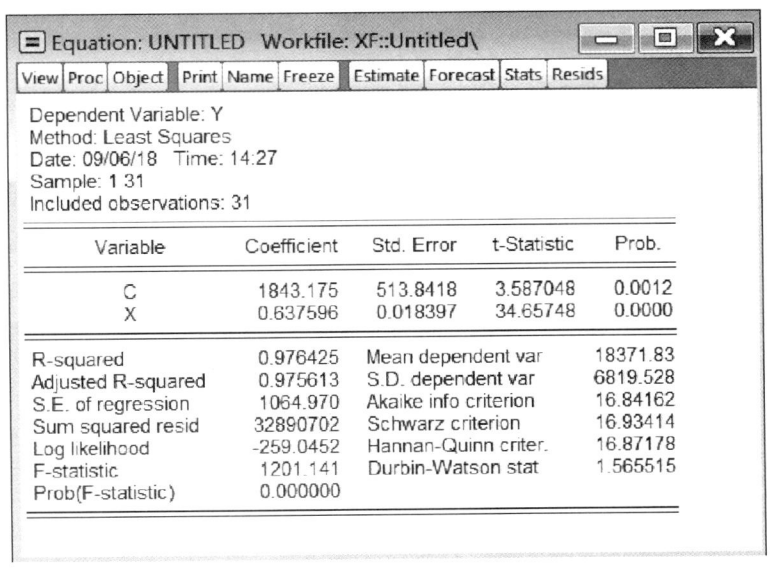

图 2.8 OLS 估计结果

第一行，Dependent Variable：Y 表示被解释变量是 Y。

第二行，Method：Least Squares 表示估计方法是普通最小二乘法（OLS）。

第三行，估计的日期和时间。

第四行，Sample：1 31 表示样本区间是 1~31。

第五行，Included observations：31 是样本容量，表示回归方程中所用到的有效样本数量是 31 个。

图 2.8 中下面的表格分为两部分，具体内容如下。

上部分中，Variable 表示解释变量，包括常数项 C、解释变量 X；Coefficient 表示回归系数，1843.175、0.637596 分别是 β_0、β_1 的估计值；Std. Error 表示系数对应的标准误差；t-Statistic 表示系数对应的 t 统计量；Prob. 表示 t 统计量尾端的面积，一般称之为伴随概率。伴随概率小于 0.05 则表明参数估计值（系数）是有效的；否则，如果伴随概率大于 0.05 则接受系数为零的原假设，表明两个变量不相关。当然，伴随概率也可以与 0.1、0.01 比较，取决于你选择的显著性水平，常用的是 0.05。

下部分是有关的统计和检验指标：

R-squared 是判定系数（可决系数），越接近于 1，表明回归效果越好；

Adjusted R-squared 是调整的判定系数，绝大多数情况下略小于判定系数；

S. E. of regression 是回归标准误差，越小越好；

Sum squared resid 是残差平方和，越小越好；

Log likelihood 是对数似然估计值，暂时不用考虑；

F-statistic 是 F 统计量，是检验方程整体显著性的指标；

Prob（F-statistic）是 F 统计量的伴随概率，小于 0.05，表明所有的待估参数不全为零，或者说至少有一个待估参数不为零；

Mean dependent var 是被解释变量的均值；

S. D. dependent var 是被解释变量的标准差；

Akaike info criterion 是赤池信息准则、Schwarz criterion 是施瓦茨准则、Hannan-Quinn criter. 是汉南－奎因准则，这三个指标是用来确定最优滞后期的指标（初学者暂时用不上）；

Durbin-Watson stat 是杜宾－瓦特森统计量，检验是否存在一阶自相关的指标（需要查表确定，如果在 2 左右则可以确认不存在一阶自相关）。

因此，我国居民消费模型的估计式为：

$$\hat{Y} = 1843.175 + 0.6376X$$
$$(3.5870) \quad (34.6575)$$
$$R^2 = 0.9764 \quad F = 1201.141 \quad S.E. = 1064.970$$

其中，括号内数字是相应 t 统计量的值；S. E. 是回归系数的标准误差；R^2 是可决系数。$R^2 = 0.9764$，说明该估计式的拟合情况好，Y 变差的 97.64% 由变量 X 解释。因为 X 的系数的 $t = 34.6575 > t_{0.025}(29) = 2.045$，所以在 5% 的显著性水平下，检验结果是拒绝原假设 $\beta_1 = 0$，即居民人均消费支出和居民人均可支配收入之间存在线性回归关系。上述模型的经济解释是，居民人均可支配收入每增长 1 元，我国居民人均消费支出将增加 0.6376 元。

在估计方程的窗口（见图 2.8），选择 View\Actual, Fitted, Residual\Actual, Fitted, Residual Table，得到相应的残差图，如图 2.9 所示。Actual 表示 y_t（实际操作中输入输出不区分大小写，y_t 就是 Y，t 代表时间，含义下同）的实际观测值，Fitted 表示 y_t 的拟合值 $\hat{y}_t$，Residual 表示残差 $\hat{u}_t$。残差图中的两条虚线与中心线的距离表示残差的一个标准误差，即 S. E.。判断的标准是，残差图中的点基本上在两条虚线之间。通过残差图发现，本模型大部分散点在两条虚线之间，估计结果还是比较好的。

二 ML 估计和 MM 估计

在 EViews 主窗口中点击"Quick"，然后点击"Estimate Equation…"，在弹出的方程设定框内输入模型（见图 2.10），即"Y C X"，研究方法"Method"使用"CENSORED"法，即最大似然法 ML，其余的都可以使用默认选项。点击"确定"即可得到 ML 的估计结果（见图 2.11）。

在方程设定框窗口，研究方法"Method"使用"GMM"法，即可以得到 MM 估计的结果，但是需要在"Instrument list"窗口输入"C X"（见图 2.12）。点击

第二章 一元线性回归模型的估计与结果

"确定"即可得到 MM 的估计结果（见图 2.13）。

我们发现，OLS、ML 和 MM 估计结果是一样的。

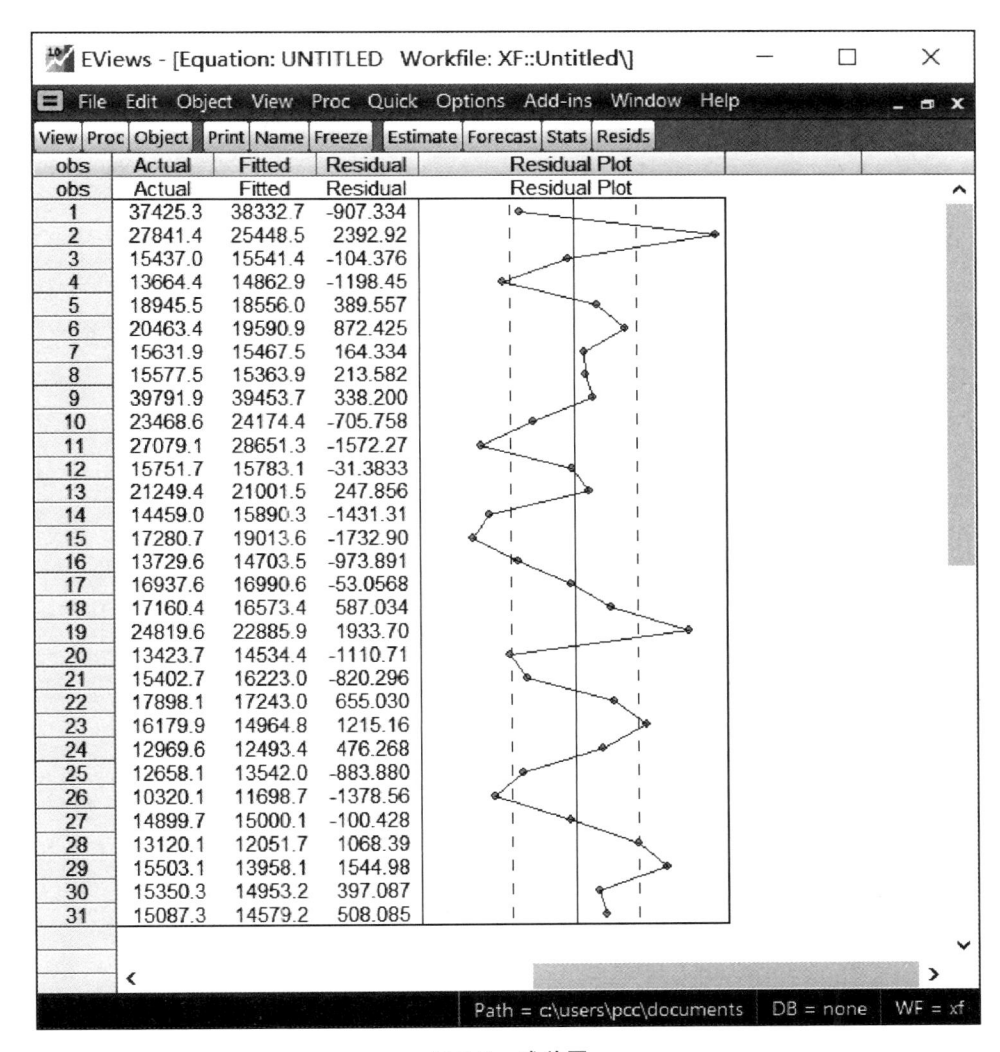

图 2.9 残差图

图 2.10　ML 方程设定的窗口

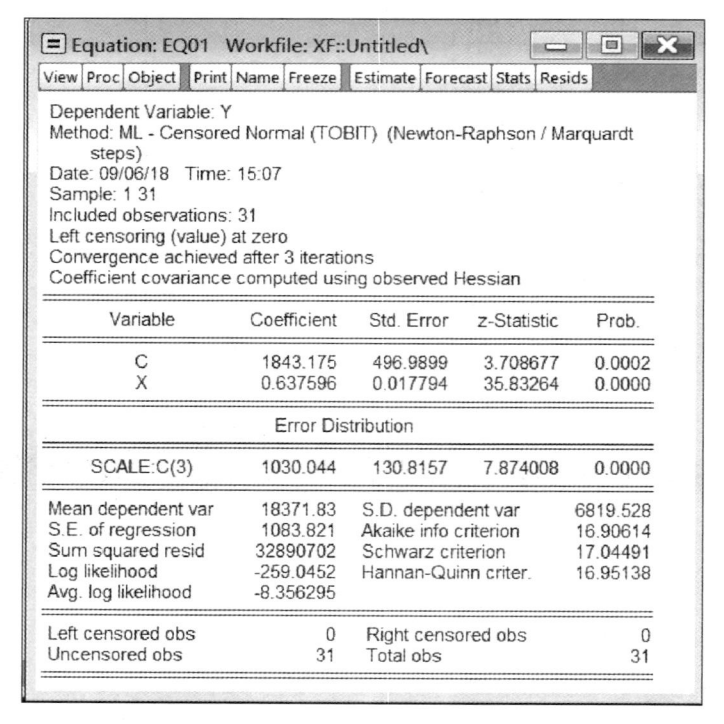

图 2.11　ML 估计结果

第二章 一元线性回归模型的估计与结果   23

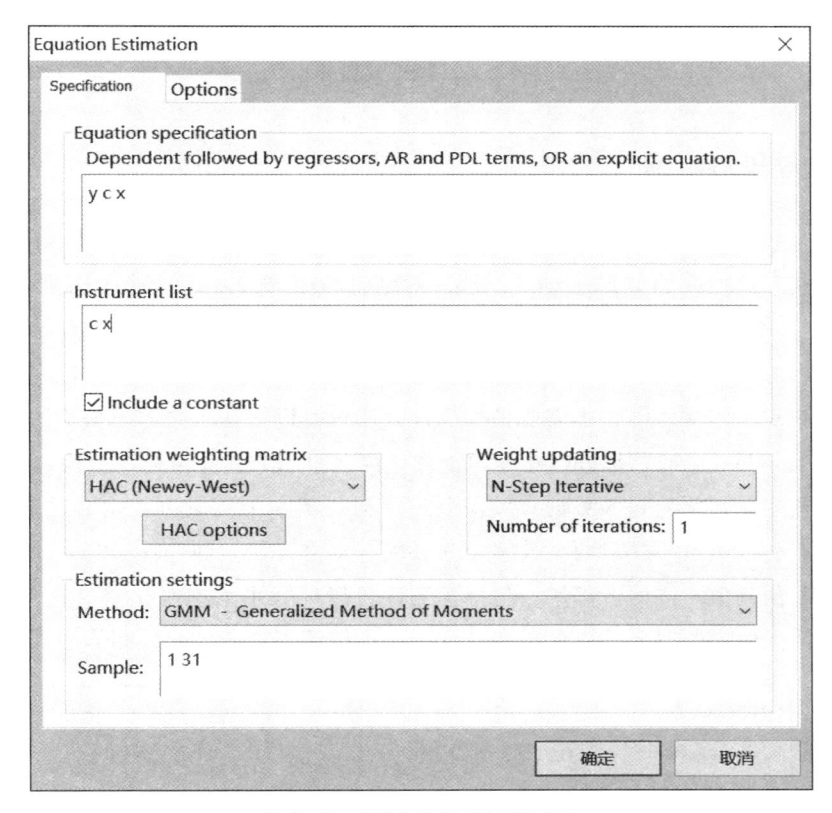

图 2.12　MM 方程设定的窗口

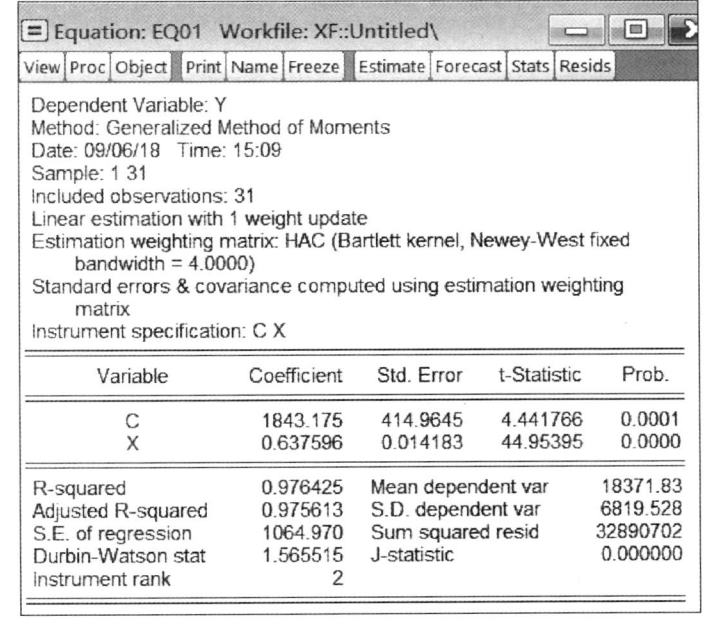

图 2.13　MM 估计结果

第三节 预测

一 样本内预测

预测是我们建立经济计量模型的目的之一，其操作如下：进入方程估计输出窗口，点击其工具栏中的"Forecast"，打开对话框（见图2.14），输入序列名（Forecast name），默认的名称是"被解释变量的名称+f"，这样就不会混淆实际值和预测值；作为可选项，可给预测标准误差随意命名［S. E.（optional）］，命名后，指定的序列将存储于工作文件中，不需要另外保存；用户可以根据需要选择预测的样本范围（Forecast sample），如果是进行样本内预测，可以小于或者等于样本范围，如果是进行样本外预测，必须先输入数据，如果只想预测一年（个）数据，也必须输入范围，只是起始点和结束点一样，两个数字之间必须有空格；在"Output"中可选择用图形或数值来看预测值，或两者都用，包括预测评价指标（平均绝对误差等），默认是都有。将对话框的内容输入完毕，点击"OK"，可得到用户命名的预测值序列。

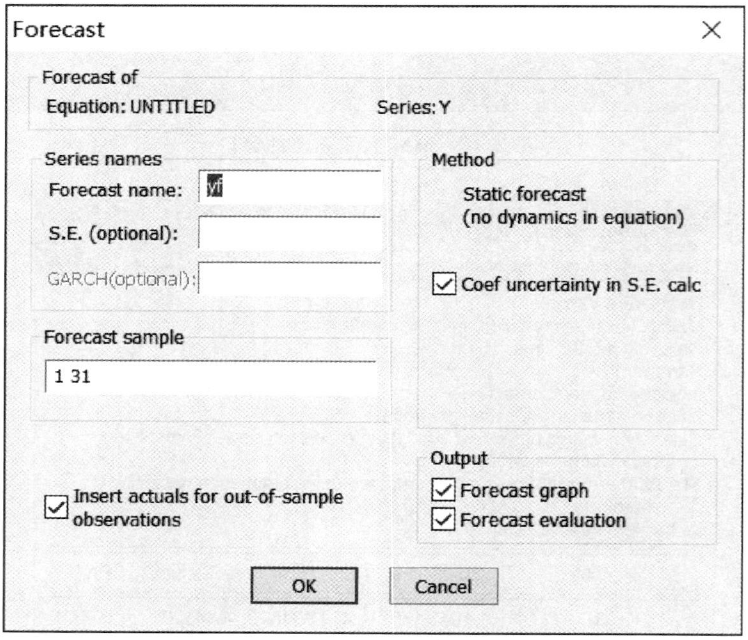

图 2.14 预测窗口设定

图2.15中，实线代表的是消费支出的预测值，虚线代表的是预测值加减两个标准误差。右边的是预测值效果的统计指标。相应的预测值和预测值的标准误差（如果命名了）将自动保存在信息窗口，自己查表获得t统计量的临界值，将可以计算预测值的置信区间。

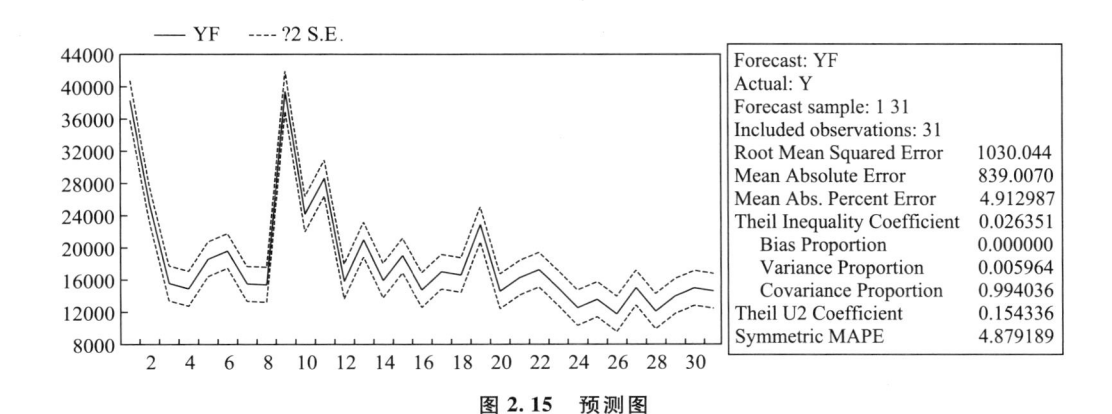

第二章　一元线性回归模型的估计与结果　　25

```
Forecast: YF
Actual: Y
Forecast sample: 1 31
Included observations: 31
Root Mean Squared Error      1030.044
Mean Absolute Error           839.0070
Mean Abs. Percent Error       4.912987
Theil Inequality Coefficient  0.026351
    Bias Proportion           0.000000
    Variance Proportion       0.005964
    Covariance Proportion     0.994036
Theil U2 Coefficient          0.154336
Symmetric MAPE                4.879189
```

图 2.15　预测图

二　样本外预测

在进行外推预测之前应给解释变量赋值。我们根据 31 个地区的数据得到居民人均消费支出与居民人均可支配收入之间关系的回归方程，希望预测第 32 个地区的居民人均消费支出。为此，我们首先需要给出第 32 个地区的居民人均可支配收入的数据，输入解释变量值就可以预测第 32 个地区的居民人均消费支出。

在工作文件窗口双击"Range"（见图 2.2），可得到图 2.16，观测值数量改为 32。

然后，在工作文件窗口双击"X"序列得到图 2.17。先点击"Edit +/−"，才可以输入第 32 个 X 的数值，本书假设为 20000 元。

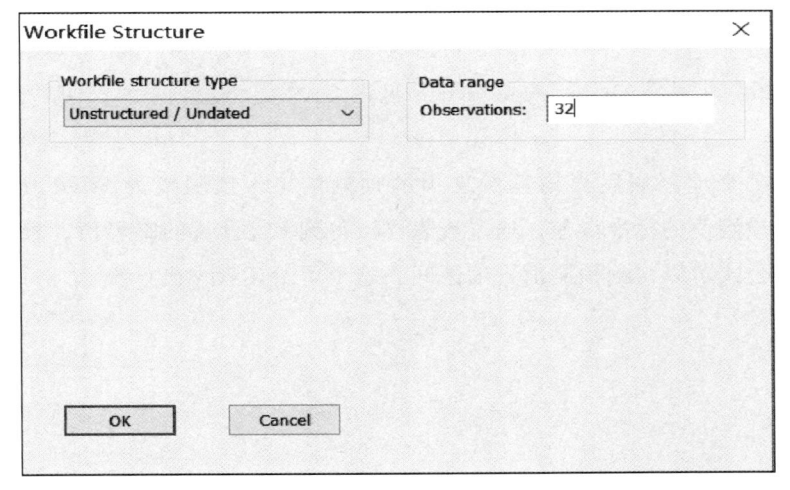

图 2.16　改变样本范围 　　　　　　　　　　　图 2.17　增加 X 的值

在回归结果的窗口（见图2.8），点击"Forecast"得到图2.18。由于只需要显示第32个地区的数据，在"Forecast sample"栏输入"32 32"，两个数字之间必须有空格。然后点击"OK"。

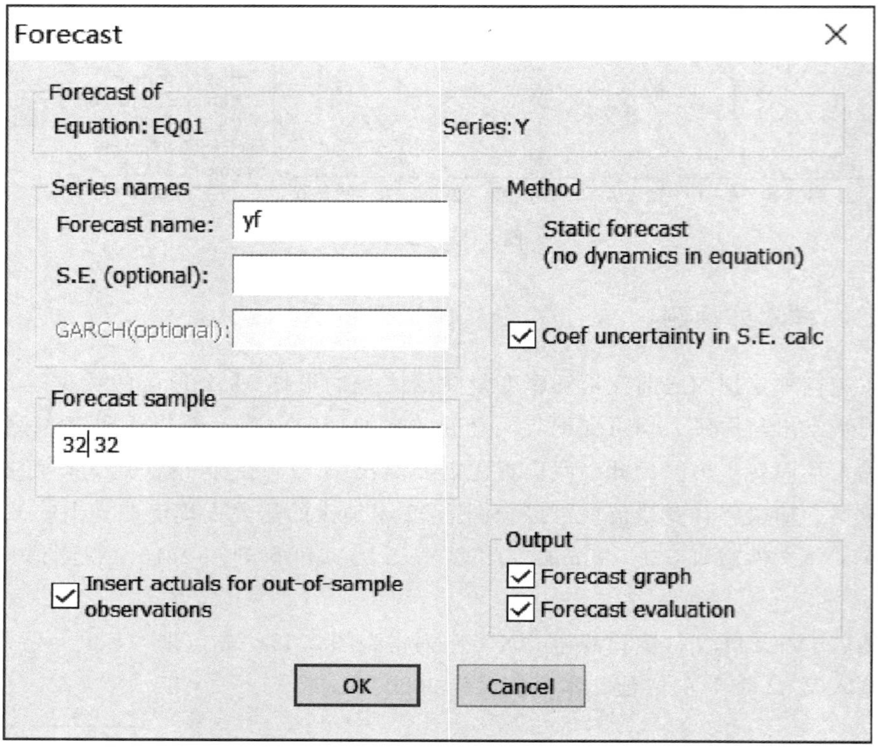

图2.18 预测窗口的设定

图2.19是第32个地区居民人均消费支出的预测结果。此图形不好看，我们双击图形进行编辑。

在图形中添加数字。选择Graph Elements \ Bar-Area-Pie \ Label above bar（见图2.20）。在同一个窗口，再选择Graph Type \ Bar（见图2.21）。最后点击"OK"，得到图2.22。

图2.22就是第32个地区居民人均消费支出的预测结果，预测值为14595.1元。图中有预测值、预测值的标准误差，通过查表可以得到t统计量的临界值，根据预测值置信区间的公式可以得到预测值置信区间，这个留给读者自己计算。

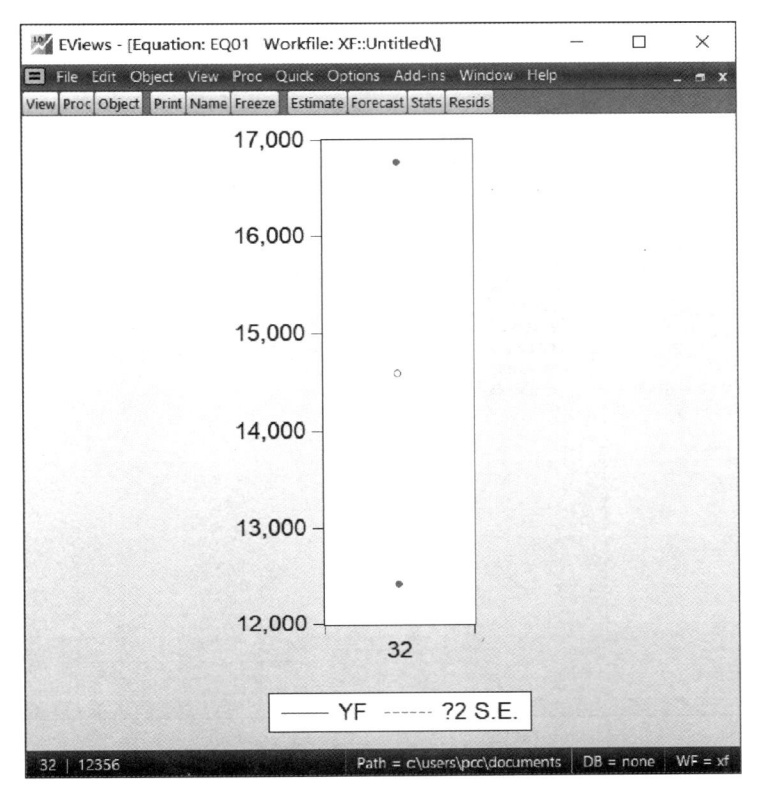

图 2.19 预测结果（一）

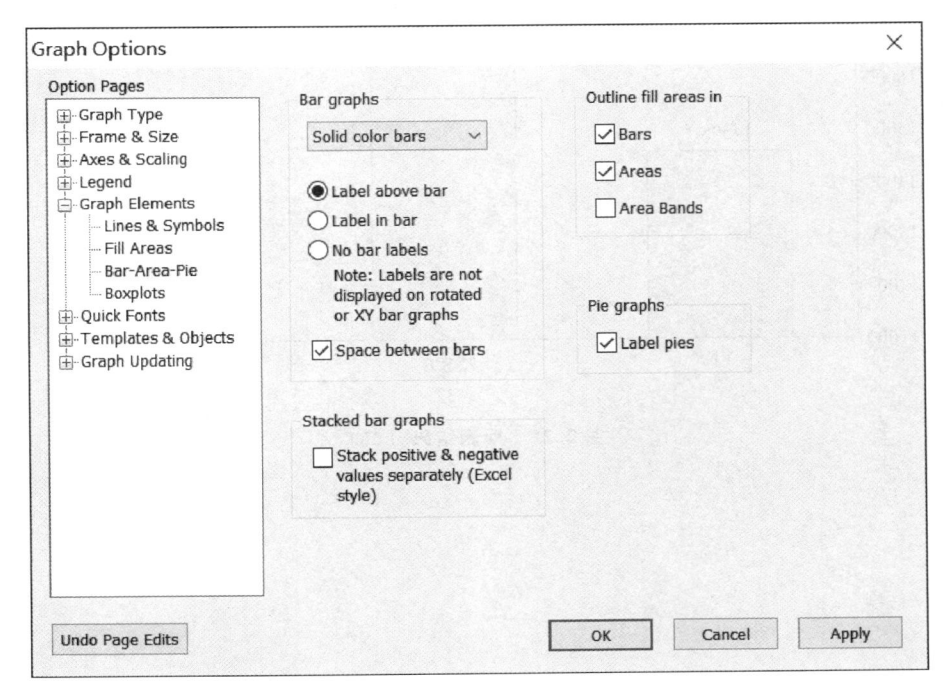

图 2.20 改变图形元素

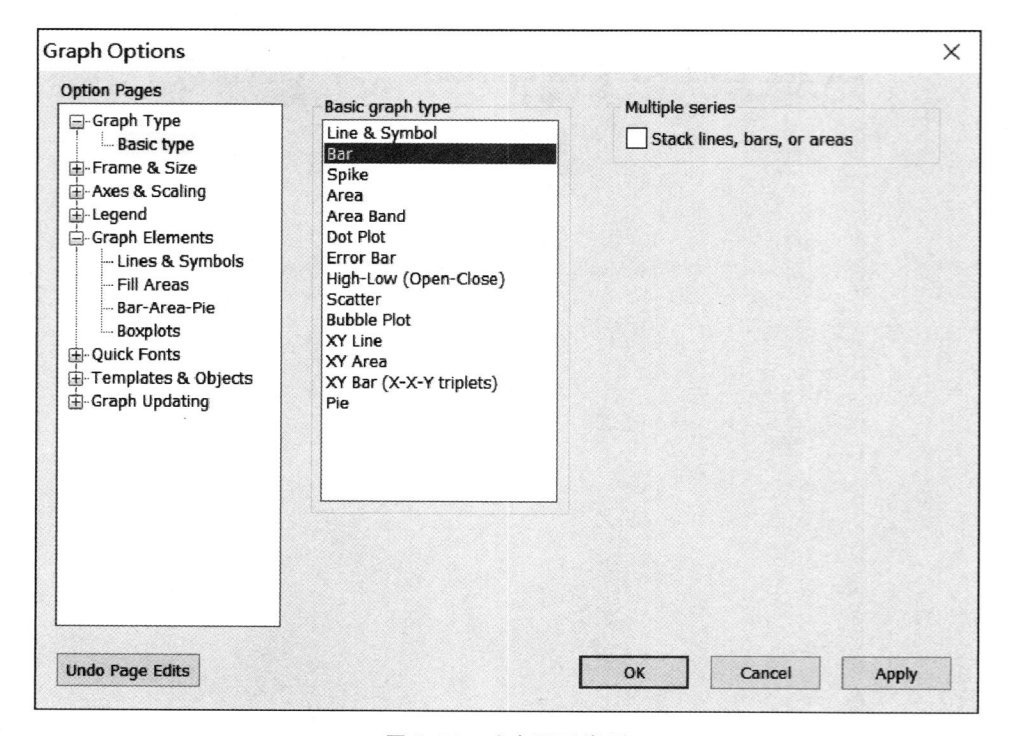

图 2.21　改变图形类型

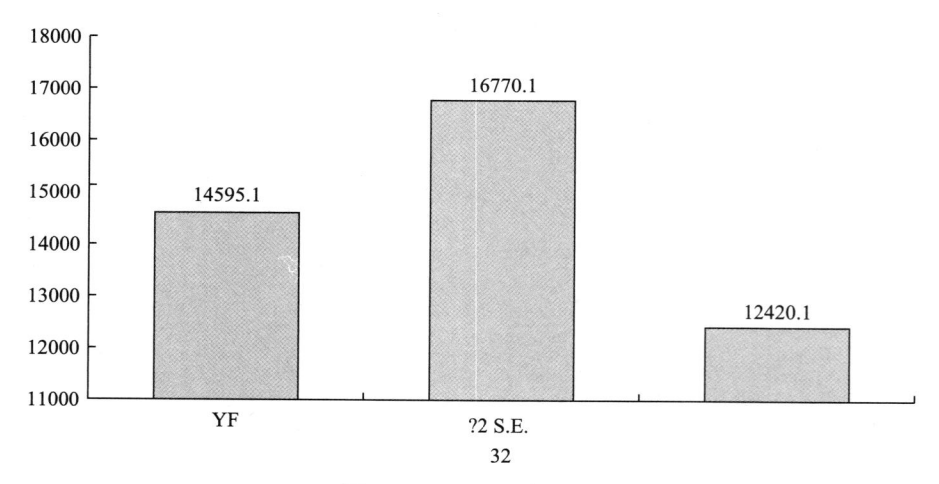

图 2.22　预测结果（二）

第三章 多元线性回归模型的估计与结果

第一节 模型和数据

我们以实际货币需求模型为研究对象,首先根据货币需求理论建立了理论模型:$\frac{M_d}{P} = \beta_0 + \beta_1 Y + \beta_2 i + u$。其中,$M_d$、$P$、$Y$、$i$ 分别代表货币需求、物价水平、收入和实际利率,β_0、β_1、β_2 是待估参数,u 是随机干扰项,将 $\frac{M_d}{P}$ 的计算结果写作实际货币余额需求 M。

接着收集各个变量的数据,M、Y 和 i 三个变量使用的是虚拟数据(只是告诉朋友们如何做,不代表实际数据,朋友们可以查找有关统计数据库获取实际数据,您可以用实际数据做一个真正的、有实际意义的计量模型),数据见表 3.1。

表 3.1 货币需求模型的数据

国家	M	Y	i	国家	M	Y	i
1	3516	219	1690	11	5746	234	3670
2	3716	216	1730	12	6069	233	3980
3	3725	216	1810	13	6498	234	4300
4	4059	217	1850	14	7051	239	4650
5	4282	224	1890	15	7720	246	4860
6	4510	230	1930	16	8164	247	5300
7	4568	234	2070	17	8927	253	5720
8	4958	234	2100	18	9639	263	5920
9	5153	234	2170	19	10155	273	6310
10	5338	233	3400	20	11030	282	7140

续表

国家	M	Y	i	国家	M	Y	i
21	12130	294	8060	39	57650	1027	33570
22	13590	333	8590	40	59320	1027	34580
23	14730	395	9050	41	62560	1034.9	35280
24	15980	432	10200	42	65600	1050.7	35910
25	17830	451.928	11600	43	67229	1068.08	40180.3
26	19910	478.512	12820	44	70336	1098.89	42459.3
27	22500	518.388	13810	45	73906	1129.7	45052.9
28	25080	584.848	14670	46	78340	1129.7	48030
29	27320	664.6	15700	47	86992	1098.89	52810.6
30	30530	724.414	16440	48	91520.98	1109.16	57120.7
31	31660	737.706	17870	49	97648	1170.78	61089
32	34060	750.998	20780	50	100490	1181.05	69660.2
33	37720	764.29	22670	51	104290	1160.51	72687
34	40150	764.29	24830	52	109185	1216.8	74222
35	42320	744.352	27070	53	116792	1287	76800
36	45240	757.644	29290	54	124165	1392.3	92600
37	48810	790.874	30900	55	132018	1450.8	101000
38	54530	987.5	32450				

第二节 变量的有关统计指标

一 相关系数

按照第一章介绍的方法建立工作文件和输入数据。现在可以分析输入的数据的统计特征，打开本章第一节中三个变量的数据窗口，具体操作如下。

首先，左键单击一个变量，该变量将变成蓝色。点击的先后顺序决定了变量的排序，我这里先点击了"m"，接着是"y"和"i"；然后，按住电脑键盘的"Ctrl"键，再分别单击其他变量，都变成蓝色；最后，在三个变量的蓝色区域点击右键，出现下拉菜单，第一项为"Open"，鼠标放在这个位置后出现一个小菜单，点击其中的"as Group"即可。具体步骤如图3.1到图3.3所示。

数据组窗口打开后，左键单击图3.3中的"View"按钮，出现一个下拉菜单，其中一项为"Covariance Analysis…"（协方差分析），点击后得到图3.4。

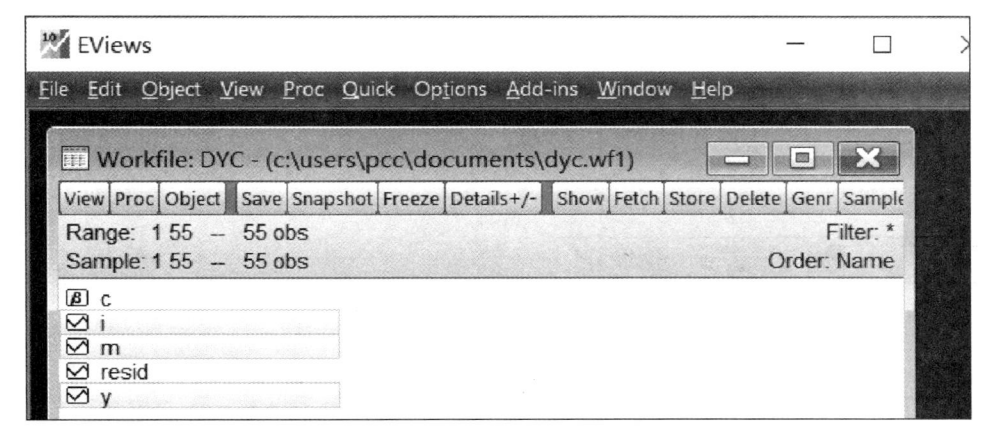

图 3.1 同时选中几个变量

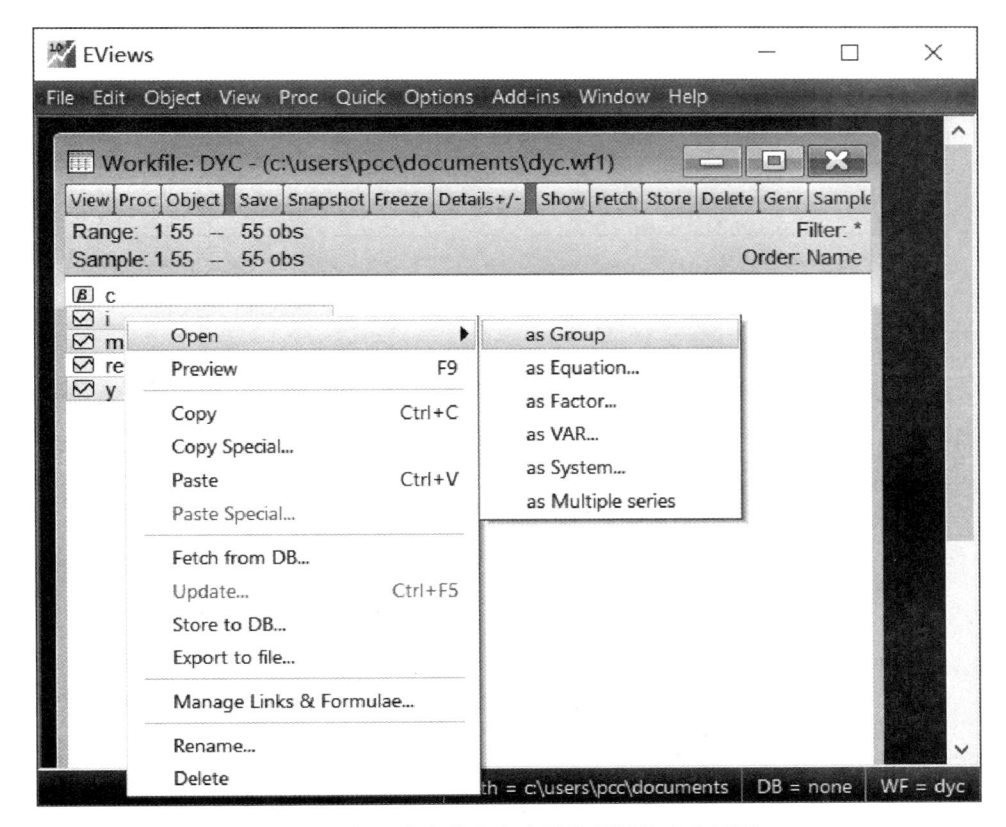

图 3.2 打开选中的几个变量数据组的命令过程

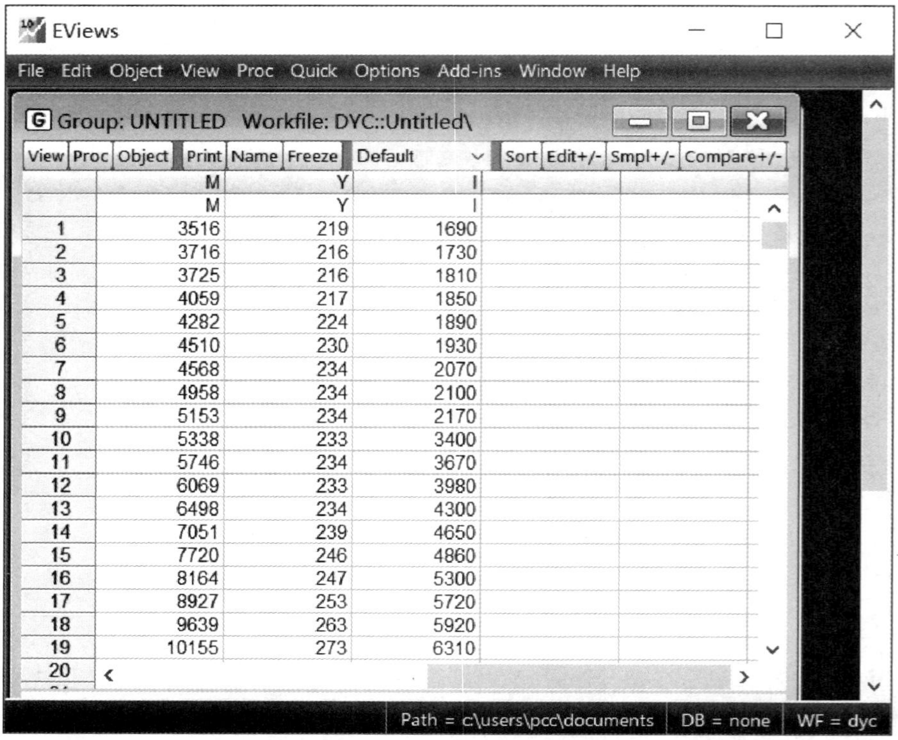

图 3.3 打开的数据组窗口

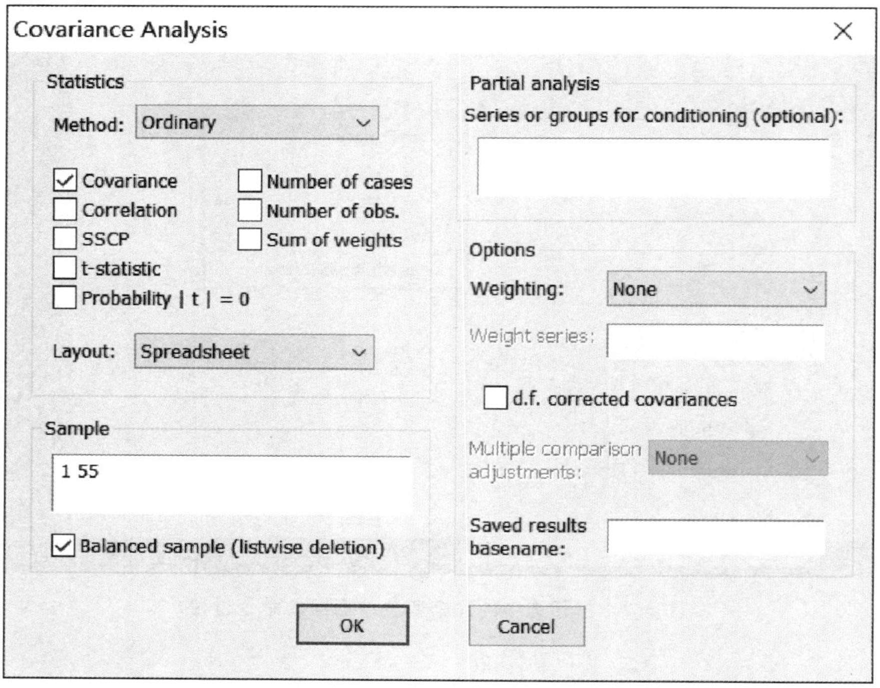

图 3.4 "Covariance Analysis…"（协方差分析）窗口

去掉“Covariance”前面的“√”，在相关系数“Correlation”前面的空白格点击一下，结果如图 3.5 所示。

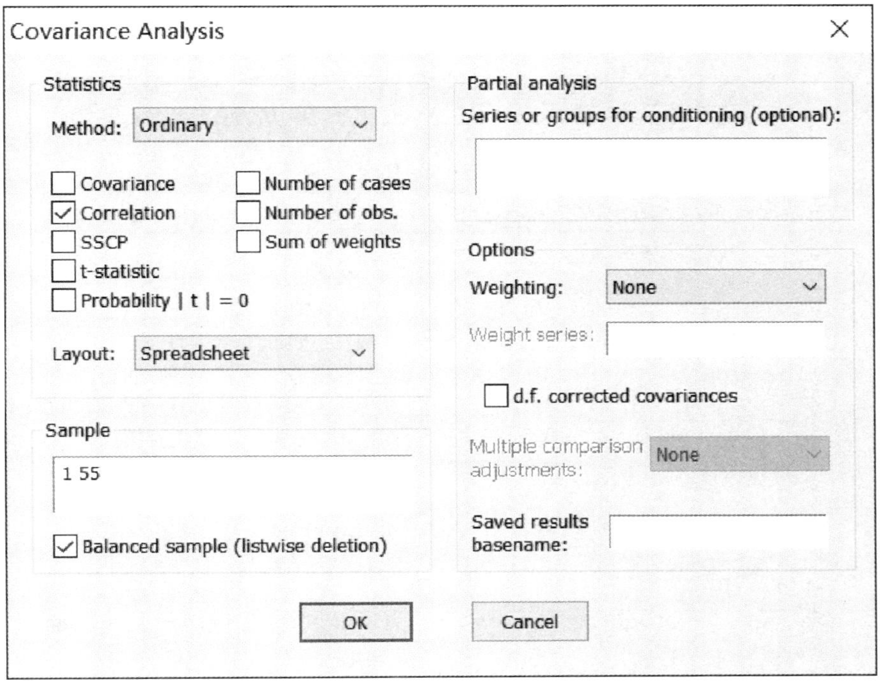

图 3.5 相关系数分析窗口

然后点击图 3.5 中的“OK”，得到图 3.6。

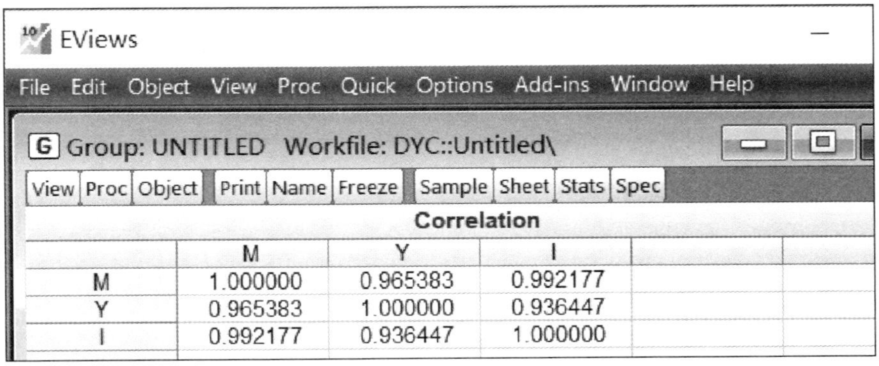

	M	Y	I
M	1.000000	0.965383	0.992177
Y	0.965383	1.000000	0.936447
I	0.992177	0.936447	1.000000

图 3.6 变量的相关系数

从图 3.6 可以看出，变量 M 和 Y 的相关系数为 0.965383；而变量 M 和 i 的相关系数为 0.992177。

二 主要统计指标

再次左键单击图 3.3 中的“View”按钮，出现一个下拉菜单，点击“Descriptive Stats",出现下拉小菜单,点击其中的"Common Sample",则得到这三个变量的主要统计指标(见图3.7)。

	M	Y	I
Mean	39217.38	646.7019	24951.67
Median	25080.00	584.8480	14670.00
Maximum	132018.0	1450.800	101000.0
Minimum	3516.000	216.0000	1690.000
Std. Dev.	37515.56	399.2759	25755.96
Skewness	0.907633	0.351069	1.224867
Kurtosis	2.624987	1.633366	3.659388
Jarque-Bera	7.873770	5.409903	14.74913
Probability	0.019509	0.066874	0.000627
Sum	2156956.	35568.60	1372342.
Sum Sq. Dev.	7.60E+10	8608747.	3.58E+10
Observations	55	55	55

图3.7 变量的主要统计指标

其中:Mean 表示均值;Median 表示中位数;Maximum 表示最大值;Minimum 表示最小值;Std. Dev. 表示标准差;Skewness 表示偏度;Kurtosis 表示峰度;Sum 表示总和;Sum Sq. Dev. 表示平方和;Observations 表示样本容量。

三 趋势图和散点图

在工作文件窗口(见图3.1)打开两组数据(见图3.8),在第一列的变量将出现在散点图的横轴上。

点击主页面窗口的"Quick",出现下拉菜单后点击其中的"Graph",在出现的空白页面中输入"M Y",注意两个字母之间务必留有至少一个空格,哪个字母在前,哪个就是作图的横轴,然后点击"OK"即可。

还可以点击"Group"数据组窗口下的"View",然后点击下拉菜单下的"Graph"里的"Line…"和"Scatter"得到趋势图(见图3.9)和散点图(见图3.10)。

注意,画散点图时,为了保证 Y 在横轴上,必须将之先选定或者排在最前面,即点击主页面窗口的"Quick",出现下拉菜单后点击其中的"Show…",在出现的空

图 3.8 两个变量的数据组窗口

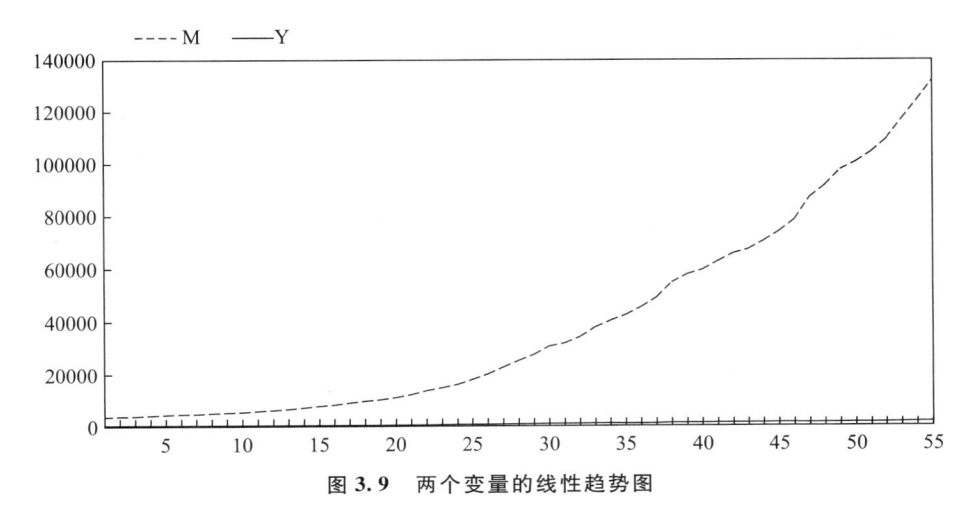

图 3.9 两个变量的线性趋势图

白页面中输入顺序是"解释变量 被解释变量",注意两个字母之间务必留有至少一个空格;如果是点击"Group"数据组窗口下的 View\Graph 作图,解释变量应该是放在第一行。

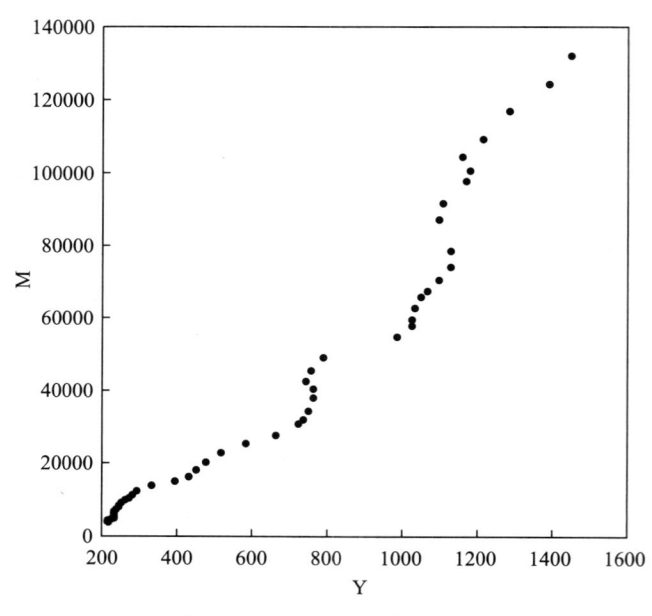

图 3.10　两个变量的散点图

如果想分析单变量的分布特征，我们以 M 为例，左键双击打开 M 的数据窗口，点击数据窗口下的 View\Graph，得到图 3.11。

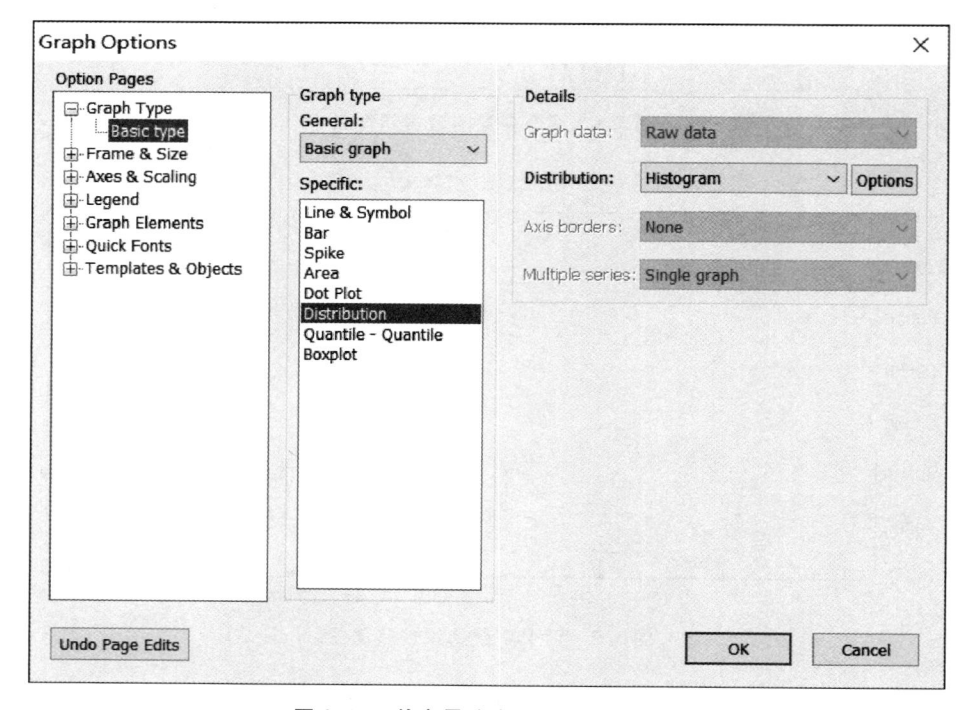

图 3.11　单变量分布特征的形式选择

在"Specific"(图形类型)选择框中选"Distribution"(分布)。同时在窗口右侧"Distribution"部分选择"Kernel Density",然后点击"OK",结果如图 3.12 所示。

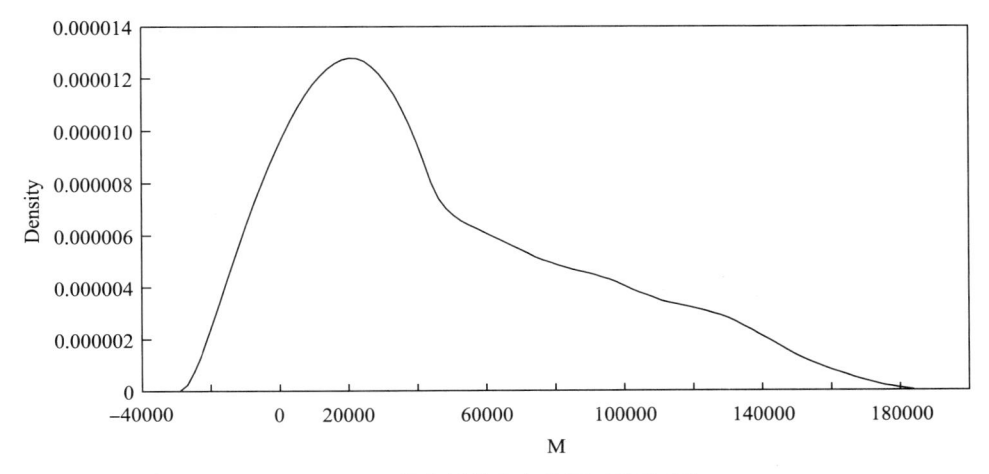

图 3.12 单变量的分布特征(核密度)

在窗口右侧"Distribution"部分选择"Histogram"(直方图),然后点击"OK",结果如图 3.13 所示。

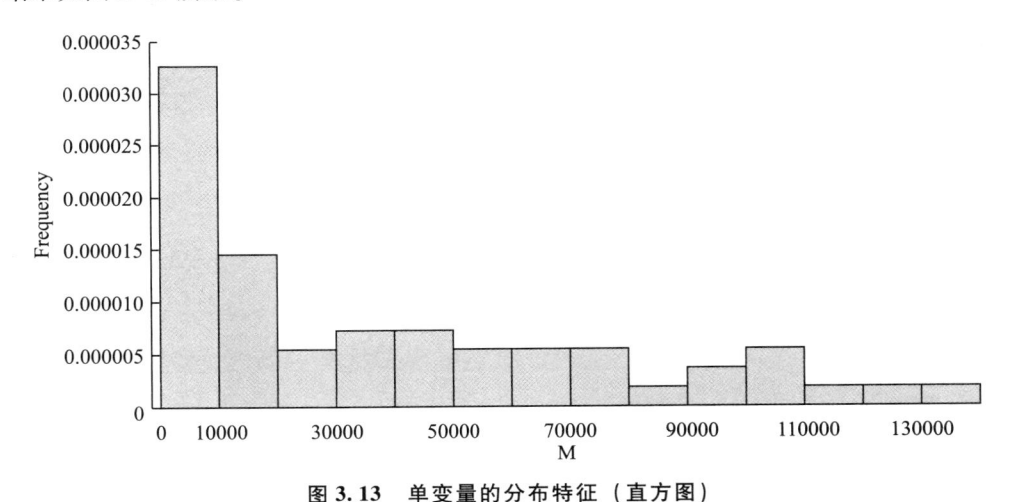

图 3.13 单变量的分布特征(直方图)

第三节 模型的估计与结果

一 OLS 估计

对数据统计特征分析以后,现在我们要对模型进行估计了。我们要估计的模型的理论形式是 $M = \beta_0 + \beta_1 Y + \beta_2 i + u$,想要得到 β_0、β_1、β_2 的具体数据。

这时候左键单击图 3.1 主页面窗口下的"Quick",出现一个下拉菜单,其中有一项是"Estimate Equation…"（方程估计），左键单击"Estimate Equation…"项，得到如图3.14所示的对话窗口。

在图3.14最大的空白处依次输入被解释变量"M"、常数项"C"（系统默认的名字，不要更改为别的字母）、解释变量"Y"和"i"（解释变量的位置可以互换，但被解释变量一定在第一个位置）。需要注意的是，两个字母之间必须有空格，否则的话系统认为所有连在一起的字母是一个名称。

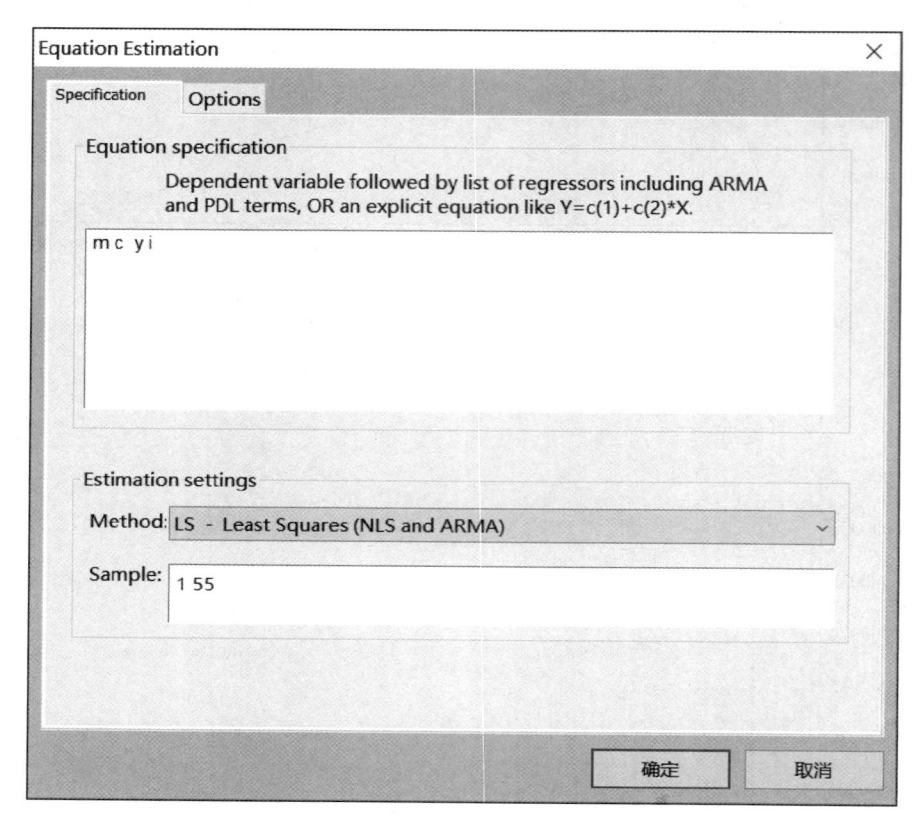

图 3.14　方程设定的窗口

"Method"默认的是普通最小二乘法，也可以选择 ML 和 MM 法。我们先选择默认的方法，然后点击"确定"，结果如图 3.15 所示。

图 3.15 中估计方程的形式可以写成一般形式，如下：

$$M = -4718.111 + 27.685Y + 1.043i$$
$$(-5.27) \quad (10.65) \quad (25.88)$$
$$R^2 = 0.995, DW = 0.7, S.E. = 2676.2, F = 5279.9, T = 55$$

公式下括号中的数字表示参数估计值对应的 t 统计量。

可以对图 3.15 的结果进行保存，点击图 3.15 工具栏下命令窗口的"Name"，出现图 3.16。直接点击"OK"，估计的方程结果就保存在名称为"eq01"的文件

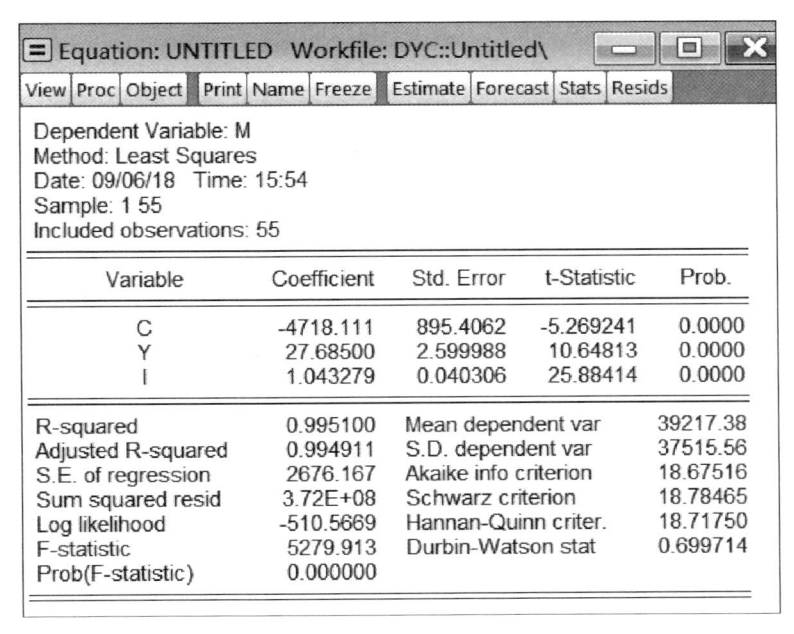

图 3.15　方程的回归结果

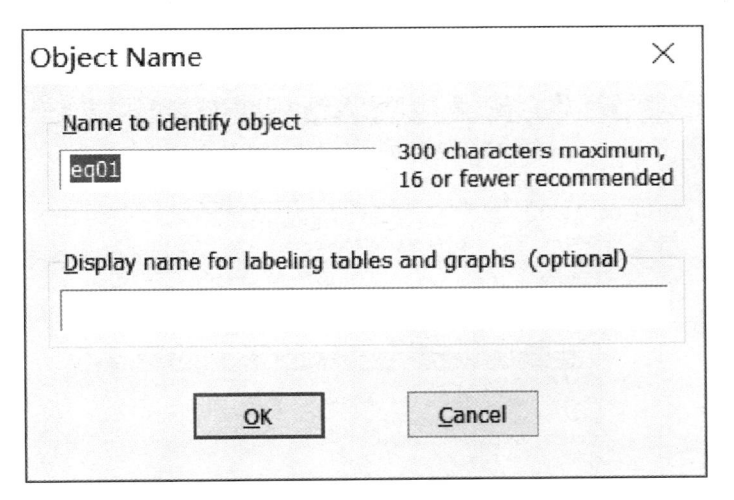

图 3.16　方程回归结果的命名

里面，如图 3.17 所示。

要想看到刚才保存的方程，直接点击图 3.17 中的 "eq01" 即可。

二　ML 估计

在图 3.14 的界面，在 "Method" 下选择 "CENSORED"（见图 3.18），其余不变，点击 "确定"，结果如图 3.19 所示。

图 3.17 保存方程后的工作文件窗口

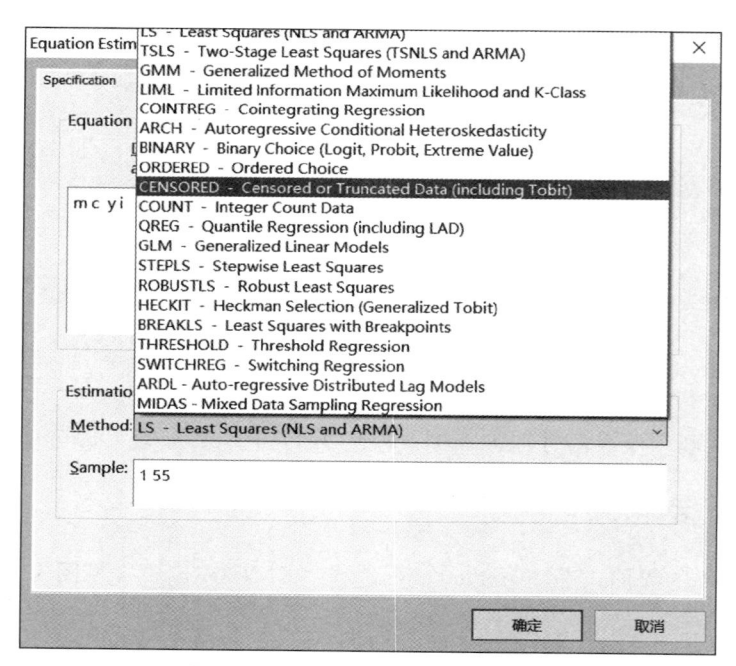

图 3.18 ML 估计方程的设定窗口

从图 3.19 所示的结果可知，ML 和 OLS 估计的系数一样。

```
View Proc Object   Print Name Freeze   Estimate Forecast Stats Resids

Dependent Variable: M
Method: ML - Censored Normal (TOBIT)  (Newton-Raphson / Marquardt
    steps)
Date: 09/07/18   Time: 08:20
Sample: 1 55
Included observations: 55
Left censoring (value) at zero
Convergence achieved after 3 iterations
Coefficient covariance computed using observed Hessian

    Variable       Coefficient   Std. Error    z-Statistic    Prob.

       C           -4718.111      870.6436     -5.419107      0.0000
       Y            27.68500      2.528085     10.95098       0.0000
       I            1.043279      0.039191     26.62032       0.0000

                         Error Distribution

    SCALE:C(4)       2602.158      248.1060     10.48809      0.0000

Mean dependent var     39217.38    S.D. dependent var       37515.56
S.E. of regression      2697.363   Akaike info criterion    18.71152
Sum squared resid       3.71E+08   Schwarz criterion        18.85751
Log likelihood         -510.5669   Hannan-Quinn criter.     18.76798
Avg. log likelihood    -9.283035

Left censored obs            0    Right censored obs              0
Uncensored obs              55    Total obs                      55
```

图 3.19 ML 估计结果

三 MM 估计

在图 3.14 的界面，在"Method"下选择"GMM"，在"Instrument list"栏输入"c y i"（除了被解释变量，其余变量包含常数项都输进去，变量之间一定要有空格）（见图 3.20），点击"确定"，结果如图 3.21 所示。

从图 3.21 所示的结果可知，MM、ML 和 OLS 估计的系数一样。

四 残差图

在图 3.15 的"Equation"窗口下，点击"View"，出现下拉菜单，其中有一项是"Actual, Fitted, Residual"，点击后出现一个小菜单，"Actual, Fitted, Residual Table"和"Actual, Fitted, Residual Graph"两项最常用，表示的是实际值、拟合值和残差图或表，分别点击后会出现图 3.22 和图 3.23。

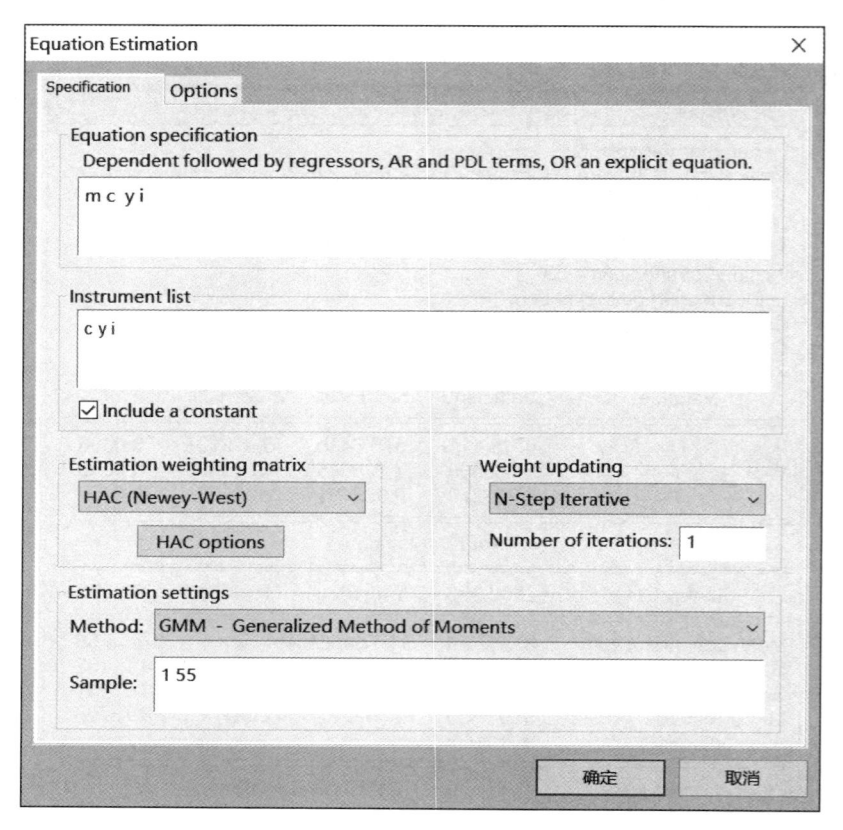

图 3.20 MM 估计方程的设定窗口

图 3.21 MM 估计结果

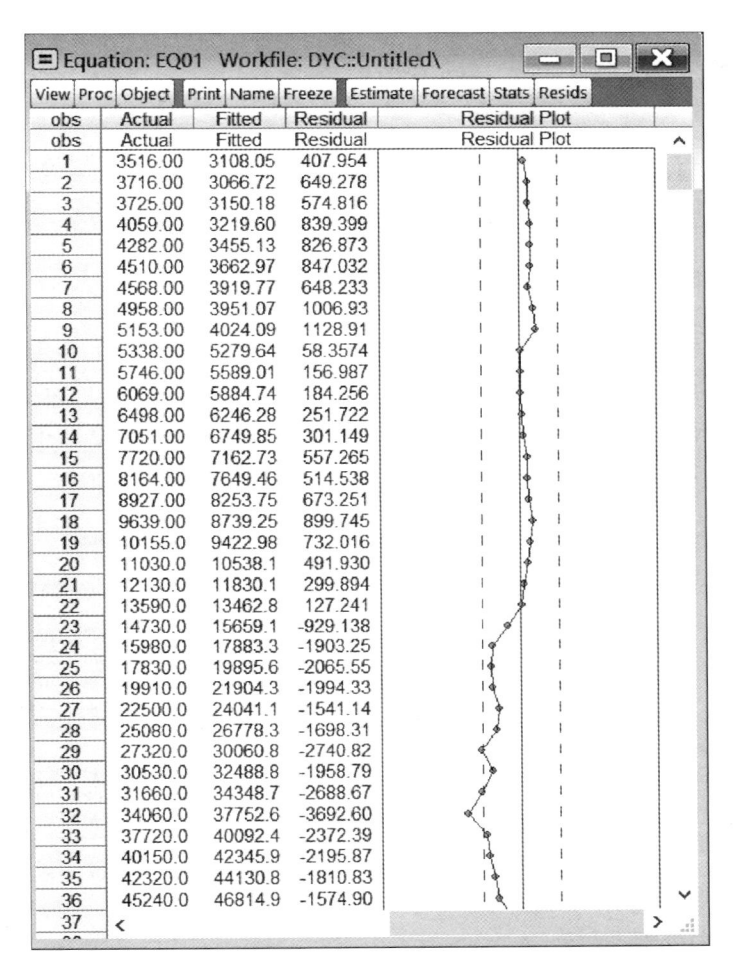

obs	Actual	Fitted	Residual
1	3516.00	3108.05	407.954
2	3716.00	3066.72	649.278
3	3725.00	3150.18	574.816
4	4059.00	3219.60	839.399
5	4282.00	3455.13	826.873
6	4510.00	3662.97	847.032
7	4568.00	3919.77	648.233
8	4958.00	3951.07	1006.93
9	5153.00	4024.09	1128.91
10	5338.00	5279.64	58.3574
11	5746.00	5589.01	156.987
12	6069.00	5884.74	184.256
13	6498.00	6246.28	251.722
14	7051.00	6749.85	301.149
15	7720.00	7162.73	557.265
16	8164.00	7649.46	514.538
17	8927.00	8253.75	673.251
18	9639.00	8739.25	899.745
19	10155.0	9422.98	732.016
20	11030.0	10538.1	491.930
21	12130.0	11830.1	299.894
22	13590.0	13462.8	127.241
23	14730.0	15659.1	-929.138
24	15980.0	17883.3	-1903.25
25	17830.0	19895.6	-2065.55
26	19910.0	21904.3	-1994.33
27	22500.0	24041.1	-1541.14
28	25080.0	26778.3	-1698.31
29	27320.0	30060.8	-2740.82
30	30530.0	32488.8	-1958.79
31	31660.0	34348.7	-2688.67
32	34060.0	37752.6	-3692.60
33	37720.0	40092.4	-2372.39
34	40150.0	42345.9	-2195.87
35	42320.0	44130.8	-1810.83
36	45240.0	46814.9	-1574.90

图 3.22 因变量的实际值、拟合值以及方程的残差（表格形式）

图 3.23 中的"Actual，Fitted，Residual"图标可以移动！

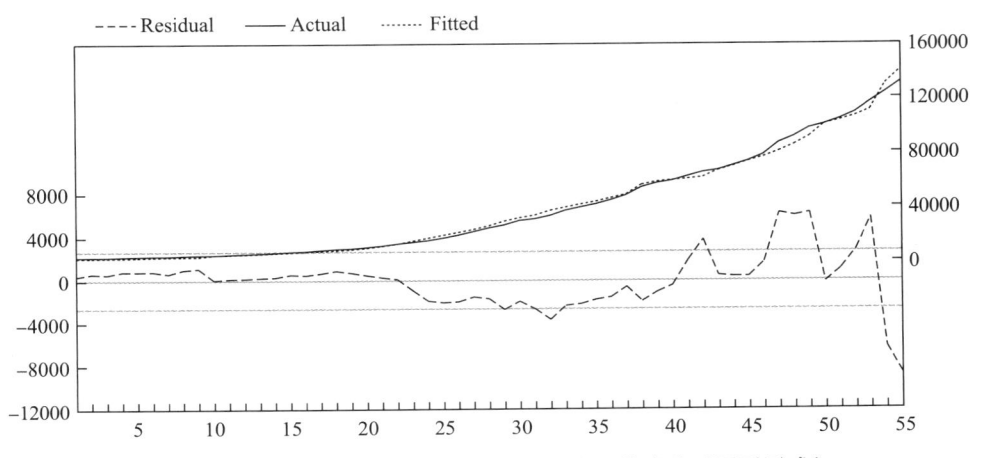

图 3.23 因变量的实际值、拟合值以及方程的残差（图形形式）

第四节 预测

在第二章已经介绍了一元线性回归模型预测的软件操作，一元和多元回归模型预测的软件操作是类似的，本章只介绍结果，软件操作请读者借鉴第二章的内容。

一 样本内预测

在方程估计结果的界面（见图3.15），点击"Forecast"，再点击"OK"即可。图3.24是货币需求模型的预测结果。实线代表的是55个样本的货币需求的预测值，虚线代表的是预测值加减两个标准误差。右边的是预测值效果的统计指标，这些统计指标可以参考《统计学》或者《计量经济学》教材获取。

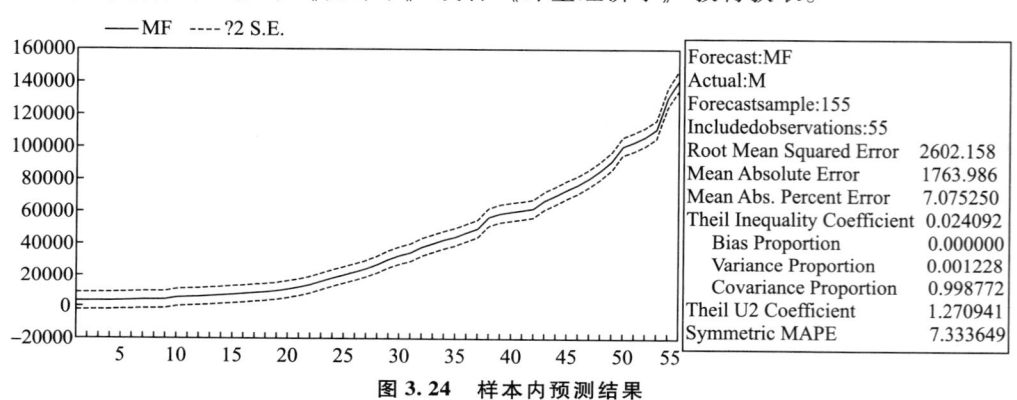

图3.24 样本内预测结果

二 样本外预测

在进行外推预测之前应给解释变量赋值，可以参考第二章的内容。给 Y 赋值为1500，i 为110000，得到了第56个样本的预测值（见图3.25）。

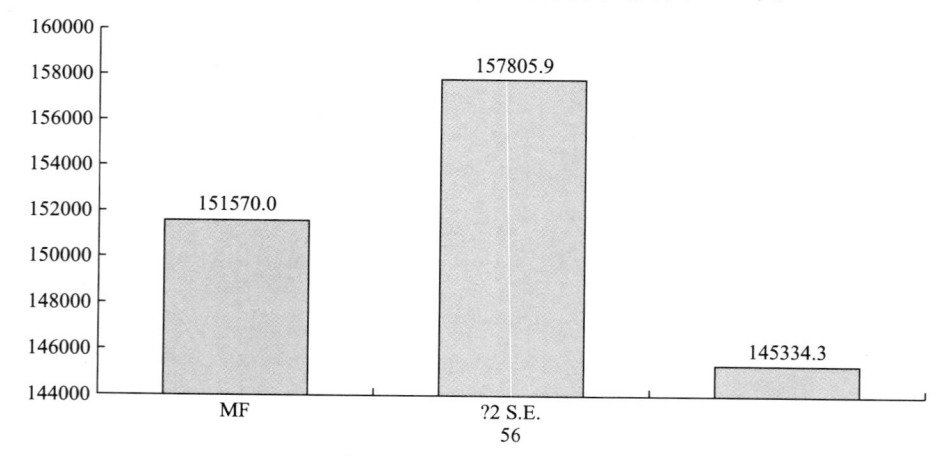

图3.25 样本外预测结果

第四章 可化为线性模型的非线性模型估计

使用 OLS 回归的时候要求模型必须是线性的,大部分非线性模型可以线性化。我们需要掌握几种典型的非线性模型,了解对其进行线性化处理的原理,以及相应的 EViews 软件操作方法。

第一节 非线性回归模型

一 厦门市贷款模型

表 4.1 给出了厦门市贷款 Loan 与 GDP 的数据 (1990~2002 年),通过分析 Loan 与 GDP 的关系,即分析其散点图,来建立厦门市贷款模型。

表 4.1 厦门市贷款 Loan 与 GDP 的数据

单位:亿元

年份	Loan	GDP
1990	63.7	57.1
1991	78.0	72.0
1992	112.7	97.7
1993	151.8	132.3
1994	209.6	187.0
1995	260.8	250.6
1996	306.8	306.4
1997	352.3	370.3
1998	397.3	418.1
1999	435.5	458.3
2000	488.3	501.2

续表

年份	Loan	GDP
2001	552.0	556.0
2002	646.0	648.0

资料来源：厦门市统计信息网。

根据表 4.1 中的数据建立 GDP 与 Loan 的散点图，如图 4.1 所示（有关散点图的画法参考第二章和第三章内容）。

由散点图发现，Loan 和 GDP 呈现近似线性关系（见图 4.1），但是用多项式方程形式进行拟合似乎更加合理（见图 4.2）。因此，可以尝试用不同的形式进行建模，然后根据拟合优度及其他检验方法比较不同模型的优劣。本书根据散点图建立了以下两个模型来进行模拟，并尝试建立其他非线性模型，最终根据拟合优度及其他检验方法比较不同模型的优劣，得出如下模型。第一个模型是线性模型，第二个模型为非线性模型。

$$Loan = \beta_0 + \beta_1 GDP + \mu$$
$$Loan = \beta_0 + \beta_1 GDP + \beta_2 GDP^2 + \mu$$

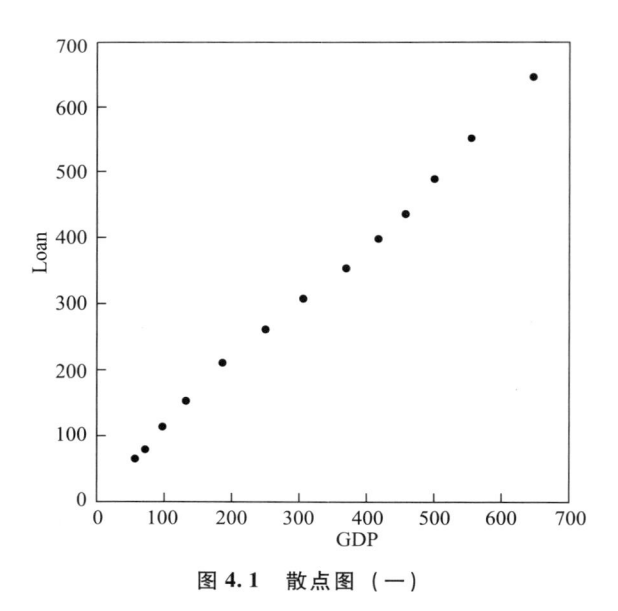

图 4.1 散点图（一）

二 建立钉螺存活率模型

在冬季土埋钉螺的研究中，先把一批钉螺埋入土中，以后每隔一个月取出部分钉螺，检测存活个数，计算存活率。数据见表 4.2。

Loan vs. Polynomial (degree=3) of GDP

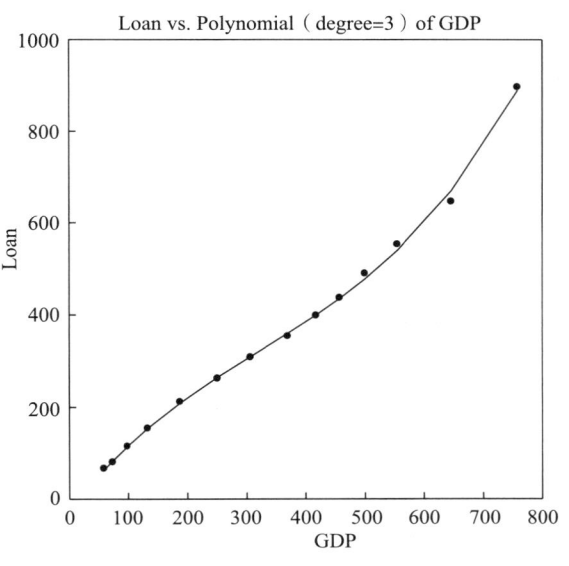

图 4.2　散点图（二）

表 4.2　钉螺存活率数据

y_t（存活率,%）	t（土埋月数）
100.0	0
93.0	1
92.3	2
88.0	3
84.7	4
82.0	5
48.4	6
41.0	7
15.0	8
5.2	9
3.5	10
1.3	11

根据表 4.2 中的数据绘制 y 与 t 的散点图，如图 4.3 所示。可以看到散点图呈现的曲线形式类似于生长曲线，根据常用的皮尔生长曲线模型，将本案例的经济学模型设为：

$$y_t = \frac{K}{1 + be^{at}}$$

设定 y_t 的上渐近极限值 $K = 101$（因为已有观测值 $y_t = 100$，所以令 $K = 101$）。其中，t 为自变量，y 为因变量；K、a、b 是未知数（K，a，$b > 0$，$b \neq 1$）。

图 4.3　散点图

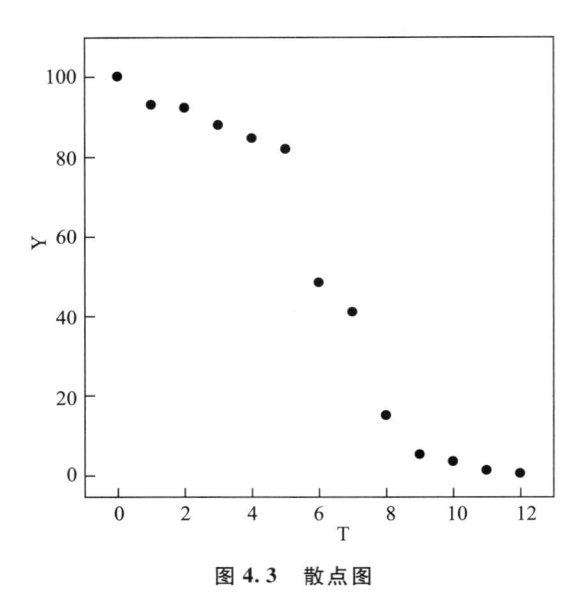

第二节　非线性化操作

一　厦门市贷款模型的估计

对于厦门市贷款模型，线性回归操作与前面一元回归的 OLS 估计一样，本书不再赘述。为了方便对比，显示线性模型的 OLS 估计结果（见图 4.4）。

```
Dependent Variable: LOAN
Method: Least Squares
Date: 09/07/18   Time: 09:03
Sample: 1990 2002
Included observations: 13

Variable          Coefficient   Std. Error   t-Statistic   Prob.

C                 16.08431      6.301465     2.552472      0.0269
GDP               0.948386      0.017277     54.89258      0.0000

R-squared              0.996363    Mean dependent var      311.9077
Adjusted R-squared     0.996032    S.D. dependent var      186.9308
S.E. of regression     11.77515    Akaike info criterion   7.910499
Sum squared resid      1525.197    Schwarz criterion       7.997414
Log likelihood         -49.41824   Hannan-Quinn criter.    7.892634
F-statistic            3013.196    Durbin-Watson stat      0.570621
Prob(F-statistic)      0.000000
```

图 4.4　厦门市贷款线性模型 OLS 估计结果

第四章 可化为线性模型的非线性模型估计

而对于非线性模型，在估计窗口中，只有方程设定不同，其余一模一样，以解释变量的二次方为例，采用普通最小二乘法估计时，方程设定操作如图 4.5 所示。

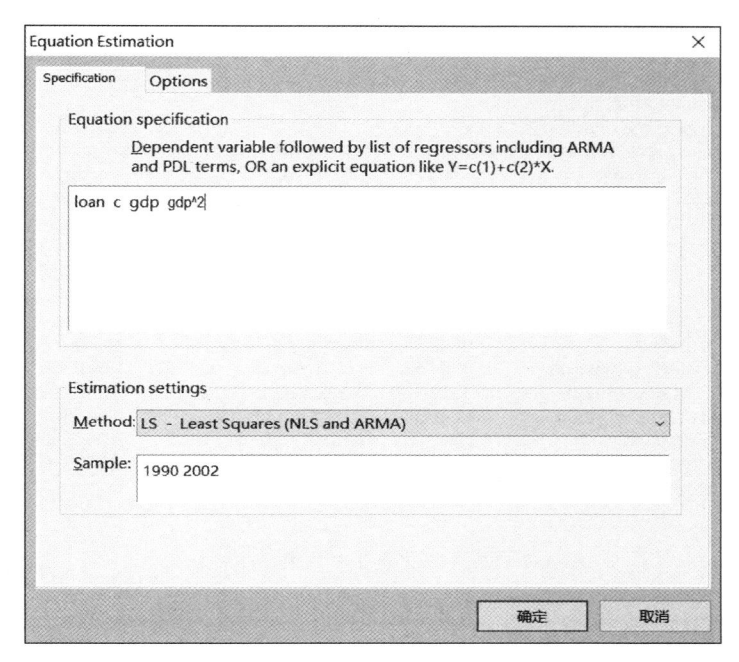

图 4.5 估计方程的设定窗口

如果想引入 GDP 的更高次方，只需要在图 4.5 "Equation Estimation" 窗口下的 GDP^2 后面加入 GDP^3、GDP^4……。估计结果见图 4.6 至图 4.8。

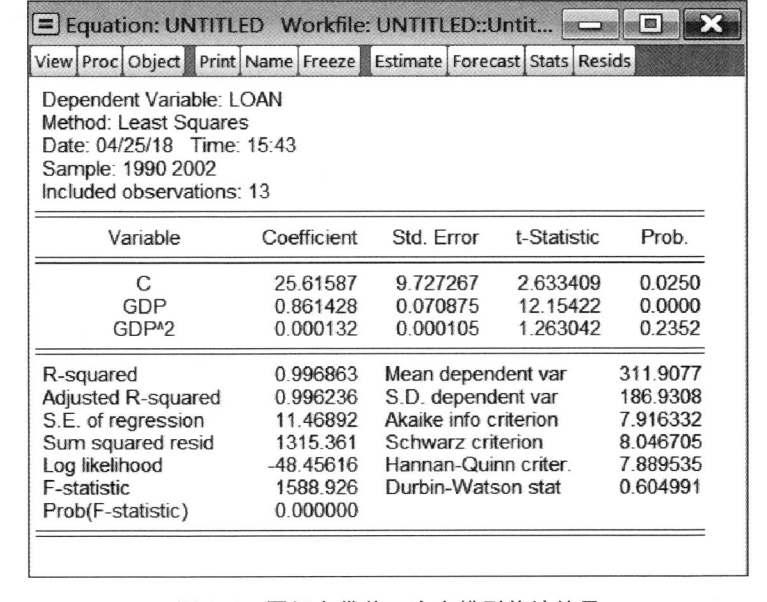

图 4.6 厦门市贷款二次方模型估计结果

Equation: UNTITLED Workfile: UNTITLED::Untit...

Dependent Variable: LOAN
Method: Least Squares
Date: 04/25/18   Time: 15:45
Sample: 1990 2002
Included observations: 13

Variable	Coefficient	Std. Error	t-Statistic	Prob.
C	-8.183005	10.70848	-0.764161	0.4643
GDP	1.368182	0.138009	9.913701	0.0000
GDP^2	-0.001611	0.000453	-3.555516	0.0062
GDP^3	1.66E-06	4.26E-07	3.890591	0.0037

R-squared	0.998830	Mean dependent var		311.9077
Adjusted R-squared	0.998440	S.D. dependent var		186.9308
S.E. of regression	7.382161	Akaike info criterion		7.083670
Sum squared resid	490.4667	Schwarz criterion		7.257500
Log likelihood	-42.04385	Hannan-Quinn criter.		7.047940
F-statistic	2561.808	Durbin-Watson stat		1.502976
Prob(F-statistic)	0.000000			

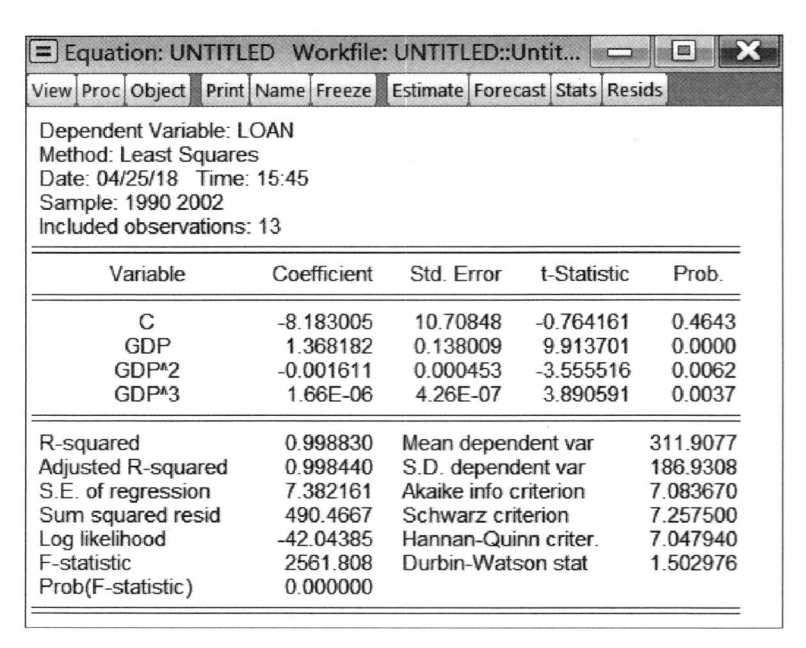

图 4.7　厦门市贷款三次方模型估计结果

Equation: UNTITLED Workfile: UNTITLED::Untit...

Dependent Variable: LOAN
Method: Least Squares
Date: 04/25/18   Time: 15:47
Sample: 1990 2002
Included observations: 13

Variable	Coefficient	Std. Error	t-Statistic	Prob.
C	-48.00347	11.40313	-4.209677	0.0030
GDP	2.192655	0.212556	10.31567	0.0000
GDP^2	-0.006409	0.001173	-5.464210	0.0006
GDP^3	1.20E-05	2.47E-06	4.850884	0.0013
GDP^4	-7.34E-09	1.75E-09	-4.201976	0.0030

R-squared	0.999635	Mean dependent var		311.9077
Adjusted R-squared	0.999453	S.D. dependent var		186.9308
S.E. of regression	4.372252	Akaike info criterion		6.072157
Sum squared resid	152.9327	Schwarz criterion		6.289445
Log likelihood	-34.46902	Hannan-Quinn criter.		6.027494
F-statistic	5481.688	Durbin-Watson stat		1.708310
Prob(F-statistic)	0.000000			

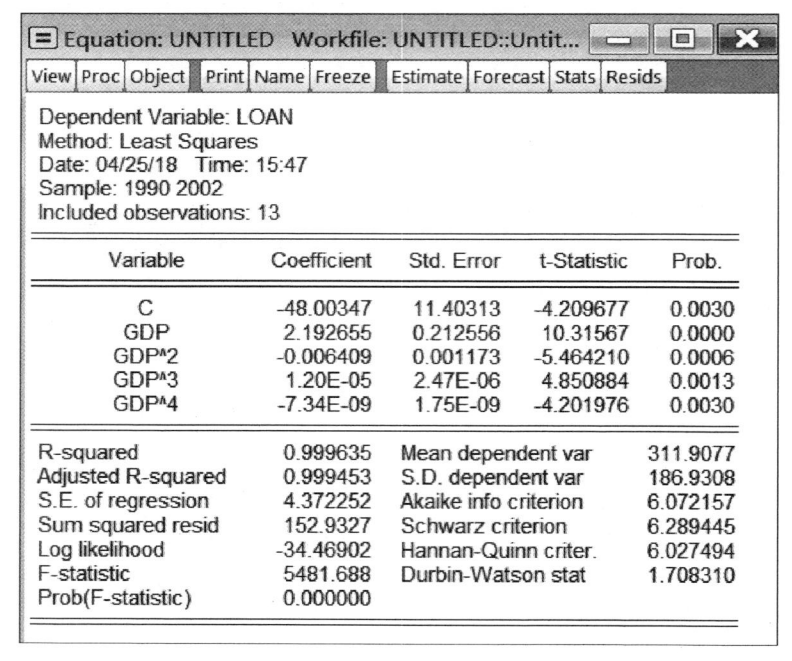

图 4.8　厦门市贷款四次方模型估计结果

由估计结果可以看到，随着多项式次数的增加，可决系数逐渐增大，但是当加入 GDP 的四次方项时，各项的 t 统计量值发生了变化，都能通过检验。因此选用四次方项的估计形式，即采用图 4.8 的估计结果。可以整理为下式：

第四章　可化为线性模型的非线性模型估计

$$Loan_t = \beta_0 + \beta_1 GDP_t + \beta_2 GDP_t^2 + \beta_3 GDP_t^3 + \beta_4 GDP_t^4 + u_t$$

$$\widehat{Loan}_t = -48.0035 + 2.1927 GDP_t - 0.0064 GDP_t^2 + 0.000012 GDP_t^3 - 0.00000000734 GDP_t^4$$

$$(-4.2097) \quad (10.3157) \quad (-5.4642) \quad (4.8509) \quad (-4.2020)$$

$$R^2 = 0.9996, DW = 1.7083$$

当然，这个模型能不能使用还要结合第七章的检验。

二　钉螺存活率模型的估计

对于钉螺存活率模型，根据散点图（见图4.3），可以看出生长曲线能够很好地拟合散点的走势。首先令 yy = 101/y，即通过点击 "Quick"，选择 "Generate Series…"，在弹出的对话框中输入 "yy = 101/y"，最后点击 "OK"（见图4.9、图4.10）。

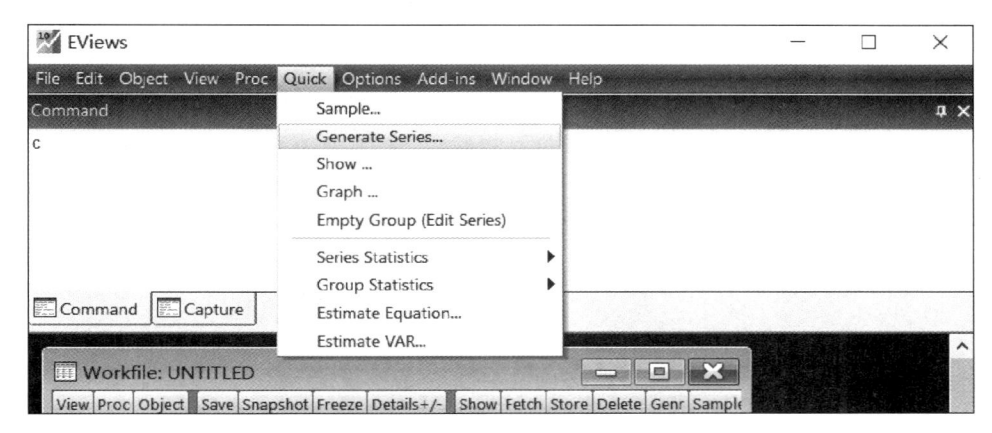

图4.9　产生序列的菜单选择

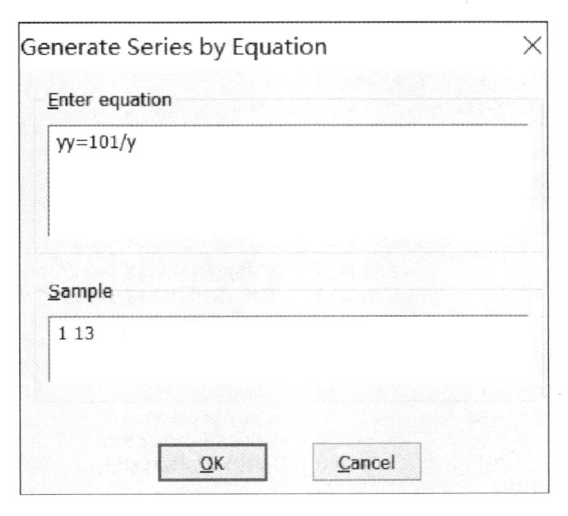

图4.10　序列的设定

估计方程设定时，点击 "Quick"，选择 "Estimate Equation…"，在弹出的对话框中输入如图 4.11 所示的变量。

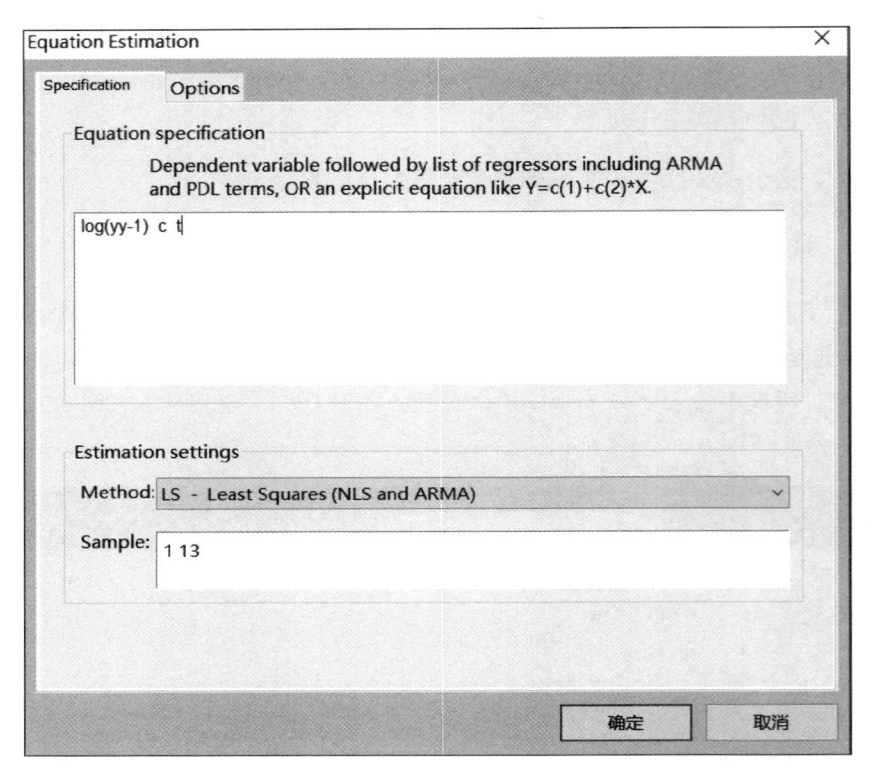

图 4.11 估计窗口的设定

点击"确定"之后，估计结果见图 4.12。

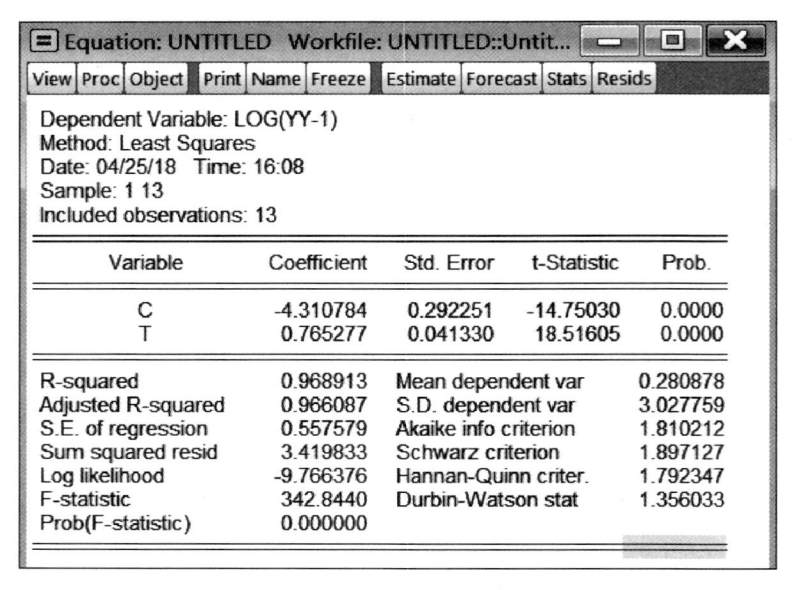

Dependent Variable: LOG(YY-1)
Method: Least Squares
Date: 04/25/18   Time: 16:08
Sample: 1 13
Included observations: 13

Variable	Coefficient	Std. Error	t-Statistic	Prob.
C	-4.310784	0.292251	-14.75030	0.0000
T	0.765277	0.041330	18.51605	0.0000

R-squared	0.968913	Mean dependent var	0.280878
Adjusted R-squared	0.966087	S.D. dependent var	3.027759
S.E. of regression	0.557579	Akaike info criterion	1.810212
Sum squared resid	3.419833	Schwarz criterion	1.897127
Log likelihood	-9.766376	Hannan-Quinn criter.	1.792347
F-statistic	342.8440	Durbin-Watson stat	1.356033
Prob(F-statistic)	0.000000		

图 4.12 钉螺存活率模型的回归结果

估计式整理为：

$$\ln\left(\frac{101}{\hat{y}_t} - 1\right) = -4.3108 + 0.7653t$$

$$(-14.8) \quad (18.5)$$

$$R^2 = 0.97$$

因为 $\ln(0.013) = -4.3108$，所以 $b = 0.013$。

对数式变形为：$\hat{y}_t = \dfrac{101}{1 + 0.013 e^{0.7653t}}$。

当 $t = 10.5$ 时：

$$\hat{y}_t = \frac{101}{1 + 0.013 e^{0.7653 \times 10.5}} = 2.38$$

当深埋 10.5 个月时，存活率只有 2.38%。

观测值和预测值序列如图 4.13 所示。

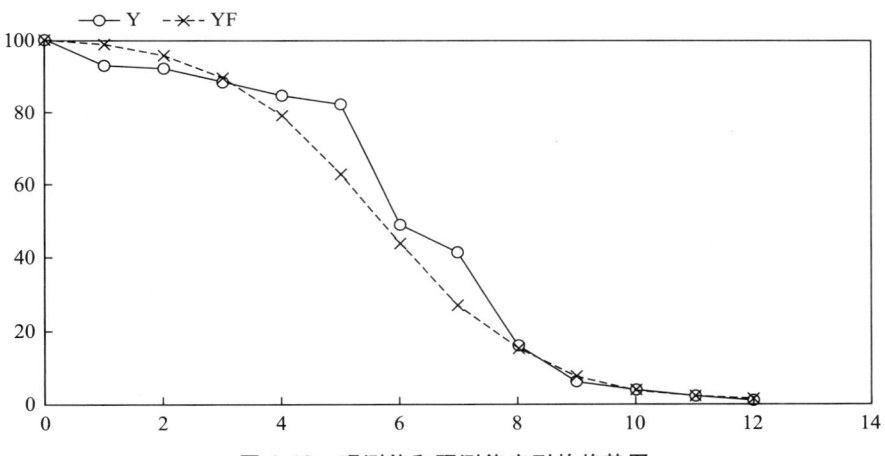

图 4.13 观测值和预测值序列的趋势图

第五章 虚拟变量模型的估计

通过本章的学习,希望大家在理解虚拟变量的基本原理的基础上,掌握相关的 EViews 10.0 软件操作方法。

第一节 研究对象

一 市场用煤销售量案例

本书使用的第一个案例是全国市场用煤销售量。表 5.1 给出了全国市场用煤销售量的季度数据,本书将建立用时间变量拟合的用煤销售量虚拟变量模型。

表 5.1 用煤销售量数据

单位:万吨

时间	Y_t	时间	Y_t
1982.1	2599.8	1985.1	3044.1
1982.2	2647.2	1985.2	3078.8
1982.3	2912.7	1985.3	3159.1
1982.4	4087.0	1985.4	4483.2
1983.1	2806.5	1986.1	2881.8
1983.2	2672.1	1986.2	3308.7
1983.3	2943.6	1986.3	3437.5
1983.4	4193.4	1986.4	4946.8
1984.1	3001.9	1987.1	3209.0
1984.2	2969.5	1987.2	3608.1
1984.3	3287.5	1987.3	3815.6
1984.4	4270.6	1987.4	5332.3

时间	Y_t	时间	Y_t
1988.1	3929.8	1988.3	4015.1
1988.2	4126.2	1988.4	4904.2

注：1982.1 表示 1982 年第 1 季度，其他含义相同。
资料来源：《中国统计年鉴1989》。

二 财政支出案例

表 5.2 给出了 1952～2004 年中国财政支出（Fin）的年度数据，数据以 1952 年为基期，用 CPI 指数进行平减后得出。本书将根据财政支出随时间变化的特征建立相应的虚拟变量模型。

表 5.2 财政支出模型数据

单位：亿元

年份	Fin	年份	Fin	年份	Fin
1952	173.94	1970	563.59	1988	1122.88
1953	206.23	1971	638.01	1989	1077.92
1954	231.70	1972	658.23	1990	1163.19
1955	233.21	1973	691.00	1991	1212.51
1956	262.14	1974	664.81	1992	1272.68
1957	279.45	1975	691.32	1993	1403.62
1958	349.03	1976	656.25	1994	1383.74
1959	443.85	1977	724.18	1995	1442.19
1960	419.06	1978	931.47	1996	1613.19
1961	270.80	1979	924.71	1997	1868.98
1962	229.72	1980	882.78	1998	2190.30
1963	266.46	1981	874.02	1999	2616.46
1964	322.98	1982	884.14	2000	3109.61
1965	393.14	1983	982.17	2001	3834.16
1966	465.45	1984	1147.95	2002	4481.40
1967	351.99	1985	1287.41	2003	5153.40
1968	302.98	1986	1285.16	2004	6092.99
1969	446.83	1987	1241.86		

注：作者对原始数据进行了消除通胀的修正。
资料来源：《中国统计年鉴》（1985 年、2005 年）。

第二节 虚拟变量模型与估计

一 市场用煤销售量虚拟变量模型

在 EViews 10.0 软件建立工作文件时，需要注意，在时间序列数据类型基础上，日期设定选择"Quarterly"，如图 5.1 所示。

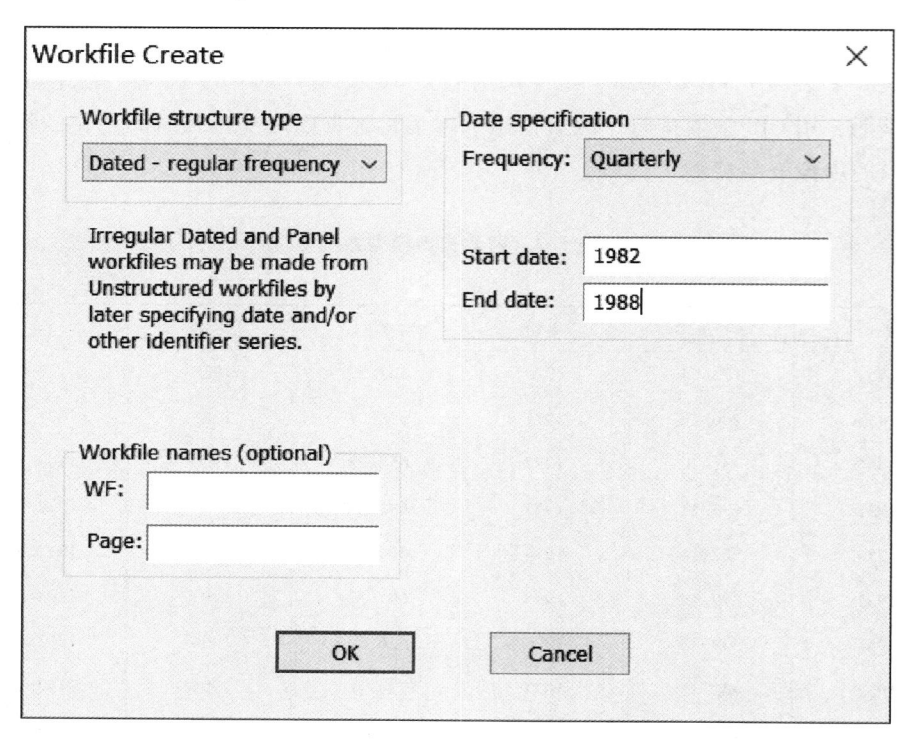

图 5.1 创建工作文件

1. 趋势图分析

根据表 5.1 中的数据建立 Y 的趋势图，如图 5.2 所示（趋势图画法可以参考第一章内容）。

2. 构造虚拟变量

从图 5.2 的长期趋势看，用煤销售量总体随时间的推移而增长，且随季度不同呈现明显的周期性变化，由于受到取暖用煤的影响，每年第 4 季度的用煤销售量大大高于其他季度。鉴于研究所使用的是季度数据，可设三个季度变量，如下所示：

$$D_1 = \begin{cases} 1(4\text{ 季度}) \\ 0(1,2,3\text{ 季度}) \end{cases} \qquad D_2 = \begin{cases} 1(3\text{ 季度}) \\ 0(1,2,4\text{ 季度}) \end{cases} \qquad D_3 = \begin{cases} 1(2\text{ 季度}) \\ 0(1,3,4\text{ 季度}) \end{cases}$$

图 5.2 趋势图

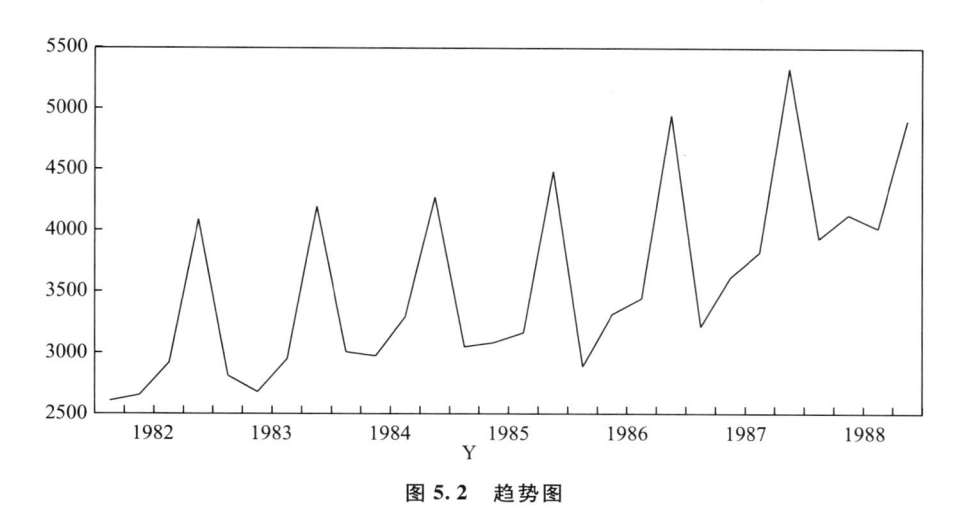

注意，四个季度只能使用三个虚拟变量，原因可以参考相关理论教材。

接下来需要在模型中加入时间因素 t，以及虚拟变量 D_1、D_2 和 D_3。

用 EViews 10.0 生成时间变量及虚拟变量序列，采用的方法为：在工作文件窗口点击"Quick"，再点击"Generate Series…"，在弹出的由方程生成序列的窗口，输入"t = @ trend（1981Q4）"，注意，trend 括号中必须输"1981Q4"，如果输入的是"1982Q1"，则第一年的数据就是 0。生成序列窗口如图 5.3 所示，即可以生成表 5.3 中时间变量 t 的数据。

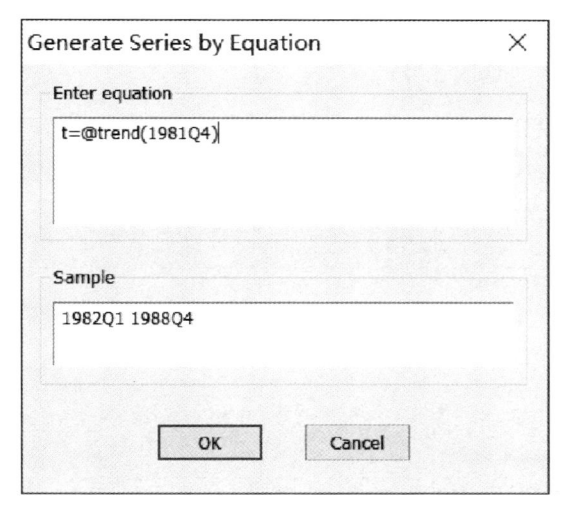

图 5.3 生成序列窗口

接下来生成季度虚拟变量数据。以季度数据 D_1 为例，在生成序列窗口图 5.3 中输入 EViews 命令 D_1 = @ seas(4)。用相同的方法生成 D_2 和 D_3，D_2 = @ seas(3)，D_3 = @ seas(2)，得到建模数据，如表 5.3 所示。如果读者觉得生成序列很麻烦，也可以在 Excel 表格中填好数据，直接和 Y 数据一起复制粘贴。

表 5.3　新数据

时间	Y_t	t	D_1	D_2	D_3	时间	Y_t	t	D_1	D_2	D_3
1982.1	2599.8	1	0	0	0	1985.3	3159.1	15	0	1	0
1982.2	2647.2	2	0	0	1	1985.4	4483.2	16	1	0	0
1982.3	2912.7	3	0	1	0	1986.1	2881.8	17	0	0	0
1982.4	4087.0	4	1	0	0	1986.2	3308.7	18	0	0	1
1983.1	2806.5	5	0	0	0	1986.3	3437.5	19	0	1	0
1983.2	2672.1	6	0	0	1	1986.4	4946.8	20	1	0	0
1983.3	2943.6	7	0	1	0	1987.1	3209.0	21	0	0	0
1983.4	4193.4	8	1	0	0	1987.2	3608.1	22	0	0	1
1984.1	3001.9	9	0	0	0	1987.3	3815.6	23	0	1	0
1984.2	2969.5	10	0	0	1	1987.4	5332.3	24	1	0	0
1984.3	3287.5	11	0	1	0	1988.1	3929.8	25	0	0	0
1984.4	4270.6	12	1	0	0	1988.2	4126.2	26	0	0	1
1985.1	3044.1	13	0	0	0	1988.3	4015.1	27	0	1	0
1985.2	3078.8	14	0	0	1	1988.4	4904.2	28	1	0	0

3. 估计加入虚拟变量的模型

利用表 5.3 中的数据进行建模，在工作文件窗口点击 Quick\Estimate Equation…，进行方程估计设定。注意，变量之间必须有空格，字母不区分大小写，被解释变量必须在第一个位置（见图 5.4）。

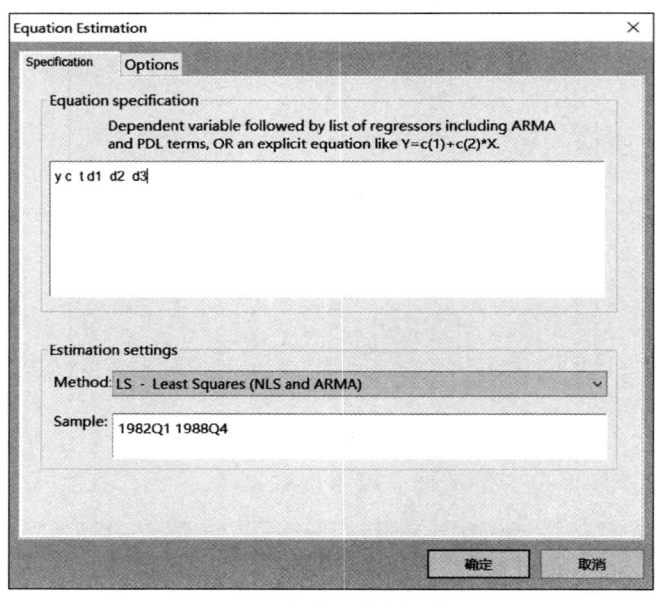

图 5.4　估计方程设定窗口

估计结果如图 5.5 所示。

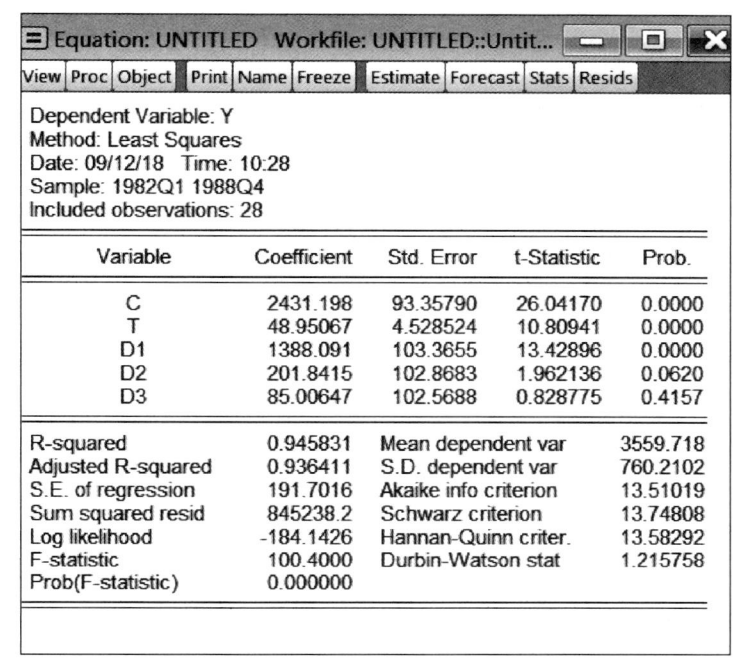

```
Equation: UNTITLED  Workfile: UNTITLED::Untit...
View Proc Object | Print Name Freeze | Estimate Forecast Stats Resids

Dependent Variable: Y
Method: Least Squares
Date: 09/12/18   Time: 10:28
Sample: 1982Q1 1988Q4
Included observations: 28

Variable        Coefficient   Std. Error   t-Statistic   Prob.

C               2431.198      93.35790     26.04170      0.0000
T               48.95067      4.528524     10.80941      0.0000
D1              1388.091      103.3655     13.42896      0.0000
D2              201.8415      102.8683     1.962136      0.0620
D3              85.00647      102.5688     0.828775      0.4157

R-squared            0.945831    Mean dependent var    3559.718
Adjusted R-squared   0.936411    S.D. dependent var    760.2102
S.E. of regression   191.7016    Akaike info criterion 13.51019
Sum squared resid    845238.2    Schwarz criterion     13.74808
Log likelihood       -184.1426   Hannan-Quinn criter.  13.58292
F-statistic          100.4000    Durbin-Watson stat    1.215758
Prob(F-statistic)    0.000000
```

图 5.5　估计结果

整理图 5.5 中的估计结果，如式（5.1）所示：

$$Y_t = 2431.20 + 48.95\,t + 1388.09\,D_1 + 201.84\,D_2 + 85.01\,D_3 \tag{5.1}$$

$$(26.04)\quad(10.81)\quad\;(13.43)\quad\;\;(1.96)\quad\;\;(0.83)$$

$$R^2 = 0.95, DW = 1.2, S.E. = 191.7, F = 100.4, T = 28, t_{0.025}(28-5) = 2.07$$

由于 D_2、D_3 的系数没有通过显著性检验，说明第 2、3 季度可以归并入基础类别第 1 季度。于是只考虑加入一个虚拟变量 D_1，把季度因素分为第 4 季度和第 1、2、3 季度两类。从式（5.1）中剔除虚拟变量 D_2、D_3，得到的用煤销售量模型估计结果如图 5.6 所示。

模型结果整理为：

$$Y_t = 2515.86 + 49.73\,t + 1290.91\,D_1 \tag{5.2}$$

$$(32.03)\quad(10.63)\quad\;(14.79)$$

$$R^2 = 0.94, DW = 1.4, S.E. = 198.8, F = 184.9, T = 28, t_{0.025}(25) = 2.06$$

进一步检验斜率是否有变化，在式（5.2）中加入变量 tD_1，模型结果如下：

$$Y_t = 2509.07 + 50.22\,t + 1321.19\,D_1 - 1.95\,tD_1 \tag{5.3}$$

$$(28.24)\quad(9.13)\quad\;(6.85)\quad\;\;(-0.17)$$

$$R^2 = 0.94, DW = 1.4, S.E. = 202.8, F = 118.5, T = 28, t_{0.025}(24) = 2.06$$

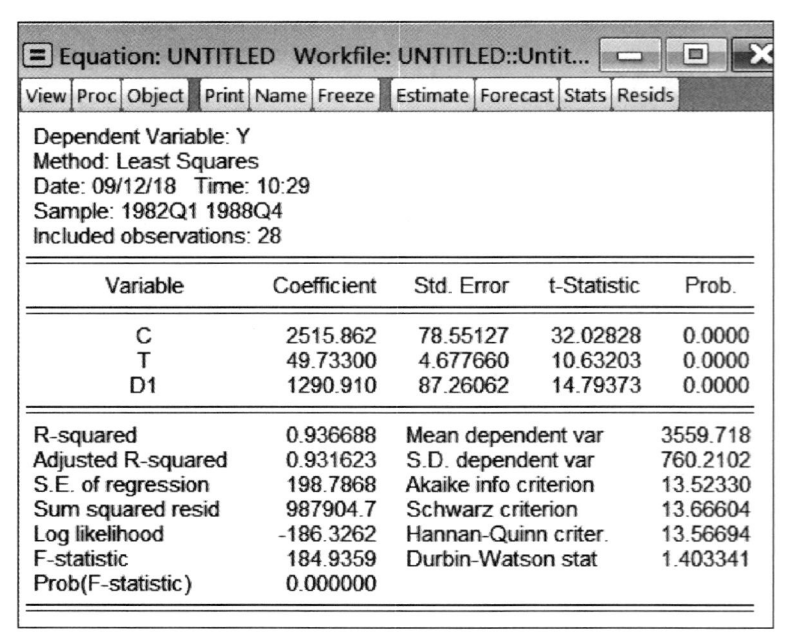

```
Equation: UNTITLED   Workfile: UNTITLED::Untit...
View Proc Object | Print Name Freeze | Estimate Forecast Stats Resids
Dependent Variable: Y
Method: Least Squares
Date: 09/12/18   Time: 10:29
Sample: 1982Q1 1988Q4
Included observations: 28

Variable          Coefficient   Std. Error    t-Statistic   Prob.

C                 2515.862      78.55127      32.02828      0.0000
T                 49.73300      4.677660      10.63203      0.0000
D1                1290.910      87.26062      14.79373      0.0000

R-squared             0.936688    Mean dependent var    3559.718
Adjusted R-squared    0.931623    S.D. dependent var    760.2102
S.E. of regression    198.7868    Akaike info criterion 13.52330
Sum squared resid     987904.7    Schwarz criterion     13.66604
Log likelihood        -186.3262   Hannan-Quinn criter.  13.56694
F-statistic           184.9359    Durbin-Watson stat    1.403341
Prob(F-statistic)     0.000000
```

图 5.6　去掉 D_2 和 D_3 的估计结果

由于回归系数 -1.95 所对应的 t 值是 -0.17，可见斜率未发生变化。因此以式（5.2）作为最后确立的模型。

二　财政支出模型

1. 趋势图分析

利用表 5.2 的数据绘制财政支出序列的趋势图，如图 5.7 所示。

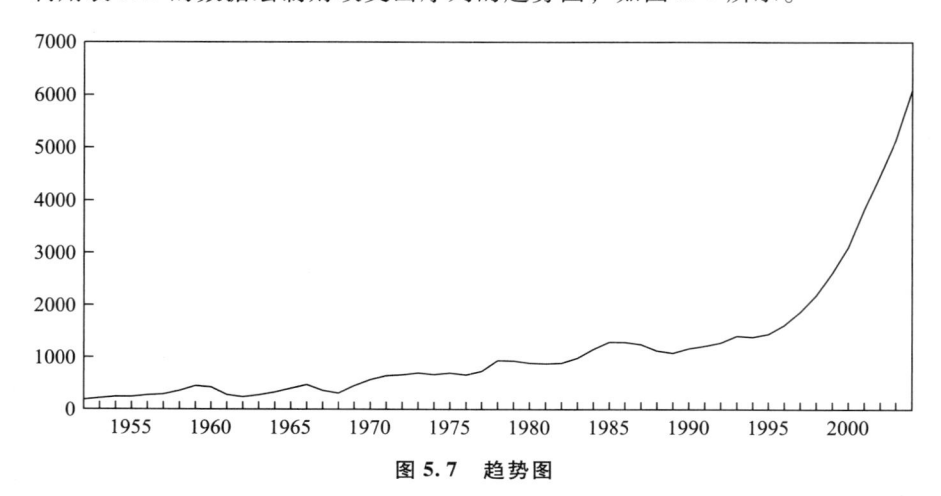

图 5.7　趋势图

2. 设定虚拟变量

观察图 5.7，发现在 1996 年发生转折。中国经济在 1996 年软着陆，之后国家实行积极的财政政策,每年都加大财政支出力度,因此考虑建模以 1996 年为分界点,通过加入虚拟变量,可以考察 1996 年前后,Fin 时间序列的斜率是否发生显著性变化。

$$定义虚拟变量:D_1 = \begin{cases} 0, (1952 \sim 1996 \text{年}) \\ 1, (1997 \sim 2004 \text{年}) \end{cases}$$

用 EViews 生成虚拟变量 D_1 序列,采用的方法为:在工作文件窗口点击"Quick",再点击"Generate Series…",在弹出的由方程生成序列的窗口输入"D1 = 0",同时将样本范围更改为 1952~1996 年,如图 5.8 所示。

这时只生成了第一段(1952~1996 年)中的"D1 = 0",采用同样的方法,再点击 Quick\Generate Series…,在弹出的由方程生成序列的窗口输入"D1 = 1",同时将样本范围更改为 1997~2004 年,如图 5.9 所示。也可以用 Excel 编辑好数据直接复制粘贴。注意,虚拟变量命名时不可以直接使用"D",否则软件不能识别。

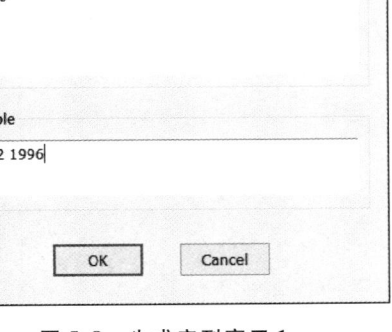

图 5.8 生成序列窗口 1 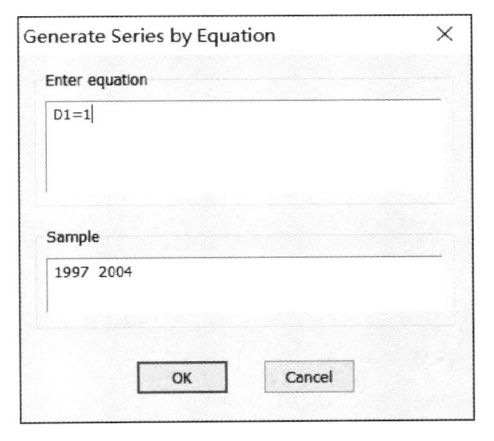 　　　　图 5.9 生成序列窗口 2

在工作文件窗口点击 Quick\Generate Series…,在弹出的由方程生成序列的窗口输入"t = @ trend(1951)"(注意是 1951,不是 1952)。

加入时间变量 t 和虚拟变量 D_1 后的数据资料如表 5.4 所示。

表 5.4 财政支出模型的新数据

年份	Fin	t	D_1	年份	Fin	t	D_1
1952	173.94	1	0	1955	233.21	4	0
1953	206.23	2	0	1956	262.14	5	0
1954	231.70	3	0	1957	279.45	6	0

续表

年份	Fin	t	D_1	年份	Fin	t	D_1
1958	349.03	7	0	1982	884.14	31	0
1959	443.85	8	0	1983	982.17	32	0
1960	419.06	9	0	1984	1147.95	33	0
1961	270.80	10	0	1985	1287.41	34	0
1962	229.72	11	0	1986	1285.16	35	0
1963	266.46	12	0	1987	1241.86	36	0
1964	322.98	13	0	1988	1122.88	37	0
1965	393.14	14	0	1989	1077.92	38	0
1966	465.45	15	0	1990	1163.19	39	0
1967	351.99	16	0	1991	1212.51	40	0
1968	302.98	17	0	1992	1272.68	41	0
1969	446.83	18	0	1993	1403.62	42	0
1970	563.59	19	0	1994	1383.74	43	0
1971	638.01	20	0	1995	1442.19	44	0
1972	658.23	21	0	1996	1613.19	45	0
1973	691.00	22	0	1997	1868.98	46	1
1974	664.81	23	0	1998	2190.30	47	1
1975	691.32	24	0	1999	2616.46	48	1
1976	656.25	25	0	2000	3109.61	49	1
1977	724.18	26	0	2001	3834.16	50	1
1978	931.47	27	0	2002	4481.40	51	1
1979	924.71	28	0	2003	5153.40	52	1
1980	882.78	29	0	2004	6092.99	53	1
1981	874.02	30	0				

3. 估计加入虚拟变量的模型

利用表5.4的混合样本数据建立模型，估计结果如图5.10所示，整理为式（5.4）：

$$Fin = 25.77 + 30.83t - 26235.88D_1 + 572.78tD_1$$

$$(0.65) \quad (20.65) \quad (-26.36) \quad (28.46)$$

$$Fin = \begin{cases} 25.77 + 30.83t, & (D_1 = 0, 1952 \sim 1996 \text{ 年}) \\ -26210.11 + 603.61t, & (D_1 = 1, 1997 \sim 2004 \text{ 年}) \end{cases} \quad (5.4)$$

式（5.4）说明，1996年前后无论截距和斜率都发生了变化。财政支出的年平均增长量扩大了近20倍。模型的拟合效果如图5.11所示。可以先求出预测值，然

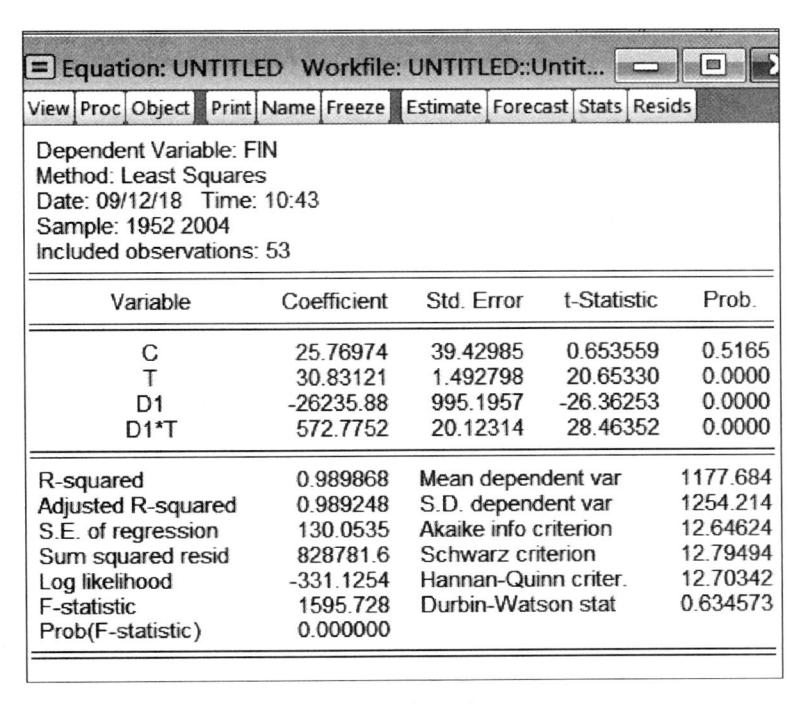

```
Equation: UNTITLED   Workfile: UNTITLED::Untit...
View|Proc|Object| Print|Name|Freeze | Estimate|Forecast|Stats|Resids

Dependent Variable: FIN
Method: Least Squares
Date: 09/12/18   Time: 10:43
Sample: 1952 2004
Included observations: 53

Variable        Coefficient   Std. Error    t-Statistic   Prob.

C               25.76974      39.42985      0.653559      0.5165
T               30.83121      1.492798      20.65330      0.0000
D1              -26235.88     995.1957      -26.36253     0.0000
D1*T            572.7752      20.12314      28.46352      0.0000

R-squared            0.989868   Mean dependent var    1177.684
Adjusted R-squared   0.989248   S.D. dependent var    1254.214
S.E. of regression   130.0535   Akaike info criterion 12.64624
Sum squared resid    828781.6   Schwarz criterion     12.79494
Log likelihood       -331.1254  Hannan-Quinn criter.  12.70342
F-statistic          1595.728   Durbin-Watson stat    0.634573
Prob(F-statistic)    0.000000
```

图 5.10 估计结果

后画出预测值和实际值的趋势图，可以参考第二章内容。

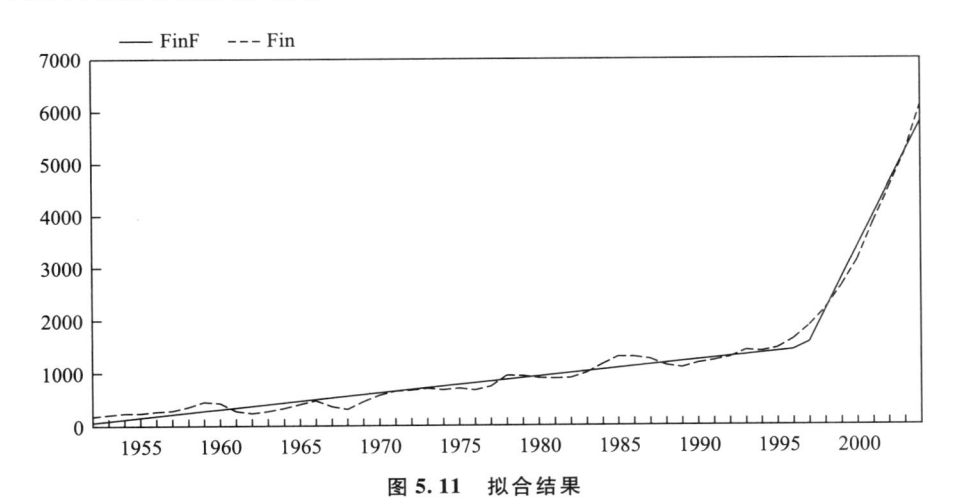

图 5.11 拟合结果

第六章 受约束回归模型的估计

第一节 模型参数的线性约束

一 模型和数据

本节的研究对象是中国工业生产函数模型。生产函数表示在既定的生产技术水平下,生产要素组合 $(X_1, X_2, \cdots, X_n)$ 在每一时期所能生产的最大产量为 Y。在经济学分析中,通常只使用劳动(L)和资本(K)这两种生产要素,所以生产函数可以写成:$Y = f(L, K)$。

Y 为总产出,K、L 分别为资本、劳动投入要素,使用柯布 – 道格拉斯生产函数:

$$Y = AK^{\beta_1}L^{\beta_2} \tag{6.1}$$

考虑规模不变的生产函数,即 $\beta_1 + \beta_2 = 1$,则上述函数变为:

$$Y/L = A(K/L)^{\beta_1} \tag{6.2}$$

对式(6.1)和式(6.2)分别取对数,变为:

$$\ln(Y) = \beta_0 + \beta_1 \ln K + \beta_2 \ln L + \mu \tag{6.3}$$

$$\ln(Y/L) = \beta_0 + \beta_1 \ln(K/L) + \mu \tag{6.4}$$

相应变量的数据如表 6.1 所示。

表 6.1 2010 年中国制造业各行业的总产出及要素投入

编号	行业	Y 工业总产值(亿元)	K 总资本投入 (K_1+K_2)(亿元)	L 年均从业人员(万人)	K_1 固定资产净值(亿元)	K_2 流动资产(亿元)
1	煤炭开采和洗选业	22109.3	21785.1	527.2	9186.86	12598.27

续表

编号	行业	Y 工业总产值（亿元）	K 总资本投入（K_1+K_2）（亿元）	L 年均从业人员（万人）	K_1 固定资产净值（亿元）	K_2 流动资产（亿元）
2	石油和天然气开采业	9917.8	12904	106.1	9381.72	3522.31
3	黑色金属矿采选业	5999.3	4182.5	67	1630.93	2551.53
4	有色金属矿采选业	3799.4	2317.5	55.4	1109.92	1207.54
5	非金属矿采选业	3093.5	1424.4	56.5	675.55	748.83
6	其他采矿业	31.3	14.2	0.5	7.64	6.58
7	农副食品加工业	34928.1	14373.1	369	5493.82	8879.32
8	食品制造业	11350.6	6113.6	175.9	2515.71	3597.87
9	饮料制造业	9152.6	6527	130	2540.24	3986.79
10	烟草制品业	5842.5	4569.6	21.1	859.08	3710.47
11	纺织业	28507.9	16253	647.3	6276.68	9976.28
12	纺织服装、鞋、帽制造业	12331.2	6044.7	447	1791.52	4253.18
13	皮革、毛皮、羽毛（绒）及其制品业	7897.5	3410.6	276.4	963.81	2446.8
14	木材加工及木、竹、藤、棕、草制品业	7393.2	3037.7	142.3	1404.12	1633.6
15	家具制造业	4414.8	2261.3	111.7	741.82	1519.47
16	造纸及纸制品业	10434.1	7949.1	157.9	3797.64	4151.47
17	印刷和记录媒介复制业	3562.9	2801.6	85.1	1146.82	1654.82
18	文教体育用品制造业	3135.4	1602.1	128.1	517.56	1084.54
19	石油加工、炼焦及核燃料加工业	29238.8	13360.6	92.2	6561.08	6799.5
20	化学原料及化学制品制造业	47920	31948.6	474.1	14679.02	17269.53
21	医药制造业	11741.3	9017	173.2	3023.11	5993.89
22	化学纤维制造业	4954	3526.1	43.9	1361.12	2164.94
23	橡胶制品业	5906.7	3595.5	102.9	1503.38	2092.1
24	塑料制品业	13872.2	8033.2	283.3	2808.75	5224.49
25	非金属矿物制品业	32057.3	21490.5	544.6	10382.38	11108.09
26	黑色金属冶炼及压延加工业	51833.6	37101.9	345.6	17309.25	19792.66

续表

编号	行业	Y工业总产值（亿元）	K总资本投入（K_1+K_2）（亿元）	L年均从业人员（万人）	K_1固定资产净值（亿元）	K_2流动资产（亿元）
27	有色金属冶炼及压延加工业	28119	16992.7	191.6	6768.77	10223.92
28	金属制品业	20134.6	11477.4	344.6	3701.16	7776.22
29	通用设备制造业	35132.7	24005.6	539.4	7200.64	16804.98
30	专用设备制造业	21561.8	16879.4	334.2	4426.12	12453.31
31	交通运输设备制造业	55452.6	40224.8	573.7	10364.94	29859.82
32	电气机械及器材制造业	43344.4	27454.8	604.3	6467.85	20986.9
33	通信设备、计算机及其他电子设备制造业	54970.7	34005.4	772.8	10437.66	23567.72
34	仪器仪表及文化、办公用机械制造业	6399.1	4565.8	124.9	1140.44	3425.38
35	工艺品及其他制造业	5662.7	2904.5	140.4	819.12	2085.35
36	废弃资源和废旧材料回收加工业	2306.1	829.8	13.9	206.13	623.67
37	电力、热力的生产和供应业	40550.8	58989.3	275.6	47901.41	11087.9
38	燃气生产和供应业	2393.4	2263.8	19	1255.33	1008.42
39	水的生产和供应业	1137.1	4207.7	45.9	2858.79	1348.86

资料来源：《中国统计年鉴2011》。

二 模型估计

先对式（6.3）进行回归，估计窗口如图6.1所示，回归估计结果如图6.2所示，将回归结果整理，如下式所示：

$$\ln\hat{Y} = 1.800 + 0.6778\ln(K) + 0.2911\ln(L)$$

对式（6.3）未施加约束的回归估计结果表明：$\ln Y$变化的94.1%可由资本与劳动投入的变化来解释。根据F检验，模型的线性关系显著成立。根据t检验，$\ln K$、$\ln L$的参数显著地异于零。资本与劳动投入的产出弹性之和为0.9689，接近于1。

注意，软件中ln的命令是log。

再对式（6.4）施加约束之后进行回归检验，估计窗口如图6.3所示，回归估计结果如图6.4所示。

$$\ln\frac{\hat{Y}}{L} = 1.6130 + 0.6866\ln\left(\frac{K}{L}\right)$$

第六章 受约束回归模型的估计

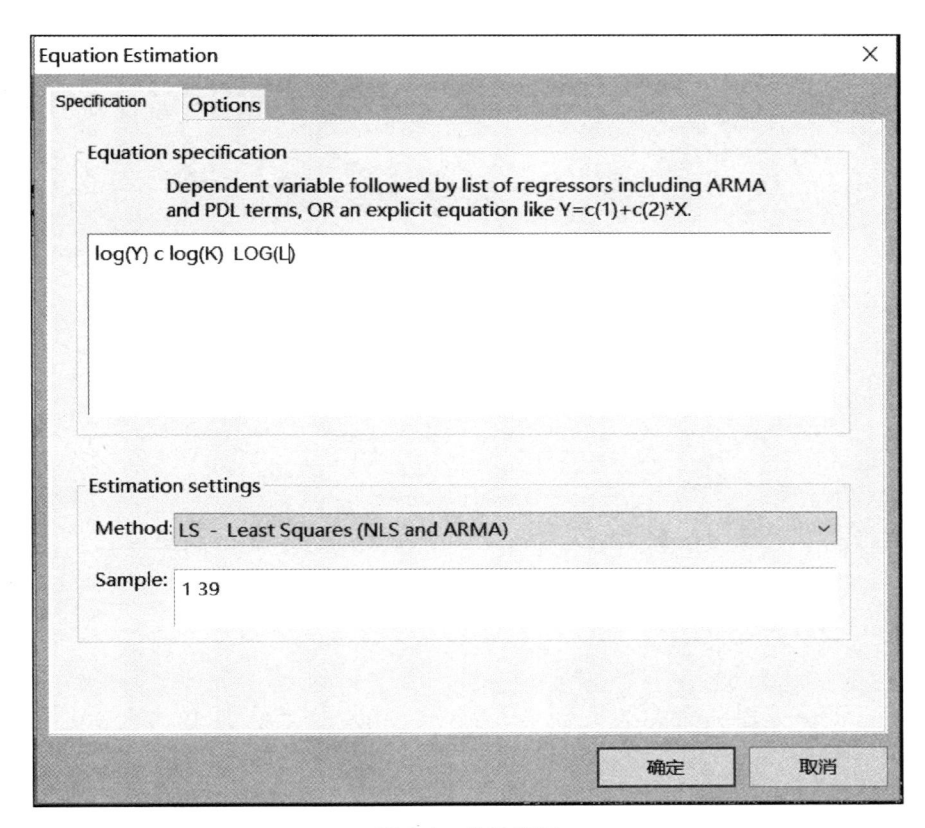

图 6.1 估计窗口

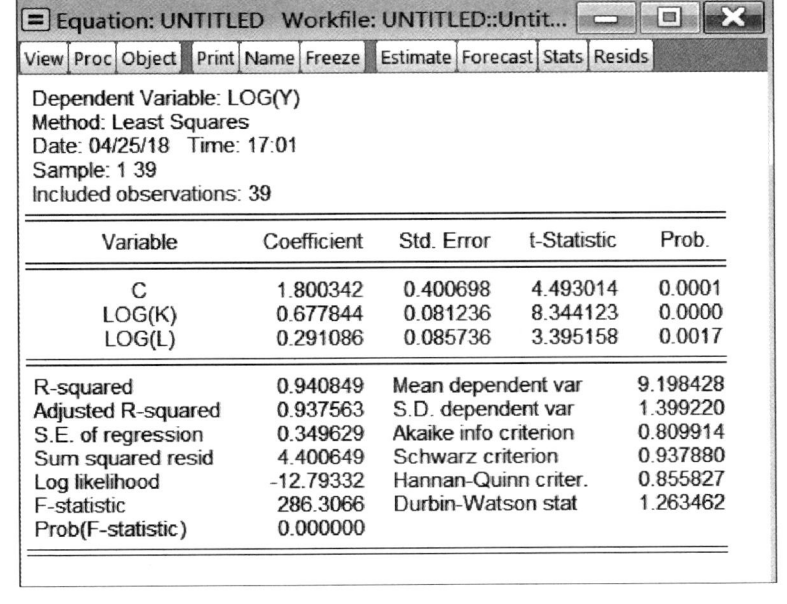

图 6.2 无约束回归估计结果

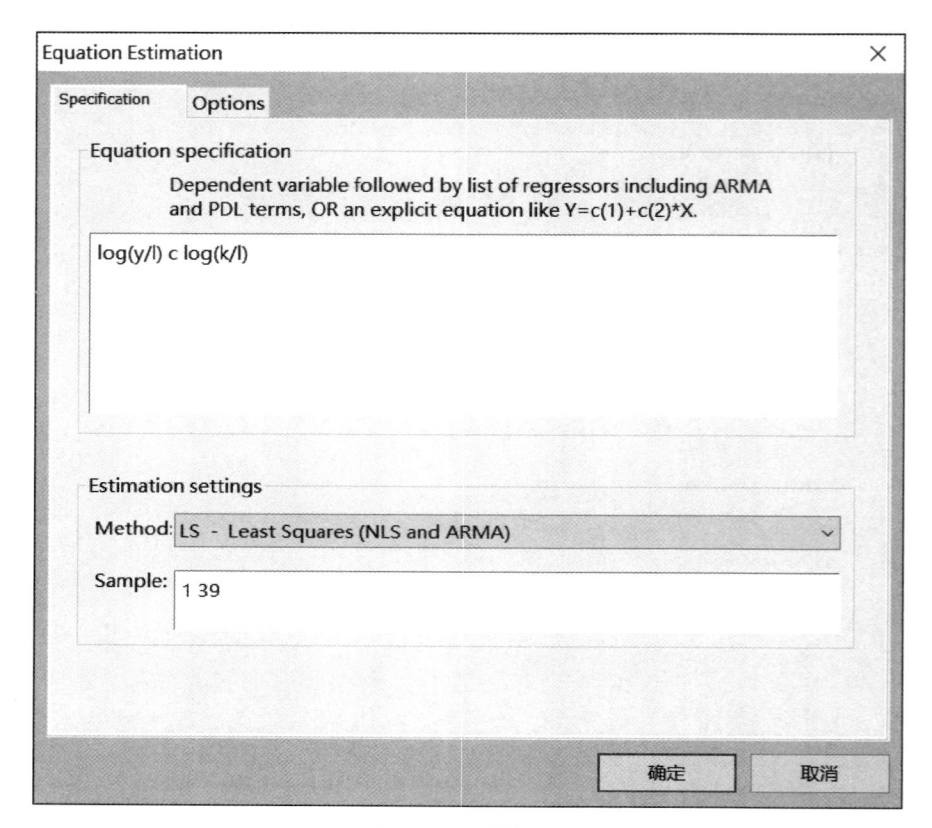

图 6.3　估计窗口

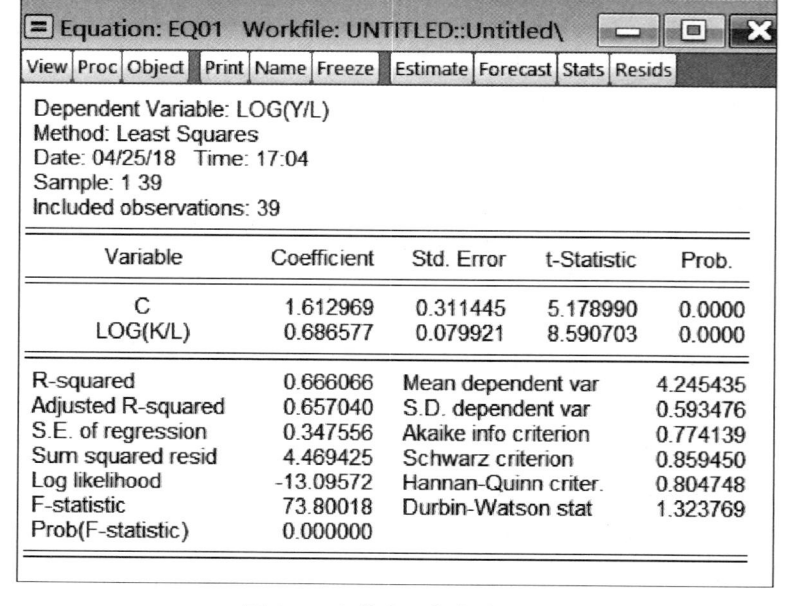

图 6.4　有约束回归估计结果

施加规模报酬不变约束后，回归估计结果表明：$\ln(K/L)$ 前的参数在 1% 的水平下显著地异于零，表明劳均资本增加，会促使劳均工业总产值的增加，劳均产出关于劳均资本投入的弹性值为 0.6866。

将回归函数展开，与未加约束的估计结果比较，差别很小，表明施加规模报酬不变约束是可行的。

三 受约束检验

在 2010 年中国工业生产函数模型实例中，对一阶齐次性进行检验。

无约束回归：$RSS_U = 4.4006$，$k_U = 2$。

受约束回归：$RSS_R = 4.4694$，$k_R = 1$。

样本容量 $n = 39$，约束条件个数为 $k_U - k_R = 2 - 1 = 1$。

$$F = \frac{(4.4694 - 4.4006)/1}{4.4006/36} = 0.5628$$

结论：在 5% 的显著性水平下，自由度为（1，36）的 F 统计量的临界值为 4.11。计算的 F 值小于临界值，接受 2010 年中国工业生产函数具有规模收益报酬这一假设。

第二节 对回归模型增加或减少解释变量

一 模型和数据

本节建立农村居民蛋类食品人均消费模型。被解释变量是蛋类食品的人均消费量 Q。解释变量包括：人均生活消费实际支出（X/P_0）（X 为人均生活消费支出，P_0 为居民消费价格指数）；肉禽类、水产类食品的居民消费相对价格指数分别为 P_1/P、P_2/P（P 为蛋类食品的居民消费价格指数）；粮食类、油脂类及蔬菜类食品的居民消费价格指数分别为 P_{01}、P_{02}、P_{03}。样本是中国 2012 年 31 个省、自治区、直辖市数据（见表6.2）。

建立的总体回归模型为：

$$\ln Q = \beta_0 + \beta_1 \ln(X/P_0) + \beta_2(P_1/P) + \beta_3(P_2/P) + \beta_4 P_{01} + \beta_5 P_{02} + \beta_6 P_{03} + \mu$$

检验是否需要将粮食类、油脂类、蔬菜类食品的价格引入农村居民对蛋类食品的消费需求函数之中。

表6.2　2012年中国农村居民对蛋类食品的消费量及相关食品的价格指数

	蛋类食品的人均消费量 Q（千克）	各类食品的居民消费价格指数（上年=100）						居民消费价格指数 P_0（上年=100）	人均生活消费支出 X（元）
		蛋类 P	肉禽类 P_1	水产类 P_2	粮食类 P_{01}	油脂类 P_{02}	蔬菜类 P_{03}		
北　京	11.05	96.9	106.7	104.8	102.6	104.5	112	103.3	11878.92
天　津	12.84	101.7	105.7	106.7	102.4	103.7	119.6	102.7	8336.55
河　北	10.42	96.4	101.1	104.8	102.9	106.3	114.9	102.5	5364.14
山　西	7.82	96.2	101.4	107.4	103	105.2	114.2	102.6	5566.19
内蒙古	6.45	98.1	105.3	107.7	105.7	105.3	112.3	102.6	6381.97
辽　宁	8.48	96.2	102.6	107.3	103.6	105	117.5	102.5	5998.39
吉　林	7.9	94.6	103.7	108.5	104.2	105.7	110.5	102.4	6186.17
黑龙江	6.33	98.3	105.2	104.8	104.2	102.6	115.3	102.9	5718.05
上　海	8.92	98.2	105.1	105.8	102.9	103.8	111.1	102.8	11971.5
江　苏	6.96	97	102.5	108.4	102.3	104.2	109	102.6	9138.18
浙　江	5.56	97.6	100.9	108.8	103.7	103.7	115.2	102.3	10652.73
安　徽	7.23	94.3	98.7	110.2	104.2	105.8	113.3	102.4	5555.99
福　建	5.32	96.8	102	107.8	103	105.4	116.5	102.4	7401.92
江　西	4.22	96.9	98.9	112.6	103.8	104.2	118.2	103	5129.47
山　东	12.32	95.9	101.6	108.8	102.5	107.5	111.2	102	6775.95
河　南	9.06	94.4	99.4	108.9	104.1	105	113.2	102.4	5032.14
湖　北	5.02	98.6	101.7	111.1	105.3	105.2	113.2	103	5726.73
湖　南	4.92	100.1	98.5	110.9	105.3	102.5	110.8	101.6	5870.12
广　东	3.39	98.2	104.4	107.5	105	106	114.9	102.9	7458.56
广　西	2.22	97.3	103	104.9	103.8	108.2	116.7	103.3	4933.58
海　南	2.43	102.7	103.2	102.2	104.1	106.2	115.6	103.2	4776.3
重　庆	5.18	100.6	99.1	106.7	107.7	106	112.3	102.6	5018.64
四　川	4.87	97.7	99.9	111.5	104.9	105.2	118.1	102	5366.71
贵　州	2.35	95.7	101.3	107.6	104.5	104.4	109	102.8	3901.71
云　南	2.82	100.1	103.1	104.9	103.5	102.9	117.8	102.3	4561.33
西　藏	0.56	102.4	108.9	102.5	103	105.5	114.6	103.4	2967.56
陕　西	3.91	97.6	101.5	110.4	103.3	105.9	111.7	103.1	5114.68
甘　肃	3.93	97.4	104.2	105.5	102.3	104.7	108.5	103.1	4146.24
青　海	1.58	99.2	107.6	109.6	102.8	105.6	112.8	103.1	5338.91
宁　夏	3.4	97.7	104.2	107.2	101	103	108.7	101.7	5351.36
新　疆	3.62	102.1	105.9	105.2	107.3	105.3	117.6	104.7	5301.25

资料来源：《中国统计年鉴2013》。

二 模型估计

1. 无约束模型估计

首先对无约束模型进行 OLS 估计，方程设定窗口如图 6.5 所示，估计结果如图 6.6 所示。

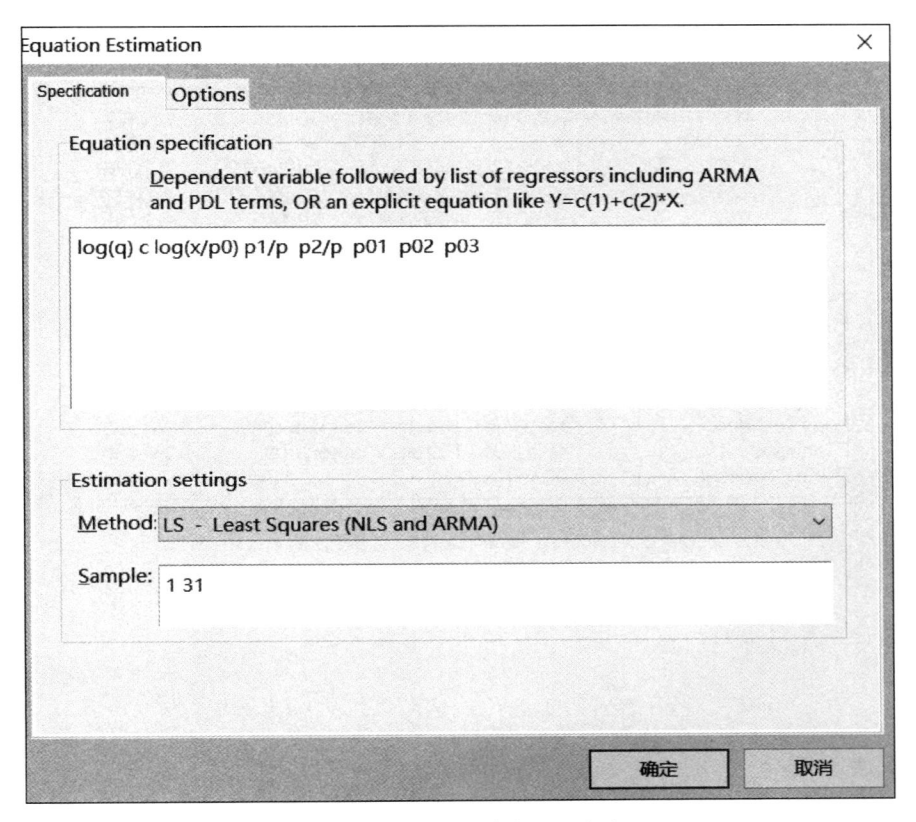

图 6.5 无约束模型的方程设定窗口

估计结果可以写为：

$$\ln\hat{Q} = -11.15 + 1.328\ln(X/P_0) - 1.453(P_1/P) + 5.127(P_2/P) + 0.015P_{01} + 0.005P_{02} + 0.010P_{03}$$

2. 受约束模型估计

本案例受约束回归模型提出的原假设是：

$$H_0: \beta_4 = 0, \beta_5 = 0, \beta_6 = 0$$

受约束模型的方程设定窗口如图 6.7 所示，估计结果如图 6.8 所示。

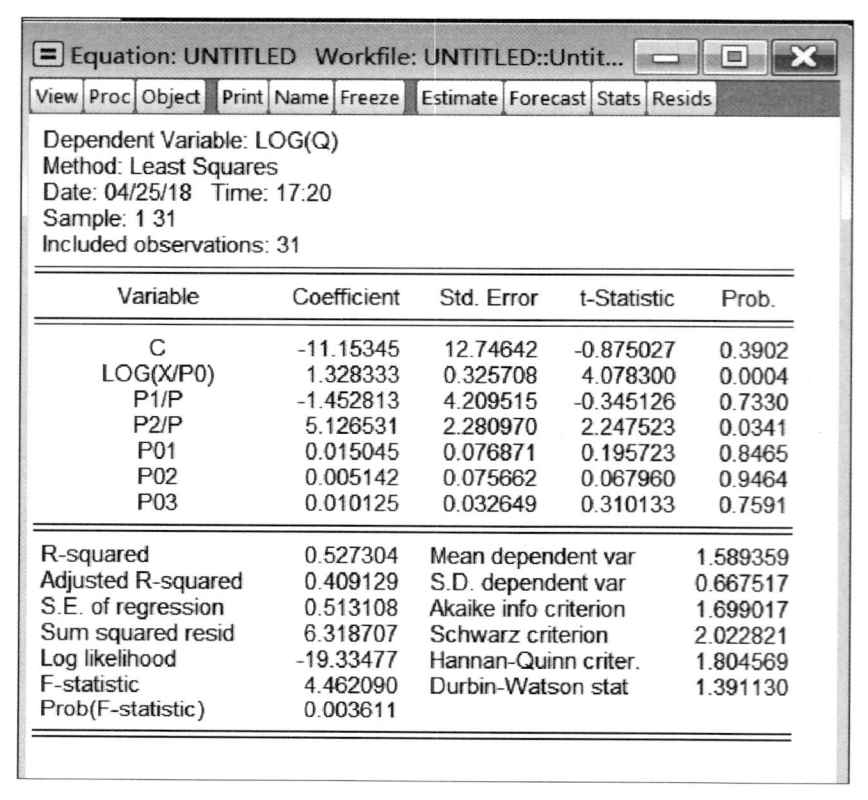

```
Equation: UNTITLED   Workfile: UNTITLED::Untit...
View Proc Object | Print Name Freeze | Estimate Forecast Stats Resids

Dependent Variable: LOG(Q)
Method: Least Squares
Date: 04/25/18   Time: 17:20
Sample: 1 31
Included observations: 31

Variable      Coefficient   Std. Error   t-Statistic   Prob.

C             -11.15345     12.74642     -0.875027    0.3902
LOG(X/P0)      1.328333     0.325708      4.078300    0.0004
P1/P          -1.452813     4.209515     -0.345126    0.7330
P2/P           5.126531     2.280970      2.247523    0.0341
P01            0.015045     0.076871      0.195723    0.8465
P02            0.005142     0.075662      0.067960    0.9464
P03            0.010125     0.032649      0.310133    0.7591

R-squared            0.527304   Mean dependent var    1.589359
Adjusted R-squared   0.409129   S.D. dependent var    0.667517
S.E. of regression   0.513108   Akaike info criterion 1.699017
Sum squared resid    6.318707   Schwarz criterion     2.022821
Log likelihood      -19.33477   Hannan-Quinn criter.  1.804569
F-statistic          4.462090   Durbin-Watson stat    1.391130
Prob(F-statistic)    0.003611
```

图 6.6　无约束模型估计结果

估计结果可以写为：

$$\ln\hat{Q} = -7.01 + 1.323\ln(X/P_0) - 2.120(P_1/P) + 4.973(P_2/P)$$

根据公式：

$$F = \frac{(RSS_R - RSS_U)/(k_U - k_R)}{RSS_U/(n - k_U - 1)} \sim F(k_U - k_R, n - k_U - 1)$$

计算得到：

$$F = \frac{(6.3617 - 6.3187)/3}{6.3187/(31-7)} = 0.0544$$

由此可见，F 值小于 5% 显著性水平下相应的临界值 2.99，因此，接受原假设，即图 6.8 的结果更可靠。

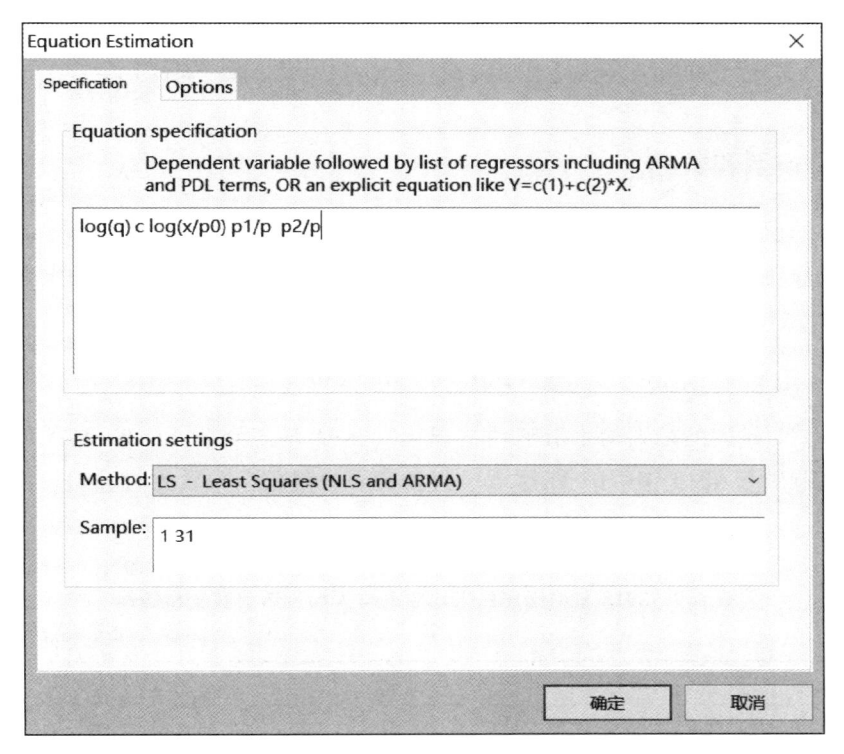

图 6.7　受约束模型的方程设定窗口

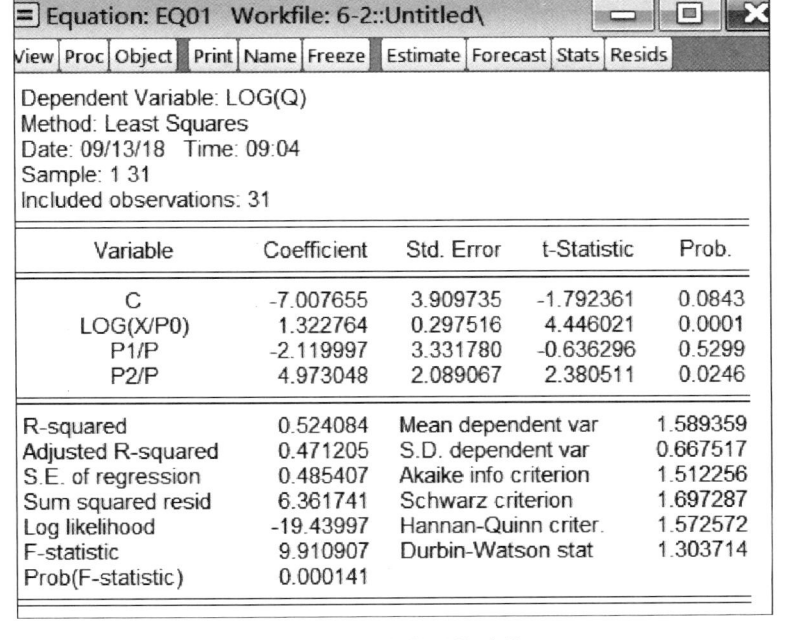

图 6.8　受约束模型估计结果

第三节 检验不同组之间回归模型的差异

一 模型和数据

本节的研究对象是中国农村居民与城镇居民两者消费行为的差异。为了考察中国农村居民与城镇居民两者消费行为的差异,本书通过邹氏参数稳定性检验来完成。建立计量模型如下:

$$Y_i = \beta_0 + \beta_1 X_{i1} + \beta_2 X_{i2} + \mu_i$$

其中,Y 代表的是人均生活消费支出,X_1 是人均工资收入,X_2 是人均其他收入。样本范围是 2013 年中国 31 个省、自治区、直辖市,包含农村和城镇两个样本(见表 6.3)。

表 6.3 2013 年中国居民人均收入与人均生活消费支出数据

单位:元

	农村居民			城镇居民		
	人均生活消费支出	人均工资收入	人均其他收入	人均生活消费支出	人均工资收入	人均其他收入
北 京	13553.2	12034.9	6302.6	26274.9	30273	15000.8
天 津	10155	9091.5	6749.5	21711.9	23231.9	12423.7
河 北	6134.1	5236.7	3865.2	13640.6	14588.4	9554.4
山 西	5812.7	4041.1	3112.4	13166.2	16216.4	7797.2
内蒙古	7268.3	1694.6	6901.1	19249.1	18377.9	8600.1
辽 宁	7159	4209.4	6313.3	18029.7	15882	12022.9
吉 林	7379.7	1813.2	7808	15932.3	14388.3	9155.9
黑龙江	6813.6	1991.4	7642.8	14161.7	12525.8	8623.4
上 海	14234.7	12239.4	7355.6	28155	33235.4	15643.9
江 苏	9909.8	7608.5	5989.2	20371.5	21890	13241
浙 江	11760.2	9204.3	6901.7	23257.2	24453	16788
安 徽	5724.5	3733.5	4364.3	16285.2	15535.3	9470.8
福 建	8151.2	5193.9	5990.2	20092.7	21443.4	11939.3
江 西	5653.6	4422.1	4359.4	13850.5	14767.5	8181.9
山 东	7392.7	5127.2	5492.8	17112.2	21562.1	9066
河 南	5627.7	3581.6	4893.8	14822	14704.2	8982.3
湖 北	6279.5	3868.2	4998.7	15749.5	15571.8	9608.7
湖 南	6609.5	4595.6	3776.6	15887.1	13951.4	10691.6

续表

	农村居民			城镇居民		
	人均生活消费支出	人均工资收入	人均其他收入	人均生活消费支出	人均工资收入	人均其他收入
广 东	8343.5	7072.4	4596.9	24133.3	25286.5	11217.5
广 西	5205.6	2712.3	4078.6	15417.6	15647.8	9381
海 南	5465.6	3001.5	5341	15593	15773	9146.8
重 庆	5796.4	4089.2	4242.8	17813.9	16654.7	10195.7
四 川	6308.5	3542.8	4352.6	16343.5	14976	8917.9
贵 州	4740.2	2572.6	2861.4	13702.9	13627.6	7785.5
云 南	4743.6	1729.2	4412.1	15156.1	15140.7	9557.6
西 藏	3574	1475.3	5102.9	12231.9	19604	2956.7
陕 西	5724.2	3151.2	3351.4	16679.7	16441	7667.8
甘 肃	4849.6	2203.4	2904.4	14020.7	13329.7	6819.3
青 海	6060.2	2347.5	3848.9	13539.5	14015.6	8115.4
宁 夏	6489.7	2878.4	4052.6	15321.1	15363.9	8402.8
新 疆	6119.1	1311.8	5984.6	15206.2	15585.3	6802.6

资料来源：《中国统计年鉴2014》。

二 模型估计

1. 农村居民消费模型的估计结果

使用农村居民数据对上述消费模型进行估计，估计结果如图6.9所示。

```
Dependent Variable: Y
Method: Least Squares
Date: 04/25/18   Time: 17:30
Sample: 1 31
Included observations: 31

Variable        Coefficient   Std. Error   t-Statistic   Prob.
C               1025.251      461.7804     2.220213      0.0347
X1              0.676105      0.045727     14.78580      0.0000
X2              0.595807      0.093375     6.380822      0.0000

R-squared              0.930522    Mean dependent var     7065.781
Adjusted R-squared     0.925560    S.D. dependent var     2486.995
S.E. of regression     678.5458    Akaike info criterion  15.96955
Sum squared resid      12891881   Schwarz criterion      16.10832
Log likelihood         -244.5280   Hannan-Quinn criter.   16.01478
F-statistic            187.5036    Durbin-Watson stat     1.515892
Prob(F-statistic)      0.000000
```

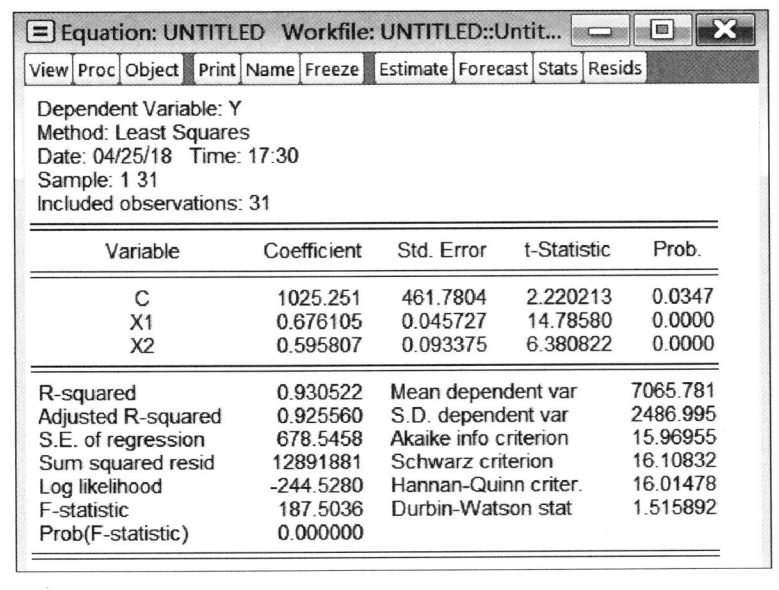

图 6.9 估计结果

估计结果可写为：$\hat{Y}_i = 1025.3 + 0.676X_{i1} + 0.596X_{i2}$。其中残差平方和是：$RSS_1 = 12891881$。

2. 城镇居民消费模型的估计结果

使用城镇居民数据对上述消费模型进行估计，估计结果如图6.10所示。

```
Dependent Variable: Y
Method: Least Squares
Date: 09/13/18   Time: 09:51
Sample: 32 62
Included observations: 31

Variable         Coefficient   Std. Error   t-Statistic   Prob.
C                2599.145      827.3419     3.141561      0.0039
X1               0.486512      0.057588     8.448182      0.0000
X2               0.601749      0.104244     5.772494      0.0000

R-squared            0.922460    Mean dependent var    17190.60
Adjusted R-squared   0.916921    S.D. dependent var     3963.845
S.E. of regression   1142.514    Akaike info criterion  17.01162
Sum squared resid    36549482    Schwarz criterion      17.15039
Log likelihood       -260.6800   Hannan-Quinn criter.   17.05685
F-statistic          166.5516    Durbin-Watson stat      1.914732
Prob(F-statistic)    0.000000
```

图 6.10 估计结果

估计结果可写为：$\hat{Y}_i = 2599.1 + 0.487X_{i1} + 0.602X_{i2}$。其中残差平方和是：$RSS_2 = 36549482$。

3. 全部样本估计

使用全部样本进行估计。样本数据输入如图6.11所示，先输入农村居民的数据，接着输入城镇居民的数据，合成一个大样本，估计结果如图6.12所示。

估计结果可写为：$\hat{Y}_i = 1765.4 + 0.555X_{i1} + 0.560X_{i2}$。其中残差平方和是：$RSS_R = 55933406$。

用F统计量检验不同组之间回归函数是否存在差异（原假设是中国农村居民与城镇居民两者消费行为无差异）：

$$F = \frac{[55933406 - (12891881 + 36549482)]/3}{(12891881 + 36549482)/(62-7)} = 2.407$$

临界值 $F_{0.05}(3, 25) = 2.99$。检验显示，在5%的显著性水平下接受中国农村居民与城镇居民在生活消费行为上无差异的假设，但在10%的显著性水平下拒绝该假设。

三 虚拟变量模型的估计

在图6.11的基础上，生成虚拟变量 D_1，点击 Quick\Generate Series…，在弹出

		Y	X1	X2
		Y	X1	X2
1	1	13553.2	12034.9	6302.6
2	2	10155	9091.5	6749.5
3	3	6134.1	5236.7	3865.2
4	4	5812.7	4041.1	3112.4
5	5	7268.3	1694.6	6901.1
6	6	7159	4209.4	6313.3
7	7	7379.7	1813.2	7808
8	8	6813.6	1991.4	7642.8
9	9	14234.7	12239.4	7355.6
10	10	9909.8	7608.5	5989.2
11	11	11760.2	9204.3	6901.7
12	12	5724.5	3733.5	4364.3
13	13	8151.2	5193.9	5990.2
14	14	5653.6	4422.1	4359.4
15	15	7392.7	5127.2	5492.8
16	16	5627.7	3581.6	4893.8
17	17	6279.5	3868.2	4998.7
18	18	6609.5	4595.6	3776.6
19	19	8343.5	7072.4	4596.9
20	20	5205.6	2712.3	4078.6
21	21	5465.6	3001.5	5341
22	22	5796.4	4089.2	4242.8
23	23	6308.5	3542.8	4352.6
24	24	4740.2	2572.6	2861.4
25	25	4743.6	1729.2	4412.1
26	26	3574	1475.3	5102.9
27	27	5724.2	3151.2	3351.4
28	28	4849.6	2203.4	2904.4
29	29	6060.2	2347.5	3848.9
30	30	6489.7	2878.4	4052.6
31	31	6119.1	1311.8	5984.6
32	32	26274.9	30273	15000.8
33	33	21711.9	23231.9	12423.7
34	34	13640.6	14588.4	9554.4
35	35	13166.2	16216.4	7797.2
36	36	19249.1	18377.9	8600.1
37	37	18029.7	15882	12022.9
38	38	15932.3	14388.3	9155.9
39	39	14161.7	12525.8	8623.4
40	40	28155	33235.4	15643.9
41	41	20371.5	21890	13241
42	42	23257.2	24453	16788
43	43	16285.2	15535.3	9470.8
44	44	20092.7	21443.4	11939.3

图 6.11 输入数据窗口

的由方程生成序列的窗口，输入"D1 = 1"，同时将样本范围更改为 1 ~ 31，接着

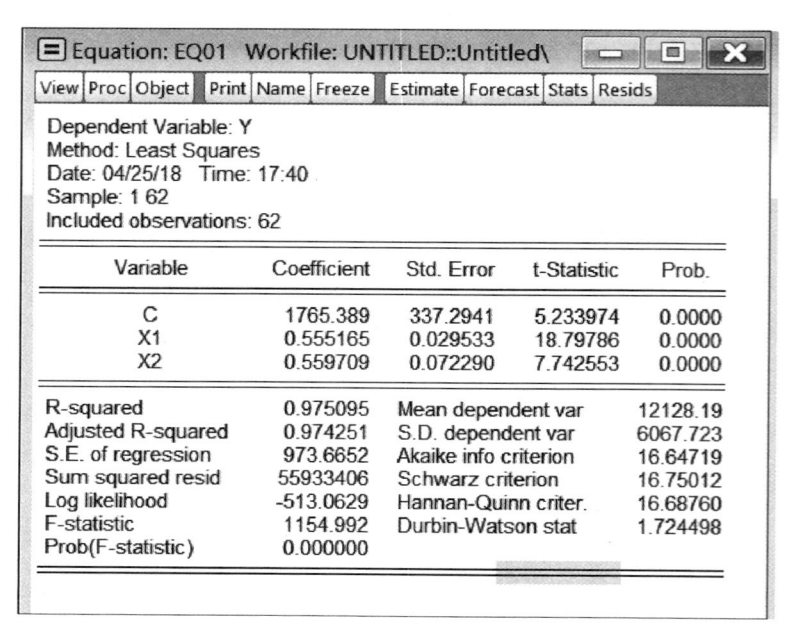

```
Equation: EQ01   Workfile: UNTITLED::Untitled\
View Proc Object  Print Name Freeze  Estimate Forecast Stats Resids

Dependent Variable: Y
Method: Least Squares
Date: 04/25/18   Time: 17:40
Sample: 1 62
Included observations: 62

Variable        Coefficient   Std. Error   t-Statistic   Prob.

C               1765.389      337.2941     5.233974      0.0000
X1              0.555165      0.029533     18.79786      0.0000
X2              0.559709      0.072290     7.742553      0.0000

R-squared              0.975095    Mean dependent var    12128.19
Adjusted R-squared     0.974251    S.D. dependent var    6067.723
S.E. of regression     973.6652    Akaike info criterion 16.64719
Sum squared resid      55933406    Schwarz criterion     16.75012
Log likelihood         -513.0629   Hannan-Quinn criter.  16.68760
F-statistic            1154.992    Durbin-Watson stat    1.724498
Prob(F-statistic)      0.000000
```

图 6.12　估计结果

重复同样的方法，输入"D1 = 0"，同时将样本范围更改为 32~62，再进行 OLS 估计。估计结果如图 6.13 所示。

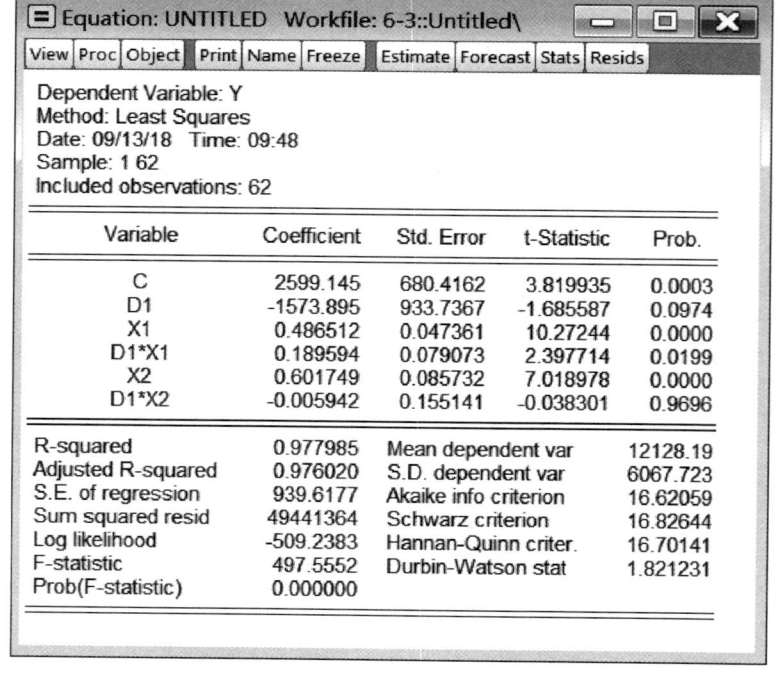

```
Equation: UNTITLED   Workfile: 6-3::Untitled\
View Proc Object  Print Name Freeze  Estimate Forecast Stats Resids

Dependent Variable: Y
Method: Least Squares
Date: 09/13/18   Time: 09:48
Sample: 1 62
Included observations: 62

Variable        Coefficient   Std. Error   t-Statistic   Prob.

C               2599.145      680.4162     3.819935      0.0003
D1              -1573.895     933.7367     -1.685587     0.0974
X1              0.486512      0.047361     10.27244      0.0000
D1*X1           0.189594      0.079073     2.397714      0.0199
X2              0.601749      0.085732     7.018978      0.0000
D1*X2           -0.005942     0.155141     -0.038301     0.9696

R-squared              0.977985    Mean dependent var    12128.19
Adjusted R-squared     0.976020    S.D. dependent var    6067.723
S.E. of regression     939.6177    Akaike info criterion 16.62059
Sum squared resid      49441364    Schwarz criterion     16.82644
Log likelihood         -509.2383   Hannan-Quinn criter.  16.70141
F-statistic            497.5552    Durbin-Watson stat    1.821231
Prob(F-statistic)      0.000000
```

图 6.13　虚拟变量模型的估计结果

由估计结果可知，采用虚拟变量模型时农村居民组与城镇居民组在截距项上是有差异的，人均工资收入项对应的参数也是有差异的，但人均其他收入项所对应的参数无显著差异。

显然，虚拟变量的方法更直观、简单，而且能够更细致地检验出差异是在截距项上，还是在某个斜率项上。

第七章 模型的检验
——放宽基本假定

估计的模型要符合计量理论的前提假设,只有符合,OLS 法的估计结果才可靠。如果违反经典假设,则会导致参数估计值不具有最小方差性,即丧失有效性;违反正态性的假设会导致 t 统计量不服从 T 分布,t 检验失效等。有关这些问题朋友们可以去阅读任何一本计量经济学基础教程,本书只讲技法,不涉及基础理论。

第一节 多重共线性的检验和修正

一 研究对象和数据

实际建立模型的过程中,我们经常会碰到解释变量有很多个,在经济学逻辑上无法做出取舍,用最小二乘方法回归,整体效果不好,或者有些变量未能通过检验,或者系数符号出现反常等。这时就需要进行多重共线性的检验。如果发现变量之间存在多重共线性,就需要用计量手段去掉个体效果不好同时影响整体回归效果的变量,这种方法就是逐步回归法,是处理多重共线性的一种方法。它既能检验变量之间是否存在多重共线性,又能修正多重共线性。

我们以中国电信业务总量模型为例,看看如何应用逐步回归法进行多重共线性的检验和修正。相关数据见表 7.1。

表 7.1 1991~1999 年中国电信业务总量数据

年份	电信业务总量 Y(百亿元)	邮政业务总量 X_1(百亿元)	中国人口数 X_2(亿人)	市镇人口比率 X_3	人均 GDP X_4(千元)	人均消费水平 X_5(千元)
1991	1.5163	0.5275	11.5823	0.2637	1.879	0.896
1992	2.2657	0.6367	11.7171	0.2763	2.287	1.070
1993	3.8245	0.8026	11.8517	0.2814	2.939	1.331

续表

年份	电信业务总量 Y（百亿元）	邮政业务总量 X_1（百亿元）	中国人口数 X_2（亿人）	市镇人口比率 X_3	人均GDP X_4（千元）	人均消费水平 X_5（千元）
1994	5.9230	0.9589	11.985	0.2862	3.923	1.746
1995	8.7551	1.1334	12.1121	0.2904	4.854	2.236
1996	12.0875	1.3329	12.2389	0.2937	5.576	2.641
1997	12.6895	1.4434	12.3626	0.2992	6.053	2.834
1998	22.6494	1.6628	12.4810	0.3040	6.307	2.972
1999	31.3238	1.9844	12.5909	0.3089	6.534	3.143

资料来源：根据EPS统计数据库整理得出。

二 检验和修正

我们把中国电信业务总量1991～1999年的数据输入软件EViews 10.0里，命名为Y、X_1、X_2、X_3、X_4、X_5，结果如图7.1所示。

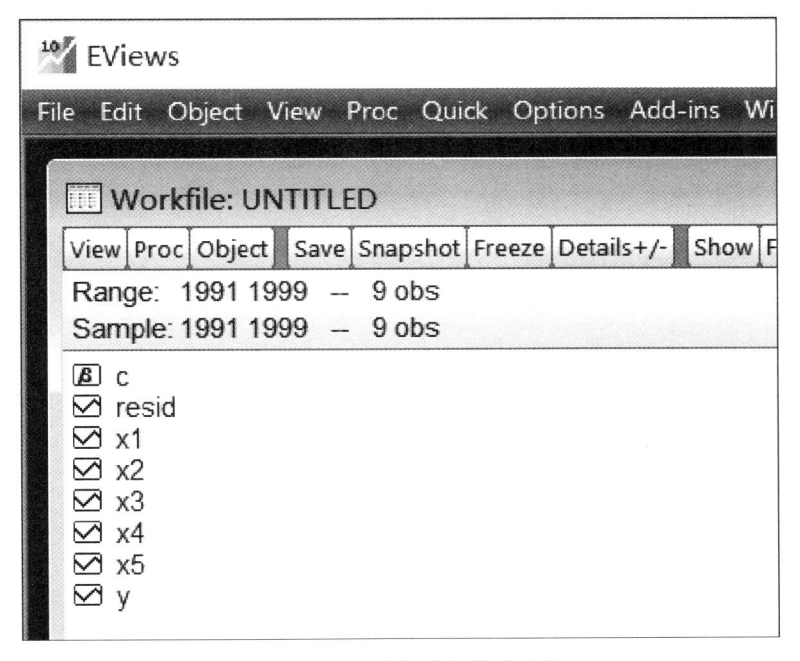

图7.1 逐步回归法中的各变量

对其进行最小二乘回归，结果如图7.2所示。

从回归结果可以看出，所有参数估计值的t统计量的伴随概率均大于0.05，都没有通过t检验。但是可决系数$R^2=0.9918$，$F=72.7025$，都很高，初步判断变量之间存在多重共线性。

进一步观察X_1、X_2、X_3、X_4、X_5之间的相关系数。EViews操作方法为：点击

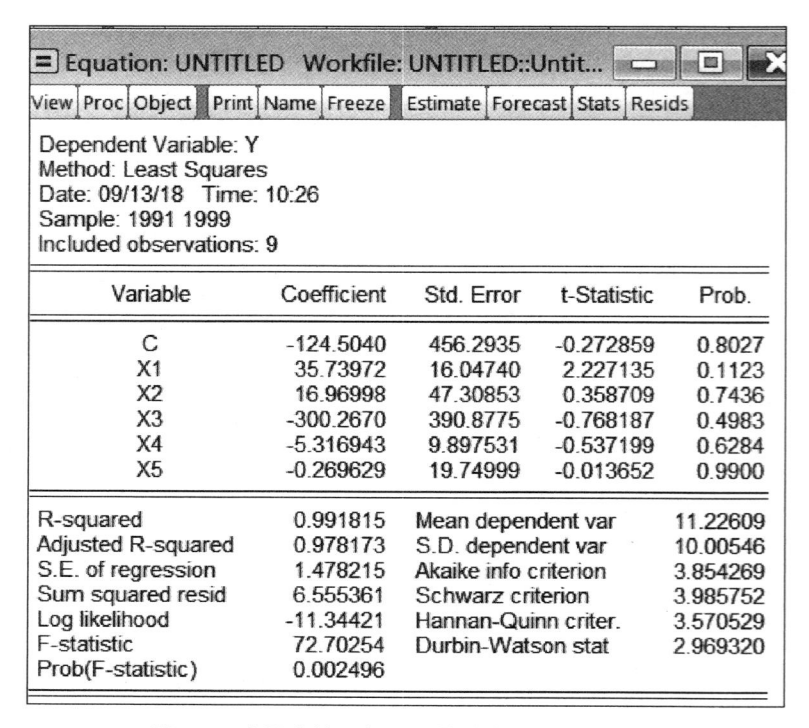

```
Equation: UNTITLED  Workfile: UNTITLED::Untit...
View|Proc|Object| Print|Name|Freeze| Estimate|Forecast|Stats|Resids

Dependent Variable: Y
Method: Least Squares
Date: 09/13/18   Time: 10:26
Sample: 1991 1999
Included observations: 9

     Variable     Coefficient   Std. Error    t-Statistic   Prob.
        C          -124.5040    456.2935     -0.272859    0.8027
       X1           35.73972    16.04740      2.227135    0.1123
       X2           16.96998    47.30853      0.358709    0.7436
       X3          -300.2670    390.8775     -0.768187    0.4983
       X4          -5.316943     9.897531    -0.537199    0.6284
       X5          -0.269629    19.74999     -0.013652    0.9900

R-squared              0.991815   Mean dependent var    11.22609
Adjusted R-squared     0.978173   S.D. dependent var    10.00546
S.E. of regression     1.478215   Akaike info criterion  3.854269
Sum squared resid      6.555361   Schwarz criterion      3.985752
Log likelihood        -11.34421   Hannan-Quinn criter.   3.570529
F-statistic            72.70254   Durbin-Watson stat     2.969320
Prob(F-statistic)      0.002496
```

图 7.2　中国电信业务总量模型的 OLS 回归结果

数组文件窗口"View",选择"Covariance Analysis…",如图 7.3 所示,然后去掉"Covariance"前面的"√",选择"Correlation"。

图 7.3　相关系数选择窗口

得到相关系数，结果如图 7.4 所示。

图 7.4 相关系数

	X1	X2	X3	X4	X5
X1	1.000000	0.989519	0.970025	0.962777	0.970291
X2	0.989519	1.000000	0.988234	0.987184	0.988805
X3	0.970025	0.988234	1.000000	0.967789	0.965389
X4	0.962777	0.987184	0.967789	1.000000	0.998610
X5	0.970291	0.988805	0.965389	0.998610	1.000000

可见，变量之间的相关系数都很高。

我们尝试用逐步回归法来筛选变量。首先我们从逻辑上判断 X_2（中国人口数）这个变量，其是基础变量，不能删掉。也可以逐个对解释变量和被解释变量分别回归，根据拟合优度的高低进行判断，但一般以理论为基础。

我们点击图 7.2 方程窗口的 "Estimate"，结果如图 7.5 所示。

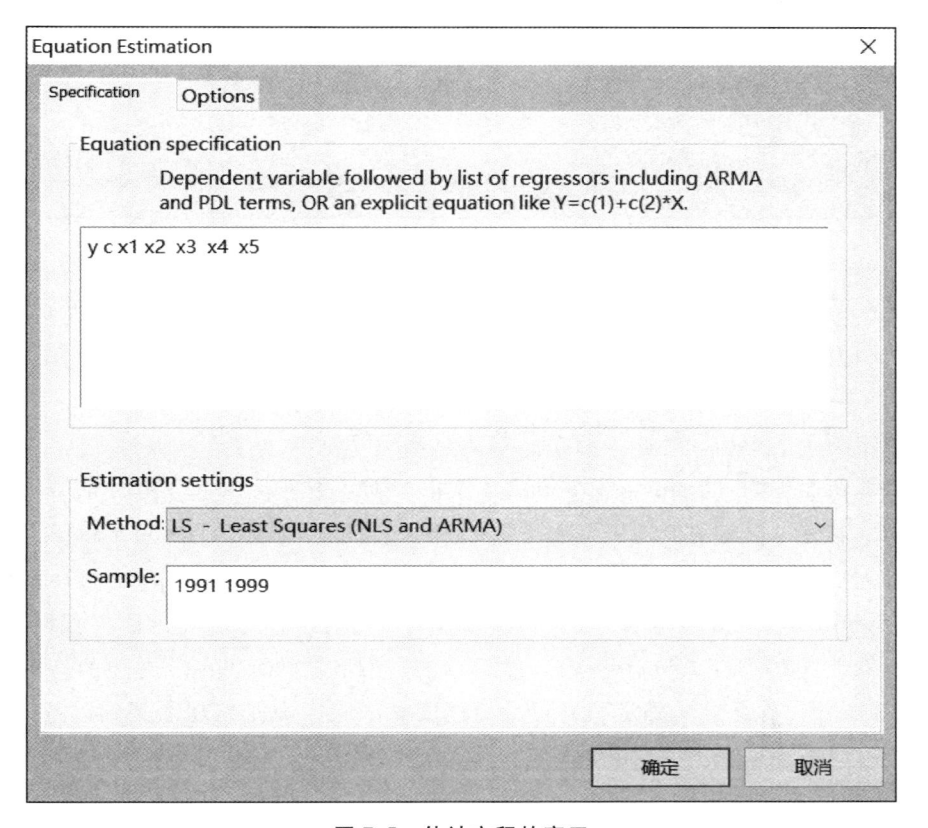

图 7.5 估计方程的窗口

我们在图 7.5 中的"Method"部分右侧的下拉箭头中选择"STEPLS-Stepwise Least Squares",结果如图 7.6 所示。

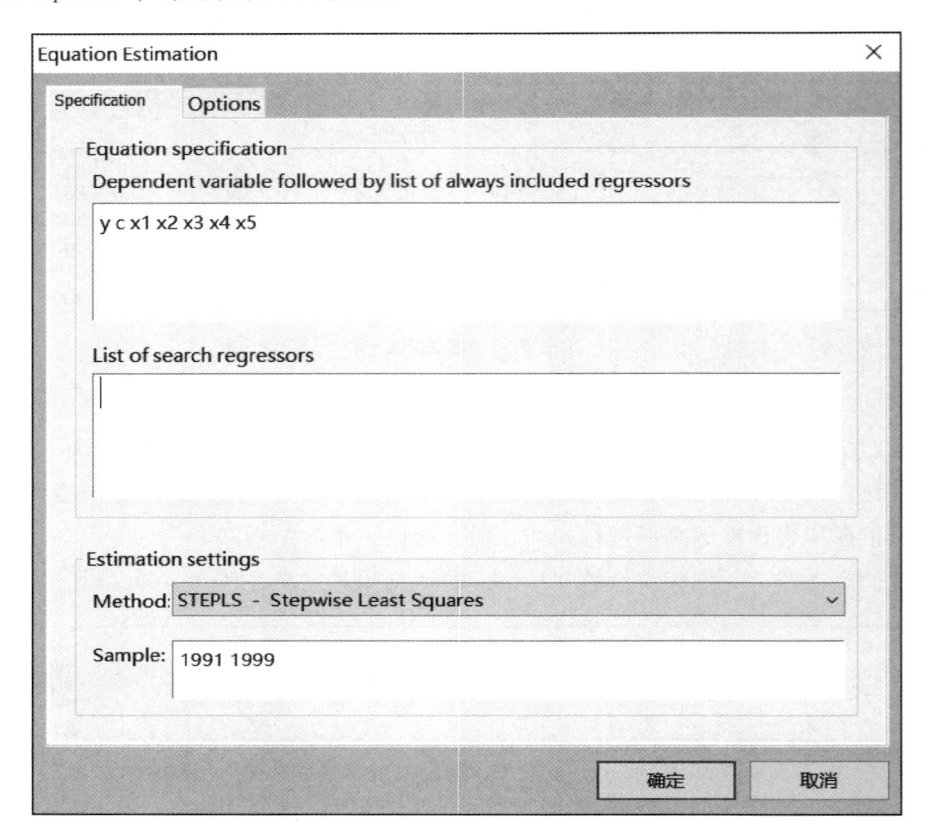

图 7.6　逐步回归法窗口

在图 7.6 上面的空白格保留被解释变量 Y 和逻辑上需要保留的解释变量 X_2 以及常数项 C,其余解释变量移到下一个空白格"List of search regressors"里,结果如图 7.7 所示。

点击图 7.7 中"Options"部分,结果如图 7.8 所示。

将图 7.8 中的"Stopping Criteria"(停止准则)下"p-value"部分的数据修改为 0.05,表示 t 检验的伴随概率大于 0.05 将被自动剔除("Selection Method"部分有几种方法的选择,包括"Uni-directional"单方向筛选法、"Stepwise"逐步筛选法、"Swapwise"互换变量法、"Combinatorial"组合法,熟悉理论后再权衡判断,这里我们选择默认的"Stepwise")。然后点击(回到)"Options"左边的"Specification"部分,再点击"确定"即可。经过反复试验,确保在理论基础以及 t 统计量都通过检验的前提下,得到如图 7.9 所示的结果。

图 7.7 逐步回归法变量的输入

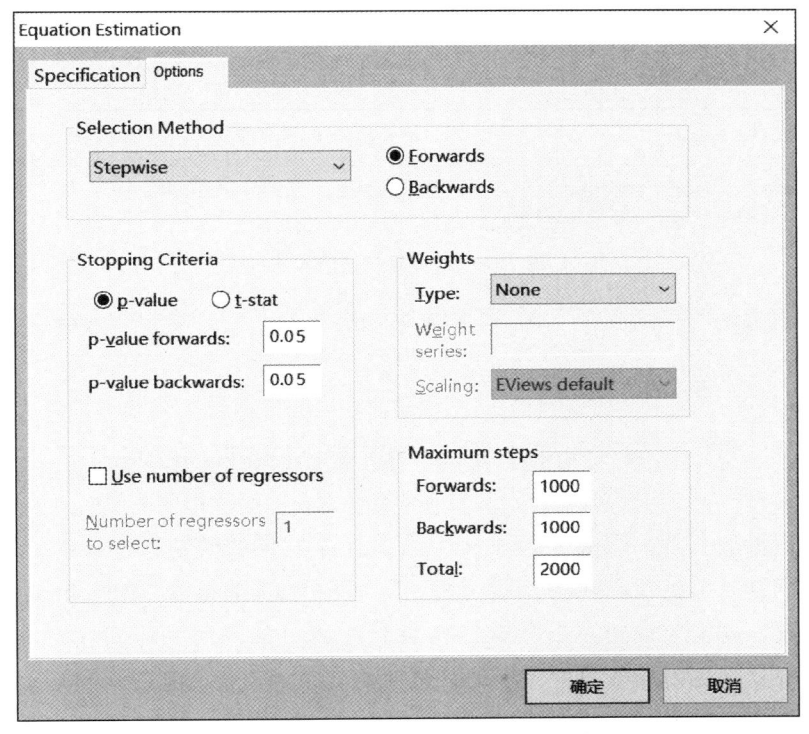

图 7.8 逐步回归法伴随概率的约束

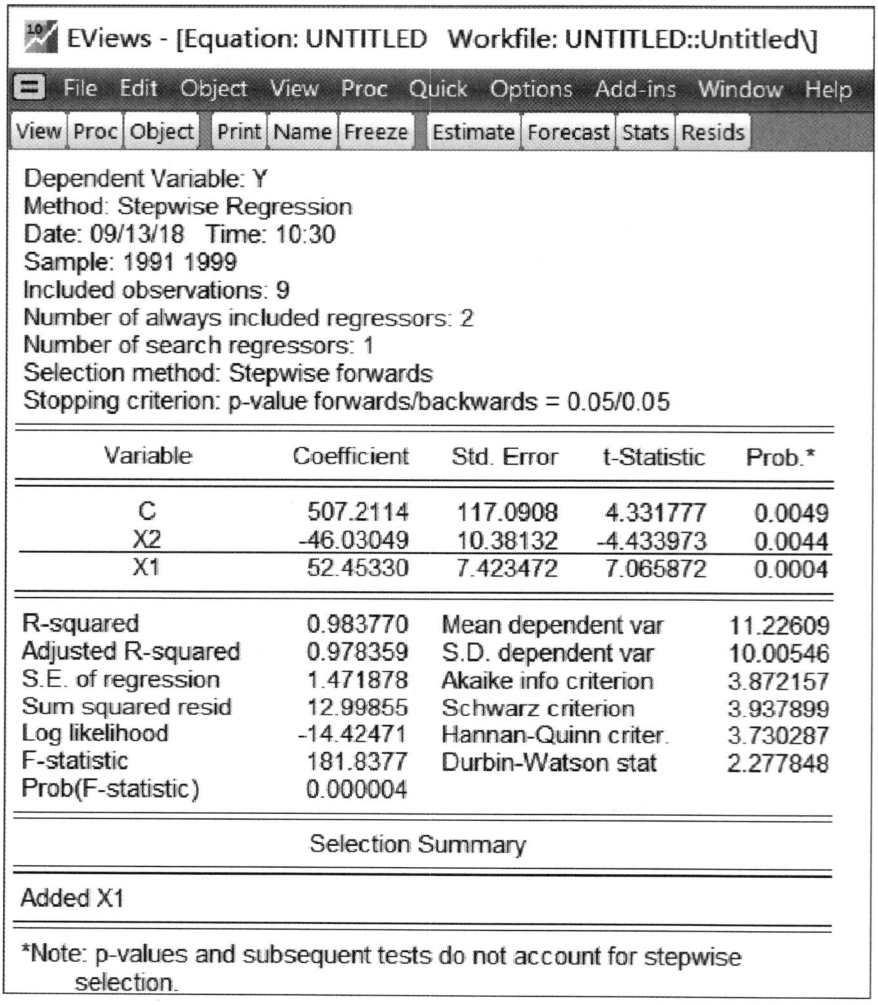

```
EViews - [Equation: UNTITLED   Workfile: UNTITLED::Untitled\]
 File  Edit  Object  View  Proc  Quick  Options  Add-ins  Window  Help
View Proc Object  Print Name Freeze  Estimate Forecast Stats Resids

Dependent Variable: Y
Method: Stepwise Regression
Date: 09/13/18   Time: 10:30
Sample: 1991 1999
Included observations: 9
Number of always included regressors: 2
Number of search regressors: 1
Selection method: Stepwise forwards
Stopping criterion: p-value forwards/backwards = 0.05/0.05
```

Variable	Coefficient	Std. Error	t-Statistic	Prob.*
C	507.2114	117.0908	4.331777	0.0049
X2	-46.03049	10.38132	-4.433973	0.0044
X1	52.45330	7.423472	7.065872	0.0004

R-squared	0.983770	Mean dependent var		11.22609
Adjusted R-squared	0.978359	S.D. dependent var		10.00546
S.E. of regression	1.471878	Akaike info criterion		3.872157
Sum squared resid	12.99855	Schwarz criterion		3.937899
Log likelihood	-14.42471	Hannan-Quinn criter.		3.730287
F-statistic	181.8377	Durbin-Watson stat		2.277848
Prob(F-statistic)	0.000004			

Selection Summary

Added X1

*Note: p-values and subsequent tests do not account for stepwise selection.

图 7.9　逐步回归法的结果

上述结果说明，除了 X_1、X_2 被保留外，其余 X_3、X_4、X_5 均被删除。最终的结果应该是图 7.9 所示内容。

第二节　内生解释变量的检验和修正

工具变量法（Ⅳ）是为了解决一个违反经典假设的问题而设计的。假设条件是：解释变量与随机扰动项不相关，即出现了内生解释变量。如果出现了违反该假设的问题，就需要找到一个和解释变量高度相关的同时和随机扰动项不相关、与其他解释变量也不相关的避免多重共线性的变量。需要注意的问题是，工具变量的设定除了上述三个条件以外，其个数至少要大于或者等于解释变量的个数，常数项是默认的工具变量,和随机扰动项不相关的解释变量也可以作为工具变量。

两阶段最小二乘法(TSLS 或 2SLS)本质上属于工具变量法,做回归的时候分两个阶段进行,因此得名。第一阶段,解释变量对工具变量进行回归,得到解释变量的拟合值(估计值);第二阶段,用得到的解释变量拟合值对被解释变量进行回归,即为 TSLS(2SLS)的回归结果。

接下来我们尝试使用工具变量法。我们以上一节电信业务总量模型为例,假设 X_1 为工具变量(工具变量的选择请看理论教材的表述,不在本书阐述之列),使用工具变量之前,我们先用解释变量 X_2 对被解释变量 Y 进行 OLS 回归,结果如图 7.10 所示。

```
EViews - [Equation: UNTITLED   Workfile: UNTITLED::Untitled\]
 File  Edit  Object  View  Proc  Quick  Options  Add-ins  Window  Help
 View Proc Object | Print Name Freeze | Estimate Forecast Stats Resids

Dependent Variable: Y
Method: Least Squares
Date: 09/13/18   Time: 10:30
Sample: 1991 1999
Included observations: 9

Variable        Coefficient   Std. Error   t-Statistic   Prob.

C               -310.1380     51.30090     -6.045469     0.0005
X2              26.55375      4.237354     6.266587      0.0004

R-squared           0.848714    Mean dependent var     11.22609
Adjusted R-squared  0.827102    S.D. dependent var     10.00546
S.E. of regression  4.160369    Akaike info criterion  5.882215
Sum squared resid   121.1607    Schwarz criterion      5.926042
Log likelihood      -24.46997   Hannan-Quinn criter.   5.787635
F-statistic         39.27011    Durbin-Watson stat     0.835506
Prob(F-statistic)   0.000417
```

图 7.10　OLS 的一元回归

然后我们点击回归窗口的"Estimate",在"Method"部分右侧的下拉箭头中选择"TSLS",结果如图 7.11 所示。在图 7.11 的"Instrument list"(工具变量列表)部分输入"X1",点击"确定",结果如图 7.12 所示。

我们比较没有使用工具变量的结果(见图 7.10)和使用工具变量的结果(见图 7.12),综合各项统计指标,发现使用工具变量后的回归结果得到了改善。

仍然以电信业务总量模型为例,我们尝试使用两阶段最小二乘法。第一阶段,先用选定的工具变量 X_1 对解释变量 X_2 做 OLS 回归,结果如图 7.13 所示,点击"确定"后回归结果如图 7.14 所示。

点击图 7.14 方程回归窗口的"Forecast",得到第一阶段 X_2 的预测值,保留在"X2F"的名称下,如图 7.15 所示。

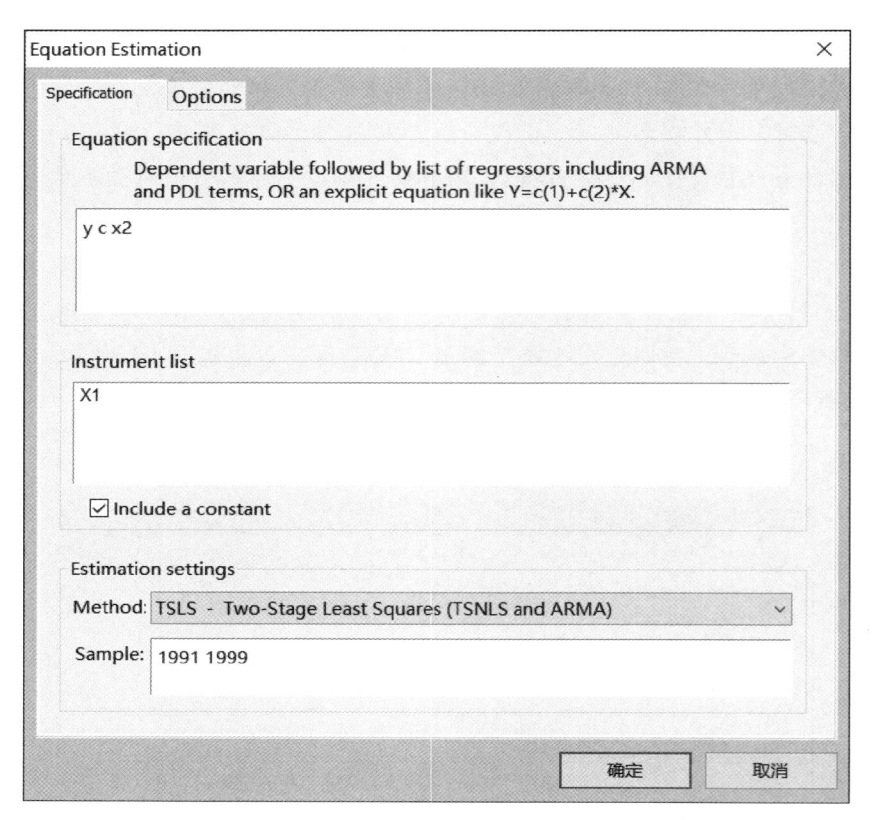

图 7.11 工具变量法的对话窗口

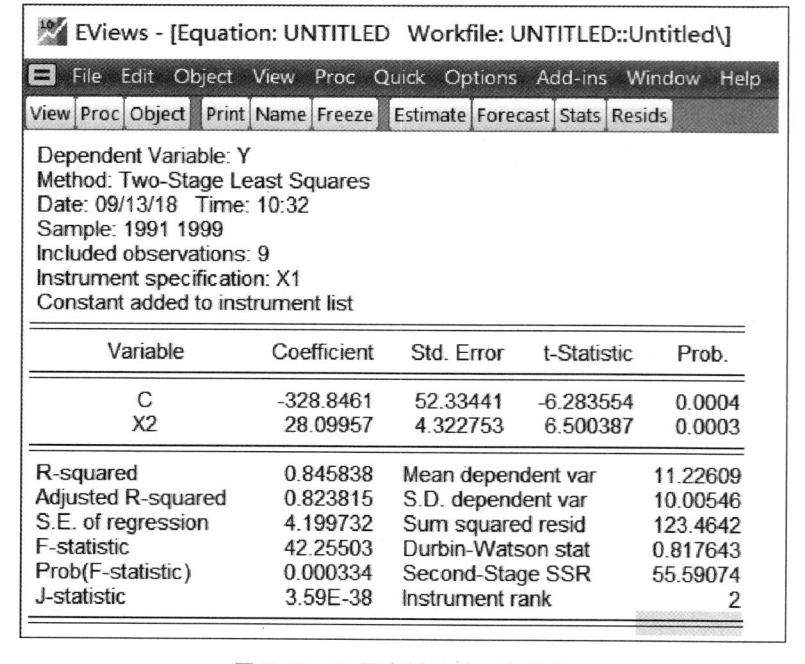

图 7.12 工具变量法的回归结果

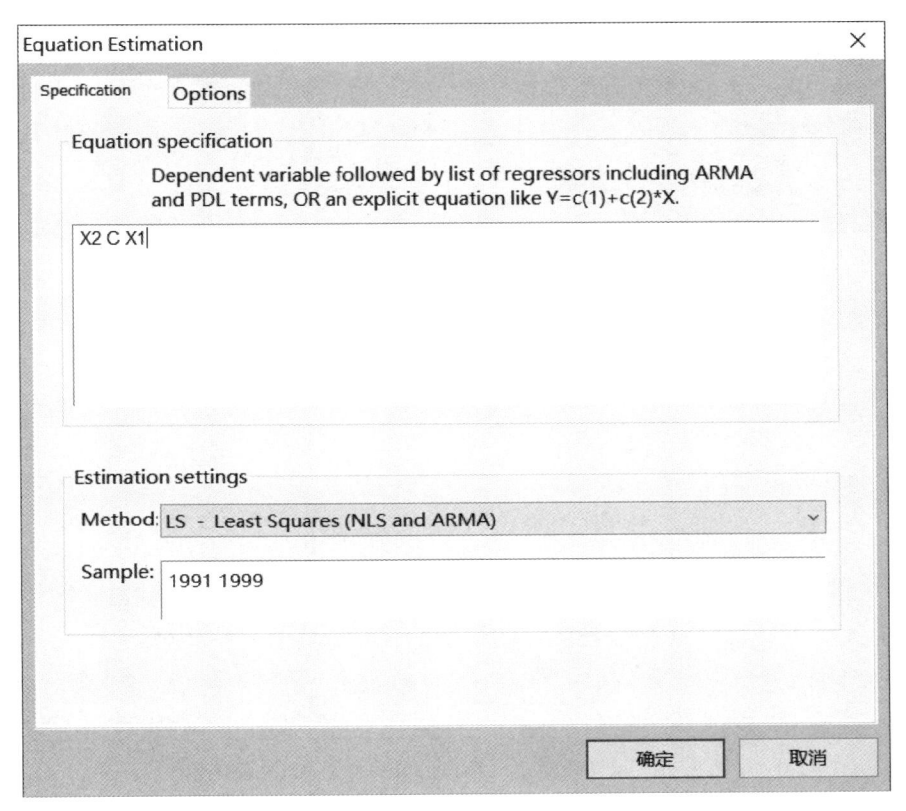

图 7.13 两阶段最小二乘法的第一阶段变量输入页面

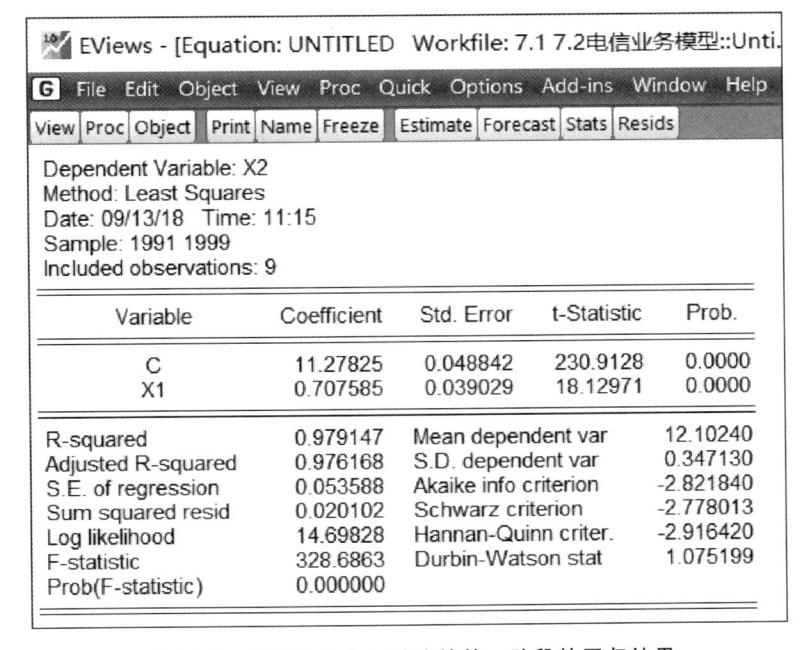

图 7.14 两阶段最小二乘法的第一阶段的回归结果

图 7.15 两阶段最小二乘法的第一阶段 X_2 的预测值

在图 7.15 中点击"OK",得到 X_2 的预测值(即"X2F")在两个标准误差范围内的图形和各统计指标(见图 7.16)。然后用"X2F"对 Y 做 OLS 回归,结果如图 7.17 所示。

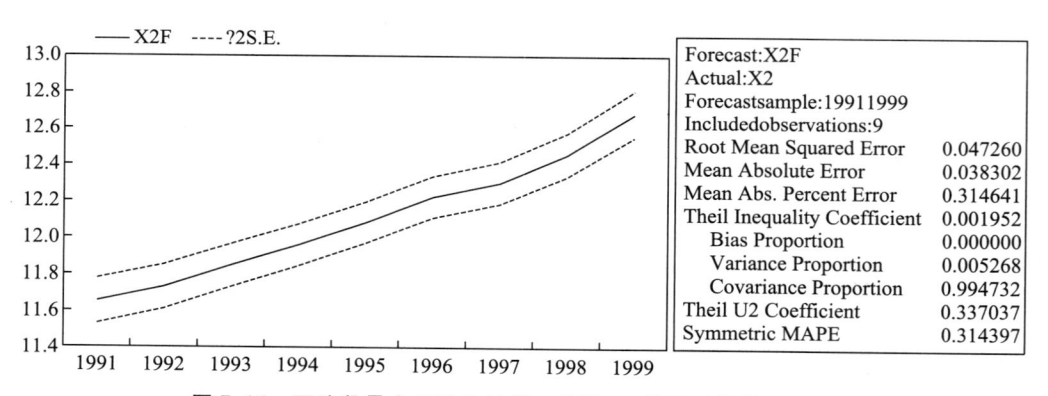

Forecast: X2F	
Actual: X2	
Forecast sample: 1991 1999	
Included observations: 9	
Root Mean Squared Error	0.047260
Mean Absolute Error	0.038302
Mean Abs. Percent Error	0.314641
Theil Inequality Coefficient	0.001952
Bias Proportion	0.000000
Variance Proportion	0.005268
Covariance Proportion	0.994732
Theil U2 Coefficient	0.337037
Symmetric MAPE	0.314397

图 7.16 两阶段最小二乘法的第一阶段 X_2 的预测值的显示结果

我们可以比较一下直接用 OLS 回归的结果(见图 7.10)和我们用两阶段最小二乘法回归的结果(见图 7.17),从各统计指标来看,后者效果比前者更好。

什么时候用工具变量法?首先需要对解释变量进行内生性检验。若解释变量是内生解释变量,则采用工具变量法。一般采用 Hausman 检验方法判断其是不是

```
EViews - [Equation: UNTITLED   Workfile: UNTITLED::Untitled\]
File  Edit  Object  View  Proc  Quick  Options  Add-ins  Window  Help
View Proc Object  Print Name Freeze  Estimate Forecast Stats Resids

Dependent Variable: Y
Method: Least Squares
Date: 09/13/18   Time: 10:37
Sample: 1991 1999
Included observations: 9

Variable          Coefficient   Std. Error    t-Statistic    Prob.

C                 -328.8461     35.11705     -9.364287     0.0000
X2F                28.09957      2.900621      9.687430     0.0000

R-squared            0.930587   Mean dependent var      11.22609
Adjusted R-squared   0.920671   S.D. dependent var      10.00546
S.E. of regression   2.818073   Akaike info criterion    5.103113
Sum squared resid   55.59074   Schwarz criterion        5.146941
Log likelihood      -20.96401   Hannan-Quinn criter.     5.008534
F-statistic         93.84630    Durbin-Watson stat       0.826604
Prob(F-statistic)    0.000026
```

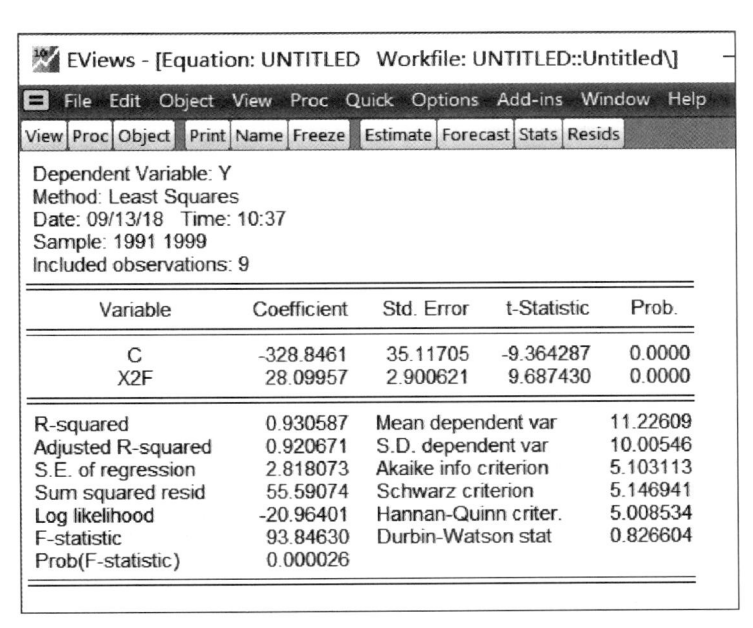

图 7.17　两阶段最小二乘法的最后回归结果

内生解释变量，由于 Hausman 检验前面的步骤大部分类似，读者可以参考相关教材进行检验，在此不再赘述。

第三节　正态性检验和修正

第三章我们得到了估计结果如图 7.18 所示的方程窗口，在该方程窗口下，点

```
Equation: UNTITLED   Workfile: DYC::Untitled\
View Proc Object  Print Name Freeze  Estimate Forecast Stats Resids

Dependent Variable: M
Method: Least Squares
Date: 09/06/18   Time: 15:54
Sample: 1 55
Included observations: 55

Variable          Coefficient   Std. Error    t-Statistic    Prob.

C                 -4718.111     895.4062     -5.269241     0.0000
Y                   27.68500      2.599988    10.64813     0.0000
I                    1.043279     0.040306    25.88414     0.0000

R-squared            0.995100   Mean dependent var     39217.38
Adjusted R-squared   0.994911   S.D. dependent var     37515.56
S.E. of regression   2676.167   Akaike info criterion   18.67516
Sum squared resid   3.72E+08   Schwarz criterion       18.78465
Log likelihood      -510.5669   Hannan-Quinn criter.    18.71750
F-statistic         5279.913    Durbin-Watson stat       0.699714
Prob(F-statistic)    0.000000
```

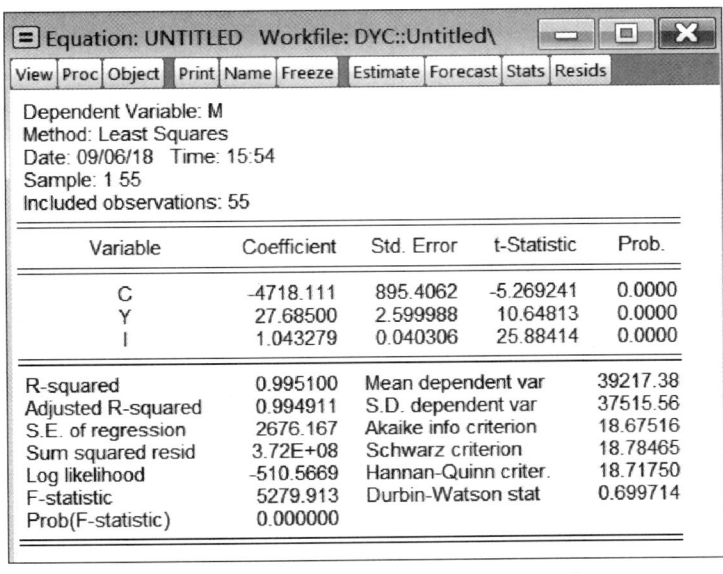

图 7.18　第三章的回归结果（即图 3.15）

击左上方的"View",出现下拉菜单,其中有一项为"Residual Diagnostics",鼠标放到这个位置,又出现下拉菜单,如图 7.19 所示。

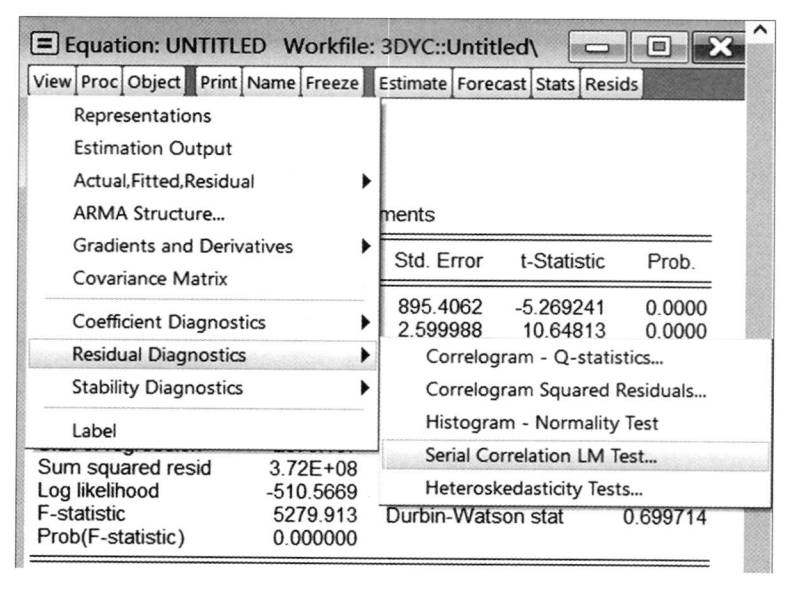

图 7.19 回归方程的残差检验

最后一个下拉菜单涉及要检验的内容有这样几项:

① "Correlogram-Q-statistics…"(各期残差的相关分析);
② "Correlogram Squared Residuals…"(各期残差平方的相关分析);
③ "Histogram-Normality Test"(残差的正态性检验);
④ "Serial Correlation LM Test…"(序列相关的 LM 检验);
⑤ "Heteroskedasticity Tests…"(异方差检验)。

注意不同的样本数据类型,残差检验"Residual Diagnostics"的子菜单是不同的。

我们先做残差的正态性检验,用鼠标左键单击"Histogram-Normality Test",出现如图 7.20 所示的结果。

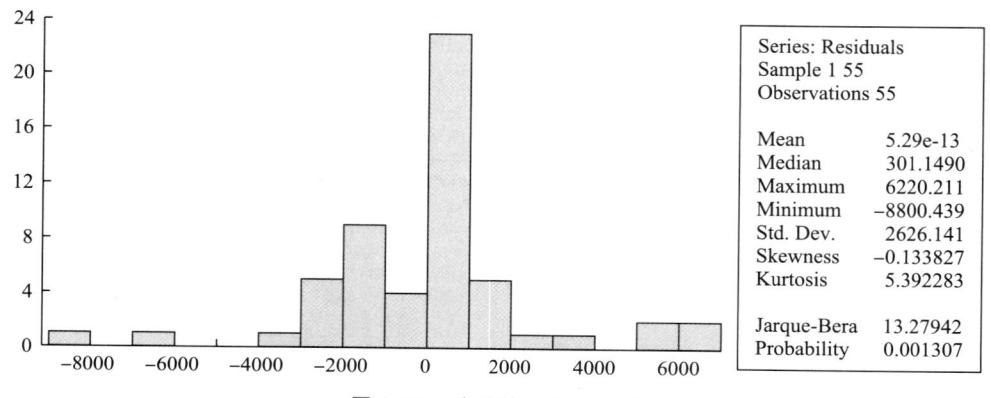

图 7.20 残差的正态性检验

我们看图 7.20 右侧的指标，将"Jarque-Bera"项的伴随概率"Probability"和显著性水平 0.05 比较，如果大于 0.05 则表明随机扰动项是正态分布的原假设成立，否则不成立。现在结果是 0.0013 小于 0.05，结论为随机扰动项是非正态分布的。

JB 统计量用来检验序列是不是正态分布，统计量的计算由下式给出：

$$JB = \frac{T-k}{6}\left[S^2 + \frac{1}{4}(K-3)^2 \right] \sim \chi^2(2)$$

这里 T 指数据的个数。对于一个正常的序列，k 值取零；如果该序列是某一回归方程的残差序列，则 k 是解释变量的个数。S 是偏度，K 是峰度。在原假设（该序列服从正态分布）成立的情况下，JB 统计量服从自由度为 2 的 χ^2 分布。

如果正态性检验未通过，那么最好用非参数检验方法，或者扩大样本。

第四节　异方差性检验和修正

在图 7.19 的基础上，选择最后一项"Heteroskedasticity Tests…"（异方差检验），结果如图 7.21 所示。

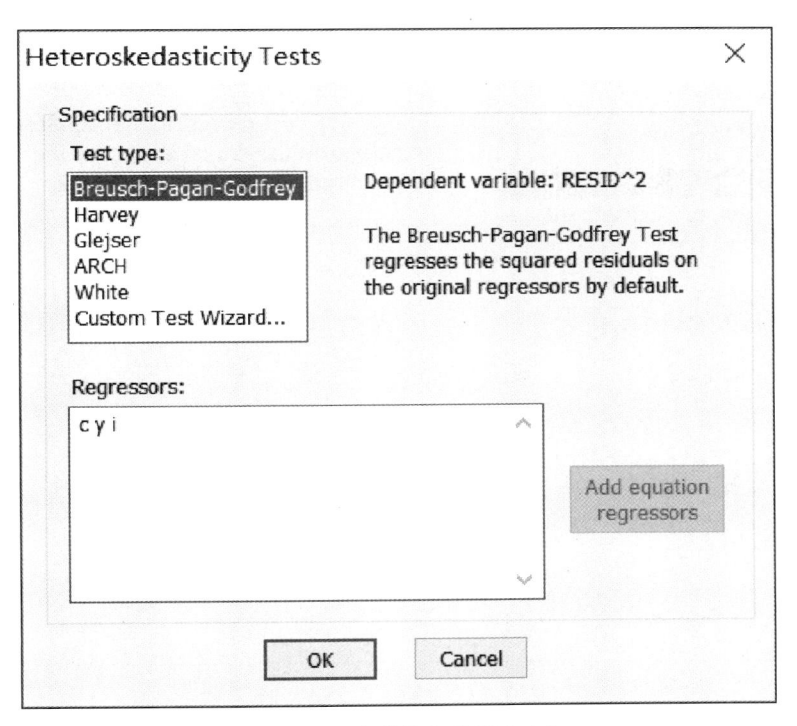

图 7.21　异方差的各种检验方法

异方差检验的类型有以下几项：

① "Breusch-Pagan-Godfrey"（布劳什－帕甘－戈弗雷检验，BPG 检验）；
② "Harvey"（哈维检验）；
③ "Glejser"（戈里瑟检验）；
④ "ARCH"（自回归条件异方差检验）；
⑤ "White"（怀特异方差检验）；
⑥ "Custom Test Wizard…"（定制导向检验：包含几种常见固定形式的异方差检验）。

想做哪种异方差检验，点击对应的名称即可，采用不同的检验方法，整个设定界面会有所不同。点击常用的"White"，如图 7.22 所示。有选择项"Include White cross terms"，有"√"符号则表示包含交叉乘积项的 White 异方差检验，去掉"√"符号则表示不包含交叉乘积项的 White 异方差检验，两种结果分别如图 7.23 和图 7.24 所示。对于一元模型来说，选不选无差别，但是对于多元模型是有差别的。

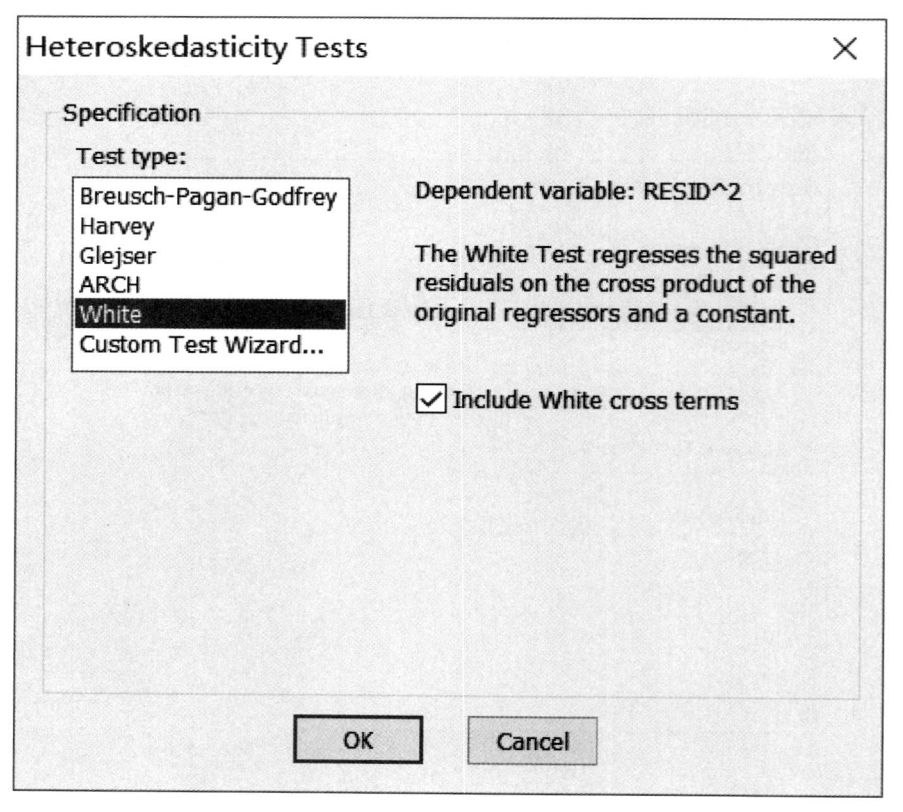

图 7.22　White 异方差检验

```
EViews - [Equation: UNTITLED   Workfile: 3DYC::Untitled\]
File  Edit  Object  View  Proc  Quick  Options  Add-ins  Window  Help
View  Proc  Object  | Print  Name  Freeze | Estimate  Forecast  Stats  Resids

Heteroskedasticity Test: White

F-statistic              21.81321    Prob. F(5,49)          0.0000
Obs*R-squared            37.95017    Prob. Chi-Square(5)    0.0000
Scaled explained SS      74.49984    Prob. Chi-Square(5)    0.0000

Test Equation:
Dependent Variable: RESID^2
Method: Least Squares
Date: 09/13/18   Time: 13:10
Sample: 1 55
Included observations: 55

Variable      Coefficient    Std. Error    t-Statistic    Prob.
C             -33470733      11360088      -2.946345      0.0049
Y^2           -312.7055      107.7462      -2.902243      0.0055
Y*I           9.289825       3.298586      2.816305       0.0070
Y             266642.0       82463.65      3.233449       0.0022
I^2           -0.045255      0.021309      -2.123749      0.0388
I             -5312.617      1557.263      -3.411510      0.0013

R-squared            0.690003    Mean dependent var     6771224.
Adjusted R-squared   0.658371    S.D. dependent var     14321773
S.E. of regression   8370942.    Akaike info criterion  34.82110
Sum squared resid    3.43E+15    Schwarz criterion      35.04008
Log likelihood       -951.5803   Hannan-Quinn criter.   34.90578
F-statistic          21.81321    Durbin-Watson stat     1.309673
Prob(F-statistic)    0.000000
```

图 7.23 White 异方差检验（包含交叉乘积项）

用 White 方法检验异方差就是要看 "Obs * R-squared" 项后面对应的伴随概率和 0.05 的显著性水平比较，如果伴随概率大于 0.05 则表明接受同方差的原假设，反之则表明存在异方差。现在的三项检验结果均是 0.0000，小于 0.05，说明存在异方差。

有交叉乘积项和没有交叉乘积项的区别就在于前者的辅助回归式多了一项 "Y * I"（见图 7.23），但不影响检验结果。没有交叉乘积项和有交叉乘积项的检验结果都接受存在异方差问题的备择假设。

接下来进行异方差的修正。注意，不管使用何种方法进行修正，修正后都必须重新进行异方差性检验，直到通过检验为止。

1. 取自然对数

对每个变量取自然对数后进行 OLS 估计（见图 7.25），然后通过 White 异方差检验可以看到伴随概率大于 0.01（见图 7.26）（可以是 0.05 或者 0.1，具体情况具体分析），在 1% 的显著性水平下接受不存在异方差的原假设，即认为已经消除了回归模型的异方差。

```
Heteroskedasticity Test: White

F-statistic              39.59530    Prob. F(2,52)           0.0000
Obs*R-squared            33.19966    Prob. Chi-Square(2)     0.0000
Scaled explained SS      65.17413    Prob. Chi-Square(2)     0.0000


Test Equation:
Dependent Variable: RESID^2
Method: Least Squares
Date: 09/13/18   Time: 13:11
Sample: 1 55
Included observations: 55
```

Variable	Coefficient	Std. Error	t-Statistic	Prob.
C	1119861.	1903623.	0.588279	0.5589
Y^2	-2.708770	4.483063	-0.604223	0.5483
I^2	0.005658	0.001184	4.778780	0.0000

R-squared	0.603630	Mean dependent var		6771224.
Adjusted R-squared	0.588385	S.D. dependent var		14321773
S.E. of regression	9188451.	Akaike info criterion		34.95779
Sum squared resid	4.39E+15	Schwarz criterion		35.06729
Log likelihood	-958.3393	Hannan-Quinn criter.		35.00014
F-statistic	39.59530	Durbin-Watson stat		1.188832
Prob(F-statistic)	0.000000			

图 7.24 White 异方差检验（不包含交叉乘积项）

```
Dependent Variable: LOG(M)
Method: Least Squares
Date: 09/13/18   Time: 14:22
Sample (adjusted): 1 55
Included observations: 55 after adjustments
```

Variable	Coefficient	Std. Error	t-Statistic	Prob.
C	0.460850	0.075136	6.133558	0.0000
LOG(Y)	0.603314	0.043689	13.80931	0.0000
LOG(I)	0.608301	0.023913	25.43782	0.0000

R-squared	0.998137	Mean dependent var		10.00205
Adjusted R-squared	0.998066	S.D. dependent var		1.172109
S.E. of regression	0.051551	Akaike info criterion		-3.039492
Sum squared resid	0.138190	Schwarz criterion		-2.930001
Log likelihood	86.58603	Hannan-Quinn criter.		-2.997151
F-statistic	13932.12	Durbin-Watson stat		0.838082
Prob(F-statistic)	0.000000			

图 7.25 取自然对数后模型的 OLS 估计结果

```
EViews - [Equation: UNTITLED   Workfile: 3DYC::Untitled\]
 File  Edit  Object  View  Proc  Quick  Options  Add-ins  Window  Help
View Proc Object | Print Name Freeze | Estimate Forecast Stats Resids
Heteroskedasticity Test: White

F-statistic              3.437253    Prob. F(2,52)            0.0396
Obs*R-squared            6.422098    Prob. Chi-Square(2)      0.0403
Scaled explained SS      4.497700    Prob. Chi-Square(2)      0.1055


Test Equation:
Dependent Variable: RESID^2
Method: Least Squares
Date: 09/13/18   Time: 14:23
Sample: 1 55
Included observations: 55

    Variable      Coefficient   Std. Error   t-Statistic   Prob.

       C           0.007049     0.002283     3.087820     0.0032
     LOG(Y)^2     -4.88E-05     0.000221    -0.221189     0.8258
     LOG(I)^2     -2.85E-05     8.03E-05    -0.354654     0.7243

R-squared            0.116765    Mean dependent var     0.002513
Adjusted R-squared   0.082795    S.D. dependent var     0.003174
S.E. of regression   0.003040    Akaike info criterion -8.700969
Sum squared resid    0.000481    Schwarz criterion     -8.591478
Log likelihood     242.2766      Hannan-Quinn criter.  -8.658628
F-statistic          3.437253    Durbin-Watson stat     0.695590
Prob(F-statistic)    0.039626
```

图 7.26　取自然对数后 White 异方差检验（无交叉乘积项）

2. WLS

在选择 Quick\Estimate Equation…后，在设定方程的界面选择"Options"，再选择"Weights"下的"Type"，设置相应的权重（见图 7.27），然后点击"确定"。权重需要根据具体情况来设定。

3. 异方差的稳健标准误法

该方法是应用软件中推荐的一种选择，适合样本容量足够大的情况。仍然采用 OLS 估计，但对 OLS 估计量的标准误差进行修正。与不附加选择的 OLS 估计比较，参数估计量没有变化，但是参数估计量的方差和标准误差变化明显。即使存在异方差，仍然采用 OLS 估计时，变量的显著性检验有效，预测也有效。

在图 7.18 的基础上，选择"Estimate"，再选择"Options"，在"Covariance method"这一栏选择"Huber-White"，然后点击"确定"即可（见图 7.28）。

得到的结果如图 7.29 所示。比较图 7.18 和图 7.29，系数一样，标准误差和 t 统计量的值不同。

图 7.27 WLS 设置界面

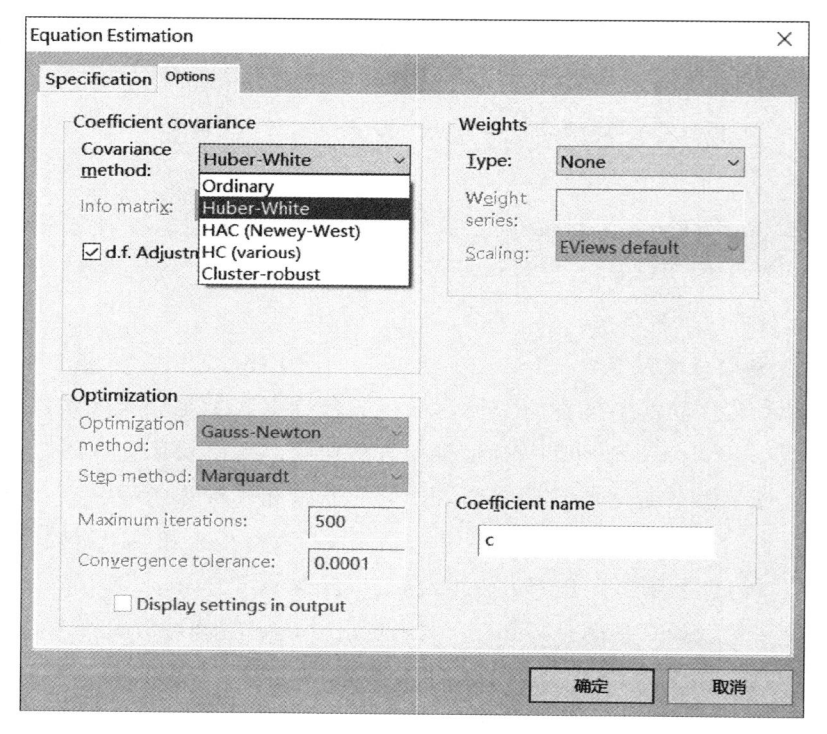

图 7.28 异方差的稳健标准误法设置界面

```
┌─────────────────────────────────────────────────────────────────┐
│ EViews - [Equation: EQ02  Workfile: 3DYC::Untitled\]           │
│ File  Edit  Object  View  Proc  Quick  Options  Add-ins  Window  Help │
│ View Proc Object | Print Name Freeze | Estimate Forecast Stats Resids │
│                                                                  │
│ Dependent Variable: M                                            │
│ Method: Least Squares                                            │
│ Date: 09/13/18   Time: 14:45                                     │
│ Sample: 1 55                                                     │
│ Included observations: 55                                        │
│ White-Hinkley (HC1) heteroskedasticity consistent standard errors and │
│    covariance                                                    │
│                                                                  │
│ Variable       Coefficient   Std. Error   t-Statistic   Prob.   │
│                                                                  │
│ C              -4718.111     618.7742     -7.624931    0.0000   │
│ Y              27.68500      3.441830     8.043687     0.0000   │
│ I              1.043279      0.072711     14.34838     0.0000   │
│                                                                  │
│ R-squared              0.995100   Mean dependent var   39217.38 │
│ Adjusted R-squared     0.994911   S.D. dependent var   37515.56 │
│ S.E. of regression     2676.167   Akaike info criterion 18.67516│
│ Sum squared resid      3.72E+08   Schwarz criterion    18.78465 │
│ Log likelihood         -510.5669  Hannan-Quinn criter. 18.71750 │
│ F-statistic            5279.913   Durbin-Watson stat   0.699714 │
│ Prob(F-statistic)      0.000000   Wald F-statistic     4608.795 │
│ Prob(Wald F-statistic) 0.000000                                  │
└─────────────────────────────────────────────────────────────────┘
```

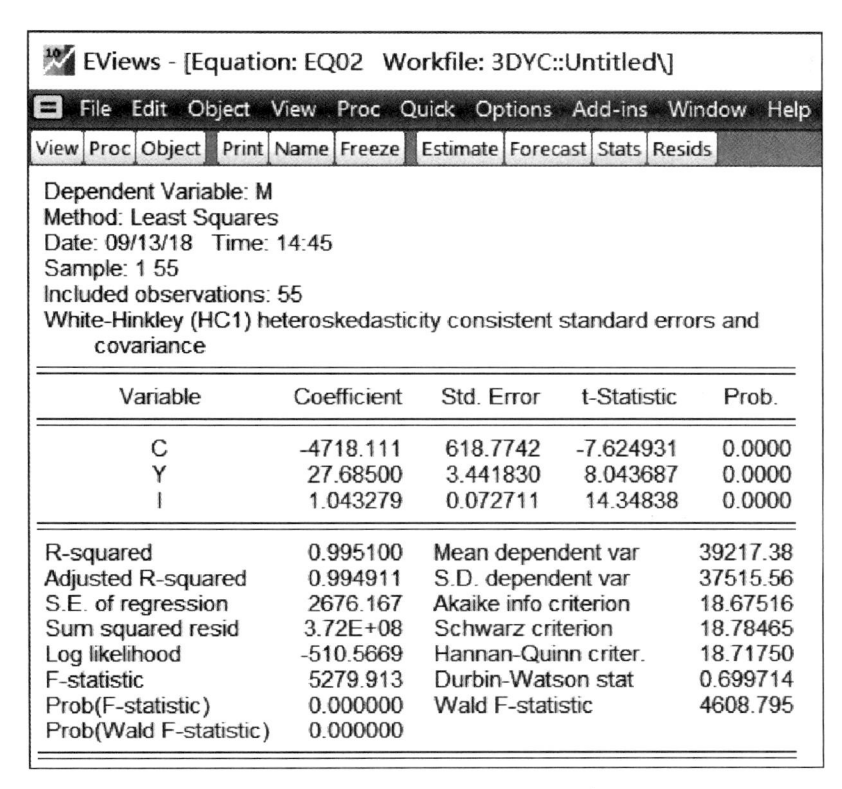

图 7.29　异方差的稳健标准误法的回归结果

第五节　时间序列模型的序列相关性的检验和修正

一般时间序列才进行序列相关性的检验，由于本书使用的货币需求模型的数据是虚拟的，而且本节课主要的目的是介绍软件操作，我们就使用同样的数据进行序列相关性检验。回到图 7.18，还是点击"View"，然后点击下拉菜单中的"Residual Diagnostics"，再点击"Serial Correlation LM Test…"，做序列相关性检验，出现图 7.30。

图 7.30 中询问的是要做几阶序列相关性检验，一般来说，常见的是做一阶和二阶序列相关性检验，如果是做一阶序列相关性检验，则空白处输入"1"；图 7.30 空白处输入的是"2"，则表明要做二阶序列相关性检验。输入数据后，点击"OK"，一阶序列和二阶序列相关性检验结果分别如图 7.31 和图 7.32 所示。

二阶序列和一阶序列相关性检验结果比较，就多了一项"RESID（-2）"，检验方法相同。就是要看"Obs * R-squared"项后面对应的伴随概率和 0.05 的显著性水平比较，如果大于 0.05 则表明接受不存在（一阶或者二阶）序列相关的原假设，反之则表明存在（一阶或者二阶）序列相关。现在的结果同样是 0.0000，小

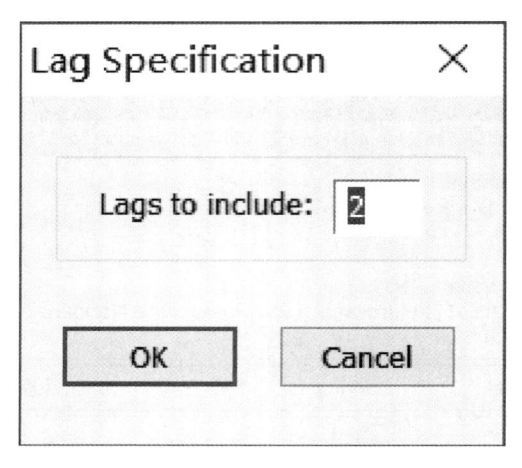

图 7.30 序列相关的滞后期

图 7.31 一阶序列相关性检验结果

于 0.05，说明不仅存在一阶序列相关，还存在二阶序列相关。

接下来进行序列相关的修正。

```
EViews - [Equation: EQ02   Workfile: 3DYC::Untitled\]
File  Edit  Object  View  Proc  Quick  Options  Add-ins  Window  Help
View Proc Object | Print Name Freeze | Estimate Forecast Stats Resids
Breusch-Godfrey Serial Correlation LM Test:

F-statistic              18.90882     Prob. F(2,50)            0.0000
Obs*R-squared            23.68511     Prob. Chi-Square(2)      0.0000


Test Equation:
Dependent Variable: RESID
Method: Least Squares
Date: 09/13/18   Time: 14:53
Sample: 1 55
Included observations: 55
Presample missing value lagged residuals set to zero.

    Variable       Coefficient   Std. Error   t-Statistic   Prob.

       C           -599.9282     744.3170     -0.806012     0.4241
       Y             3.192584      2.478426    1.288150     0.2036
       I            -0.063689      0.042218   -1.508562     0.1377
    RESID(-1)        0.791209      0.142589    5.548888     0.0000
    RESID(-2)       -0.007981      0.203791   -0.039161     0.9689

R-squared              0.430638    Mean dependent var      -2.65E-12
Adjusted R-squared     0.385089    S.D. dependent var       2626.141
S.E. of regression     2059.321    Akaike info criterion    18.18465
Sum squared resid      2.12E+08    Schwarz criterion        18.36713
Log likelihood        -495.0778    Hannan-Quinn criter.     18.25522
F-statistic            9.454410    Durbin-Watson stat        1.946124
Prob(F-statistic)      0.000009
```

图 7.32　二阶序列相关性检验结果

如果模型的随机误差项存在序列相关，首先应分析产生序列相关的原因。如果序列相关是由错误地设定模型的数学形式所致，那么就应当修改模型的数学形式。怎样查明序列相关是由模型的数学形式不妥造成的？一种方法是用残差 $\hat{u}_t$ 对解释变量的较高次幂进行回归，然后对新的残差做 DW 检验，如果此时序列相关消失，则说明模型的数学形式不妥；如果序列相关是由模型中省略了重要解释变量造成的，那么解决办法就是找出略去的解释变量，把它作为重要解释变量列入模型。怎样查明序列相关是由略去重要解释变量引起的？一种方法是用残差 $\hat{u}_t$ 对那些可能影响被解释变量但又未被列入模型的解释变量回归，并做显著性检验，从而确定该解释变量的重要性。如果是重要解释变量，应该列入模型。具体可以参考本章第六节"模型设定偏误问题的检验和修正"。

只有当以上两种引起序列相关的原因都消除后，才能认为随机误差项"真正"存在序列相关。在这种情况下，解决办法是变换原回归模型，使变换后的随机误差项消除序列相关，进而利用普通最小二乘法估计回归参数。

1. 广义差分法

回到图 7.18，点击"Estimate"，在"Equation specification"下面的"M　C　Y　I"后输入 AR（1），表示一阶差分，如果想进行二阶差分可以加入 AR（2），一般不超过 3 阶差分。差分次数根据序列相关阶数以及差分后模型的各个统计量和再次进行的序列相关性检验来决定。本案例先进行一阶差分（见图 7.33）。

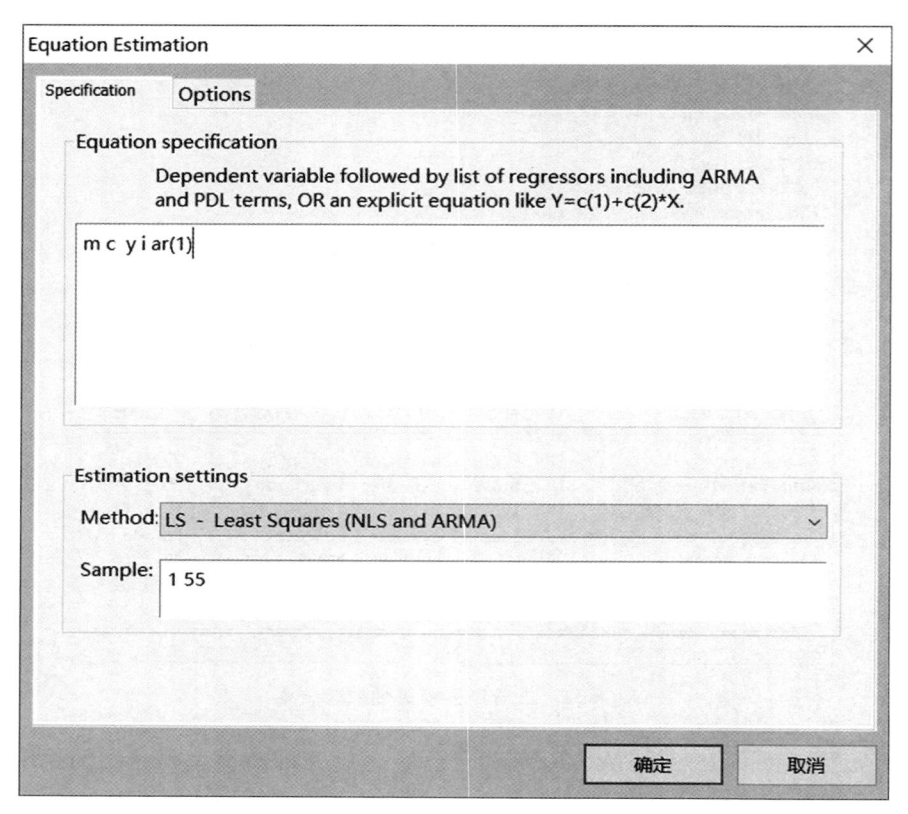

图 7.33　广义差分法（选择一阶差分）

差分结果见图 7.34。再次进行序列相关性检验时（留给读者自己检验，具体方法参照本节前面部分），序列相关已经不存在了，可以使用该结果。

2. 序列相关的稳健标准误法

序列相关的稳健标准误法和异方差的稳健标准误法原理一样，操作有点不同。在图 7.18 的基础上，选择"Estimate"，再选择"Options"，在"Covariance method"这一栏选择"HAC（Newey-West）"，然后点击"确定"即可（见图 7.35）。

序列相关的稳健标准误法的回归结果见图 7.36。与图 7.18 相比，系数一样，标准误差和 t 统计量的值不同。

```
EViews - [Equation: EQ02  Workfile: 3DYC::Untitled\]
File  Edit  Object  View  Proc  Quick  Options  Add-ins  Window  Help
View Proc Object | Print Name Freeze | Estimate Forecast Stats Resids

Dependent Variable: M
Method: ARMA Maximum Likelihood (OPG - BHHH)
Date: 09/13/18   Time: 14:59
Sample: 1 55
Included observations: 55
Convergence achieved after 18 iterations
Coefficient covariance computed using outer product of gradients

   Variable      Coefficient   Std. Error    t-Statistic   Prob.
   C              11314.45     15088.84      0.749856     0.4569
   Y              27.38291     7.059642      3.878796     0.0003
   I              0.634576     0.058675      10.81513     0.0000
   AR(1)          0.993541     0.038747      25.64146     0.0000
   SIGMASQ        2907396.     397597.0      7.312419     0.0000

R-squared             0.997896    Mean dependent var   39217.38
Adjusted R-squared    0.997728    S.D. dependent var   37515.56
S.E. of regression    1788.333    Akaike info criterion  17.98160
Sum squared resid     1.60E+08    Schwarz criterion    18.16408
Log likelihood        -489.4939   Hannan-Quinn criter.  18.05216
F-statistic           5928.504    Durbin-Watson stat    1.736453
Prob(F-statistic)     0.000000

Inverted AR Roots     .99
```

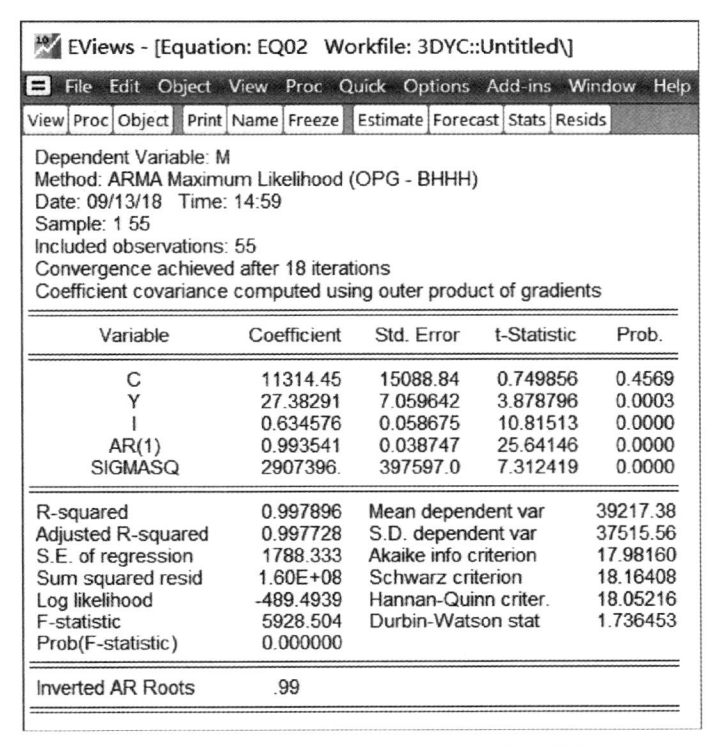

图 7.34　广义差分法（选择一阶差分）结果

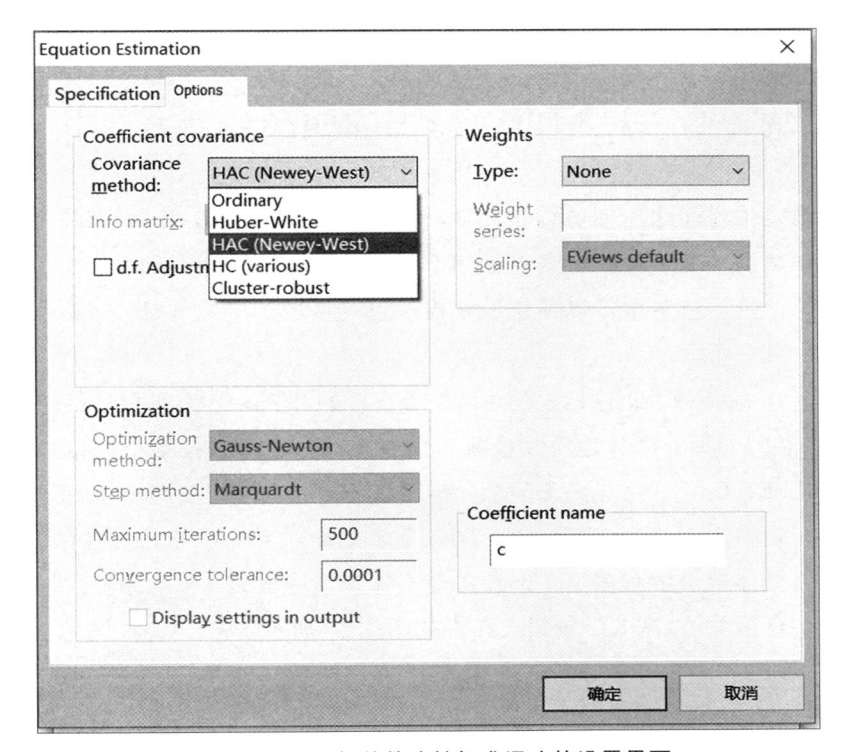

图 7.35　序列相关的稳健标准误法的设置界面

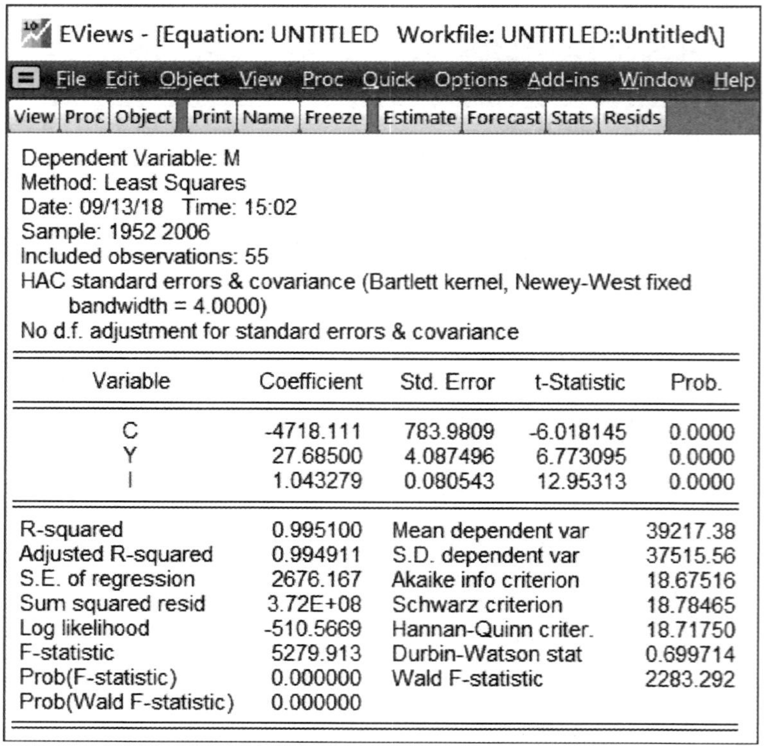

```
EViews - [Equation: UNTITLED  Workfile: UNTITLED::Untitled\]
File  Edit  Object  View  Proc  Quick  Options  Add-ins  Window  Help
View|Proc|Object|   |Print|Name|Freeze|   |Estimate|Forecast|Stats|Resids|

Dependent Variable: M
Method: Least Squares
Date: 09/13/18   Time: 15:02
Sample: 1952 2006
Included observations: 55
HAC standard errors & covariance (Bartlett kernel, Newey-West fixed
       bandwidth = 4.0000)
No d.f. adjustment for standard errors & covariance

Variable         Coefficient   Std. Error    t-Statistic   Prob.

C                -4718.111     783.9809      -6.018145     0.0000
Y                 27.68500     4.087496       6.773095     0.0000
I                 1.043279     0.080543      12.95313      0.0000

R-squared              0.995100   Mean dependent var   39217.38
Adjusted R-squared     0.994911   S.D. dependent var   37515.56
S.E. of regression     2676.167   Akaike info criterion  18.67516
Sum squared resid      3.72E+08   Schwarz criterion     18.78465
Log likelihood        -510.5669   Hannan-Quinn criter.  18.71750
F-statistic            5279.913   Durbin-Watson stat    0.699714
Prob(F-statistic)      0.000000   Wald F-statistic      2283.292
Prob(Wald F-statistic) 0.000000
```

图 7.36　序列相关的稳健标准误法的回归结果

第六节　模型设定偏误问题的检验和修正

模型设定偏误问题包括遗漏重要解释变量、误选无关变量和错误设定函数形式，其中误选无关变量可以根据 F 或者 T 检验进行识别，在普通最小二乘法界面有这两个统计量。遗漏重要解释变量和错误设定函数形式主要使用 RESET 检验进行识别。

在图 7.18 的基础上，鼠标放在估计结果窗口的"View"工具栏，然后将鼠标放在"Stability Diagnostics"（稳定性诊断）命令上，会出现右拉菜单，其中有一项是"Ramsey RESET Test…"（见图 7.37），单击这个选项，弹出对话框，如图 7.38 所示。

需要在如图 7.38 所示对话框的"Number of fitted terms"后面空白处，输入需要的数字（具体应该填写多少，请参考理论知识，一般是"1"或者"2"）。选择默认结果，直接单击"OK"按钮，结果如图 7.39 所示。

再在如图 7.38 所示的对话框中填入"2"，然后单击"OK"按钮，结果如图 7.40 所示。

注意观察图 7.39 和图 7.40 中颜色加深的两个长方形部分，对比分析或许能够有助于理解理论方法设定问题。比较的结果一方面可以增强读者对理论的理解力，另一方面也可以做出判断，即选择"2"要比选择"1"更合适（看颜色加深部分的 Probability 结果）。

无论是图 7.39 还是图 7.40 的结果，都给出了两个统计指标——F 统计量和 LR 统计量，其对应的伴随概率均表明在 5% 的显著性水平下，拒绝"模型不存在设定偏误"的原假设，接受"模型存在设定偏误"的备择假设。模型存在形式设定错误或者遗漏重要解释变量。如果想修正，根据理论引入新变量或者改变模型的形式即可。

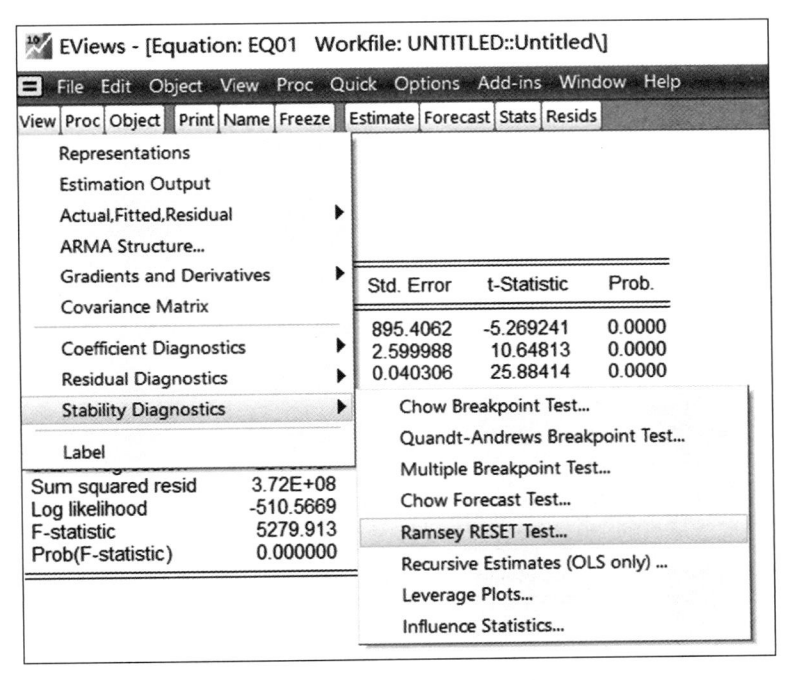

图 7.37 RESET 检验的选择

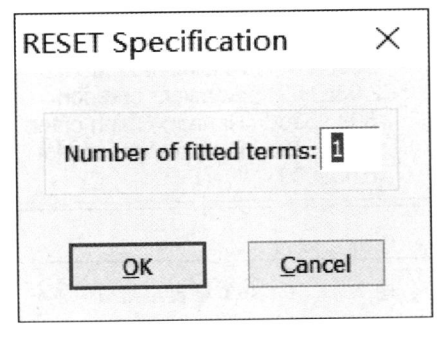

图 7.38 设定 RESET 检验

```
Ramsey RESET Test
Equation: EQ02
Specification: M C Y I
Instrument specification: C Y I
Omitted Variables: Squares of fitted values
```

	Value	df	Probability
t-statistic	3.723906	51	0.0005
F-statistic	13.86747	(1, 51)	0.0005
Likelihood ratio	13.22864	1	0.0003

F-test summary:

	Sum of Sq.	df	Mean Squares
Test SSR	79615979	1	79615979
Restricted SSR	3.72E+08	52	7161871.
Unrestricted SSR	2.93E+08	51	5741203.

LR test summary:

	Value
Restricted LogL	-510.5669
Unrestricted LogL	-503.9526

```
Unrestricted Test Equation:
Dependent Variable: M
Method: Least Squares
Date: 09/14/18   Time: 09:08
Sample: 1 55
Included observations: 55
```

Variable	Coefficient	Std. Error	t-Statistic	Prob.
C	-4060.666	820.9026	-4.946586	0.0000
Y	16.71589	3.754400	4.452346	0.0000
I	1.523145	0.133819	11.38215	0.0000
FITTED^2	-1.90E-06	5.10E-07	-3.723906	0.0005

R-squared	0.996147	Mean dependent var	39217.38
Adjusted R-squared	0.995921	S.D. dependent var	37515.56
S.E. of regression	2396.081	Akaike info criterion	18.47100
Sum squared resid	2.93E+08	Schwarz criterion	18.61699
Log likelihood	-503.9526	Hannan-Quinn criter.	18.52746
F-statistic	4395.579	Durbin-Watson stat	0.765802
Prob(F-statistic)	0.000000		

图 7.39　RESET 检验结果（一）

```
Ramsey RESET Test
Equation: EQ02
Specification: M C Y I
Instrument specification: C Y I
Omitted Variables: Powers of fitted values from 2 to 3

                      Value        df        Probability
F-statistic          69.64224    (2, 50)     0.0000
Likelihood ratio     73.21754      2         0.0000

F-test summary:
                    Sum of Sq.    df        Mean Squares
Test SSR            2.74E+08       2         1.37E+08
Restricted SSR      3.72E+08      52         7161871.
Unrestricted SSR    98375026      50         1967501.

LR test summary:
                    Value
Restricted LogL    -510.5669
Unrestricted LogL  -473.9581

Unrestricted Test Equation:
Dependent Variable: M
Method: Least Squares
Date: 09/14/18   Time: 09:09
Sample: 1 55
Included observations: 55

Variable      Coefficient   Std. Error    t-Statistic    Prob.
C             -549.7416     596.3867      -0.921787      0.3611
Y              15.60822     2.200665       7.092501      0.0000
I               0.780206    0.108270       7.206118      0.0000
FITTED^2        7.35E-06    9.77E-07       7.519507      0.0000
FITTED^3       -4.15E-11    4.17E-12      -9.940771      0.0000

R-squared            0.998706    Mean dependent var    39217.38
Adjusted R-squared   0.998602    S.D. dependent var    37515.56
S.E. of regression   1402.676    Akaike info criterion  17.41666
Sum squared resid    98375026    Schwarz criterion      17.59914
Log likelihood      -473.9581    Hannan-Quinn criter.   17.48723
F-statistic          9644.491    Durbin-Watson stat     1.635924
Prob(F-statistic)    0.000000
```

图 7.40　RESET 检验结果（二）

第七节 违反假设条件的处理：模型的变换与 GMM 估计

一 模型形式的改变

用货币需求模型的样本数据回归一个 $\dfrac{M_d}{P} = \beta_0 + \beta_1 Y + \beta_2 i + u$ 模型，这个模型既存在序列相关，又存在异方差，而且随机扰动项不是正态分布，模型存在设定偏误。如何处理呢？

一个包含众多违反假设问题的模型，显而易见的原因是模型的设定形式不妥，我们回头思考经济理论：货币需求除受到当期收入和利率的影响以外，还要受到上一期货币需求的影响，即所谓的惯性。同时模型形式设定为对数（如何做对数运算，请看本章附录1）。这样考虑后，模型修改为：

$$\ln M_t = \beta_0 + \beta_1 \ln Y_t + \beta_2 \ln i_t + \beta_3 \ln M_{t-1} + u$$

对含有滞后期项的回归，就是在图 7.41 中空白处输入 "lnm c lny lni lnm(-1)"。注意 lnm(-1) 表示 lnm 的滞后一期，是 EViews 软件的固定用法；并产生序列 $\ln m = \log_e(m)$，即对 m 取自然对数，依此类推。生成序列的方法参考第五章的内容。

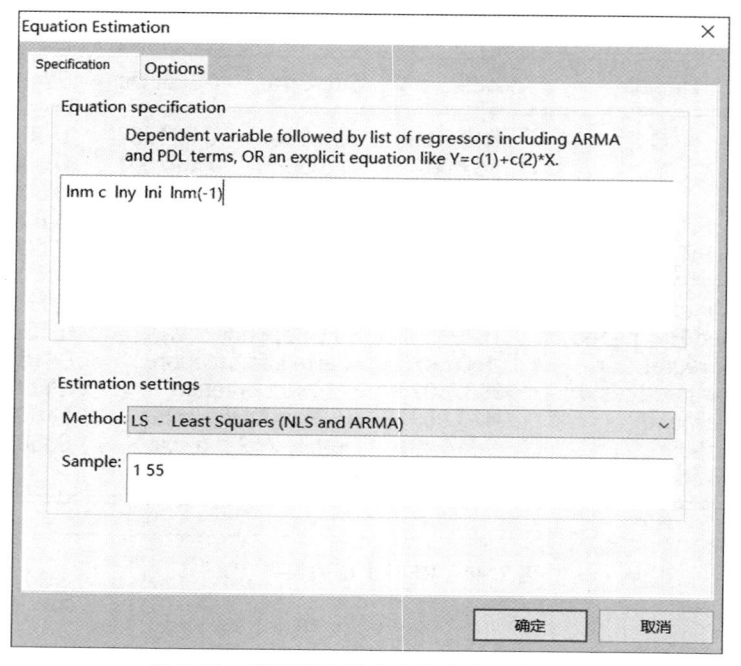

图 7.41 新模型变量在估计方程中的输入

然后点击"确定",结果如图 7.42 所示。

图 7.42 新模型的回归结果

由图 7.42 可知,各个解释变量在 5% 的显著性水平下通过了 t 检验,则不存在多重共线性,读者也可以使用相关系数法或者逐步回归法进行检验。

再对这个回归结果的残差进行正态性检验,如图 7.43 所示。

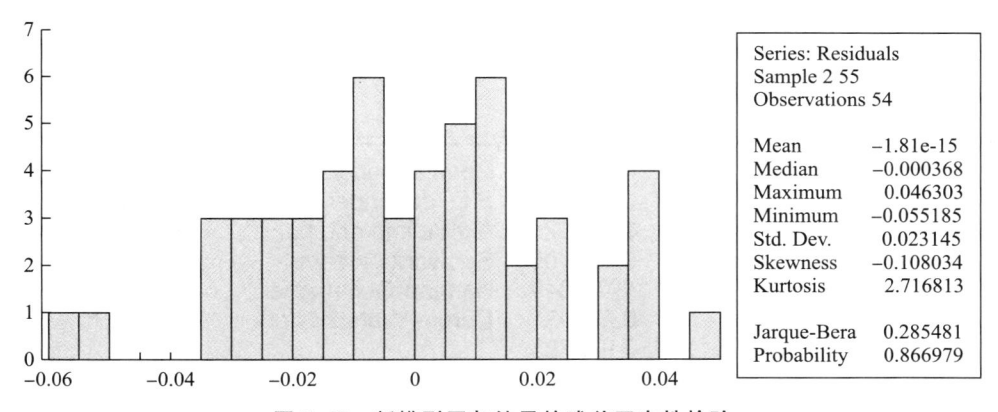

图 7.43 新模型回归结果的残差正态性检验

"Jarque-Bera"项的伴随概率"Probability"大于显著性水平 0.05,表明随机扰动项正态分布假设成立。

继续做序列相关性检验,一阶序列和二阶序列相关性检验结果如图 7.44 和图 7.45 所示。

一阶序列和二阶序列相关性检验结果中"Obs * R-squared"项后面对应的伴随概率都大于 0.05 的显著性水平,因此不存在一阶序列和二阶序列相关。

```
EViews - [Equation: UNTITLED  Workfile: 3DYC::Untitled\]
File  Edit  Object  View  Proc  Quick  Options  Add-ins  Window  Help
View  Proc  Object  Print  Name  Freeze  Estimate  Forecast  Stats  Resids
```

Breusch-Godfrey Serial Correlation LM Test:

F-statistic	0.594812	Prob. F(2,48)	0.5557
Obs*R-squared	1.305960	Prob. Chi-Square(2)	0.5205

Test Equation:
Dependent Variable: RESID
Method: Least Squares
Date: 09/13/18   Time: 15:49
Sample: 2 55
Included observations: 54
Presample missing value lagged residuals set to zero.

Variable	Coefficient	Std. Error	t-Statistic	Prob.
C	0.005730	0.040470	0.141593	0.8880
LNY	0.002780	0.044868	0.061960	0.9509
LNI	0.005242	0.036022	0.145513	0.8849
LNM(-1)	-0.007335	0.059511	-0.123252	0.9024
RESID(-1)	0.159353	0.147238	1.082277	0.2845
RESID(-2)	-0.005567	0.150931	-0.036886	0.9707

R-squared	0.024184	Mean dependent var	-1.81E-15
Adjusted R-squared	-0.077463	S.D. dependent var	0.023145
S.E. of regression	0.024025	Akaike info criterion	-4.514994
Sum squared resid	0.027706	Schwarz criterion	-4.293996
Log likelihood	127.9048	Hannan-Quinn criter.	-4.429764
F-statistic	0.237925	Durbin-Watson stat	1.992256
Prob(F-statistic)	0.943785		

图 7.44 新模型回归结果的一阶序列相关性检验

```
EViews - [Equation: UNTITLED   Workfile: 3DYC::Untitled\]
File  Edit  Object  View  Proc  Quick  Options  Add-ins  Window  Help
View Proc Object   Print Name Freeze   Estimate Forecast Stats Resids

Breusch-Godfrey Serial Correlation LM Test:

F-statistic        1.212985   Prob. F(1,49)          0.2761
Obs*R-squared      1.304467   Prob. Chi-Square(1)    0.2534

Test Equation:
Dependent Variable: RESID
Method: Least Squares
Date: 09/13/18   Time: 15:54
Sample: 2 55
Included observations: 54
Presample missing value lagged residuals set to zero.
```

Variable	Coefficient	Std. Error	t-Statistic	Prob.
C	0.005707	0.040050	0.142485	0.8873
LNY	0.002388	0.043146	0.055352	0.9561
LNI	0.004989	0.035002	0.142532	0.8872
LNM(-1)	-0.006845	0.057416	-0.119217	0.9056
RESID(-1)	0.158497	0.143911	1.101356	0.2761

R-squared	0.024157	Mean dependent var		-1.81E-15
Adjusted R-squared	-0.055504	S.D. dependent var		0.023145
S.E. of regression	0.023779	Akaike info criterion		-4.552003
Sum squared resid	0.027707	Schwarz criterion		-4.367838
Log likelihood	127.9041	Hannan-Quinn criter.		-4.480978
F-statistic	0.303246	Durbin-Watson stat		1.991438
Prob(F-statistic)	0.874401			

图 7.45　新模型回归结果的二阶序列相关性检验

再做异方差性检验，没有交叉乘积项和有交叉乘积项的 White 异方差检验结果如图 7.46 和图 7.47 所示。

```
Heteroskedasticity Test: White

F-statistic              1.588263    Prob. F(3,50)            0.2039
Obs*R-squared            4.698248    Prob. Chi-Square(3)      0.1953
Scaled explained SS      3.457653    Prob. Chi-Square(3)      0.3263

Test Equation:
Dependent Variable: RESID^2
Method: Least Squares
Date: 09/13/18   Time: 15:50
Sample: 2 55
Included observations: 54

Variable          Coefficient   Std. Error    t-Statistic    Prob.

C                 0.001176      0.000589      1.996300       0.0514
LNY^2             0.000156      0.000100      1.564561       0.1240
LNM^2             4.93E-05      5.69E-05      0.866157       0.3905
LNM(-1)^2         -0.000113     8.62E-05      -1.314954      0.1945

R-squared              0.087005    Mean dependent var      0.000526
Adjusted R-squared     0.032225    S.D. dependent var      0.000695
S.E. of regression     0.000684    Akaike info criterion   -11.66575
Sum squared resid      2.34E-05    Schwarz criterion       -11.51842
Log likelihood         318.9753    Hannan-Quinn criter.    -11.60893
F-statistic            1.588263    Durbin-Watson stat      2.351676
Prob(F-statistic)      0.203884
```

图 7.46　新模型回归结果的 White 异方差检验（没有交叉乘积项）

```
┌─────────────────────────────────────────────────────────────────┐
│ ■ EViews - [Equation: UNTITLED  Workfile: 3DYC::Untitled\]      │
│ ☰  File  Edit  Object  View  Proc  Quick  Options  Add-ins  Window  Help │
│ View│Proc│Object│ │Print│Name│Freeze│ │Estimate│Forecast│Stats│Resids│  │
├─────────────────────────────────────────────────────────────────┤
│ Heteroskedasticity Test: White                                  │
├─────────────────────────────────────────────────────────────────┤
│ F-statistic            0.903732    Prob. F(9,44)         0.5304 │
│ Obs*R-squared          8.424778    Prob. Chi-Square(9)   0.4920 │
│ Scaled explained SS    6.200175    Prob. Chi-Square(9)   0.7197 │
├─────────────────────────────────────────────────────────────────┤
│                                                                 │
│ Test Equation:                                                  │
│ Dependent Variable: RESID^2                                     │
│ Method: Least Squares                                           │
│ Date: 09/13/18   Time: 15:50                                    │
│ Sample: 2 55                                                    │
│ Included observations: 54                                       │
├─────────────────────────────────────────────────────────────────┤
│   Variable      Coefficient   Std. Error   t-Statistic   Prob.  │
├─────────────────────────────────────────────────────────────────┤
│      C           0.006160      0.021216     0.290340    0.7729  │
│    LNY^2        -0.002054      0.018819    -0.109153    0.9136  │
│   LNY*LNI        0.004748      0.024609     0.192922    0.8479  │
│  LNY*LNM(-1)    -0.002828      0.045406    -0.062283    0.9506  │
│     LNY          0.010565      0.020894     0.505659    0.6156  │
│    LNI^2        -0.009238      0.013436    -0.687537    0.4954  │
│  LNI*LNM(-1)     0.016640      0.038270     0.434796    0.6658  │
│     LNI         -0.019103      0.032407    -0.589483    0.5586  │
│   LNM(-1)^2     -0.007693      0.032595    -0.236009    0.8145  │
│    LNM(-1)       0.010704      0.040509     0.264225    0.7928  │
├─────────────────────────────────────────────────────────────────┤
│ R-squared             0.156014   Mean dependent var    0.000526 │
│ Adjusted R-squared   -0.016619   S.D. dependent var    0.000695 │
│ S.E. of regression    0.000701   Akaike info criterion -11.52213│
│ Sum squared resid     2.16E-05   Schwarz criterion     -11.15380│
│ Log likelihood        321.0974   Hannan-Quinn criter.  -11.38008│
│ F-statistic           0.903732   Durbin-Watson stat     2.399380│
│ Prob(F-statistic)     0.530414                                  │
└─────────────────────────────────────────────────────────────────┘
```

图 7.47 新模型回归结果的 White 异方差检验（有交叉乘积项）

没有交叉乘积项和有交叉乘积项的 White 异方差检验结果中"Obs * R-squared"项后面对应的伴随概率（0.1953 和 0.4920）都大于 0.05，说明不存在异方差。

所以上述检验完成后，最终的结果应该就是图 7.42。标准的方程写法为：

$$\ln M_t = 0.2 + 0.10\ln Y_t + 0.15\ln i_t + 0.78\ln M_{t-1}$$

$$(5.07)\quad (2.33)\quad\quad (4.43)\quad\quad (13.57)$$

$R^2 = 0.9996, DW = 1.68, F = 41514, T = 54$

二 新方法的应用——时间序列的 GMM 估计

由于 OLS、2SLS 和 IV 都是 GMM（Generalized Method of Moments，广义矩）估计方法的特例，而 GMM 估计方法在存在序列相关和异方差条件下仍然可用，更具有一般性，因此我们如果不对变量取对数运算然后回归，可以尝试对模型做 GMM 估计。在"Method"方法选项框的下拉菜单中选择"GMM"，点击"确定"。

与 OLS 估计方法的对话框比较，GMM 估计方法多出"Instrument list"部分。我们需要在这里输入工具变量，这里用所有变量的滞后一期作工具变量（要求工具变量的个数不少于估计参数的个数），如图 7.48 所示。

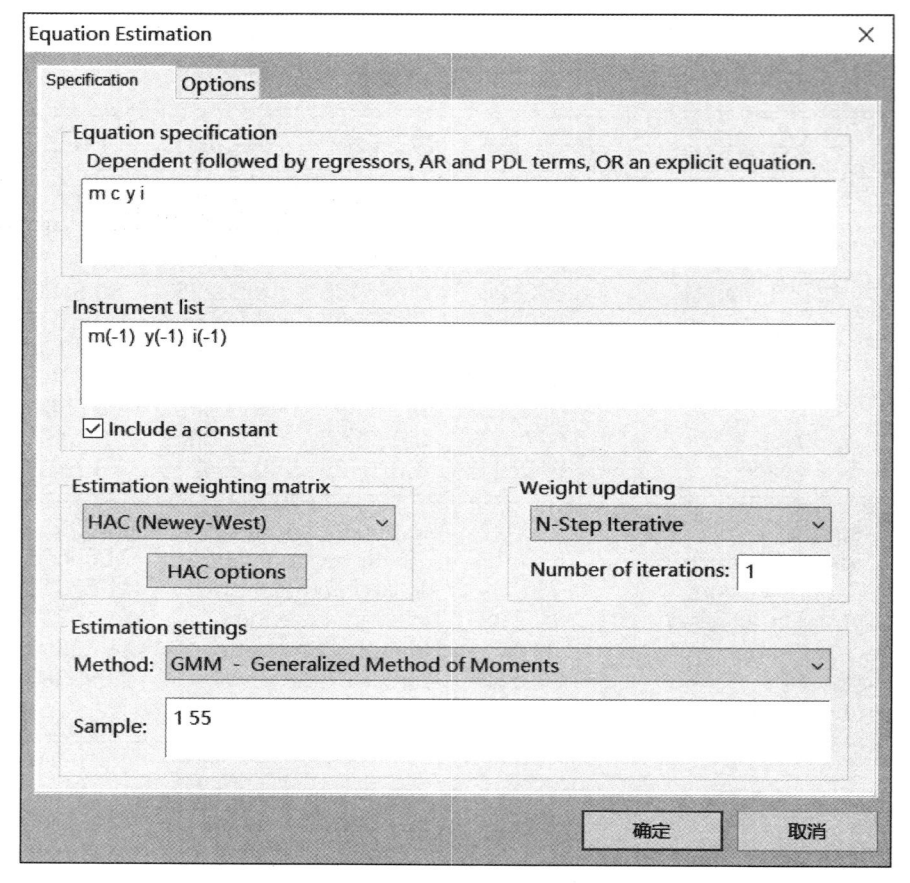

图 7.48 GMM 估计方法对话框

在图 7.48 中点击"确定"，结果如图 7.49 所示。

```
EViews - [Equation: UNTITLED   Workfile: 3DYC::Untitled\]
File  Edit  Object  View  Proc  Quick  Options  Add-ins  Window  Help
View Proc Object | Print Name Freeze | Estimate Forecast Stats Resids

Dependent Variable: M
Method: Generalized Method of Moments
Date: 09/13/18   Time: 16:07
Sample (adjusted): 2 55
Included observations: 54 after adjustments
Linear estimation with 1 weight update
Estimation weighting matrix: HAC (Bartlett kernel, Newey-West fixed
        bandwidth = 4.0000)
Standard errors & covariance computed using estimation weighting
        matrix
Instrument specification: M(-1) Y(-1) I(-1)
Constant added to instrument list

  Variable       Coefficient     Std. Error     t-Statistic     Prob.
    C            -3758.549       738.8343       -5.087133       0.0000
    Y             22.84008        3.679013       6.208209       0.0000
    I              1.131319       0.073239      15.44693        0.0000

R-squared             0.994533    Mean dependent var    39878.52
Adjusted R-squared    0.994318    S.D. dependent var    37543.02
S.E. of regression    2829.868    Sum squared resid     4.08E+08
Durbin-Watson stat    0.709989    J-statistic           3.983449
Instrument rank              4    Prob(J-statistic)     0.045949
```

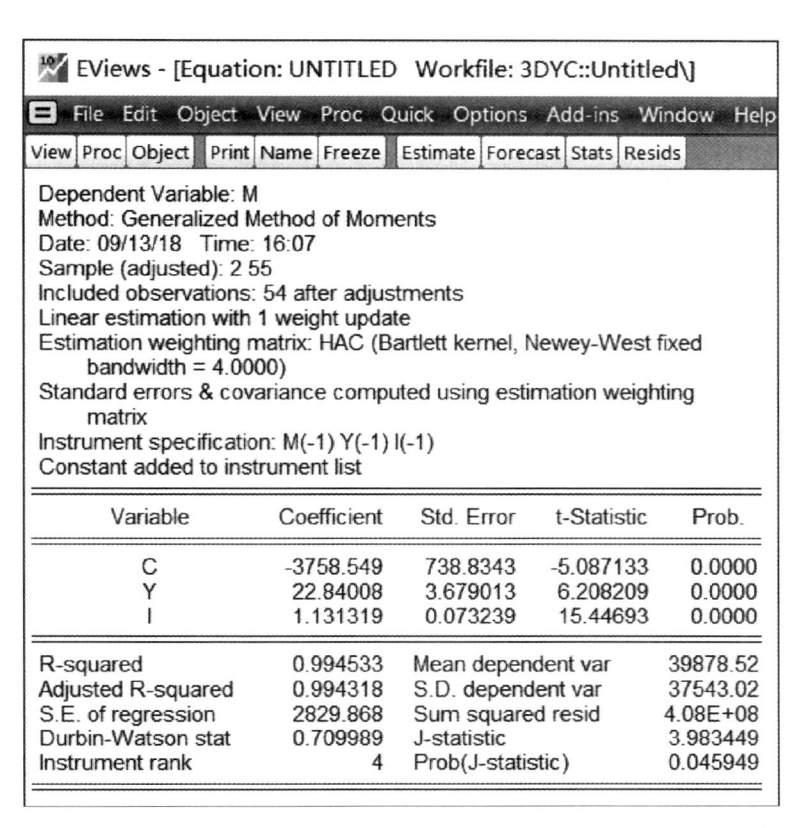

图 7.49 GMM 估计方法的结果

第八节 分位数回归

分位数回归（Quantile Regression，QR）是由 Koenker 和 Bassett 于 1978 年提出的。下文的语言说明部分主要来自张晓峒教授为南开大学博士研究生讲课的电子教案。

我们回到图 7.42，点击方程窗口的"Estimate"，在该窗口的"Method"下拉菜单中，选择如图 7.50 所示的选项"QREG-Quantile Regression（including LAD）"，EViews 10.0 将打开如图 7.51 所示的分位数回归对话框。

在图 7.50 中，"Equation Estimation"（方程估计）窗口包括两个选项模块，一个是"Specification"（设定方程），另一个是"Options"（选项）。

图 7.51 的分位数"Equation Estimation"窗口与 OLS 估计的"Equation Estimation"窗口相比，只多了对话框"Quantile to estimate"的选项。在该处填入要估计的分位数，系统默认为 0.5，即做中位数回归（LAD）。用户可以选择任意一个 0 和 1 之间的数（当数值接近 0 和 1 时估计会变得困难）。

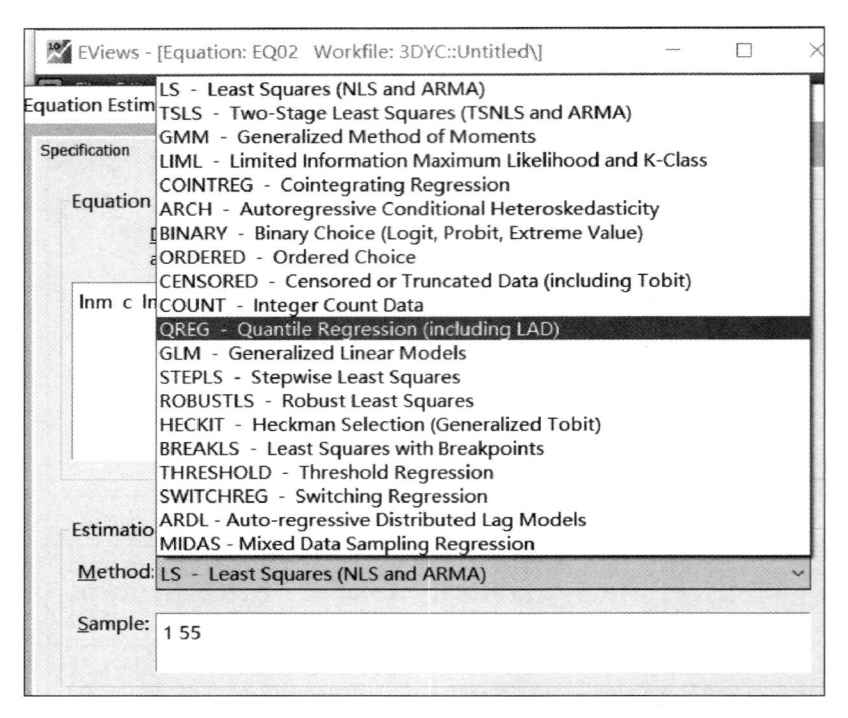

图 7.50　分位数回归方法设定窗口

图 7.51　分位数回归方程估计窗口

点击图 7.51 对话框上的 "Options"，得到如图 7.52 所示的 "Estimation options"（估计选项）选项框、"Iteration control"（迭代控制）选项框和 "Bootstrap settings"（自举设定）选项框。

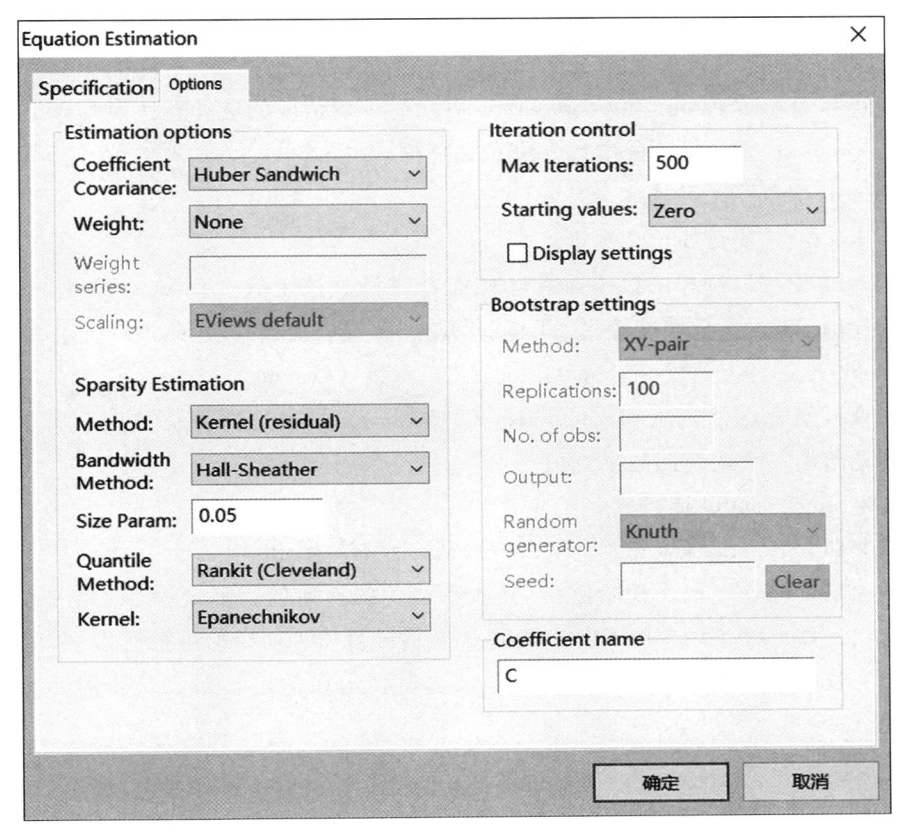

图 7.52　分位数回归选项框

1. Estimation options 选项框

（1）Coefficient Covariance（系数协方差）选项框。其下拉菜单中包括三个选项，即 Ordinary（IID），Huber Sandwich 和 Bootstrap，代表了可选的估计回归系数协方差的方法。EViews 10.0 默认的是 Huber Sandwich 方法。

（2）Weight（权重）选项框。可以输入作为权重的序列或者一个序列的表达式，从而对估计式加权（用于 WLS 估计）。

（3）Sparsity Estimation（稀疏函数估计）选项框。其中包括五个选项框。

◇ Method（方法）选项框。

当第一个选项框 Coefficient Covariance 中选项为 Ordinary（IID）或 Bootstrap 时，Method 选项框中包括三个选项：Siddiqui（mean fitted），Kernel（residual）和 Siddiqui（residual）。

当 Coefficient Covariance 选项框中选项为 Huber Sandwich 时，这里的 Method 选

项框中只包括 Siddiqui（mean fitted）和 Kernel（residual）两种选择。

◇ Bandwidth Method（带宽法）选项框。

其下拉菜单中包括四个选择，即 Bofinger，Hall-Sheather 和 Chamberlain 计算带宽方法，或者 User-specified（你自己给出一个特定的带宽）。

◇ Size Param（置信度）选项框。

当选择 Hall-Sheather 和 Chamberlain 方法时，置信度的选择默认为 0.05。

◇ Quantile Method（分位数方法）选项框。

EViews 提供了六种求解分位数的方法。

◇ Kernel（核函数）选项框。

EViews 中可以选择的核函数有叶帕涅奇尼科夫核函数（Epanechnikov）、均匀核函数（Uniform）、三角核函数（Triangular）、二权核函数（Biweight）、三权核函数（Triweight）、正态核函数（Normal）和余弦核函数（Cosinus）。

注意：不管是否会用到 Coefficient Covariance，每次进行分位数回归时，系统都会自动给出一个稀疏函数估计值。

2. Iteration control 选项框

（1）Max Iterations（最大迭代次数）。该值默认为 500。

（2）Starting values（初始值）。其表示迭代的初始值，默认为 0，也可以选择其他选项，如下拉菜单中的 OLS，即用 OLS 估计量作为初始值进行迭代。

（3）Display settings（显示设置）。该选项表示在输出结果中是否需要给出这些设置。

3. Bootstrap settings 选项框

（1）Method（方法）。其代表不同的自举方法，EViews 10.0 提供了四种方法，分别是 Residual，XY-pair，MCMB，MCMB-A。系统默认方法为 XY-pair 方法。

（2）Replications（循环次数）。EViews 10.0 默认为 100 次，用户可以自己设定次数。

（3）No. of obs（自举样本容量）。空白表示与原样本容量一致。Koenker 在 2005 年的研究表明，选择自举样本容量小于数据样本容量时，能够获得更加准确的结果，特别是当数据样本容量较大时。

（4）Output（输出）。在这里键入一个名称可以得到自举的样本矩阵。

（5）Random generator（生成随机数）和 Seed（种子）。本选项用于控制产生随机数。其中前者用于选择随机数产生方法；Seed 用于选择随机数种子，Clear（清除）按钮用于清空以往选定的随机数种子。

"Options" 部分不变，选择系统默认部分，对话框 "Quantile to estimate" 部分选择 0.7，回归结果如图 7.53 所示。

输出结果上部给出的是估计设定，其中包括（按顺序）被解释变量（$\ln m$）、

```
EViews - [Equation: EQ02   Workfile: 3DYC::Untitled\]
File  Edit  Object  View  Proc  Quick  Options  Add-ins  Window  Help
View Proc Object | Print Name Freeze | Estimate Forecast Stats Resids

Dependent Variable: LNM
Method: Quantile Regression (tau = 0.7)
Date: 09/13/18   Time: 16:25
Sample (adjusted): 2 55
Included observations: 54 after adjustments
Huber Sandwich Standard Errors & Covariance
Sparsity method: Kernel (Epanechnikov) using residuals
Bandwidth method: Hall-Sheather, bw=0.20265
Estimation successfully identifies unique optimal solution
```

Variable	Coefficient	Std. Error	t-Statistic	Prob.
C	0.268695	0.065803	4.083318	0.0002
LNY	0.131856	0.054142	2.435388	0.0185
LNI	0.185234	0.049555	3.737992	0.0005
LNM(-1)	0.721170	0.078362	9.203097	0.0000

Pseudo R-squared	0.980834	Mean dependent var	10.03606
Adjusted R-squared	0.979684	S.D. dependent var	1.155384
S.E. of regression	0.027439	Objective	0.414740
Quantile dependent var	10.96215	Restr. objective	21.63913
Sparsity	0.072670	Quasi-LR statistic	2781.588
Prob(Quasi-LR stat)	0.000000		

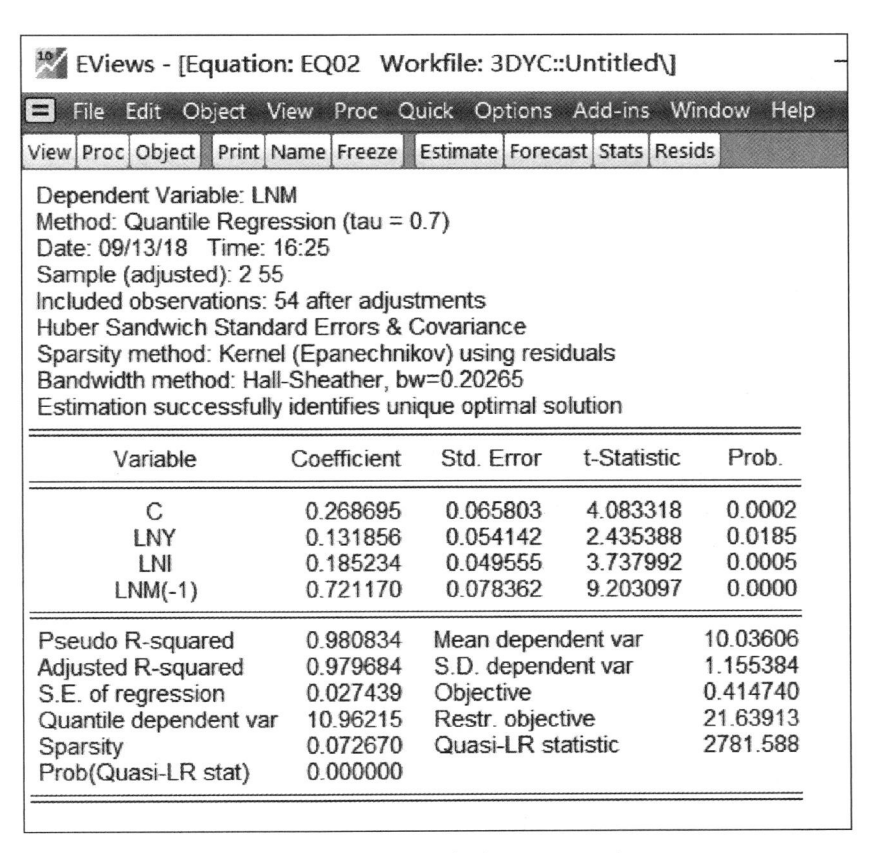

图 7.53 分位数回归结果（$\tau = 0.7$）

方法为分位数回归（$\tau = 0.7$）、操作日期、样本范围、样本容量（54）、标准误差和协方差估计方法（Huber Sandwich 方法）、稀疏函数的估计方法（Kernel 方法）、带宽方法（Hall-Sheather 方法，带宽 = 0.20265）以及对估计结果的评价。

输出结果中部给出的是回归系数估计量、标准误差、t 统计量及其相应 P 值，这与 OLS 估计完全一样。

输出结果下部给出的是对分位数回归估计式的评价统计量，分别如下所示。

Pseudo R-squared：伪拟合优度（伪 R^2）；

Adjusted R-squared：调整的伪拟合优度；

S. E. of regression：分位数回归式的标准误差；

Quantile dependent var：分位数回归式中只有常数项存在的系数估计值（即被解释变量的分位数估计值）；

Objective：目标函数极小值；

Sparsity：分位数密度函数（稀疏函数）估计值（本例是用核估计法计算的）；

Quasi-LR statistic：准似然比估计量的值；

Prob（Quasi-LR stat）：准似然比估计量的值所对应的概率值。

对话框"Quantile to estimate"部分再选择0.3，其余不变，回归结果如图7.54所示。

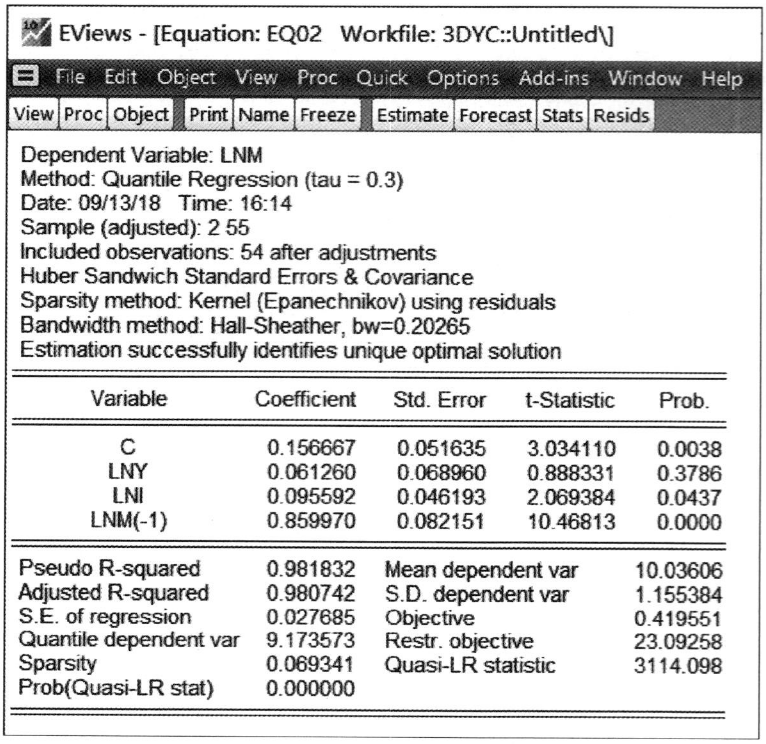

图7.54　分位数回归结果（$\tau=0.3$）

对话框"Quantile to estimate"部分选择0.7，"Coefficient Covariance"部分选择"Bootstrap"，其余不变，回归结果如图7.55所示。

我们对图7.55的回归结果进行相关性检验。

1. Slope Equality Test（斜率相等检验）

在分位数回归估计结果窗口中点击"View"，选择"Quantile Process"，再选"Slope Equality Test…"，可以进行Koenker和Bassett在1982年提出的斜率相等检验，见图7.56和图7.57。

在图7.57所示窗口的"Specification"选项页中，"Quantiles"后面的框中用户可以填入要检验的分位数个数，从而对上述分位数回归式的斜率估计量进行比较和检验。以填入数字n为例，表示输出的是第$1/n$，$2/n$，…，$(n-1)/n$分位数。

EViews默认的是4，即检验第1/4分位数回归式与第2/4分位数回归式之间、第2/4分位数回归式与第3/4分位数回归式之间相应回归系数是否相等。用户还可以选择"User-specified quantiles"，并在下面的框中输入分位数以检验在该条件下的回

第七章 模型的检验

```
EViews - [Equation: EQ02   Workfile: 3DYC::Untitled\]
File  Edit  Object  View  Proc  Quick  Options  Add-ins  Window  Help
View Proc Object │ Print Name Freeze │ Estimate Forecast Stats Resids

Dependent Variable: LNM
Method: Quantile Regression (tau = 0.7)
Date: 09/13/18   Time: 16:26
Sample (adjusted): 2 55
Included observations: 54 after adjustments
Bootstrap Standard Errors & Covariance
Bootstrap method: XY-pair, reps=100, rng=kn, seed=257266852
Sparsity method: Kernel (Epanechnikov) using residuals
Bandwidth method: Hall-Sheather, bw=0.20265
Estimation successfully identifies unique optimal solution
```

Variable	Coefficient	Std. Error	t-Statistic	Prob.
C	0.268695	0.054099	4.966735	0.0000
LNY	0.131856	0.055445	2.378138	0.0213
LNI	0.185234	0.046477	3.985545	0.0002
LNM(-1)	0.721170	0.076232	9.460228	0.0000

Pseudo R-squared	0.980834	Mean dependent var		10.03606
Adjusted R-squared	0.979684	S.D. dependent var		1.155384
S.E. of regression	0.027439	Objective		0.414740
Quantile dependent var	10.96215	Restr. objective		21.63913
Sparsity	0.077401	Quasi-LR statistic		2611.562
Prob(Quasi-LR stat)	0.000000			

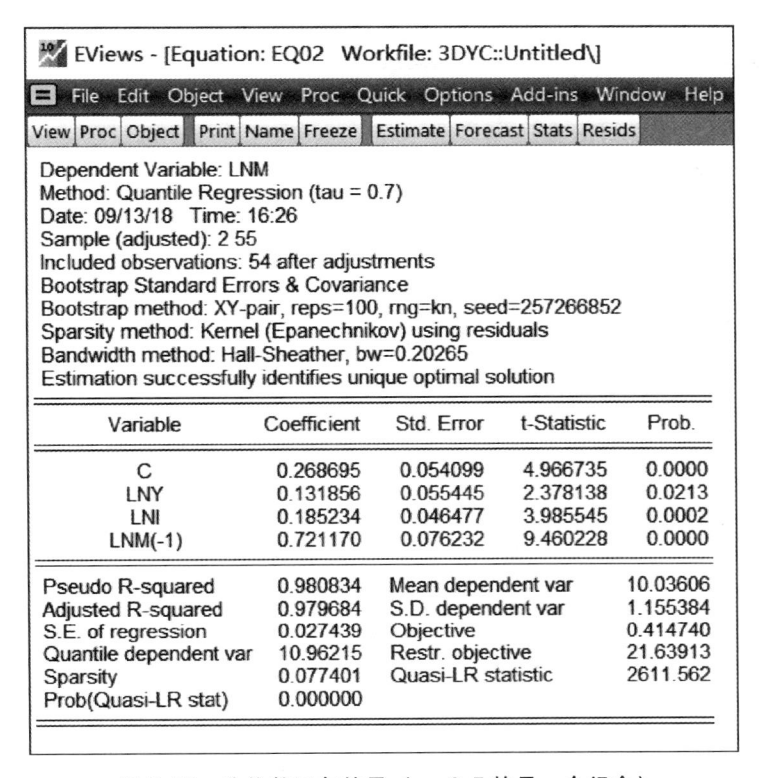

图 7.55　分位数回归结果（$\tau = 0.7$ 的另一个组合）

```
EViews - [Equation: EQ02   Workfile: 3DYC::Untitled\]
File  Edit  Object  View  Proc  Quick  Options  Add-ins  Window  Help
View Proc Object │ Print Name Freeze │ Estimate Forecast Stats Resids

  Representations
  Estimation Output
  Actual,Fitted,Residual      ▶
  Gradients and Derivatives   ▶
  Covariance Matrix
  Coefficient Diagnostics     ▶
  Residual Diagnostics        ▶
  Stability Tests             ▶
  Quantile Process            ▶   Process Coefficients...
  Label                           Slope Equality Test...
                                  Symmetric Quantiles Test...

LNM(-1)       0.721170

Pseudo R-squared      0.980834   Mean dependent var    10.03606
Adjusted R-squared    0.979684   S.D. dependent var     1.155384
S.E. of regression    0.027439   Objective              0.414740
Quantile dependent var 10.96215  Restr. objective      21.63913
Sparsity              0.072670   Quasi-LR statistic    2781.588
Prob(Quasi-LR stat)   0.000000
```

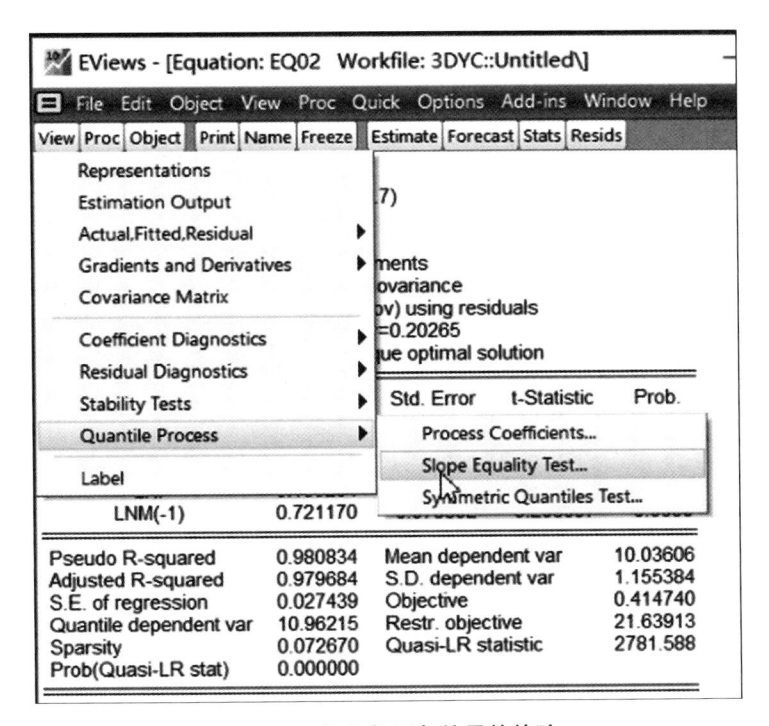

图 7.56　分位数回归结果的检验

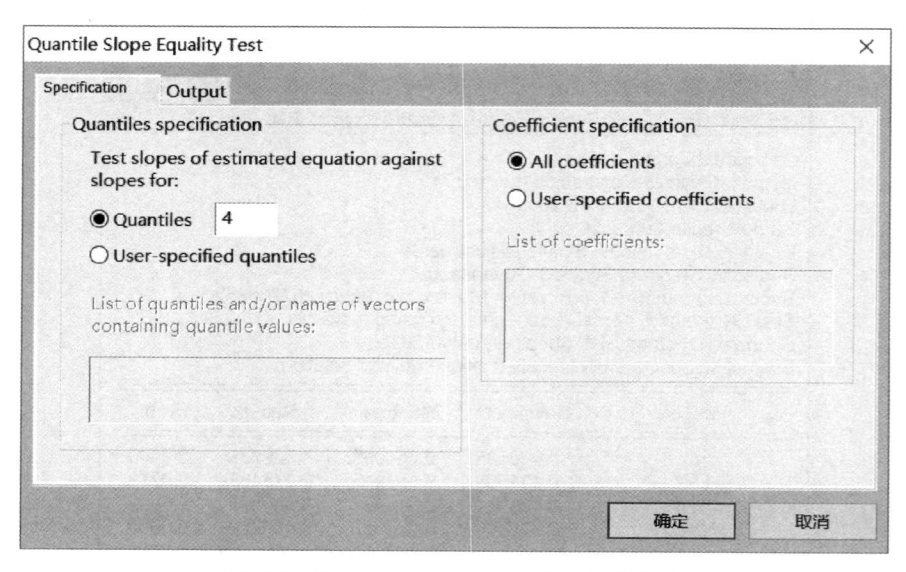

图 7.57　Slope Equality Test（斜率相等检验）

归系数是否相等。

图 7.57 所示窗口中的"Output"选项页的功能与"Quantile Process"对话框中的"Output"选项页的功能相同。

仍然使用上面的案例，按照系统默认的检验，点击图 7.57 窗口中的"确定"，得到如图 7.58 所示的结果，即对中位数和第 0.25 分位数、中位数和设定的 0.7、设定的 0.7 和第 0.75 分位数的回归系数是否相等这 3 个约束条件进行检验。

输出结果中第一部分是对 Wald 检验的总结，这里斜率相等检验的 Wald 统计量为 6.07，自由度为 9，概率为 0.73。这表明 0.25、0.5、0.7、0.75 分位数回归式的斜率相等，意味着相同条件的不同分位数回归的被解释变量拟合值的分布是相同的。

2. Symmetric Quantiles Test（对称性检验）

在分位数回归结果窗口中（见图 7.55），点击"View"，选择"Quantile Process"，再选择"Symmetric Quantiles Test…"，可以做以中位数回归式为中心的分位数回归式对称性检验。

依据 Newey 和 Powell（1987）的方法，有下式：

$$\frac{\beta_{(\tau)} + \beta_{(1-\tau)}}{2} = \beta_{(0.5)}$$

关于对称性检验的设置可以在"Specification"选项页中完成，其默认选项如图 7.57 所示。如果"Quantiles"选择框中选 4，则检验的约束条件只有一个，即：

```
EViews - [Equation: EQ02  Workfile: 3DYC::Untitled\]
 File  Edit  Object  View  Proc  Quick  Options  Add-ins  Window  Help
View  Proc  Object   Print  Name  Freeze   Estimate  Forecast  Stats  Resids

Quantile Slope Equality Test
Equation: EQ02
Specification: LNM  C  LNY  LNI  LNM(-1)
Estimated equation quantile tau = 0.7
Number of test quantiles: 4
Test statistic compares all coefficients
```

Test Summary	Chi-Sq. Statistic	Chi-Sq. d.f.	Prob.
Wald Test	6.068897	9	0.7330

Restriction Detail: b(tau_h) - b(tau_k) = 0

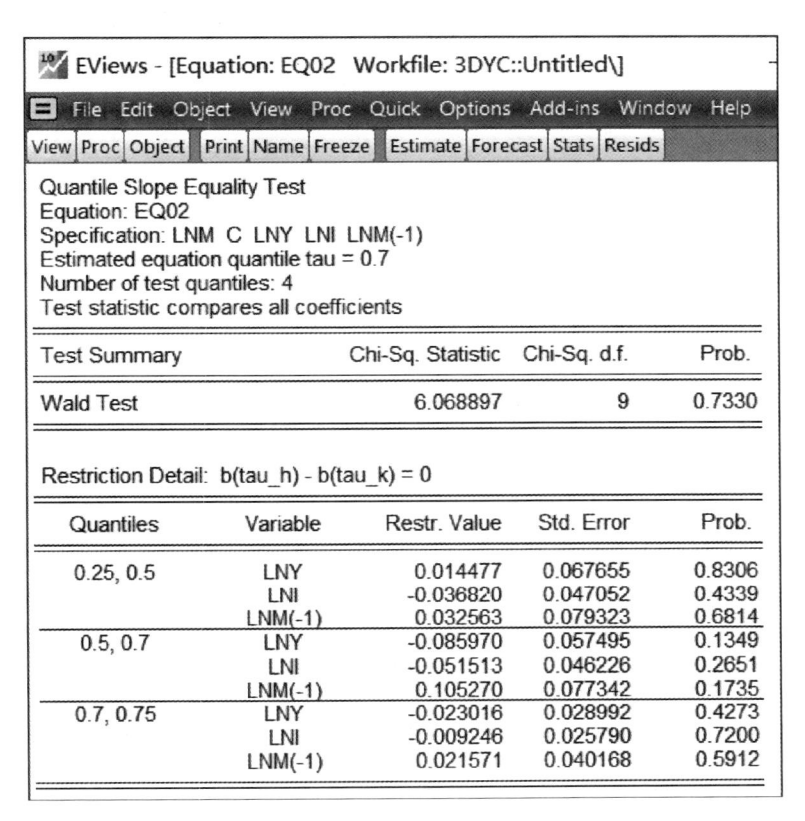

Quantiles	Variable	Restr. Value	Std. Error	Prob.
0.25, 0.5	LNY	0.014477	0.067655	0.8306
	LNI	-0.036820	0.047052	0.4339
	LNM(-1)	0.032563	0.079323	0.6814
0.5, 0.7	LNY	-0.085970	0.057495	0.1349
	LNI	-0.051513	0.046226	0.2651
	LNM(-1)	0.105270	0.077342	0.1735
0.7, 0.75	LNY	-0.023016	0.028992	0.4273
	LNI	-0.009246	0.025790	0.7200
	LNM(-1)	0.021571	0.040168	0.5912

图 7.58　Slope Equality Test（斜率相等检验）的结果

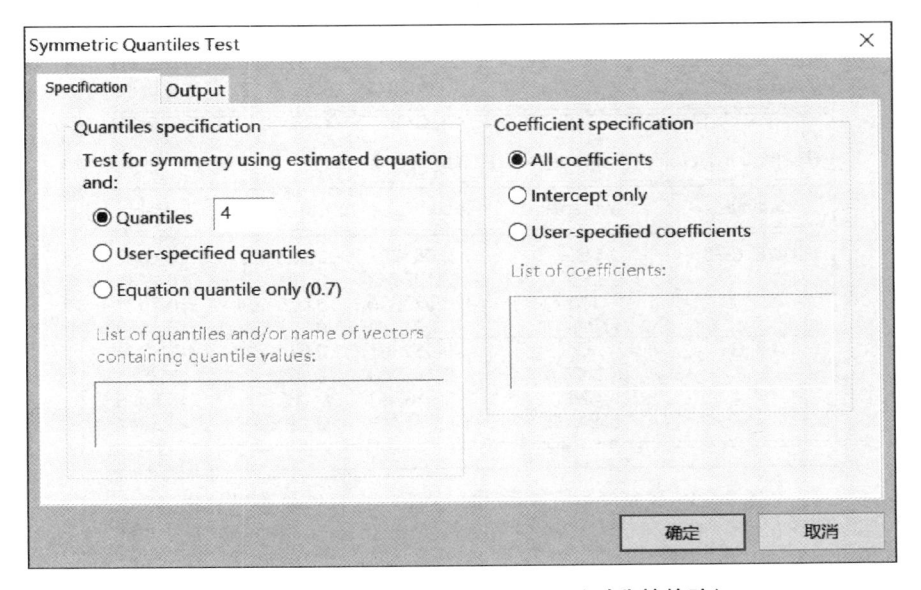

图 7.59　Symmetric Quantiles Test（对称性检验）

$$\frac{\beta_{(0.25)} + \beta_{(0.75)}}{2} = \beta_{(0.5)}$$

而如果分位数回归式拟合的是 0.6，则除了以上约束条件外，还会增加如下一个约束条件的检验：

$$\frac{\beta_{(0.4)} + \beta_{(0.6)}}{2} = \beta_{(0.5)}$$

与上述两个检验类似，用户还可以选择"User-specified quantiles"，并在下面的框中输入要检验的分位数 τ，EViews 10.0 将估计 τ 和 $1-\tau$ 两个分位数回归式，并与中位数回归式做比较。按照 $[\beta_{(\tau)} + \beta_{(1-\tau)}]/2 = \beta_{(0.5)}$ 进行检验。

此外，还可以通过"Intercept only"或者"All coefficients"单选框选择是仅对常数项还是对所有参数估计量进行对称性检验。同样，该窗口中的"Output"选项页的功能与"Quantile Process"对话框中的"Output"选项页的功能相同。

本例按照默认设置，点击图 7.59 窗口中的"确定"，检验结果如图 7.60 所示。

```
Symmetric Quantiles Test
Equation: EQ02
Specification: LNM C LNY LNI LNM(-1)
Estimated equation quantile tau = 0.7
Number of test quantiles: 4
Test statistic compares all coefficients
```

Test Summary	Chi-Sq. Statistic	Chi-Sq. d.f.	Prob.
Wald Test	3.267942	8	0.9164

Restriction Detail: b(tau) + b(1-tau) - 2*b(.5) = 0

Quantiles	Variable	Restr. Value	Std. Error	Prob.
0.25, 0.75	C	-0.061987	0.085582	0.4689
	LNY	0.123462	0.101552	0.2241
	LNI	0.023939	0.075829	0.7522
	LNM(-1)	-0.094279	0.127151	0.4584
0.3, 0.7	C	-0.051387	0.074366	0.4896
	LNY	0.101343	0.091122	0.2661
	LNI	0.013383	0.066234	0.8399
	LNM(-1)	-0.071741	0.112697	0.5244

图 7.60　Symmetric Quantiles Test（对称性检验）的结果

从输出结果中可以看出，这里我们检验的是第 0.25 和 0.75 分位数回归的系数估计量是否关于中位数对称。Wald 检验表明它们是对称的，概率是 0.92。

3. Process Coefficients（回归系数检验）

在分位数回归输出结果窗口点击“View”，选择“Quantile Process”，再选择“Process Coefficients...”，在弹出的对话框中点击确定键，得 9 个分位数回归式，如图 7.61 所示，除了 ln*y* 在 $\tau = 0.1 \sim 0.6$ 时未通过检验，其余均通过检验。

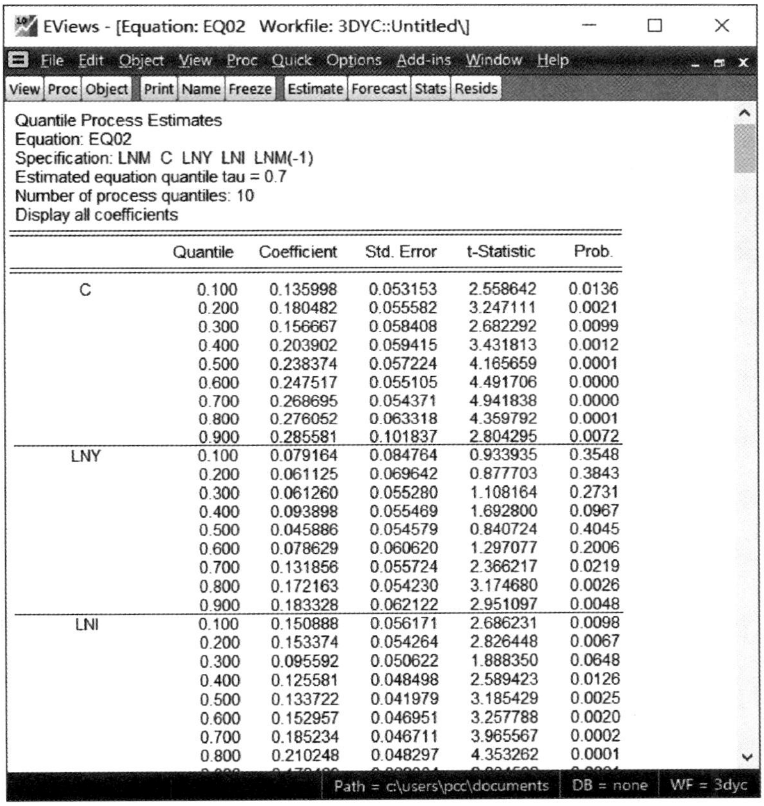

Quantile Process Estimates
Equation: EQ02
Specification: LNM C LNY LNI LNM(-1)
Estimated equation quantile tau = 0.7
Number of process quantiles: 10
Display all coefficients

	Quantile	Coefficient	Std. Error	t-Statistic	Prob.
C	0.100	0.135998	0.053153	2.558642	0.0136
	0.200	0.180482	0.055582	3.247111	0.0021
	0.300	0.156667	0.058408	2.682292	0.0099
	0.400	0.203902	0.059415	3.431813	0.0012
	0.500	0.238374	0.057224	4.165659	0.0001
	0.600	0.247517	0.055105	4.491706	0.0000
	0.700	0.268695	0.054371	4.941838	0.0000
	0.800	0.276052	0.063318	4.359792	0.0001
	0.900	0.285581	0.101837	2.804295	0.0072
LNY	0.100	0.079164	0.084764	0.933935	0.3548
	0.200	0.061125	0.069642	0.877703	0.3843
	0.300	0.061260	0.055280	1.108164	0.2731
	0.400	0.093898	0.055469	1.692800	0.0967
	0.500	0.045886	0.054579	0.840724	0.4045
	0.600	0.078629	0.060620	1.297077	0.2006
	0.700	0.131856	0.055724	2.366217	0.0219
	0.800	0.172163	0.054230	3.174680	0.0026
	0.900	0.183328	0.062122	2.951097	0.0048
LNI	0.100	0.150888	0.056171	2.686231	0.0098
	0.200	0.153374	0.054264	2.826448	0.0067
	0.300	0.095592	0.050622	1.888350	0.0648
	0.400	0.125581	0.048498	2.589423	0.0126
	0.500	0.133722	0.041979	3.185429	0.0025
	0.600	0.152957	0.046951	3.257788	0.0020
	0.700	0.185234	0.046711	3.965567	0.0002
	0.800	0.210248	0.048297	4.353262	0.0001

图 7.61 Process Coefficients（回归系数检验）的结果

本章附录 1：如何做对数运算

在主工作文件窗口下，点击主页面下的“Quick”，出现下拉菜单，选择“Generate Series...”（见附录 1 图 7.1）。

点击“Generate Series...”，出现如附录 1 图 7.2 所示的对话窗口。

在空白处输入“lnM = log（M）”（见附录 1 图 7.3），其意思就是将等号右边对变量 *M* 取对数计算的结果保存在名称是“lnM”下（注意上述等式等号右边的括号为英文键盘输入）。

然后点击“OK”。依此类推，计算“lnY = log（Y）”“lni = log（i）”。这样在文件窗口下就有了 ln*m*、ln*y*、ln*i* 三个变量。

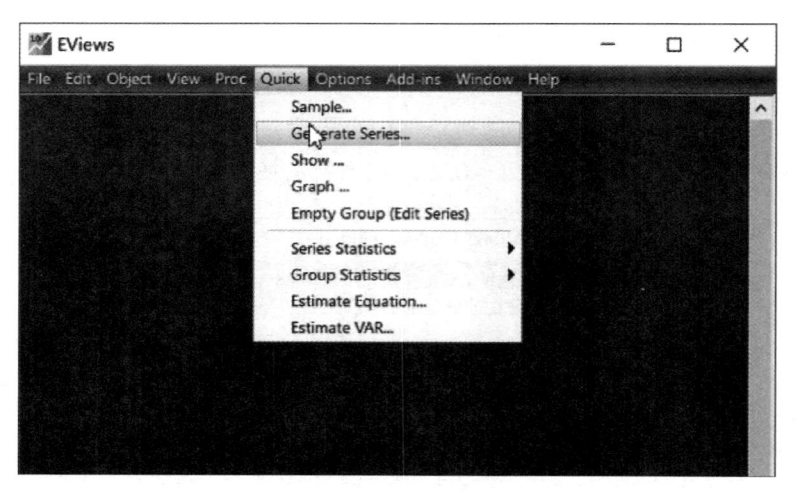

附录1 图7.1　主页面的有关计算命令

附录1 图7.2　变量的计算窗口

附录1 图7.3　对数计算的输入方法

本章附录 2：生成新序列和 @ 函数的应用

一　生成新序列

用公式生成新序列，首先在主工作文件窗口中的工具栏中点击"Genr"功能键，之后在弹出的对话框中输入公式（见附录 2 图 7.1 和图 7.2）。先输入所要生成的序列的名字，再输入等号" = "及描述生成新序列的公式。点击"OK"以后，等号左边新序列的名字立即显示在工作文件窗口的对象目录中，此时新序列已经生成。

最常用的运算符号及其功能如附录 2 表 7.1 所示。

附录 2 表 7.1　　运算符号及其功能

运算符号	功能
+	加
−	减
*	乘
/	除
^	乘方
>	大于。如果 $X > Y$，则 $X > Y$ 的值为 1，否则为 0
<	小于。如果 $X < Y$，则 $X < Y$ 的值为 1，否则为 0
=	等于。如果 $X = Y$，则 $X = Y$ 的值为 1，否则为 0
<>	不等于。如果 $X \neq Y$，则 $X<>Y$ 的值为 1，否则为 0
<=	小于等于。如果 X 小于等于 Y，则 $X<=Y$ 的值为 1，否则为 0
>=	大于等于。如果 X 大于等于 Y，则 $X>=Y$ 的值为 1，否则为 0
AND	"与"逻辑。如果 X 和 Y 都不为零，则 X AND Y 的值为 1
OR	"或"逻辑。如果 X 或 Y 不为零，则 X OR Y 的值为 1
D(X)	X 的一阶差分，即 $X - X(-1)$
D(X, n)	X 的第 n 次一阶差分，即 $(1-L)^n X$。其中 L 是滞后算子
D(X, n, s)	X 的 n 次一阶差分和一次 s 阶差分，即 $(1-L)^n (1-L^s) X$
LOG(X)	对 X 取自然对数
DLOG(X)	对 X 取自然对数后做一阶差分。LOG(X) − LOG[$X(-1)$]
DLOG(X, n)	对 X 取自然对数后做 n 次一阶差分，即 $(1-L)^n$ LOG(X)
DLOG(X, n, s)	对 X 取自然对数后做 n 次一阶差分和一次 s 阶差分，即 $(1-L)^n (1-L^s)$ LOG(X)
EXP(X)	对 X 取指数变换

续表

运算符号	功能
ABS(X)	对 X 取绝对值变换
SQR(X)	对 X 取平方根变换
SIN(X)	对 X 取正弦变换
COS(X)	对 X 取余弦变换
RND	生成在 0~1 均匀分布的随机数
NRND	生成均值为零，方差为 1 的标准正态分布随机数

二 @ 函数与应用

EViews 软件有一组特殊函数以 @ 开头。这些以 @ 开头的函数可用来计算一个序列的描述性统计量的值或者最近一个回归方程的一些统计量的值，如附录 2 表 7.2 所示。

附录 2 表 7.2　@ 函数及其功能

@ 函数	功能
@ SUM(X)	序列 X 的和
@ MEAN(X)	序列 X 的均值
@ VAR(X)	序列 X 的方差
@ SUMSQ(X)	序列 X 的平方和
@ OBS(X)	序列 X 中有效观测值个数
@ COV(X, Y)	序列 X 和序列 Y 的协方差
@ COR(X, Y)	序列 X 和序列 Y 的相关系数
@ CROSS(X, Y)	序列 X 和序列 Y 的交叉积
@ ASIN(X)	对 X 取反正弦变换
@ ACOS(X)	对 X 取反余弦变换
@ PCH(X)	生成相对变化或增长率序列，即 $[X-X(-1)]/X(-1)$
@ INV(X)	对 X 取倒数，即 $1/X$
@ DNORM(X)	变 X 为标准正态分布密度函数
@ CNORM(X)	变 X 为累计正态分布密度函数
@ LOGIT(X)	对 X 进行 logistic 变换
@ FLOOR(X)	变换 X 为不大于 X 的最大整数
@ CEILING(X)	变换 X 为不小于 X 的最小整数
@ TDIST(X, d)	自由度为 d 时，大于 X 的 t 统计量的概率

续表

@ 函数	功能
@ FDIST(X, n, d)	分子、分母自由度分别为 n、d 时，大于 X 的 F 统计量的概率
@ CHISQ(X, d)	自由度为 d 时，大于 X 的 χ^2 统计量的概率
@ R2	R^2 统计量
@ RBAR2	调整的 R^2 统计量
@ SE	回归函数的标准误差
@ SSR	残差平方和
@ DW	DW 统计量
@ F	F 统计量
@ LOGL	对数似然函数值
@ REGOBS	回归函数中用到的观测值组数，即样本容量
@ MEANDEP	被解释变量的均值
@ SDDEP	被解释变量的标准差
@ NCOEF	被估参数个数
@ COVARIANCE(i, j)	回归参数 β_i 和 β_j 的协方差
@ RESIDCOVA(i, j)	VAR 模型或系统方程中方程 i 和方程 j 的残差的协方差
@ MOVAV(X, n)	X 的 n 期移动平均值，其中 n 为整数
@ MOVSUM(X, n)	X 的 n 期移动总和值，其中 n 为整数
@ TREND(d)	生成以 d 期为零的时间趋势变量，其中 d 为日期（适用于时间序列数据）或观测值个数（适用于截面数据）
@ SEAS(d)	季度虚拟变量，当季度或月份等于 d 时为 1，其余为 0

如何做 @ 函数运算，我们以附录 2 表 7.2 前三行为例。在附录 2 图 7.1 中的空白处输入 "MH = @ sum（m）"。

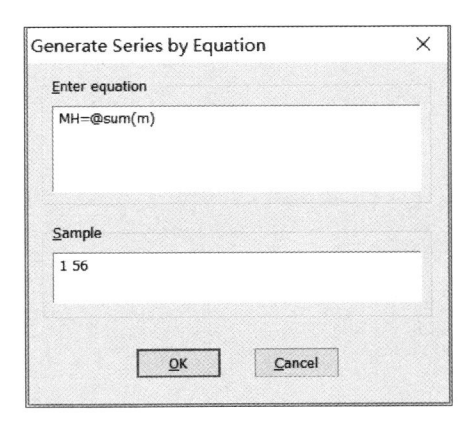

附录 2 图 7.1　对变量 M 的 @ 函数求和运算

然后点击"OK",结果如附录 2 图 7.2 所示。

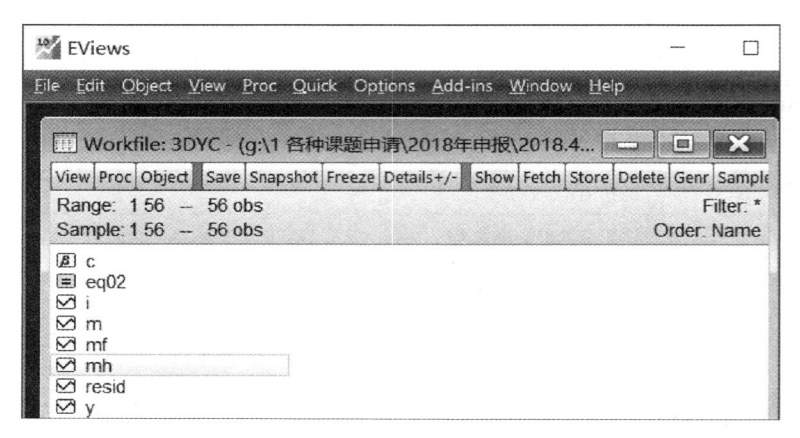

附录 2 图 7.2　对变量 M 的 @ 函数求和运算后保存的名称

双击上述图形中变量名称"mh",得到如附录 2 图 7.3 所示结果。

上述操作为对变量 M 的求和运算,保存名称为"mh",求和结果是 2156955.98。

依此类推,输入"MJ = @ mean(m)",点击"OK",得到变量 M 的均值结果为 39217.38,如附录 2 图 7.4 所示。

附录 2 图 7.3　对变量 M 的 @ 函数求和运算结果

附录 2 图 7.4　对变量 M 的 @ 函数求均值运算结果

输入"VM = @ var（m）",点击"OK",得到变量 M 的方差为 1.38E + 09（天文计数法或者科学计数法,表示 1380000000；如果是 1.38E – 03,则表示为 0.00138）,如附录 2 图 7.5 所示。

附录 2 图 7.5 对变量 M 的@函数求方差运算结果

上述变量名称"mh、mj 和 vm"由运算者自己确定,只要不和 EViews 软件占有的变量名称冲突即可。读者可以尝试其他形式的@函数运算。

第八章 时间序列计量经济模型的检验与估计

有关时间序列模型的序列相关性的检验和修正已经在第七章的第五节介绍了，下面进行其他检验。

第一节 单位根检验

经典计量经济学理论是建立在时间序列平稳的基础上，所假设的变量间的相关系数服从正态分布。然而，现代计量经济学研究表明，大部分经济变量是非平稳的，用蒙特卡罗模拟方法分析非平稳时间序列的相关系数的分布情况，研究结果表明当时间序列非平稳时，相关系数实际上服从的是倒 U 形和 U 形分布，因此增加了拒绝解释变量系数为零假设的概率，并且随着样本容量和时间序列单整阶数的增加，拒绝概率随着增加。这样，就降低了检验的功效，增加了纳伪的可能性。

也就是说，在大样本和较高单整阶数的条件下，随意检验本来独立的两个变量的相关系数的显著性，结论都是变得非常显著，直接结果是导致不相关的两个非平稳变量在相关系数的分布呈现倒 U 形和 U 形的情况下，得出两者具有相关关系的结论。因此，用非平稳变量进行回归分析，尤其在大样本和较高单整阶数的情况下，结论都是变量之间具有相关关系，将实际上不相关的两个非平稳变量用来回归分析，是一种虚假回归（伪回归）。这样，对非平稳变量间进行回归分析，首先应该考虑和检验变量的平稳性。

如果您对上述文字性表述有些不明白，没有关系，只需记住时间序列的数据必须做单位根检验！

一 研究对象和数据

本节使用的案例仍然是前面的货币需求模型，是取对数后的货币需求模型：$\ln M = f(\ln Y, \ln i)$。数据仍是第三章表 3.1 的数据，进行了对数化处理，为了配合本节内容，我们将数据变化为时间序列，见表 8.1（只保留了四位小数）。注意，在真正的研究中，使用时间序列数据时，必须使用价格指数进行平减，变为实际数据，剔除价格的影响。

表 8.1 取对数后的货币需求模型的数据

年份	$\ln M$	$\ln Y$	$\ln i$	年份	$\ln M$	$\ln Y$	$\ln i$
1963	8.1651	5.3891	7.4325	1991	10.2154	6.4992	9.6614
1964	8.2204	5.3753	7.4559	1992	10.3265	6.5854	9.7075
1965	8.2228	5.3753	7.5011	1993	10.3628	6.6035	9.7909
1966	8.3087	5.3799	7.5229	1994	10.4359	6.6214	9.9417
1967	8.3622	5.4116	7.5443	1995	10.5379	6.6389	10.0288
1968	8.4141	5.4381	7.5653	1996	10.6004	6.6389	10.1198
1969	8.4268	5.4553	7.6353	1997	10.6530	6.6125	10.2062
1970	8.5088	5.4553	7.6497	1998	10.7197	6.6302	10.2850
1971	8.5473	5.4553	7.6825	1999	10.7957	6.6731	10.3385
1972	8.5826	5.4510	8.1315	2000	10.9065	6.8952	10.3875
1973	8.6563	5.4553	8.2079	2001	10.9621	6.9344	10.4214
1974	8.7109	5.4510	8.2890	2002	10.9907	6.9344	10.4510
1975	8.7792	5.4553	8.3664	2003	11.0439	6.9421	10.4711
1976	8.8609	5.4765	8.4446	2004	11.0913	6.9572	10.4888
1977	8.9516	5.5053	8.4888	2005	11.1159	6.9736	10.6011
1978	9.0075	5.5094	8.5755	2006	11.1610	7.0021	10.6563
1979	9.0968	5.5334	8.6517	2007	11.2105	7.0297	10.7156
1980	9.1736	5.5722	8.6861	2008	11.2688	7.0297	10.7796
1981	9.2257	5.6095	8.7499	2009	11.3736	7.0021	10.8745
1982	9.3084	5.6419	8.8735	2010	11.4243	7.0114	10.9529
1983	9.4034	5.6836	8.9947	2011	11.4891	7.0654	11.0201
1984	9.5171	5.8081	9.0584	2012	11.5178	7.0742	11.1514
1985	9.5976	5.9789	9.1105	2013	11.5549	7.0566	11.1939
1986	9.6791	6.0684	9.2301	2014	11.6008	7.1040	11.2148
1987	9.7886	6.1135	9.3588	2015	11.6681	7.1601	11.2490
1988	9.8990	6.1707	9.4588	2016	11.7294	7.2387	11.4360
1989	10.0213	6.2507	9.5331	2017	11.7907	7.2799	11.5229
1990	10.1298	6.3714	9.5936				

二 单位根检验的过程

对模型 $\ln M = f(\ln Y, \ln i)$，按照第一章的内容，在 EViews 10.0 软件里输入三个变量的数据。

首先，打开变量 $\ln M$ 的数据窗口，结果如图 8.1 所示。

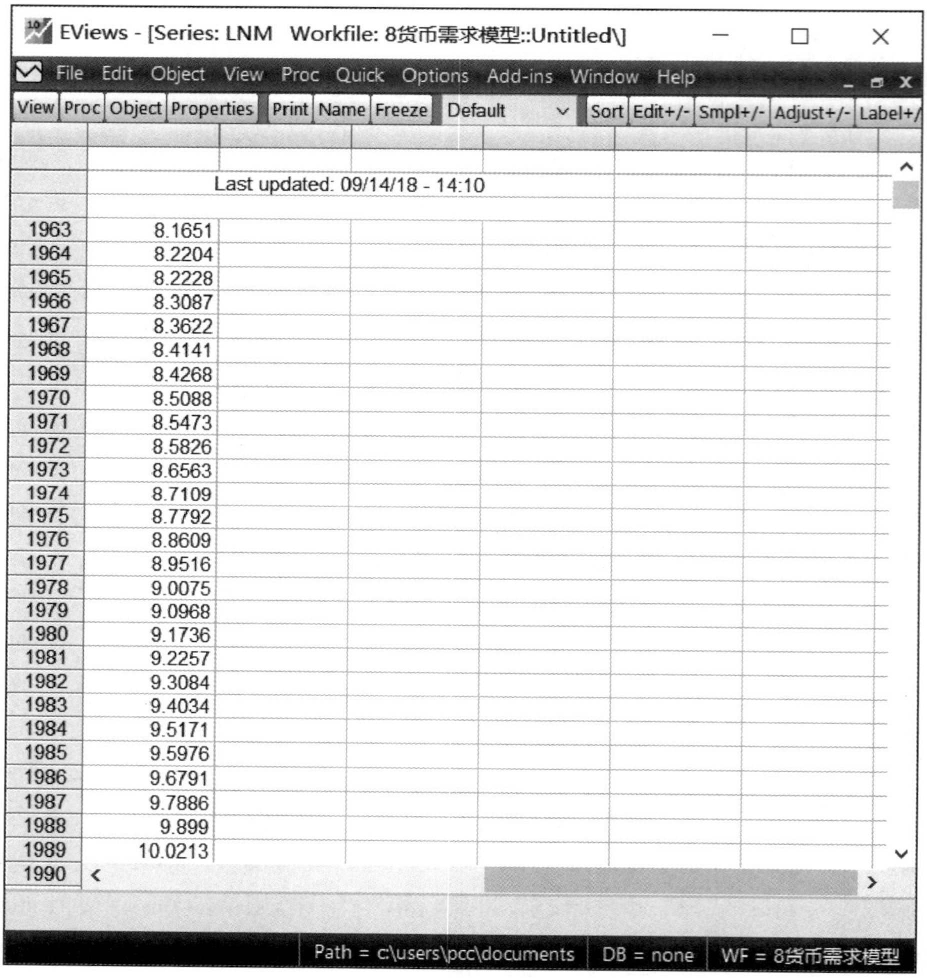

图 8.1 打开变量 $\ln M$ 的数据窗口

在图 8.1 的数据窗口下，点击左上角的"View"工具栏，出现下拉菜单，选择下拉菜单中的"Unit Root Test"，即为单位根检验。点击"Unit Root Test"，出现图 8.2。

图 8.2 的窗口分为四个部分：

第一部分"Test type"是检验方法，我们常用的或者系统默认的是"ADF"单位根检验法，这部分不用调整，该部分还包含 Phillips-Perron 检验（PP 检验）、

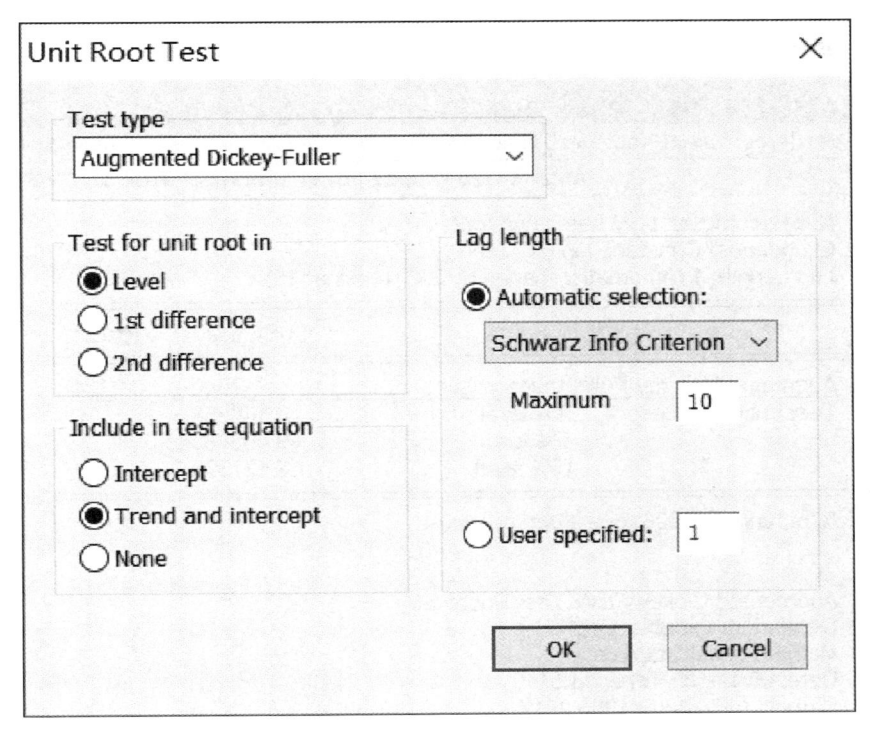

图 8.2 单位根检验窗口

Kwiatkowski-Phillips-Schmidt-Shin 检验（KPSS 检验）等，熟练之后再用；

第二部分是所检验何种类型的序列"Test for unit root in"，包括原序列（Level）、一阶差分序列（1st difference）、二阶差分序列（2nd difference）三项；

第三部分是模型的形式"Include in test equation"，包括带截距项（Intercept）、带时间趋势项和截距项（Trend and intercept）、都不带（None）；

第四部分是滞后期（Lag length）的选择，包括自动选择（Automatic selection）和自己填充数据（User specified）。

通常做法是：第一部分不用管；第二部分点击"Level"前面的小圆圈，使其变为有"点"的，即选择原序列做单位根检验；第三部分点击"Trend and intercept"，选择带时间趋势项和截距项的模型形式；第四部分可以先选择点击"User specified"前面的小圆圈，然后在"User specified"后面的空白处填写 1。然后点击"OK"，这样的检验结果如图 8.3 所示。

结果分为两部分，上面是单位根检验的结果，下面是检验方程的形式。

首先要看下面部分是否合适：观察"Variable"这一列的"C"（截距项）和"@ trend（'1963'）"（时间趋势项）两项的 Prob. 数值是否小于 0.05，若小于成立则保留就不再剔除，现在结果是，0.2690 和 0.3705 都大于 0.05，说明检验形式不对，改变检验形式重来。

```
EViews - [Series: LNM   Workfile: 8货币需求模型::Untitled\]
File  Edit  Object  View  Proc  Quick  Options  Add-ins  Window  Help
View Proc Object Properties  Print Name Freeze  Sample Genr Sheet Graph Stat
```

Augmented Dickey-Fuller Unit Root Test on LNM

Null Hypothesis: LNM has a unit root
Exogenous: Constant, Linear Trend
Lag Length: 1 (Automatic - based on SIC, maxlag=10)

		t-Statistic	Prob.*
Augmented Dickey-Fuller test statistic		-0.947040	0.9424
Test critical values:	1% level	-4.140858	
	5% level	-3.496960	
	10% level	-3.177579	

*MacKinnon (1996) one-sided p-values.

Augmented Dickey-Fuller Test Equation
Dependent Variable: D(LNM)
Method: Least Squares
Date: 09/14/18   Time: 14:51
Sample (adjusted): 1965 2017
Included observations: 53 after adjustments

Variable	Coefficient	Std. Error	t-Statistic	Prob.
LNM(-1)	-0.033146	0.035000	-0.947040	0.3483
D(LNM(-1))	0.359681	0.135020	2.663907	0.0104
C	0.309278	0.276647	1.117954	0.2690
@TREND("1963")	0.002338	0.002586	0.903911	0.3705

R-squared	0.134863	Mean dependent var	0.067364
Adjusted R-squared	0.081895	S.D. dependent var	0.027751
S.E. of regression	0.026591	Akaike info criterion	-4.344052
Sum squared resid	0.034646	Schwarz criterion	-4.195351
Log likelihood	119.1174	Hannan-Quinn criter.	-4.286869
F-statistic	2.546141	Durbin-Watson stat	2.097609
Prob(F-statistic)	0.066689		

图 8.3　第一次单位根检验结果

回到图 8.2，重复从前面最初开始的点击动作，只将第三部分"Trend and intercept"改为"Intercept"（就是点击它前面的小圆圈），其他不动。这样做的意思是由于两个 Prob. 数值都大于 0.05，不是一次把两个都去掉，而是首先去掉趋势项，变为如图 8.4 所示的窗口形式。

然后点击"OK"，结果如图 8.5 所示。

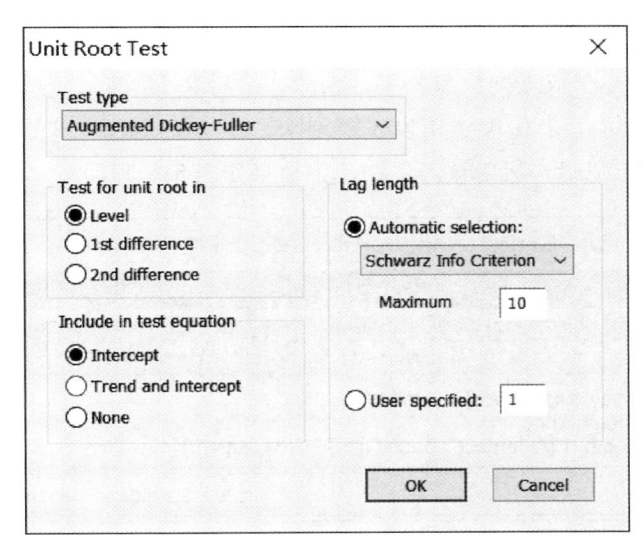

图 8.4 单位根检验窗口

图 8.5 第二次单位根检验结果

还是首先看下面部分的"Variable"这一列的"C"（截距项）的 Prob. 数值是否小于 0.05，若小于成立则保留就不再剔除，然后看上面部分的单位根检验结果。现在情况是 0.0784 大于 0.05，所以还要剔除"C"。回到图 8.2 或者图 8.4，点击"None"前面的小圆圈，然后点击"OK"，结果如图 8.6 所示。

```
EViews - [Series: LNM   Workfile: 8货币需求模型::Untitled\]
File Edit Object View Proc Quick Options Add-ins Window Help
View Proc Object Properties | Print Name Freeze | Sample Genr Sheet Graph Stats
                    Augmented Dickey-Fuller Unit Root Test on LNM

Null Hypothesis: LNM has a unit root
Exogenous: None
Lag Length: 1 (Automatic - based on SIC, maxlag=10)

                                              t-Statistic    Prob.*

Augmented Dickey-Fuller test statistic         4.199888      1.0000
Test critical values:   1% level              -2.609324
                        5% level              -1.947119
                       10% level              -1.612867

*MacKinnon (1996) one-sided p-values.

Augmented Dickey-Fuller Test Equation
Dependent Variable: D(LNM)
Method: Least Squares
Date: 09/14/18   Time: 14:57
Sample (adjusted): 1965 2017
Included observations: 53 after adjustments

Variable          Coefficient   Std. Error    t-Statistic    Prob.

LNM(-1)            0.003921     0.000934      4.199888       0.0001
D(LNM(-1))         0.407990     0.129342      3.154355       0.0027

R-squared          0.063646     Mean dependent var      0.067364
Adjusted R-squared 0.045286     S.D. dependent var      0.027751
S.E. of regression 0.027115     Akaike info criterion  -4.340418
Sum squared resid  0.037498     Schwarz criterion      -4.266067
Log likelihood   117.0211       Hannan-Quinn criter.   -4.311826
Durbin-Watson stat 2.126450
```

图 8.6 单位根检验的最后结果

到此为止，检验形式部分已经确定为最后形式了，就是第三部分完成任务了。然后看第四部分，第四部分在最开始的时候空白处输入的是"1"，现在看这个"1"是否合适，就是看检验结果下面部分的"Durbin-Watson stat"项的数值是否约为 2（一般经验应该在 1.8～2.2），如果结果为"否"，须回到图 8.2 或者图 8.4 的"User specified"部分，将空白处的数据改为 2（3，4，…，n，这个数字一般很少超过 3），然后继续这样检测，直到答案为"是"。如果结果为"是"，则图 8.6 下面部分任务完成。

现在，要比较上面部分的"Augmented Dickey-Fuller test statistic"的数值和下面的"5% critical value"的数值，结果是 4.1999 大于 -1.9471，说明检验的序列（现在检验的是原序列）是非平稳的，至少有一个单位根。否则，如果"Augmented Dickey-Fuller test statistic"的数值小于"5% critical value"的数值，则说明检验的序列是平稳的。现在的结论是原序列非平稳，至少有一个单位根，下面就要再检验单位根到底有几个。

回到图 8.2 或者图 8.4，第一部分不用管；第二部分点击序列"1st difference"前面的小圆圈，使其变为有"点"的（选择一阶差分做单位根检验）；第三部分点击"Trend and intercept"前面的小圆圈，就是选择带时间趋势项和截距项的模型形式；第四部分可以先选择在空白处填写 1。然后点击"OK"，这样的检验结果如图 8.7 所示。

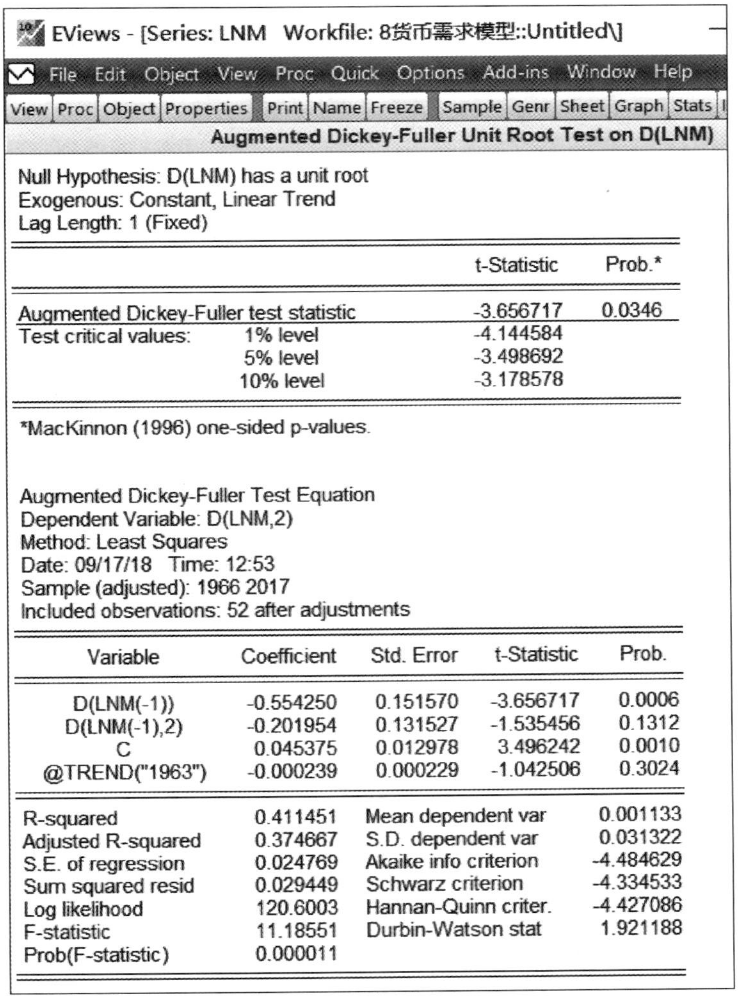

图 8.7 一阶差分后的单位根检验的第一次结果

结果分为两部分，首先看下面部分是否合适：观察"Variable"这一列的"C"（截距项）和"@trend（'1963'）"（时间趋势项），现在结果是"@trend（'1963'）"的伴随概率为 0.3024，大于 0.05，说明需要剔除时间趋势项。回到图 8.4，点击"Intercept"和"1st difference"，如图 8.8 所示。

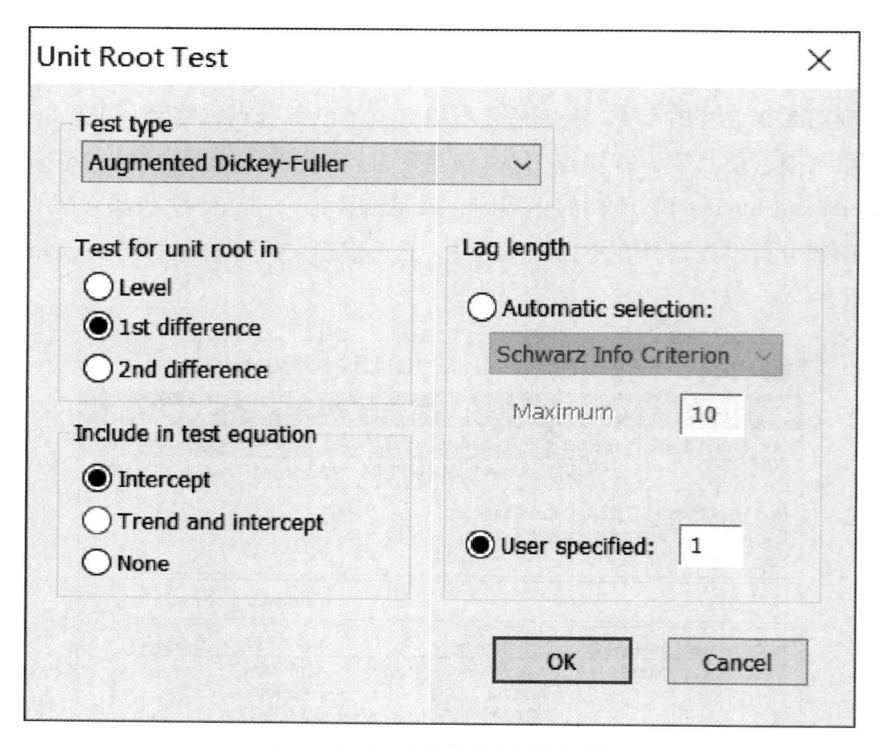

图 8.8　单位根检验形式的选择

然后点击"OK"，结果如图 8.9 所示。

现在看来，"C"的 t 统计量对应的伴随概率为 0.0010，可以不用剔除了。然后看下面部分的"Durbin-Watson stat"项的数值是否约为 2，现在是 1.895，说明这部分也没有问题了。现在，图 8.9 下面部分都没有问题了。

回到图 8.9 的上面部分，要比较上面部分的"Augmented Dickey-Fuller test statistic"的数值和下面的"5% critical value"的数值，结果是 -3.5890 小于 -2.9188（而且也小于 1% 显著性水平下的 -3.5627），说明检验的序列（现在检验的是一阶差分序列）是平稳的。

如果一阶差分序列仍然是不平稳的，则仿照上面的方法，做"2nd difference"序列的平稳性检验，一般经济序列都是有 1 个或者不超过 2 个单位根，所以一般做"2nd difference"序列检验就有结果了，不需要做"3rd difference"序列检验，所以软件就没有这项。

```
EViews - [Series: LNM  Workfile: 8货币需求模型::Untitled\]
 File  Edit  Object  View  Proc  Quick  Options  Add-ins  Window  Help
View Proc Object Properties  Print Name Freeze  Sample Genr Sheet Graph St
              Augmented Dickey-Fuller Unit Root Test on D(LN

Null Hypothesis: D(LNM) has a unit root
Exogenous: Constant
Lag Length: 1 (Fixed)

                                        t-Statistic     Prob.*

Augmented Dickey-Fuller test statistic   -3.588966     0.0093
Test critical values:  1% level          -3.562669
                       5% level          -2.918778
                       10% level         -2.597285

*MacKinnon (1996) one-sided p-values.


Augmented Dickey-Fuller Test Equation
Dependent Variable: D(LNM,2)
Method: Least Squares
Date: 09/17/18   Time: 14:26
Sample (adjusted): 1966 2017
Included observations: 52 after adjustments

   Variable      Coefficient   Std. Error   t-Statistic    Prob.

   D(LNM(-1))    -0.543107     0.151327     -3.588966     0.0008
   D(LNM(-1),2)  -0.205369     0.131603     -1.560519     0.1251
   C              0.037806     0.010767      3.511388     0.0010

R-squared            0.398125   Mean dependent var     0.001133
Adjusted R-squared   0.373559   S.D. dependent var     0.031322
S.E. of regression   0.024791   Akaike info criterion -4.500701
Sum squared resid    0.030115   Schwarz criterion     -4.388129
Log likelihood     120.0182    Hannan-Quinn criter.   -4.457543
F-statistic         16.20615   Durbin-Watson stat      1.895019
Prob(F-statistic)    0.000004
```

图 8.9 变量一阶差分后的单位根检验的最后结果

三　单位根检验的结果

综合前面的检验结论，原序列是不平稳的，一阶差分序列是平稳的，这样的结论说明原序列有一个单位根，即 $\ln M$ 是 I（1）的。

依此类推，对 $\ln Y$ 序列进行单位根检验，最后结果如图 8.10 所示。

上述结果说明 $\ln Y$ 是 I（1）的，形式是只有截距项。

对 $\ln I$ 序列进行单位根检验，最后结果如图 8.11 所示。

这个结果说明 $\ln I$ 是 I（1）的，形式也是只有截距项。

前面是单位根检验的全部过程。归纳起来，上述检验结果如表 8.2 所示。一般来说，对于单位根检验的结果，如果以论文的形式在实证分析部分发表，要制成类似表 8.2 的格式。

```
EViews - [Series: LNY   Workfile: 8货币需求模型::Untitled\]
File  Edit  Object  View  Proc  Quick  Options  Add-ins  Window  Help
View Proc Object Properties   Print Name Freeze   Sample Genr Sheet Graph Stat
            Augmented Dickey-Fuller Unit Root Test on D(LNY

Null Hypothesis: D(LNY) has a unit root
Exogenous: Constant
Lag Length: 1 (Fixed)

                                              t-Statistic    Prob.*

Augmented Dickey-Fuller test statistic       -4.070247      0.0024
Test critical values:    1% level            -3.562669
                         5% level            -2.918778
                         10% level           -2.597285

*MacKinnon (1996) one-sided p-values.


Augmented Dickey-Fuller Test Equation
Dependent Variable: D(LNY,2)
Method: Least Squares
Date: 09/17/18   Time: 14:34
Sample (adjusted): 1966 2017
Included observations: 52 after adjustments

     Variable        Coefficient   Std. Error    t-Statistic   Prob.

    D(LNY(-1))       -0.561090    0.137852     -4.070247    0.0002
    D(LNY(-1),2)      0.152366    0.141060      1.080153    0.2854
         C            0.020628    0.007497      2.751446    0.0083

R-squared              0.264586   Mean dependent var      0.000792
Adjusted R-squared     0.234569   S.D. dependent var      0.047311
S.E. of regression     0.041391   Akaike info criterion  -3.475522
Sum squared resid      0.083950   Schwarz criterion      -3.362950
Log likelihood        93.36357   Hannan-Quinn criter.   -3.432364
F-statistic            8.814549   Durbin-Watson stat      1.993576
Prob(F-statistic)      0.000537
```

图 8.10　变量 $\ln Y$ 的单位根检验的最后结果

表 8.2　变量的单位根检验结果

变量	差分阶数	检验形式 （C，T，K）	DW 值	ADF 值	5% 临界值	1% 临界值	结论
$\ln M$	1	（C，n，1）	1.90	−3.59	−2.92	−3.56	I(1)***
$\ln Y$	1	（C，n，1）	1.99	−4.07	−2.92	−3.56	I(1)***
$\ln I$	1	（C，n，1）	1.99	−5.30	−2.92	−3.56	I(1)***

注：（C，T，K）表示 ADF 检验形式是否包含常数项、时间趋势项以及滞后期数；*** 表示变量一阶差分后在 1% 的显著性水平下通过 ADF 平稳性检验。

```
EViews - [Series: LNI  Workfile: 8货币需求模型::Untitled\]
File Edit Object View Proc Quick Options Add-ins Window Help
View Proc Object Properties  Print Name Freeze  Sample Genr Sheet Graph Sta
              Augmented Dickey-Fuller Unit Root Test on D(LN

Null Hypothesis: D(LNI) has a unit root
Exogenous: Constant
Lag Length: 1 (Fixed)

                                          t-Statistic    Prob.*

Augmented Dickey-Fuller test statistic    -5.301476     0.0000
Test critical values:   1% level          -3.562669
                        5% level          -2.918778
                        10% level         -2.597285

*MacKinnon (1996) one-sided p-values.

Augmented Dickey-Fuller Test Equation
Dependent Variable: D(LNI,2)
Method: Least Squares
Date: 09/17/18   Time: 14:37
Sample (adjusted): 1966 2017
Included observations: 52 after adjustments

   Variable      Coefficient   Std. Error    t-Statistic   Prob.

   D(LNI(-1))    -1.059980     0.199941     -5.301476     0.0000
   D(LNI(-1),2)   0.091974     0.145436      0.632402     0.5301
   C              0.081644     0.017499      4.665513     0.0000

R-squared            0.490690   Mean dependent var      0.000802
Adjusted R-squared   0.469902   S.D. dependent var      0.089517
S.E. of regression   0.065175   Akaike info criterion  -2.567517
Sum squared resid    0.208142   Schwarz criterion      -2.454945
Log likelihood      69.75543   Hannan-Quinn criter.    -2.524359
F-statistic         23.60433   Durbin-Watson stat       1.994217
Prob(F-statistic)    0.000000
```

图 8.11　变量 ln*I* 的单位根检验的最后结果

到此为止，单位根检验的全部过程以及如何将检验结果放到正规的学术论文里面演示完毕。

第二节　协整检验

进行单位根检验后，还必须进行协整检验。为什么要做协整检验呢？因为，没有协整关系的单整变量的回归仍然是伪回归。做协整检验有以下几个要求：

第一，两个或两个以上的变量才可以做协整检验；

第二，被解释变量的单整阶数要小于或者等于解释变量的单整阶数；

第三，有两个或者两个以上的解释变量的时候，解释变量的单整阶数要相同；

第四，只有一个被解释变量和一个解释变量的时候，两者的单整阶数要相同。

前面案例的单位根检验表明三个变量的单整阶数相同，因此可以做协整检验。

一 数据的录入与 Johansen 协整检验

做协整检验的变量都要显示出来，包括被解释变量。打开数据窗口，如图 8.12 所示。

然后点击数据组窗口左上角的"View"，出现下拉菜单，有一栏为"Cointegration Test"（协整检验），点击它，结果如图 8.13 所示。

图 8.13 显示两种协整检验方法，分别是：

① "Johansen System Cointegration Test…"（约翰森协整检验系统）；

② "Single-Equation Cointegration Test…"（单方程协整检验）。

首先我们选择点击"Johansen System Cointegration Test…"，结果如图 8.14 所示。

常见的协整方程的检验形式应该是"1)"或者"2)"，所以我们点击"1)"或者"2)"前面的圆圈，然后点击"确定"，结果如图 8.15 所示。

Hypothesized No. of CE（s）是原假设，原假设有三个，一般看第一个，所以我们一般将之翻译为"没有协整关系的原假设"；

Eigenvalue 是特征根；

Trace Statistic 是迹统计量；

0.05 Critical Value 是 5% 显著性水平临界值；

Max-Eigen Statistic 是 $\lambda - \max$ 统计量。

判断是否存在协整关系，就是看图 8.15 中 Trace Statistic 的第一个数 30.87 和 Max-Eigen Statistic 的第一个数 20.04 是否大于 5% 显著性水平的临界值 24.28 和 17.80。如果大于成立，则说明至少有一个协整关系存在；如果小于，则说明不存在协整关系。也可以看 Prob.** 的第一行概率是否小于 0.05，小于成立，则表明有协整关系，否则说明没有协整关系。下面的图 8.16 依此类推，只是检验形式不同，结果相同。

图 8.16 中 Trace Statistic 的第一个数 46.12 和 Max-Eigen Statistic 的第一个数 26.70 分别大于 5% 显著性水平的临界值 35.19 和 22.30。

因此，两个方法的协整检验结果表明，三个变量 $\ln M$、$\ln Y$ 和 $\ln i$ 是存在协整关系的。

第八章 时间序列计量经济模型的检验与估计　　145

年份	LNM	LNY	LNI
1963	8.1651	5.3891	7.4325
1964	8.2204	5.3753	7.4559
1965	8.2228	5.3753	7.5011
1966	8.3087	5.3799	7.5229
1967	8.3622	5.4116	7.5443
1968	8.4141	5.4381	7.5653
1969	8.4268	5.4553	7.6353
1970	8.5088	5.4553	7.6497
1971	8.5473	5.4553	7.6825
1972	8.5826	5.451	8.1315
1973	8.6563	5.4553	8.2079
1974	8.7109	5.451	8.289
1975	8.7792	5.4553	8.3664
1976	8.8609	5.4765	8.4446
1977	8.9516	5.5053	8.4888
1978	9.0075	5.5094	8.5755
1979	9.0968	5.5334	8.6517
1980	9.1736	5.5722	8.6861
1981	9.2257	5.6095	8.7499
1982	9.3084	5.6419	8.8735
1983	9.4034	5.6836	8.9947
1984	9.5171	5.8081	9.0584
1985	9.5976	5.9789	9.1105
1986	9.6791	6.0684	9.2301
1987	9.7886	6.1135	9.3588
1988	9.899	6.1707	9.4588
1989	10.0213	6.2507	9.5331
1990	10.1298	6.3714	9.5936
1991	10.2154	6.4992	9.6614
1992	10.3265	6.5854	9.7075
1993	10.3628	6.6035	9.7909
1994	10.4359	6.6214	9.9417
1995	10.5379	6.6389	10.0288
1996	10.6004	6.6389	10.1198
1997	10.653	6.6125	10.2062
1998	10.7197	6.6302	10.285
1999	10.7957	6.6731	10.3385
2000	10.9065	6.8952	10.3875
2001	10.9621	6.9344	10.4214
2002	10.9907	6.9344	10.451
2003	11.0439	6.9421	10.4711
2004	11.0913	6.9572	10.4888
2005	11.1159	6.9736	10.6011
2006	11.161	7.0021	10.6563
2007	11.2105	7.0297	10.7156
2008	11.2688	7.0297	10.7796
2009			

图 8.12　显示变量数据

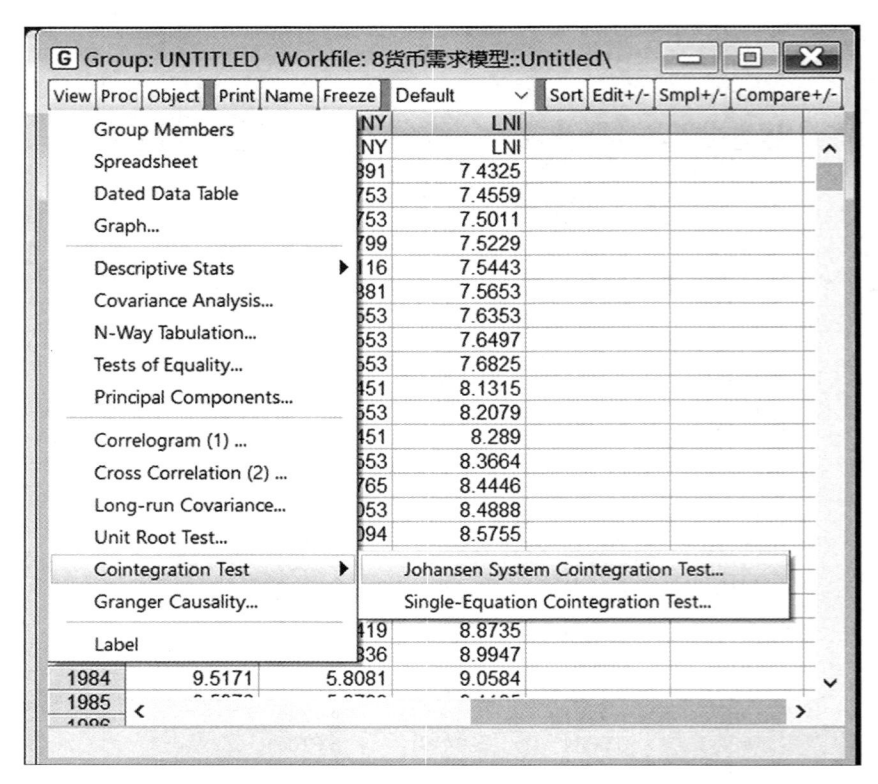

图 8.13 协整检验的方法

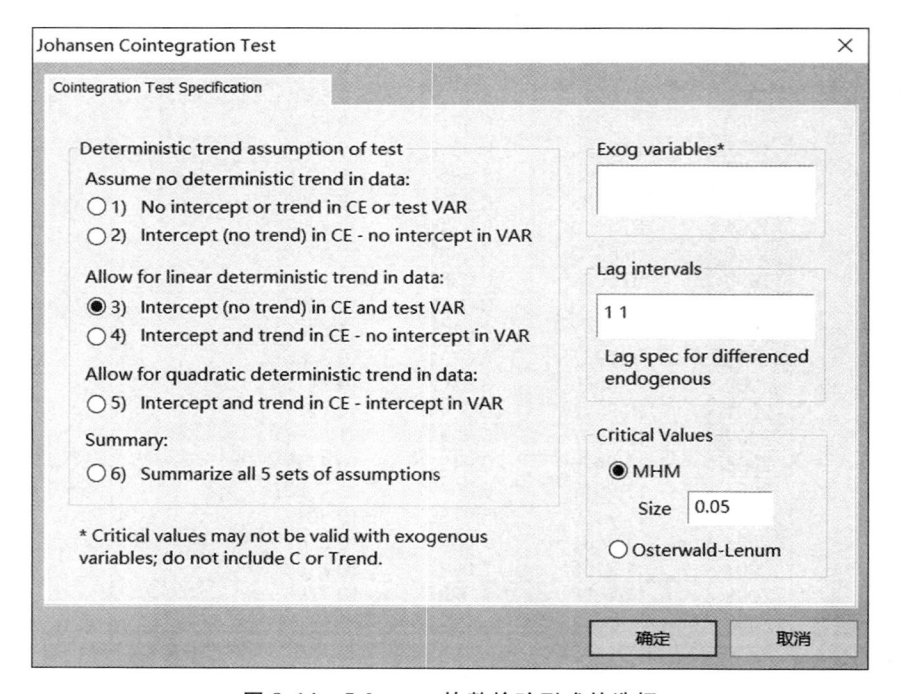

图 8.14 Johansen 协整检验形式的选择

```
EViews - [Group: UNTITLED  Workfile: 8货币需求模型::Untit...
G  File  Edit  Object  View  Proc  Quick  Options  Add-ins  Window  Help
View|Proc|Object| Print|Name|Freeze| Sample|Sheet|Stats|Spec
                         Johansen Cointegration Test
Date: 09/17/18   Time: 15:03
Sample (adjusted): 1965 2017
Included observations: 53 after adjustments
Trend assumption: No deterministic trend
Series: LNM LNY LNI
Lags interval (in first differences): 1 to 1

Unrestricted Cointegration Rank Test (Trace)
```

Hypothesized No. of CE(s)	Eigenvalue	Trace Statistic	0.05 Critical Value	Prob.**
None *	0.314786	30.87121	24.27596	0.0064
At most 1	0.153277	10.83591	12.32090	0.0876
At most 2	0.037354	2.017705	4.129906	0.1832

```
Trace test indicates 1 cointegrating eqn(s) at the 0.05 level
* denotes rejection of the hypothesis at the 0.05 level
**MacKinnon-Haug-Michelis (1999) p-values

Unrestricted Cointegration Rank Test (Maximum Eigenvalue)
```

Hypothesized No. of CE(s)	Eigenvalue	Max-Eigen Statistic	0.05 Critical Value	Prob.**
None *	0.314786	20.03530	17.79730	0.0226
At most 1	0.153277	8.818206	11.22480	0.1286
At most 2	0.037354	2.017705	4.129906	0.1832

```
Max-eigenvalue test indicates 1 cointegrating eqn(s) at the 0.05 level
* denotes rejection of the hypothesis at the 0.05 level
**MacKinnon-Haug-Michelis (1999) p-values

Unrestricted Cointegrating Coefficients (normalized by b'*S11*b=I):
```

图 8.15 选择形式 1）的 Johansen 协整检验的结果

```
EViews - [Group: UNTITLED   Workfile: 8货币需求模型::Untit...]
File  Edit  Object  View  Proc  Quick  Options  Add-ins  Window  Help
View Proc Object | Print Name Freeze | Sample Sheet Stats Spec
                        Johansen Cointegration Test

Date: 09/17/18   Time: 15:04
Sample (adjusted): 1965 2017
Included observations: 53 after adjustments
Trend assumption: No deterministic trend (restricted constant)
Series: LNM LNY LNI
Lags interval (in first differences): 1 to 1

Unrestricted Cointegration Rank Test (Trace)
```

Hypothesized No. of CE(s)	Eigenvalue	Trace Statistic	0.05 Critical Value	Prob.**
None *	0.395771	46.11687	35.19275	0.0023
At most 1	0.223732	19.41540	20.26184	0.0651
At most 2	0.106912	5.992742	9.164546	0.1913

Trace test indicates 1 cointegrating eqn(s) at the 0.05 level
* denotes rejection of the hypothesis at the 0.05 level
**MacKinnon-Haug-Michelis (1999) p-values

Unrestricted Cointegration Rank Test (Maximum Eigenvalue)

Hypothesized No. of CE(s)	Eigenvalue	Max-Eigen Statistic	0.05 Critical Value	Prob.**
None *	0.395771	26.70147	22.29962	0.0114
At most 1	0.223732	13.42265	15.89210	0.1176
At most 2	0.106912	5.992742	9.164546	0.1913

Max-eigenvalue test indicates 1 cointegrating eqn(s) at the 0.05 level
* denotes rejection of the hypothesis at the 0.05 level
**MacKinnon-Haug-Michelis (1999) p-values

Unrestricted Cointegrating Coefficients (normalized by b'*S11*b=I):

LNM   LNY   LNI   C

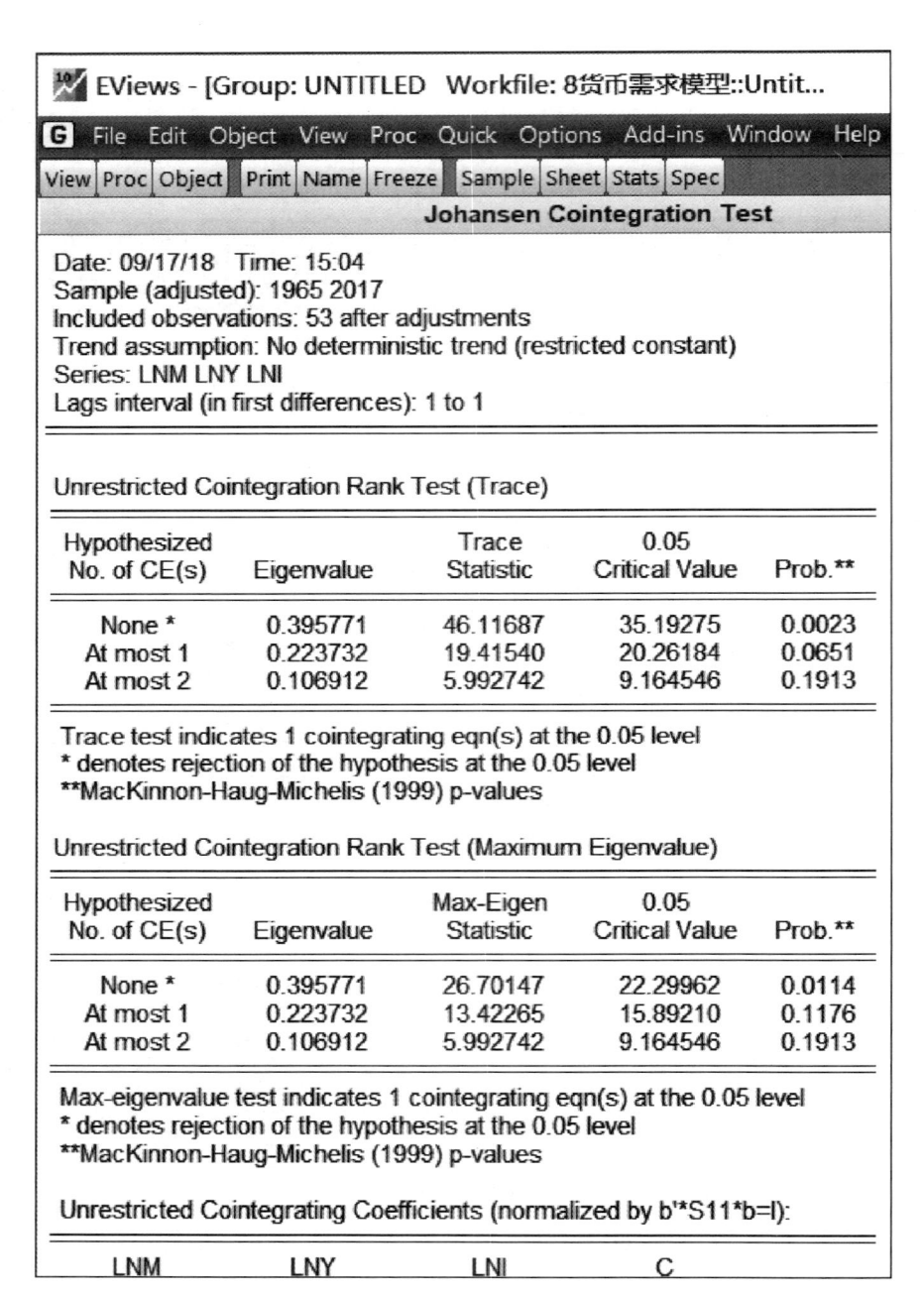

图 8.16 选择形式 2) 的 Johansen 协整检验的结果

二 单方程协整检验

接下来做 "Single-Equation Cointegration Test..." （单方程协整检验），即选择图 8.13 的第二项，点击后如图 8.17 所示。

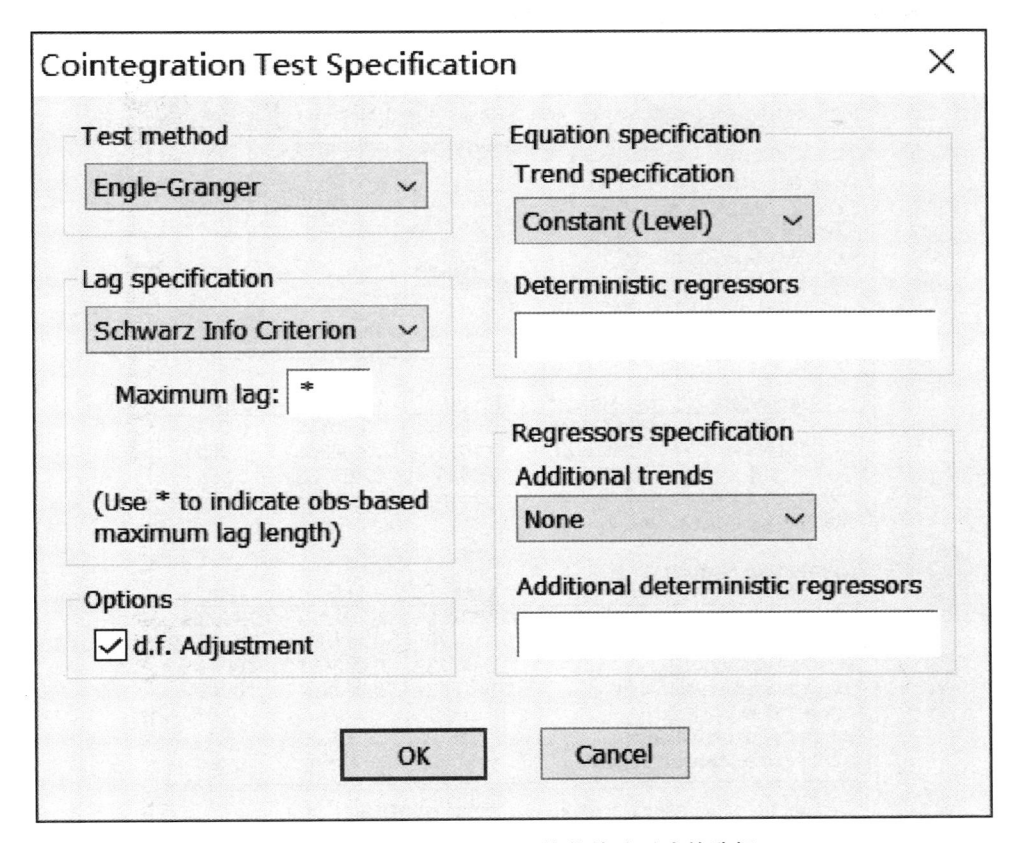

图 8.17 Single-Equation 协整检验形式的选择

图 8.17 分为这样几个部分：

① "Test method" 检验方法，包括 Engle-Granger、Phillips-Ouliaris 方法；

② "Lag specification" 滞后期选择的规则，包括我们熟悉的 Schwarz Info Criterion（赤池信息准则）等；

③ "Equation specification" 方程的设定；

④ "Regressors specification" 解释变量的设定。

后两项的设定是指常数项和时间趋势项进入协整空间还是向量空间。

我们选择 Engle-Granger（恩格尔－格兰杰两步法），其余不变，遵循默认选择，点击 "OK"，结果如图 8.18 所示。

Engle-Granger 协整检验的结果表明三个变量具有协整关系，因此可以直接用普通最小二乘法回归分析，否则是伪回归。回归结果如图 8.19 所示。

可以对上述结果进行序列相关、异方差、随机解释变量等检验，然后适当修改，加入 AR 或者 MA 项进行调整（参见第七章）。修正后的回归结果如图 8.20 所示。

```
EViews - [Group: UNTITLED  Workfile: 8货币需求模型::Untit...
 File  Edit  Object  View  Proc  Quick  Options  Add-ins  Window  Help
View Proc Object  Print Name Freeze  Sample Sheet Stats Spec
```

Engle-Granger Cointegration Test

Date: 09/17/18   Time: 15:20
Series: LNM LNY LNI
Sample: 1963 2017
Included observations: 55
Null hypothesis: Series are not cointegrated
Cointegrating equation deterministics: C
Automatic lags specification based on Schwarz criterion (maxlag=10)

Dependent	tau-statistic	Prob.*	z-statistic	Prob.*
LNM	-3.819156	0.0599	-23.40139	0.0465
LNY	-3.308471	0.1621	-22.59861	0.0555
LNI	-3.659320	0.0835	-22.67732	0.0552

*MacKinnon (1996) p-values.

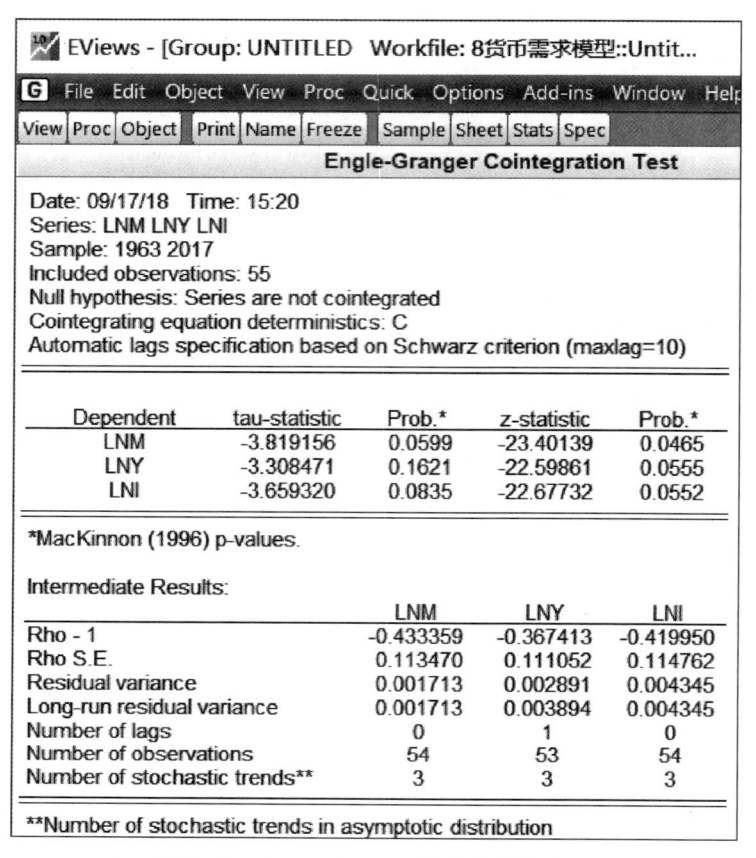

Intermediate Results:

	LNM	LNY	LNI
Rho - 1	-0.433359	-0.367413	-0.419950
Rho S.E.	0.113470	0.111052	0.114762
Residual variance	0.001713	0.002891	0.004345
Long-run residual variance	0.001713	0.003894	0.004345
Number of lags	0	1	0
Number of observations	54	53	54
Number of stochastic trends**	3	3	3

**Number of stochastic trends in asymptotic distribution

图 8.18　Engle-Granger 协整检验的结果

```
Equation: EQ01  Workfile: 8货币需求模型::Untitl
View Proc Object  Print Name Freeze  Estimate Forecast Stats Resids
```

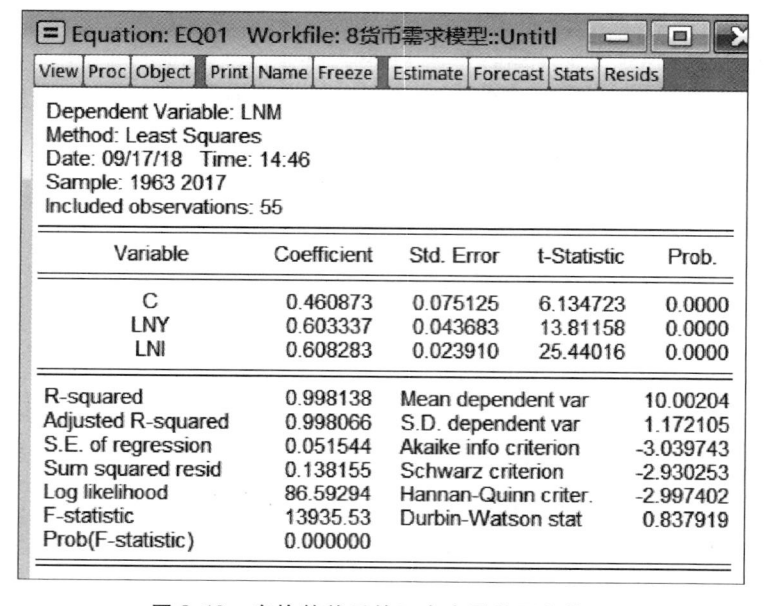

Dependent Variable: LNM
Method: Least Squares
Date: 09/17/18   Time: 14:46
Sample: 1963 2017
Included observations: 55

Variable	Coefficient	Std. Error	t-Statistic	Prob.
C	0.460873	0.075125	6.134723	0.0000
LNY	0.603337	0.043683	13.81158	0.0000
LNI	0.608283	0.023910	25.44016	0.0000

R-squared	0.998138	Mean dependent var	10.00204
Adjusted R-squared	0.998066	S.D. dependent var	1.172105
S.E. of regression	0.051544	Akaike info criterion	-3.039743
Sum squared resid	0.138155	Schwarz criterion	-2.930253
Log likelihood	86.59294	Hannan-Quinn criter.	-2.997402
F-statistic	13935.53	Durbin-Watson stat	0.837919
Prob(F-statistic)	0.000000		

图 8.19　有协整关系的三个变量的回归结果

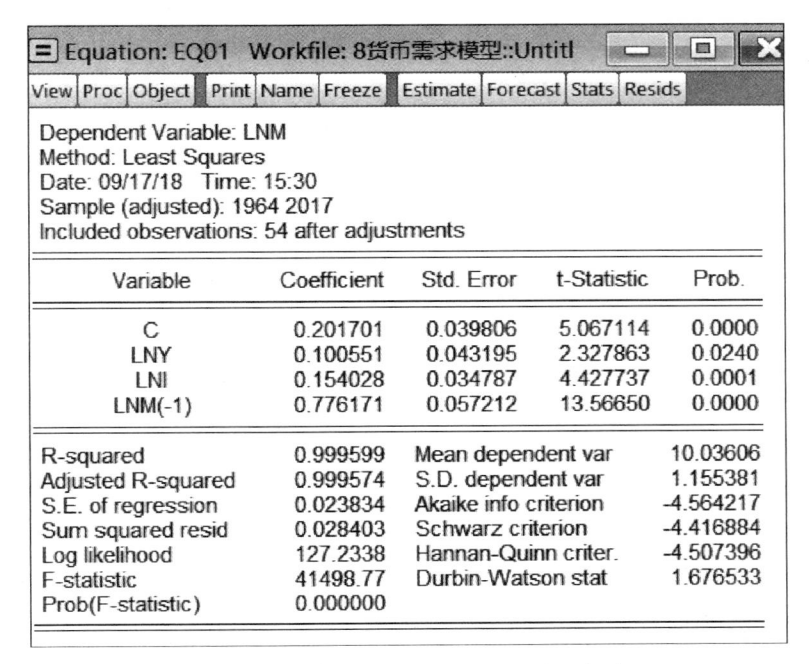

```
Equation: EQ01   Workfile: 8货币需求模型::Untitl
View Proc Object | Print Name Freeze | Estimate Forecast Stats Resids

Dependent Variable: LNM
Method: Least Squares
Date: 09/17/18   Time: 15:30
Sample (adjusted): 1964 2017
Included observations: 54 after adjustments

Variable      Coefficient   Std. Error    t-Statistic   Prob.
C             0.201701      0.039806      5.067114      0.0000
LNY           0.100551      0.043195      2.327863      0.0240
LNI           0.154028      0.034787      4.427737      0.0001
LNM(-1)       0.776171      0.057212      13.56650      0.0000

R-squared              0.999599   Mean dependent var     10.03606
Adjusted R-squared     0.999574   S.D. dependent var     1.155381
S.E. of regression     0.023834   Akaike info criterion  -4.564217
Sum squared resid      0.028403   Schwarz criterion      -4.416884
Log likelihood         127.2338   Hannan-Quinn criter.   -4.507396
F-statistic            41498.77   Durbin-Watson stat     1.676533
Prob(F-statistic)      0.000000
```

图 8.20　加入被解释变量滞后一期的回归结果

第三节　格兰杰因果关系检验

格兰杰因果关系检验不是逻辑上的因果关系，而是变量间的先后顺序，即是否存在一个变量的前期信息影响到另一个变量的当期。

一　理论表述

因果关系检验由美国经济学家格兰杰（C. W. Granger）于 1969 年提出，后经亨德里（Hendry）和理查德（Richard）进一步发展而成。这种方法为从统计角度确定变量间的因果关系提供了一种实用分析工具。

$$x_t = c_1 + \alpha_1 x_{t-1} + \alpha_2 x_{t-2} + \cdots + \alpha_p x_{t-p} + \beta_1 y_{t-1} + \beta_2 y_{t-2} + \cdots + \beta_p y_{t-p} + u_t$$

若 x_t 和 y_t 为稳定的时间序列变量，则可用 OLS 估计上式的残差平方和 RSS_1，将此结果与 x_t 的自回归残差平方和 RSS_0 相比较。如果 $F_1 = [(RSS_0 - RSS_1)/p]/[RSS_1/(T-2p-1)]$ 大于 $F(p, T-2p-1)$ 分布的 5% 临界值，则我们得到 y 能格兰杰引起 x；反之，若 F_1 小于 $F(p, T-2p-1)$ 分布的 5% 临界值，则我们拒绝 y 能格兰杰引起 x。若 x_t 和 y_t 为非稳定的时间序列变量，则须利用误差修正模型判定因果关系。Granger 指出：如果一对时间序列是协整的，那么至少存在一个方向上的 Granger 因果关系，在任何非协整情况下，任何的因果推断将是无效的。

格兰杰因果关系检验中最重要的是滞后时间长度的确定。如果随机确定，会导致检验结果的错误。在该项研究中，滞后时间长度的确定是按赤池信息准则（AIC）和施瓦茨准则（SC）确定的。

AIC 和 SC 的计算公式分别如下：

$$AIC = \ln\left(\frac{\sum_{t=1}^{T} \hat{u}_t^2}{T}\right) + \frac{2k}{T}$$

$$SC = \ln\left(\frac{\sum_{t=1}^{T} \hat{u}_t^2}{T}\right) + \frac{k\ln T}{T}$$

其中 $\hat{u}_t$ 是残差。两式右侧第一项随着 k 的增加而减小，第二项则随着 k 的增加而增加。所以随着 k 的变化，AIC 与 SC 会有极小值存在。故我们通过连续增加 k 的值，直到 AIC 与 SC 取得极小值，从而确定最优的 k。

二 软件操作

格兰杰定理表明：存在协整关系的变量至少存在一个方向上的格兰杰因果关系。首先打开数据组窗口，见图 8.12。

然后点击"Group"数据组窗口左上角的"View"，出现下拉菜单，有一栏为"Granger Causality"（格兰杰因果关系检验），点击它，结果如图 8.21 所示。

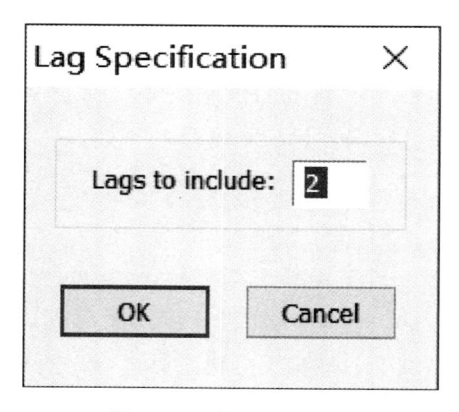

图 8.21 滞后期的选择

空白处需要填写的数字表示的是滞后阶数，一般经验来看是 1、2、3、4 这几个数字，理论上需要用 VAR 模型中的 AIC 或者 SC 确认，经验的数字就是理论常得到的结果。比如取 2，结果如图 8.22 所示。

"Null Hypothesis"是原假设，下面第一行"LNY does not Granger Cause LNM"说的是 ln$Y$ 不是 ln$M$ 的格兰杰原因，接受概率是 0.0929，则说明在 5% 的显著性水平下原假设成立，即 ln$Y$ 不是 ln$M$ 的格兰杰原因。第二行"LNM does not Granger Cause LNY"的接受概率是 0.0084，结论表明 ln$M$ 是 ln$Y$ 的格兰杰原因。依此类

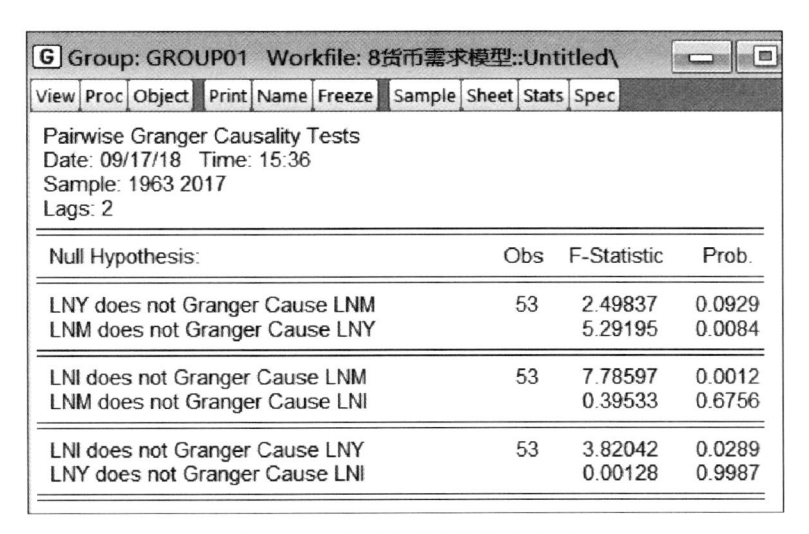

```
G Group: GROUP01   Workfile: 8货币需求模型::Untitled\
View Proc Object | Print Name Freeze | Sample Sheet Stats Spec

Pairwise Granger Causality Tests
Date: 09/17/18   Time: 15:36
Sample: 1963 2017
Lags: 2

Null Hypothesis:                              Obs    F-Statistic   Prob.

LNY does not Granger Cause LNM                53     2.49837      0.0929
LNM does not Granger Cause LNY                       5.29195      0.0084

LNI does not Granger Cause LNM                53     7.78597      0.0012
LNM does not Granger Cause LNI                       0.39533      0.6756

LNI does not Granger Cause LNY                53     3.82042      0.0289
LNY does not Granger Cause LNI                       0.00128      0.9987
```

图 8.22　格兰杰因果检验的结果

推，在 5% 的显著性水平下其他还有因果关系的是，$\ln I$ 是 $\ln M$ 的格兰杰原因，$\ln I$ 是 $\ln Y$ 的格兰杰原因。其他滞后期的选择依此类推。

中 篇
计量经济模型的应用

第九章　一元线性回归模型案例解析

在前面的章节，我们将消费模型、货币需求模型等作为案例讲解软件操作，但是前面的内容主要是为了展示软件操作，并没有展示完整的计量建模步骤。接下来，本书选取一些典型的案例，完整地展示建模的四个步骤及相应的软件操作（只展示主要的软件操作，详细的操作可以参考前面的章节），并适当分析案例结果。中国消费模型的数据是截面数据，中国城镇汽车销售模型的数据是年度数据，常德市城区贸易对常德市经济增长贡献的实证研究的数据是月度数据。

第一节　中国消费模型

一　建立计量模型

根据凯恩斯的消费理论，以中国的收入与消费的总量数据为基础，建立中国消费函数的一元线性回归模型。其中 Y 表示消费，X 表示收入，β 为参数，μ 表示随机干扰项，建立消费函数的计量模型如下：

$$Y = \beta_0 + \beta_1 X + \mu$$

二　收集数据

解释变量 X 用中国居民人均可支配收入表示，被解释变量 Y 用中国居民人均消费支出表示。

表 9.1　中国消费模型数据

单位：元

地区	X	Y	地区	X	Y
北京市	52530.38	35415.75	湖北省	21786.64	15888.65
天津市	34074.46	26129.35	湖南省	21114.79	15750.46

续表

地区	X	Y	地区	X	Y
河北省	19725.42	14247.49	广东省	30295.8	23448.42
山西省	19048.88	12682.85	广西壮族自治区	18305.08	12295.18
内蒙古自治区	24126.64	18072.28	海南省	20653.44	14275.37
辽宁省	26039.7	19852.8	重庆市	22034.14	16384.83
吉林省	19966.99	14772.55	四川省	18808.26	14838.52
黑龙江省	19838.5	14445.81	贵州省	15121.15	11931.6
上海市	54305.35	37458.33	云南省	16719.9	11768.76
江苏省	32070.1	22129.89	西藏自治区	13639.24	9318.71
浙江省	38529	25526.63	陕西省	18873.74	13943.04
安徽省	19998.1	14711.53	甘肃省	14670.31	12254.25
福建省	27607.93	20167.48	青海省	17301.76	14774.66
江西省	20109.56	13258.62	宁夏回族自治区	18832.28	14965.41
山东省	24685.27	15926.36	新疆维吾尔自治区	18354.65	14066.46
河南省	18443.08	12712.34			

资料来源：《中国统计年鉴 2017》。

三 估计与检验

1. 准备工作

准备工作可以参考前面第一、第二章的内容，这里只进行简单介绍，对于内容不熟悉的读者起到提示作用。这一部分的内容可以不写入正式的案例分析部分。启动 EViews 软件之后，在主菜单上依次点击 File\New\Workfile。这时会自动弹出工作文件选项。EViews 10.0 软件可以直接创建工作文件，见第一章。创建工作文件窗口在"Workfile structure type"选项区共有 3 种类型，选择"Unstructured/Undated"（非结构/非日期）。"Data range"的观测值填写 31，然后点击"OK"。在主菜单的 Quick\Empty Group（Edit Series），进入数据编辑窗口。

EViews 10.0 版隐藏了空白的 obs 行，不能直接输入序列名称，需要用鼠标拖动右边的滚动条向上移动到 obs 的位置，此时隐藏的 obs 对应的空白行及观测列序号就会自动显示出来，点击空白区域首行首列，输入序列名，然后可以输入数据。采用同样方式可以输入多个序列，而 obs 相应行便会显示各序列的名称。

2. 散点图分析

在数据窗口，点击 View\Graph...\Scatter，建立变量 X 和 Y 的散点图（注意，为了保证解释变量在横坐标，X 序列必须在第一列），结果见图 9.1。可以看出 X 和 Y 之间呈现良好的线性关系，可以建立一元线性回归模型。散点图有两个好处，一是看出解释变量和被解释变量是不是线性相关；二是看有没有特殊的点存在，从而判断转折点或者错误点。相关图（散点图是其中一种）的形式有很多种，EViews 10.0 中"Scatter"以及以下的类型都是。

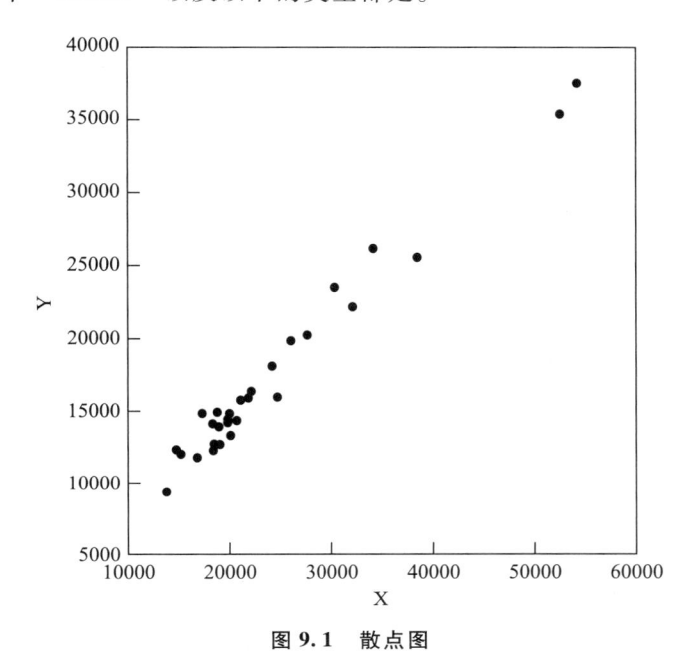

图 9.1　散点图

3. 估计线性回归模型

在 EViews 主窗口，点击 Quick\Estimate Equation…，在弹出的方程设定框内输入模型，即"Y C X"，被解释变量的顺序不能随意变动。

系统将弹出一个窗口来显示有关估计结果，如图 9.2 所示。

因此，我国消费模型的估计式为：

$$\hat{Y} = 1496.478 + 0.6603X$$
$$(2.8983) \quad (32.8033)$$
$$R^2 = 0.9738, S.E. = 1074.195, F = 1076.058$$

其中括号内数字是相应 t 统计量的值。S.E. 是回归函数的标准误差。R^2 是可决系数。$R^2 = 0.9738$，说明上式的拟合情况好，Y 变差的 97.38% 由变量 X 解释。因为解释变量系数的 t = 32.8033 > $t_{0.025}$（29）= 2.045，所以检验结果是拒绝原假设 β_1 = 0，即人均消费支出和人均可支配收入之间存在线性回归关系。上述模型的经济解释是，2016 年各省份居民人均可支配收入每增长 1 元，我国各省份居民人均消费支出平均将增加 0.6603 元。无论是经济检验，还是可决系数以及 t 检验都合理。

点击图 9.2 中的"Estimate"，出现估计方程设定的界面，估计方法选择"CENSORED"，进行 ML 估计，结果如图 9.3 所示。

```
Equation: UNTITLED   Workfile: 9.1消费模型::Unt...
View Proc Object | Print Name Freeze | Estimate Forecast Stats Resids

Dependent Variable: Y
Method: Least Squares
Date: 09/17/18   Time: 16:16
Sample: 1 31
Included observations: 31
```

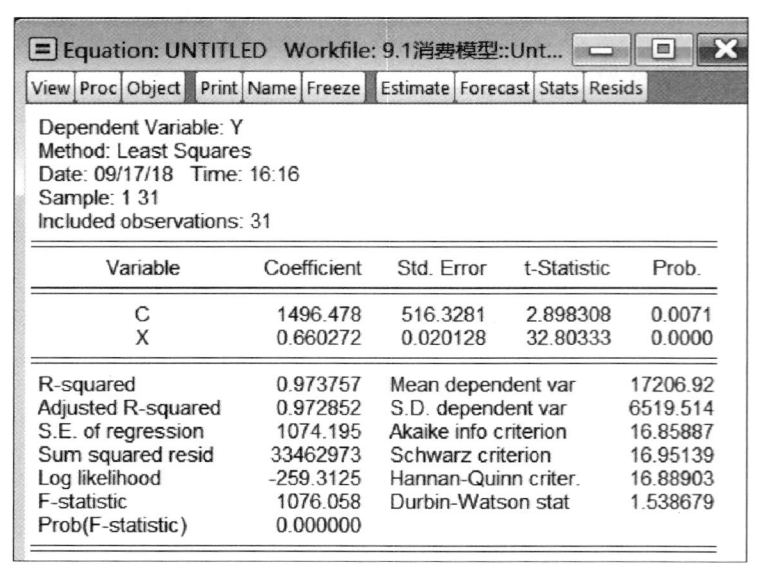

Variable	Coefficient	Std. Error	t-Statistic	Prob.
C	1496.478	516.3281	2.898308	0.0071
X	0.660272	0.020128	32.80333	0.0000

R-squared	0.973757	Mean dependent var		17206.92
Adjusted R-squared	0.972852	S.D. dependent var		6519.514
S.E. of regression	1074.195	Akaike info criterion		16.85887
Sum squared resid	33462973	Schwarz criterion		16.95139
Log likelihood	-259.3125	Hannan-Quinn criter.		16.88903
F-statistic	1076.058	Durbin-Watson stat		1.538679
Prob(F-statistic)	0.000000			

图 9.2   估计结果

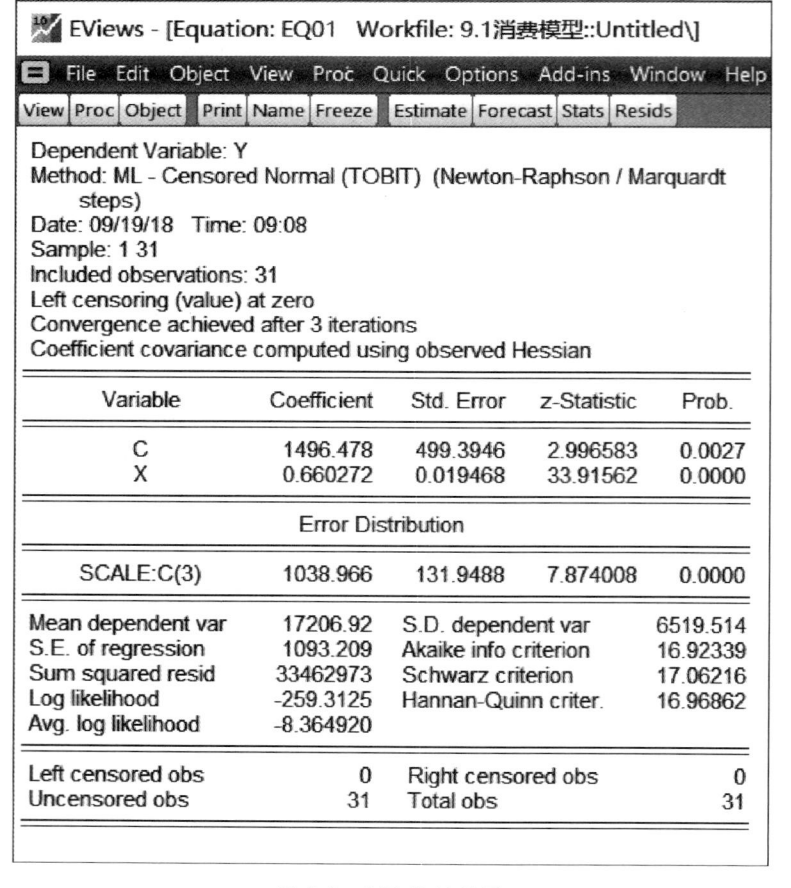

```
EViews - [Equation: EQ01   Workfile: 9.1消费模型::Untitled\]
File Edit Object View Proc Quick Options Add-ins Window Help
View Proc Object | Print Name Freeze | Estimate Forecast Stats Resids

Dependent Variable: Y
Method: ML - Censored Normal (TOBIT) (Newton-Raphson / Marquardt
    steps)
Date: 09/19/18   Time: 09:08
Sample: 1 31
Included observations: 31
Left censoring (value) at zero
Convergence achieved after 3 iterations
Coefficient covariance computed using observed Hessian
```

Variable	Coefficient	Std. Error	z-Statistic	Prob.
C	1496.478	499.3946	2.996583	0.0027
X	0.660272	0.019468	33.91562	0.0000
Error Distribution				
SCALE:C(3)	1038.966	131.9488	7.874008	0.0000

Mean dependent var	17206.92	S.D. dependent var		6519.514
S.E. of regression	1093.209	Akaike info criterion		16.92339
Sum squared resid	33462973	Schwarz criterion		17.06216
Log likelihood	-259.3125	Hannan-Quinn criter.		16.96862
Avg. log likelihood	-8.364920			

Left censored obs	0	Right censored obs	0
Uncensored obs	31	Total obs	31

图 9.3   ML 估计结果

从图 9.3 可以看出，参数与图 9.2 是一样的。

点击图 9.2 中的 "Estimate"，出现估计方程设定的界面，估计方法选择 "GMM"，进行 MM 估计，在 "Instrument list" 中输入 "C X"。点击 "确定"，得到如图 9.4 所示的结果。

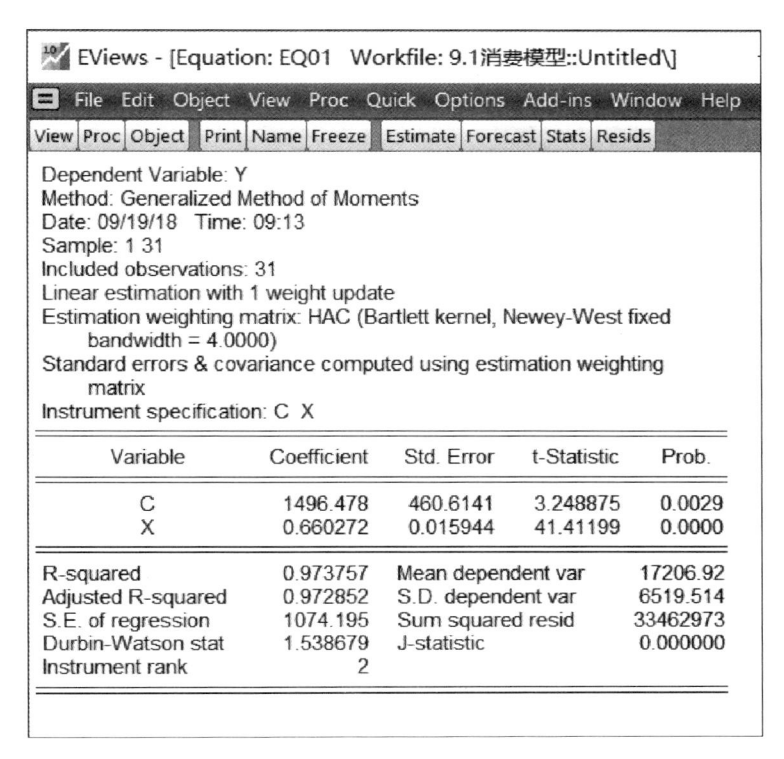

```
EViews - [Equation: EQ01   Workfile: 9.1消费模型::Untitled\]
File Edit Object View Proc Quick Options Add-ins Window Help
View Proc Object | Print Name Freeze | Estimate Forecast Stats Resids

Dependent Variable: Y
Method: Generalized Method of Moments
Date: 09/19/18   Time: 09:13
Sample: 1 31
Included observations: 31
Linear estimation with 1 weight update
Estimation weighting matrix: HAC (Bartlett kernel, Newey-West fixed
         bandwidth = 4.0000)
Standard errors & covariance computed using estimation weighting
         matrix
Instrument specification: C X

Variable       Coefficient   Std. Error   t-Statistic   Prob.
    C            1496.478    460.6141    3.248875    0.0029
    X            0.660272    0.015944    41.41199    0.0000

R-squared            0.973757    Mean dependent var    17206.92
Adjusted R-squared   0.972852    S.D. dependent var    6519.514
S.E. of regression   1074.195    Sum squared resid     33462973
Durbin-Watson stat   1.538679    J-statistic           0.000000
Instrument rank         2
```

图 9.4 MM 估计结果

这三种方法的估计结果是一样的。

4. 残差图

在估计方程的窗口选择 View\Actual，Fitted，Residual\Actual，Fitted，Residual Table，得到相应的残差图，如图 9.5 所示。

Actual 表示 y_t 的实际观测值，Fitted 表示 y_t 的拟合值 $\hat{y}_t$，Residual 表示残差 $\hat{u}_t$。残差图中的两条虚线与中心线的距离表示残差的一个标准误差，即 S.E.。通过图 9.5，我们发现大部分的点落在两条虚线之间，说明模型拟合得比较好。

接下来我们进行计量经济学检验，看该模型是否违背经典假设。由于其是一元线性回归模型，不需要进行多重共线性检验；由于本模型的数据采用的是我国 31 个省、自治区、直辖市的截面数据，随机干扰项也可能存在序列相关，这种序列相关是空间相关，属于空间计量经济学的内容，我们暂时不讨论。我们主要进行以下检验。

5. 正态性检验

在图 9.5 的方程窗口下，点击 "View"，出现下拉菜单，其中有一项 "Residual Di-

obs	Actual	Fitted	Residual
1	35415.8	36180.8	−765.066
2	26129.4	23994.9	2134.46
3	14247.5	14520.6	−273.130
4	12682.9	14073.9	−1391.07
5	18072.3	17426.6	645.658
6	19852.8	18689.8	1163.04
7	14772.6	14680.1	92.4283
8	14445.8	14595.3	−149.473
9	37458.3	37352.8	105.551
10	22129.9	22671.5	−541.576
11	25526.6	26936.1	−1409.47
12	14711.5	14700.7	10.8672
13	20167.5	19725.2	442.260
14	13258.6	14774.3	−1515.64
15	15926.4	17795.5	−1869.11
16	12712.3	13673.9	−961.587
17	15888.7	15881.6	7.06438
18	15750.5	15438.0	312.478
19	23448.4	21499.9	1948.47
20	12295.2	13582.8	−1287.63
21	14275.4	15133.4	−857.995
22	16384.8	16045.0	339.827
23	14838.5	13915.0	923.475
24	11931.6	11480.5	451.051
25	11768.8	12536.2	−767.399
26	9318.71	10502.1	−1183.38
27	13943.0	13958.3	−15.2394
28	12254.3	11182.9	1071.38
29	14774.7	12920.3	1854.31
30	14965.4	13930.9	1034.51
31	14066.5	13615.5	450.921

图 9.5 残差图

agnostics",将鼠标放到这个位置,出现下拉菜单。用鼠标左键单击"Histogram-Normality Test",出现如图 9.6 所示的结果。

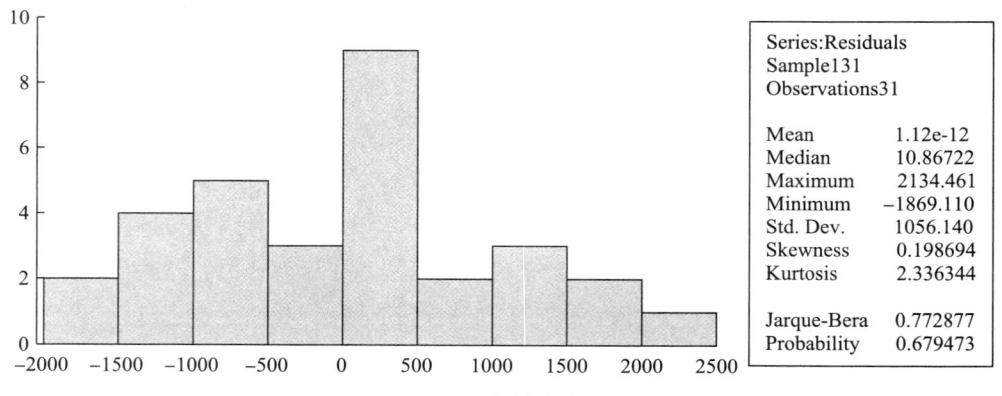

Series:Residuals	
Sample 1 31	
Observations 31	
Mean	1.12e−12
Median	10.86722
Maximum	2134.461
Minimum	−1869.110
Std. Dev.	1056.140
Skewness	0.198694
Kurtosis	2.336344
Jarque-Bera	0.772877
Probability	0.679473

图 9.6 正态性检验结果

我们看图 9.6 右侧的指标，“Jarque-Bera”项的伴随概率“Probability”是 0.6795，大于 0.05，结论是随机扰动项是正态分布的。

6. 异方差检验

在图 9.5 的方程窗口下，点击“View”，出现下拉菜单，选择“Residual Diagnostics”，再点击“Heteroskedasticity Tests...”。然后点击“White”，有选择项“Include White cross terms”，有“√”符号则表示包含交叉乘积项的 White 异方差检验，去掉“√”符号则表示不带交叉乘积项的 White 异方差检验，本模型是一元的，选择与不选择都一样。

用 White 方法检验异方差就是要看“Obs * R-squared”项后面对应的伴随概率和 0.05 的显著性水平比较，如果大于 0.05 则表明接受同方差的原假设，反之则表明存在异方差。现在的三项检验结果（图 9.7 深色背景部分的 Prob. 项）均大于 0.05，说明接受原假设，不存在异方差。

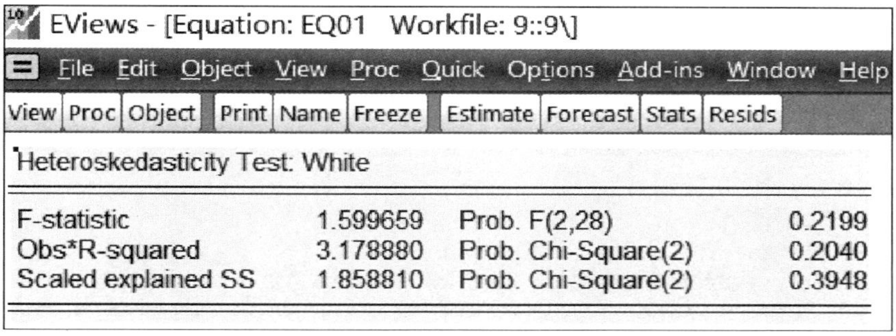

F-statistic	1.599659	Prob. F(2,28)	0.2199
Obs*R-squared	3.178880	Prob. Chi-Square(2)	0.2040
Scaled explained SS	1.858810	Prob. Chi-Square(2)	0.3948

图 9.7　White 异方差检验

7. 模型设定偏误检验——RESET 检验

在估计结果窗口点击“View”工具栏，选择“Stability Diagnostics”命令，会出现右拉菜单，其中有一项是“Ramsey RESET Test...”，单击这个选项，弹出对话框。

需要在对话框的“Number of fitted terms”后面空白处，输入需要的数字（具体应该填写多少，请参考理论知识，一般是“1”或者“2”）。选择默认结果，直接单击“OK”按钮，结果如图 9.8 所示。由于只选择 1 期，可以根据 t 统计量或者 F 统计量的伴随概率来判断，如图 9.8 颜色加深背景部分，两个统计量的伴随概率都是 0.4003，大于 0.05，接受原假设，模型不存在设定偏误。

再在 RESET 检验设定的对话框中填入“2”，然后单击“OK”按钮，结果如图 9.9 所示。

注意观察图 9.8 和图 9.9 中的颜色加深的两个长方形部分，看颜色变深部分的 Probability 结果，选择“2”要比选择“1”更合适。

无论是图 9.8 还是图 9.9，结果都给出了两个统计指标——F 统计量和 LR 统计量，其对应的伴随概率均表明在 5% 的显著性水平下，接受“预测向量系数为

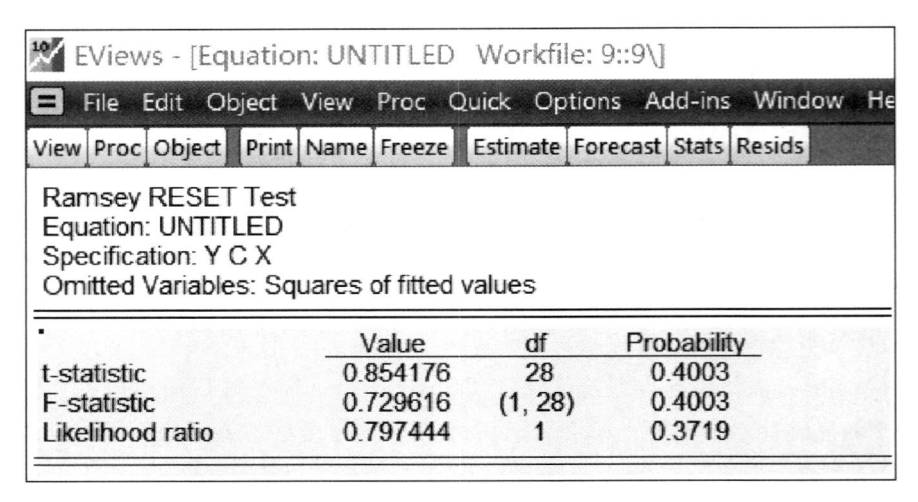

```
EViews - [Equation: UNTITLED  Workfile: 9::9\]
File  Edit  Object  View  Proc  Quick  Options  Add-ins  Window  He
View Proc Object  Print Name Freeze  Estimate Forecast Stats Resids

Ramsey RESET Test
Equation: UNTITLED
Specification: Y C X
Omitted Variables: Squares of fitted values

                    Value        df       Probability
t-statistic        0.854176      28         0.4003
F-statistic        0.729616    (1, 28)      0.4003
Likelihood ratio   0.797444      1          0.3719
```

图 9.8　RESET 检验结果（一）

```
EViews - [Equation: EQ01  Workfile: 9::9\]
File  Edit  Object  View  Proc  Quick  Options  Add-ins  Window  He
View Proc Object  Print Name Freeze  Estimate Forecast Stats Resids

Ramsey RESET Test
Equation: EQ01
Specification: Y C X
Omitted Variables: Powers of fitted values from 2 to 3

                    Value        df       Probability
F-statistic        0.357770    (2, 27)      0.7025
Likelihood ratio   0.810849      2          0.6667
```

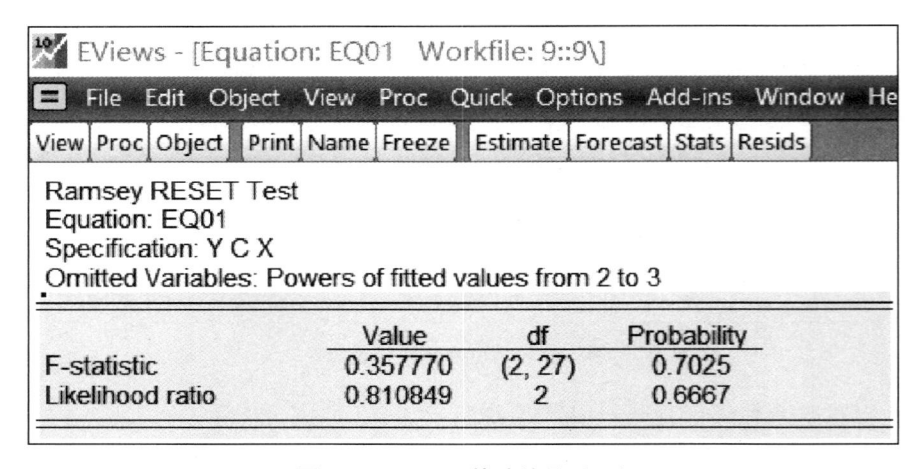

图 9.9　RESET 检验结果（二）

零"的原假设，即接受原模型与引入新变量的模型可决系数无显著差异的假设，表明原模型不存在设定偏误。

四　预测

预测是我们建立经济计量模型的目的之一，其操作如下：进入方程估计输出窗口，点击其工具栏中的"Forecast"对话框。输入序列名（Forecast name），默认为"yf"；作为可选项，可给预测标准误差随意命名［S. E.（optional）］，命名后，指定的序列将存储于工作文件中；用户可以根据需要选择预测区间（Forecast sample）；在"Output"中可选择用图形或数值来看预测值，或两者都用，包括预测评价指标（平均绝对误差等）。本节全部选择默认，点击"OK"。图 9.10 为预测结果，右边是预测结果偏误的统计量。软件给出了预测值、预测值的标准误差，自

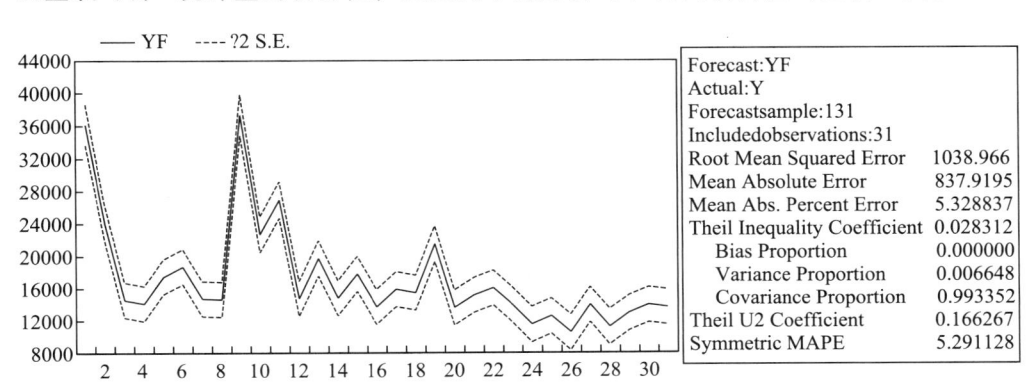

已查表可得 t 统计量的临界值，经过简单的运算可以得到预测值的置信区间。

```
Forecast:YF
Actual:Y
Forecast sample:1 31
Included observations:31
Root Mean Squared Error    1038.966
Mean Absolute Error         837.9195
Mean Abs. Percent Error    5.328837
Theil Inequality Coefficient  0.028312
    Bias Proportion         0.000000
    Variance Proportion     0.006648
    Covariance Proportion   0.993352
Theil U2 Coefficient        0.166267
Symmetric MAPE              5.291128
```

图 9.10　预测结果

下面进行样本外预测。在进行外推预测之前应给解释变量赋值。希望预测第 32 个省份的消费。为此，我们首先需要给出 X 的数据，输入解释变量中就可以预测第 32 个省份的消费额。假设第 32 个省份的 $X=40000$。

双击显示信息窗口的"Range"，把观测值改为 32。然后双击"X"图标，点击右上角的"Edit"，就可以输入"X"的数据。

再回到估计方程的窗口，点击"Forecast"，在"Forecast sample"输入"32 32"（两个 32 之间必须有空格），因为我们只想预测第 32 个数据。然后进行简单的设定后（见第二章），得到的第 32 个省份消费的预测值是 21304.6 元（见图 9.11）。图 9.11 中后两个条形图的数字是预测值加减两个标准误差。查表可以得到 t 统计量的临界值。根据预测值置信区间的公式，可以计算出预测值的置信区间，读者可以自行计算。

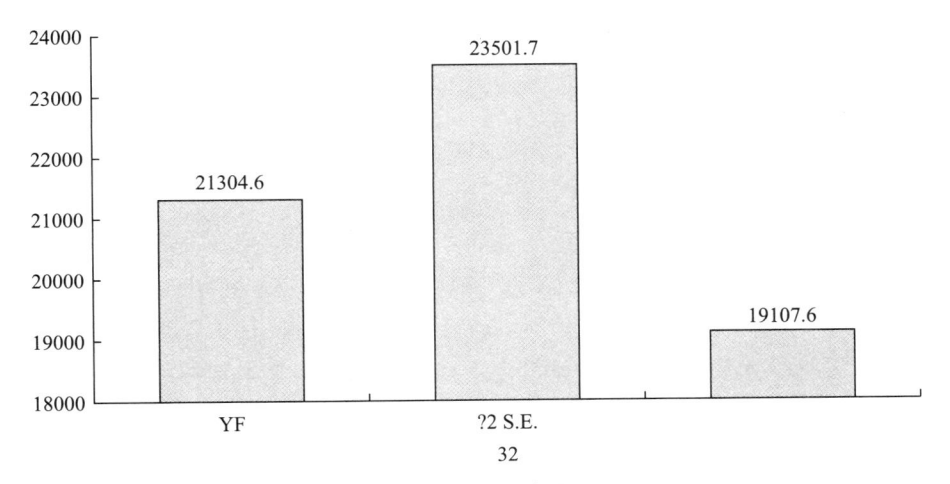

图 9.11　预测图

第二节 中国城镇汽车销售模型

一 模型和数据

本节课，我们使用的案例是中国城镇汽车销售模型，建立一元线性回归模型，如下所示：

$$Y = \beta_0 + \beta_1 X + \mu$$

其中，Y 表示汽车销售量，X 表示人均收入，β 为参数，μ 表示随机干扰项。

数据见表9.2。使用的是2000～2013年中国城镇的汽车销售量与人均收入的数据（注意，在使用时间序列的数据时，数据需要使用定基价格指数进行平减，剔除价格因素的影响，本案例的人均收入采用的是2000年不变价格）。

表9.2 相关数据

单位：元，万辆

年份	X（人均收入）	Y（汽车销售量）	年份	X（人均收入）	Y（汽车销售量）
2000	6280	208.86	2007	13785.8	879.15
2001	6859.6	236.36	2008	15780.8	938.05
2002	7702.8	324.81	2009	17175	1364.48
2003	8472.2	439.08	2010	19109	1806.19
2004	9421.6	507.11	2011	21810	1850.51
2005	10493	575.82	2012	24565	1930.64
2006	11759.5	721.6	2013	26955	2198.14

资料来源：中国汽车工业协会。

二 估计和检验

1. 散点图分析

打开 EViews 10.0，创建一个文档，即选择 File\New\Workfile，进行相应设置后，点击 Quick\Empty Group（Edit Series），输入数据，将表9.2的汽车销售量设为变量 Y，人均收入设为 X。如果读者还不熟练，可以参考本章的第一节或者本书的第一章。

再点击 Quick\Graph，输入"X Y"，然后点击"Scatter"，建立变量 X 和 Y 的散点图，如图9.12所示。可以看出 X 和 Y 之间呈现良好的线性关系，则设回归方程为 $Y = \beta_0 + \beta_1 X + u$。

图 9.12 散点图

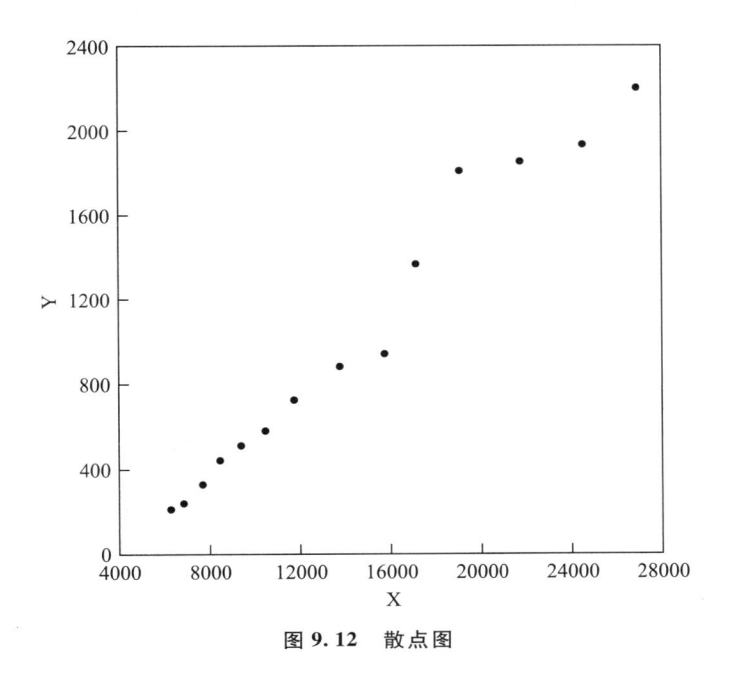

2. 估计线性回归模型

点击主菜单的 Quick\Estimate Equation…，输入 "Y C X"，进行 OLS 估计（见图 9.13）。

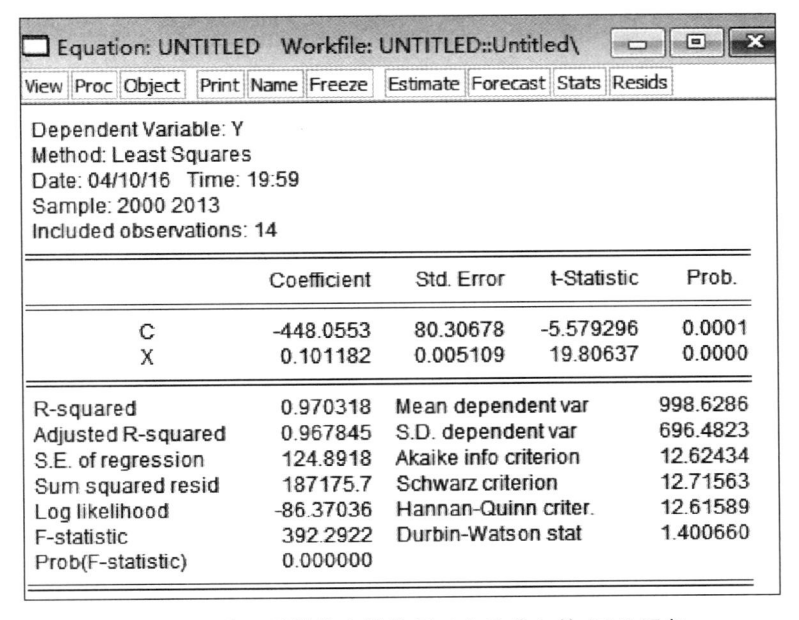

```
Equation: UNTITLED   Workfile: UNTITLED::Untitled\
View  Proc  Object   Print  Name  Freeze   Estimate  Forecast  Stats  Resids

Dependent Variable: Y
Method: Least Squares
Date: 04/10/16   Time: 19:59
Sample: 2000 2013
Included observations: 14

              Coefficient    Std. Error    t-Statistic    Prob.
    C          -448.0553     80.30678     -5.579296      0.0001
    X           0.101182     0.005109     19.80637       0.0000

R-squared              0.970318    Mean dependent var     998.6286
Adjusted R-squared     0.967845    S.D. dependent var     696.4823
S.E. of regression     124.8918    Akaike info criterion  12.62434
Sum squared resid      187175.7    Schwarz criterion      12.71563
Log likelihood        -86.37036    Hannan-Quinn criter.   12.61589
F-statistic            392.2922    Durbin-Watson stat     1.400660
Prob(F-statistic)      0.000000
```

图 9.13 中国城镇汽车销售量对人均收入的 OLS 回归

因此，汽车销售量与人均收入函数的估计式为：

$$\hat{Y} = -448.06 + 0.10X$$

$$(-5.58) \quad (19.8)$$

$$R^2 = 0.97, S.E. = 124.89, F = 392.29$$

其中，括号内数字是相应 t 统计量的值，S.E. 是回归函数的标准误差，R^2 是可决系数。$R^2 = 0.97$，说明上式的拟合情况好，汽车销售量变化的 97% 由人均收入的变化来解释。在大于 5% 显著性水平下（自由度为 $n-2=12$），有 $t=19.8 > t_{0.025}(12) = 2.179$，所以检验结果是拒绝原假设 $\beta_1 = 0$，即汽车销售量和人均收入之间存在线性回归关系。上述模型的经济解释是，人均收入每增长 1 元，我国汽车销售量将增加 0.10 万辆。

除了 OLS 以外，还进行了 ML 估计。点击图 9.13 中的 "Estimate"，出现估计方程设定的界面，估计方法选择 "CENSORED"，进行 ML 估计，结果如图 9.14 所示。

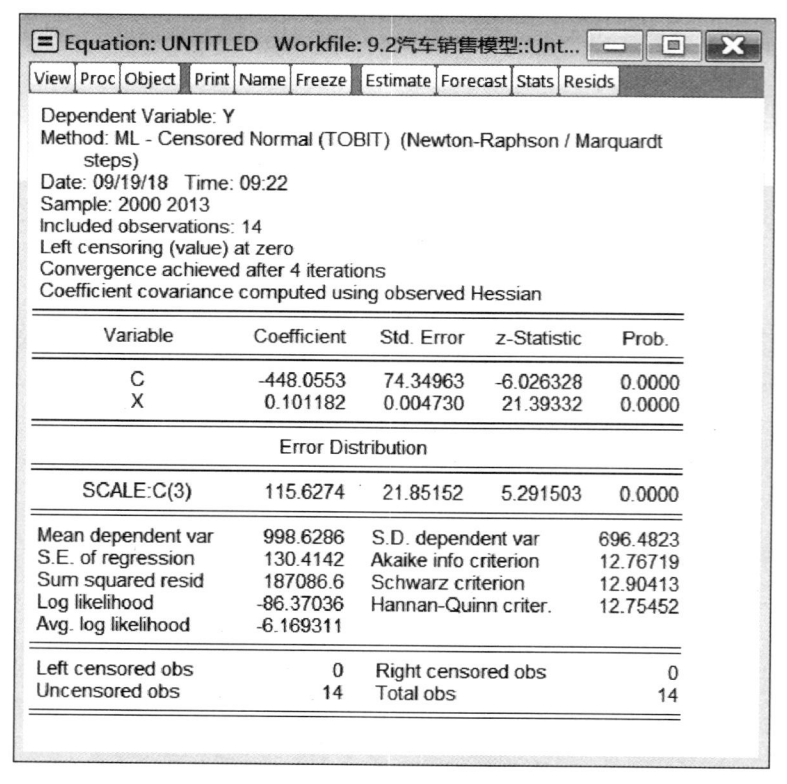

图 9.14　ML 估计结果

还进行了 MM 估计。点击图 9.14 中的 "Estimate"，出现估计方程设定的界面，估计方法选择 "GMM"，进行 MM 估计，在 "Instrument list" 中输入 "C　X"，点击 "确定"，结果见图 9.15。

可见，三种方法的估计结果是一样的。

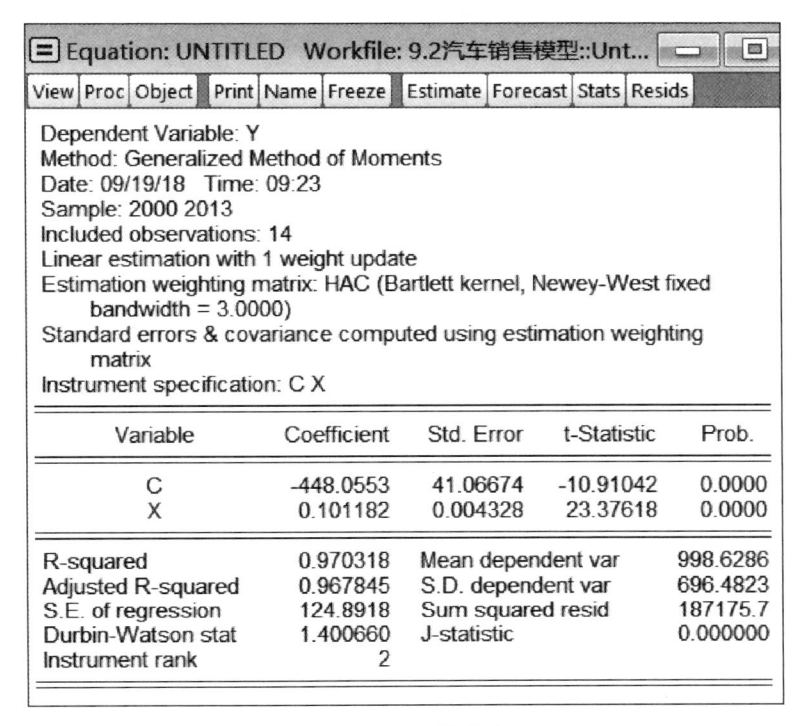

```
┌─────────────────────────────────────────────────────────────────┐
│ ≡ Equation: UNTITLED    Workfile: 9.2汽车销售模型::Unt...  _ □   │
├─────────────────────────────────────────────────────────────────┤
│ View│Proc│Object│ │Print│Name│Freeze│ │Estimate│Forecast│Stats│Resids│
├─────────────────────────────────────────────────────────────────┤
│ Dependent Variable: Y                                            │
│ Method: Generalized Method of Moments                            │
│ Date: 09/19/18   Time: 09:23                                     │
│ Sample: 2000 2013                                                │
│ Included observations: 14                                        │
│ Linear estimation with 1 weight update                           │
│ Estimation weighting matrix: HAC (Bartlett kernel, Newey-West fixed │
│     bandwidth = 3.0000)                                          │
│ Standard errors & covariance computed using estimation weighting │
│     matrix                                                       │
│ Instrument specification: C X                                    │
│                                                                  │
│      Variable      Coefficient    Std. Error    t-Statistic   Prob.│
│                                                                  │
│         C           -448.0553      41.06674     -10.91042    0.0000│
│         X            0.101182      0.004328      23.37618    0.0000│
│                                                                  │
│ R-squared              0.970318   Mean dependent var     998.6286│
│ Adjusted R-squared     0.967845   S.D. dependent var     696.4823│
│ S.E. of regression     124.8918   Sum squared resid      187175.7│
│ Durbin-Watson stat     1.400660   J-statistic            0.000000│
│ Instrument rank              2                                   │
└─────────────────────────────────────────────────────────────────┘
```

图 9.15　MM 估计结果

3. 残差图

在估计结果的窗口选择 View\Actual，Fitted，Residual\Actual，Fitted，Residual Table，得到相应的残差图，如图 9.16 所示。大部分点在两条虚线之间，拟合结果较好。

```
┌─────────────────────────────────────────────────────────────────┐
│ □ Equation: UNTITLED   Workfile: UNTITLED::Untitled\    _ □     │
├─────────────────────────────────────────────────────────────────┤
│ View│Proc│Object│ │Print│Name│Freeze│ │Estimate│Forecast│Stats│Resids│
├─────────────────────────────────────────────────────────────────┤
│ obs    Actual    Fitted    Residual      Residual Plot           │
│ obs    Actual    Fitted    Residual      Residual Plot           │
│ 2000   208.860   187.369    21.4909                              │
│ 2001   236.360   246.014    -9.65427                             │
│ 2002   324.810   331.331    -6.52112                             │
│ 2003   439.080   409.181    29.8993                              │
│ 2004   507.110   505.243     1.86689                             │
│ 2005   575.820   613.650   -37.8297                              │
│ 2006   721.600   741.797   -20.1970                              │
│ 2007   879.150   946.823   -67.6726                              │
│ 2008   938.050  1148.68   -210.631                               │
│ 2009  1364.48   1289.75     74.7307                              │
│ 2010  1806.19   1485.44    320.754                               │
│ 2011  1850.51   1758.73     91.7811                              │
│ 2012  1930.64   2037.49   -106.846                               │
│ 2013  2198.14   2279.31    -81.1714                              │
└─────────────────────────────────────────────────────────────────┘
```

图 9.16　残差图

接下来我们进行计量经济学检验，看该模型是否违背经典假设。由于其是一元线性回归模型，不需要进行多重共线性检验。我们主要进行以下检验。

4. 正态性检验

在图 9.16 的方程窗口下，点击"View"，选择"Residual Diagnostics"，然后单击"Histogram-Normality Test"，出现如图 9.17 所示的结果。

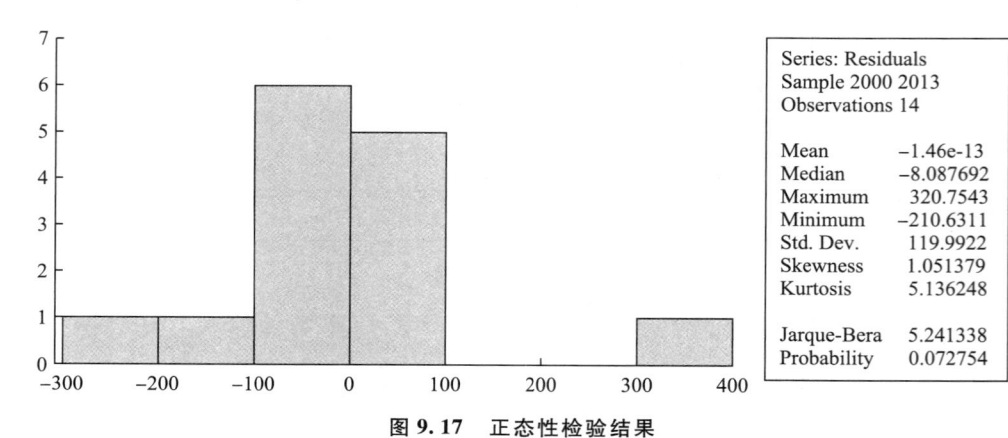

```
Series: Residuals
Sample 2000 2013
Observations 14

Mean       −1.46e-13
Median     −8.087692
Maximum     320.7543
Minimum    −210.6311
Std. Dev.   119.9922
Skewness    1.051379
Kurtosis    5.136248

Jarque-Bera  5.241338
Probability  0.072754
```

图 9.17 正态性检验结果

我们看图 9.17 右侧的指标，"Jarque-Bera"项的伴随概率"Probability"是 0.0728，大于 0.05，结论是随机扰动项是正态分布的。

5. 异方差检验

在图 9.16 的方程窗口下，点击"View"，出现下拉菜单，选择"Residual Diagnostics"，再点击"Heteroskedasticity Tests..."，然后点击"White"。

现在的三项检验结果（图 9.18 深色背景部分的 Prob. 项）均大于 0.05，说明接受原假设，不存在异方差。

```
Heteroskedasticity Test: White

F-statistic              1.964875    Prob. F(2,11)          0.1864
Obs*R-squared            3.685025    Prob. Chi-Square(2)    0.1584
Scaled explained SS      5.599168    Prob. Chi-Square(2)    0.0608
```

图 9.18 White 异方差检验

6. 序列相关检验

在图 9.16 的方程窗口下，点击"View"，出现下拉菜单，选择"Residual Diagnostics"，再点击"Serial Correlation LM Test..."。关于滞后期的选择，可以自行设定，一般不超过 3。滞后 1 期的结果如图 9.19 所示。

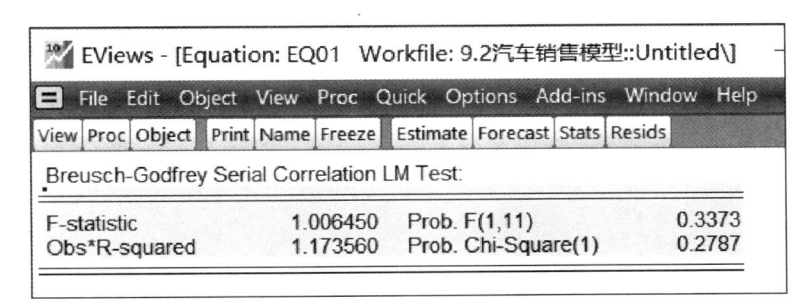

图 9.19 滞后 1 期的 LM 检验结果

"Obs * R-squared"项后面对应的伴随概率是 0.2787，大于 0.05，说明接受原假设，不存在一阶序列相关。

滞后 2 期和滞后 3 期的检验结果均小于 0.05（见图 9.20 和图 9.21），但是大于 0.01，可以修正也可以不修正。如果想修正，可以使用序列相关的稳健标准误修正，只改变系数的标准误差和 t 统计量，不改变系数，或者根据相关阶数引入 AR (n) 项，本节采取不修正。

图 9.20 滞后 2 期的 LM 检验结果

图 9.21 滞后 3 期的 LM 检验结果

7. 模型设定偏误检验——RESET 检验

在估计结果窗口点击"View"工具栏，选择"Stability Diagnostics"命令，然后选择"Ramsey RESET Test…"，在弹出的对话框的"Number of fitted terms"后面空白处输入需要的数字，先输入 1，再输入 2。

选择 1 期时，统计量的伴随概率都大于 0.05（见图 9.22 中颜色加深部分），

```
EViews - [Equation: EQ01   Workfile: 9.2汽车销售模型::Untitled\]
 File  Edit  Object  View  Proc  Quick  Options  Add-ins  Window  Help
View Proc Object   Print Name Freeze   Estimate Forecast Stats Resids

Ramsey RESET Test
Equation: EQ01
Specification: Y C X
Instrument specification: C X
Omitted Variables: Squares of fitted values

                    Value        df       Probability
t-statistic       0.599271       11        0.5611
F-statistic       0.359126     (1, 11)     0.5611
Likelihood ratio  0.449766       1         0.5024
```

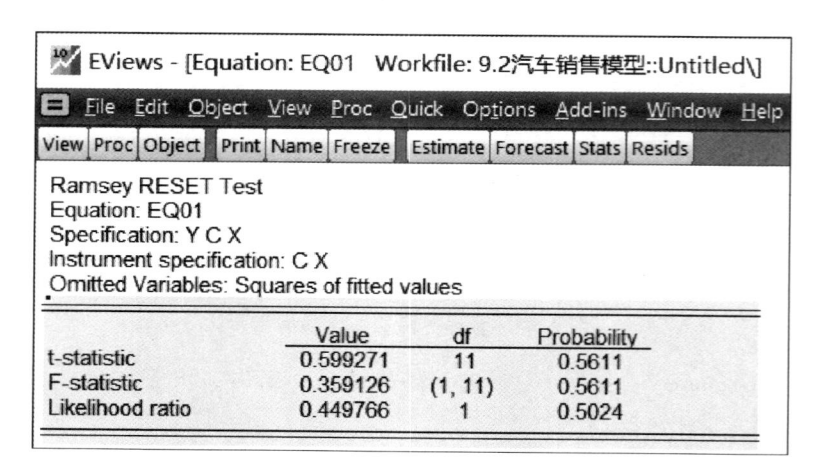

图 9.22　RESET 检验结果（一）

接受原假设，模型不存在设定偏误。

选择 2 期时，统计量的伴随概率都大于 0.05（见图 9.23 中颜色加深部分），接受原假设，模型不存在设定偏误。

```
EViews - [Equation: EQ01   Workfile: 9.2汽车销售模型::Untitled\]
 File  Edit  Object  View  Proc  Quick  Options  Add-ins  Window  Help
View Proc Object   Print Name Freeze   Estimate Forecast Stats Resids

Ramsey RESET Test
Equation: EQ01
Specification: Y C X
Instrument specification: C X
Omitted Variables: Powers of fitted values from 2 to 3

                    Value        df       Probability
F-statistic       1.653083     (2, 10)     0.2397
Likelihood ratio  3.998994       2         0.1354
```

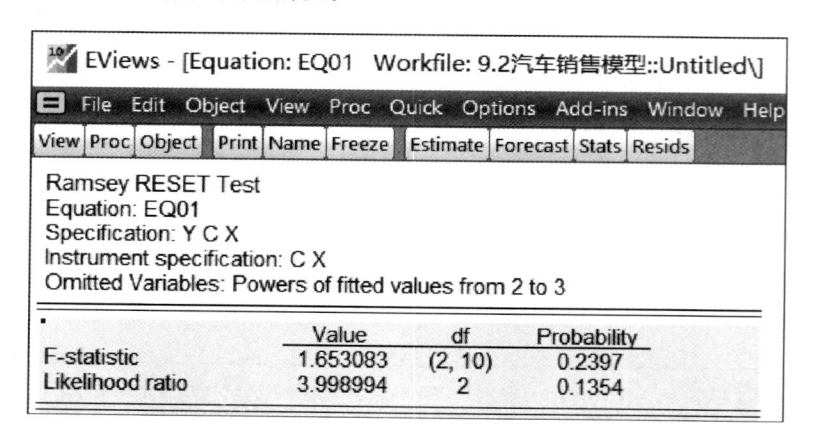

图 9.23　RESET 检验结果（二）

三　预测

进入方程估计输出窗口，点击其工具栏中的"Forecast"对话框，全部选择默认，然后点击"OK"，结果如图 9.24 所示。

在 2014 年，当人均收入 $X = 28000$ 元时，通过估计式可得预测值 $\hat{Y} = -448.06 + 0.10 \times 28000 = 2351.94$。

在"Workfile"窗口选择 Proc\Structure，加入 2014 年 X 的值，在"Equation"窗口选择"Forecast"，更改预测年份，做出直方图，利用 EViews 10.0 得出的预测值为 2385.0 万辆，由图 9.25 可知 2014 年我国城镇汽车销售量的预测值以及标准误差，再查表可以得到 t 统计量的临界值，最终可计算预测值的置信区间。

图 9.24　预测结果

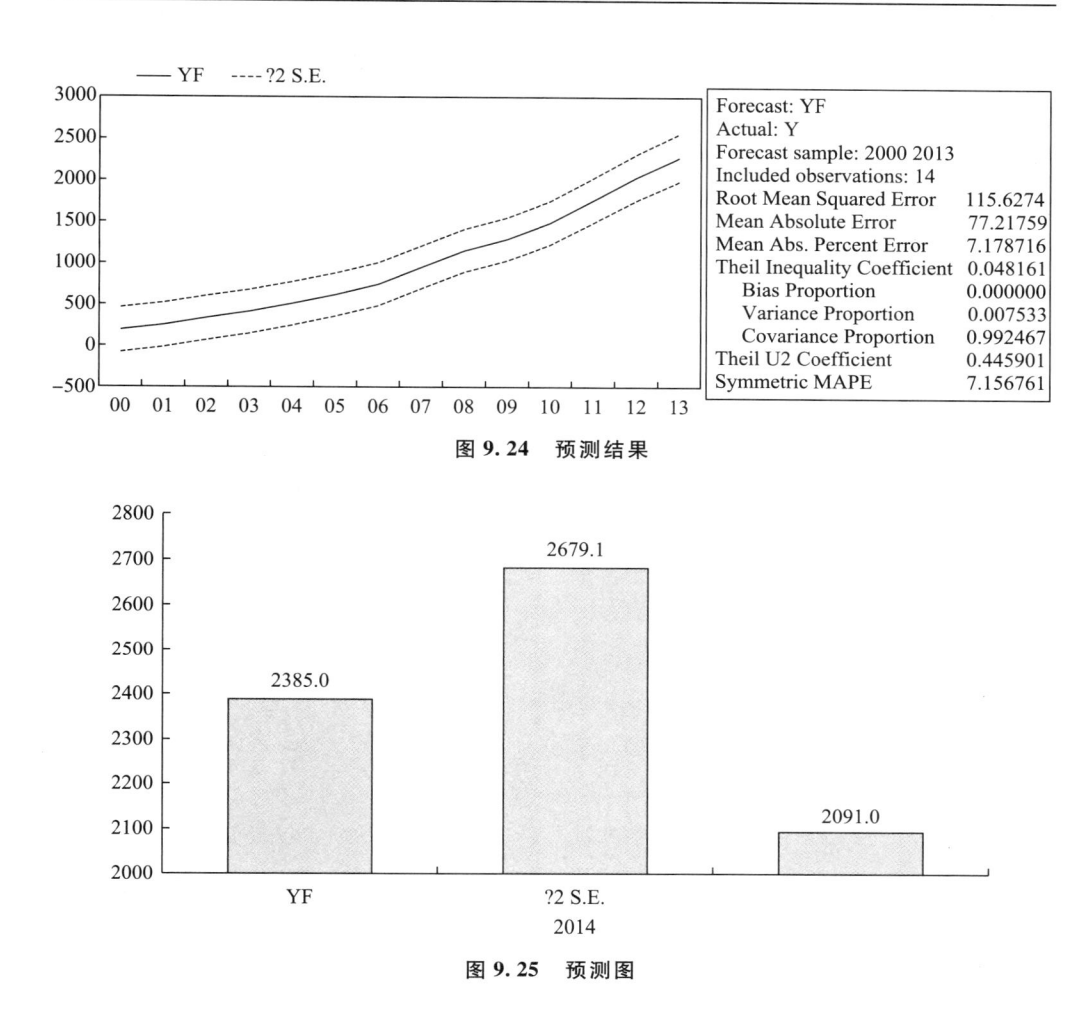

图 9.25　预测图

第三节　常德市城区贸易对常德市经济增长贡献的实证研究

贸易是拉动经济增长的重要因素。随着我国改革开放的不断深入和经济全球化浪潮的不断高涨，贸易在常德市经济发展中的作用和地位也将越来越重要。因此，本书试图借助计量经济模型，分析常德市城区贸易与常德市经济增长的关系，并借助所建立的经济模型预测未来贸易增长对常德市经济增长的影响。

一　模型的建立与数据

采用两变量模型，即以常德市城区贸易额（社会消费品零售总额）为自变量，以常德市生产总值为因变量，考察二者之间的关系。取 2014 年 2 月~2017 年 4 月（1 月数据除外）的数据为样本区间。贸易额数据和常德市生产总值数据都是来自常德市统计局，通过处理、整合等过程形成了两者的相关数据（见表9.3），并以亿元为计量单位。因为自然对数可以消除异方差，故分别对常德市城区贸易额和常德市生产总值取自然对数，记为 CQMY 和 SCZZ，实证分析使用的计量分析软件是 EViews 10.0（注意，在使用时间序列的数据时，将需要数据使用定基价格指数进行平减，剔除价格因素的影响；本案例使用的是月度数据，有关月度和季度数据的模型可以参考中高级计量经济学教材，本案例暂时不调整）。

设立回归方程如下：

$$SCZZ = \beta_0 + \beta_1 \times CQMY + u$$

表9.3 相关数据

单位：亿元

2014 年	城区贸易额 CQMY	生产总值 SCZZ	2015 年	城区贸易额 CQMY	生产总值 SCZZ
2 月	13.5	233.1	2 月	17.2	291.8
3 月	12.8	244.8	3 月	12.8	217.1
4 月	13.9	275.2	4 月	17.4	295.1
5 月	14.2	281.2	5 月	17.5	296.8
6 月	19.7	390.1	6 月	21.9	228.6
7 月	16.2	328.7	7 月	18.8	196.2
8 月	16.6	336.8	8 月	19.7	205.6
9 月	21.8	442.4	9 月	22.4	233.8
10 月	20.3	411.9	10 月	24.2	252.6
11 月	21.4	434.2	11 月	25.3	264.1
12 月	27.5	489.4	12 月	28.1	215.8
2016 年	城区贸易额 CQMY	生产总值 SCZZ	2017 年	城区贸易额 CQMY	生产总值 SCZZ
2 月	34.9	268.0	2 月	37.5	115.1
3 月	49.1	377.1	3 月	67.3	206.6
4 月	63.2	485.4	4 月	92.8	285.0
5 月	87.8	674.3			
6 月	112.1	860.9			
7 月	113.1	868.6			
8 月	115.2	860.9			
9 月	179.8	1355.6			
10 月	206.2	1554.6			
11 月	234.6	1768.8			
12 月	265.8	2004.0			

资料来源：常德市统计局。

二 模型的分析

1. 散点图

由图 9.26 可知，两者之间呈现良好的线性关系，可以进行 OLS 估计。

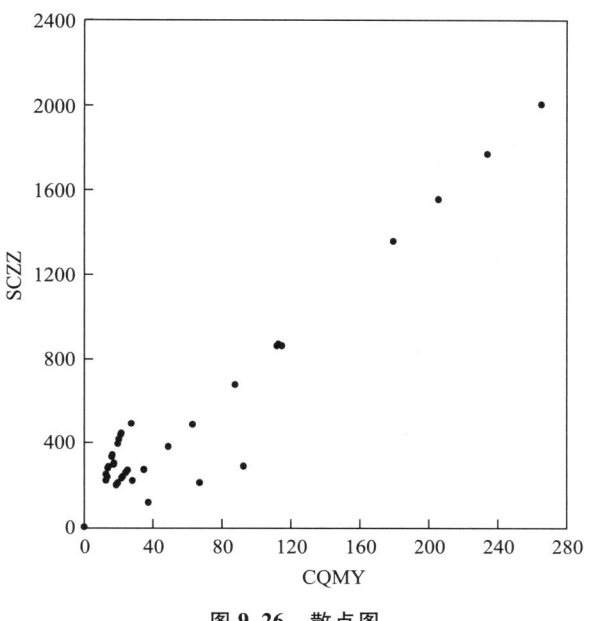

图 9.26 散点图

2. 三种方法的估计结果

图 9.27 即为根据 2014 年 2 月～2017 年 4 月常德市城区贸易额、生产总值运用计量经济软件 EViews 10.0 的 OLS 估计结果。

回归方程可表示为：

$$SCZZ = 123.7440 + 6.6241 \times CQMY$$

可决系数是对拟合优度的综合度量，可决系数 R^2 越大，说明在 Y 的总变差中由模型做出解释的部分所占比重越大，拟合优度越高；可决系数 R^2 越小，说明在 Y 的总变差中由模型做出解释的部分所占比重越小，而未被模型做出解释的部分所占比重越大，则模型对样本的拟合程度越低。在本案例中 $R^2 = 0.9149$，接近 1，说明模型的拟合效果非常好。

F 检验的伴随概率为 0.0000，反映方程整体高度显著。

常数项和解释变量系数的 t 统计量的伴随概率分别是 0.0003 和 0.0000，均小于 0.01，通过了变量的显著性检验，常德市城区贸易额和生产总值之间存在线性关系。

除了进行 OLS 估计以外，还进行了 ML 估计（见图 9.28）。

```
Equation: UNTITLED   Workfile: 9.3常德市贸易模...

View Proc Object | Print Name Freeze | Estimate Forecast Stats Resids

Dependent Variable: SCZZ
Method: Least Squares
Date: 09/19/18   Time: 10:13
Sample: 1 36
Included observations: 36
```

Variable	Coefficient	Std. Error	t-Statistic	Prob.
C	123.7440	30.43409	4.065965	0.0003
CQMY	6.624132	0.346568	19.11351	0.0000

R-squared	0.914857	Mean dependent var		506.9500
Adjusted R-squared	0.912352	S.D. dependent var		464.0449
S.E. of regression	137.3821	Akaike info criterion		12.73736
Sum squared resid	641710.5	Schwarz criterion		12.82534
Log likelihood	-227.2725	Hannan-Quinn criter.		12.76807
F-statistic	365.3263	Durbin-Watson stat		0.341130
Prob(F-statistic)	0.000000			

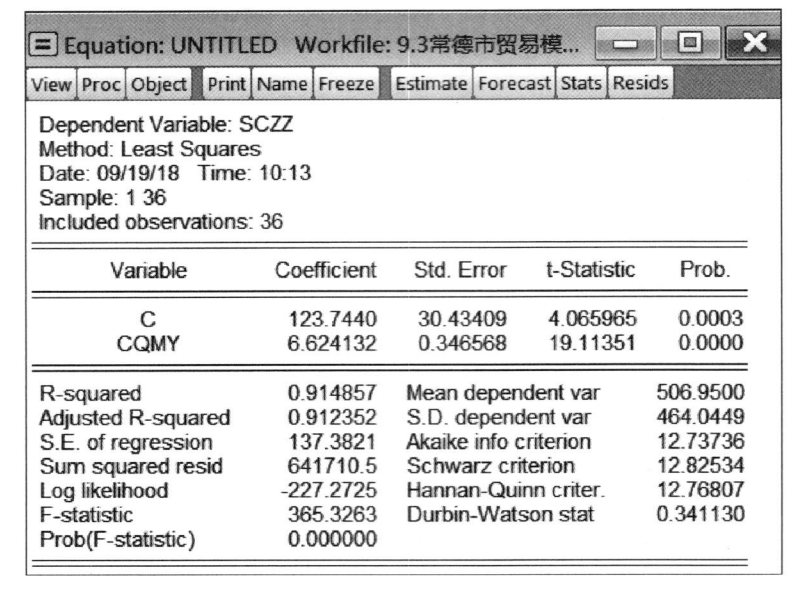

图 9.27   OLS 估计结果

```
Equation: UNTITLED   Workfile: 9.3常德市贸易模...

View Proc Object | Print Name Freeze | Estimate Forecast Stats Resids

Dependent Variable: SCZZ
Method: ML - Censored Normal (TOBIT)  (Newton-Raphson / Marquardt
    steps)
Date: 09/19/18   Time: 10:21
Sample: 1 36
Included observations: 36
Left censoring (value) at zero
Convergence achieved after 4 iterations
Coefficient covariance computed using observed Hessian
```

Variable	Coefficient	Std. Error	z-Statistic	Prob.
C	123.7440	29.57662	4.183844	0.0000
CQMY	6.624132	0.336804	19.66764	0.0000
Error Distribution				
SCALE:C(3)	133.5114	15.73447	8.485281	0.0000

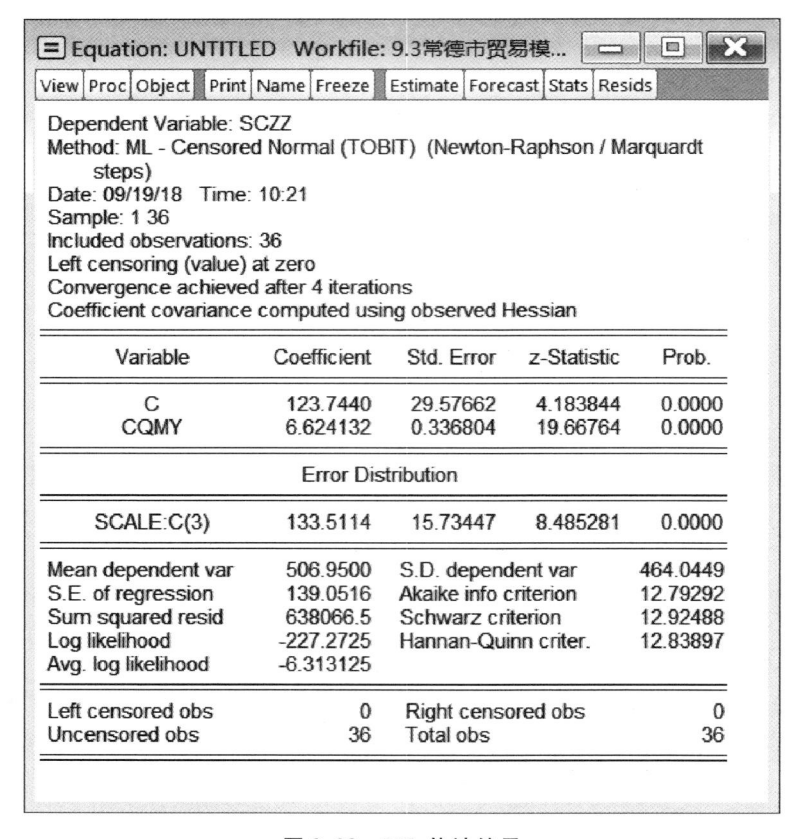

Mean dependent var	506.9500	S.D. dependent var		464.0449
S.E. of regression	139.0516	Akaike info criterion		12.79292
Sum squared resid	638066.5	Schwarz criterion		12.92488
Log likelihood	-227.2725	Hannan-Quinn criter.		12.83897
Avg. log likelihood	-6.313125			
Left censored obs	0	Right censored obs		0
Uncensored obs	36	Total obs		36

图 9.28   ML 估计结果

还进行了 MM 估计（见图 9.29）。

```
Dependent Variable: SCZZ
Method: Generalized Method of Moments
Date: 09/19/18   Time: 10:22
Sample: 1 36
Included observations: 36
Linear estimation with 1 weight update
Estimation weighting matrix: HAC (Bartlett kernel, Newey-West fixed
     bandwidth = 4.0000)
Standard errors & covariance computed using estimation weighting
     matrix
Instrument specification: C CQMY

Variable       Coefficient    Std. Error    t-Statistic    Prob.

   C            123.7440      45.63233      2.711761      0.0104
 CQMY           6.624132      0.382472      17.31927      0.0000

R-squared              0.914857    Mean dependent var    506.9500
Adjusted R-squared     0.912352    S.D. dependent var    464.0449
S.E. of regression     137.3821    Sum squared resid     641710.5
Durbin-Watson stat     0.341130    J-statistic           0.000000
Instrument rank               2
```

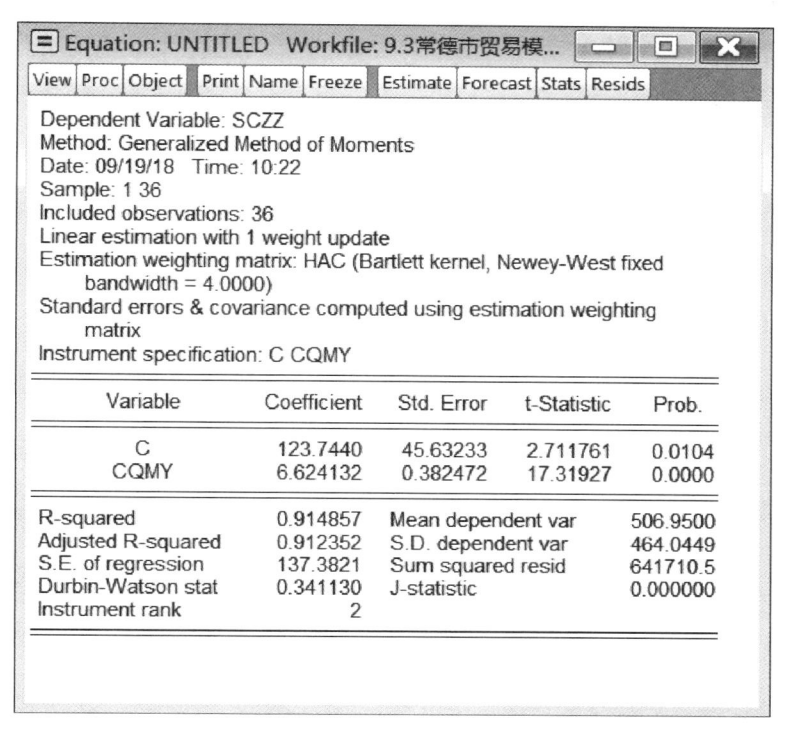

图 9.29　MM 估计结果

可见，三种方法的估计结果是一样的。

3. 残差图

在估计结果的窗口选择 View\Actual, Fitted, Residual\Actual, Fitted, Residual Table，得到相应的残差图，如图 9.30 所示。大部分点在两条虚线之间，拟合结果较好。

接下来我们进行计量经济学检验，看该模型是否违背经典假设。由于其是一元线性回归模型，不需要进行多重共线性检验。我们主要进行以下检验。

4. 正态性检验

在图 9.29 方程窗口下，点击"View"，选择"Residual Diagnostics"，然后单击"Histogram-Normality Test"，出现如图 9.31 所示的结果。

我们看图 9.31 右侧的指标，"Jarque-Bera"项的伴随概率"Probability"是 0.0000，小于 0.05，结论是随机扰动项不是正态分布。使用 ML 估计，随机扰动项必须是正态分布，使用 OLS 估计其可以不是正态分布，我们先进行后面的检验再决定是否修正。

5. 异方差检验

在图 9.29 方程窗口下，点击"View"，出现下拉菜单，选择"Residual Diagnostics"，再点击"Heteroskedasticity Tests…"，然后点击"White"，结果如图 9.32 所示。

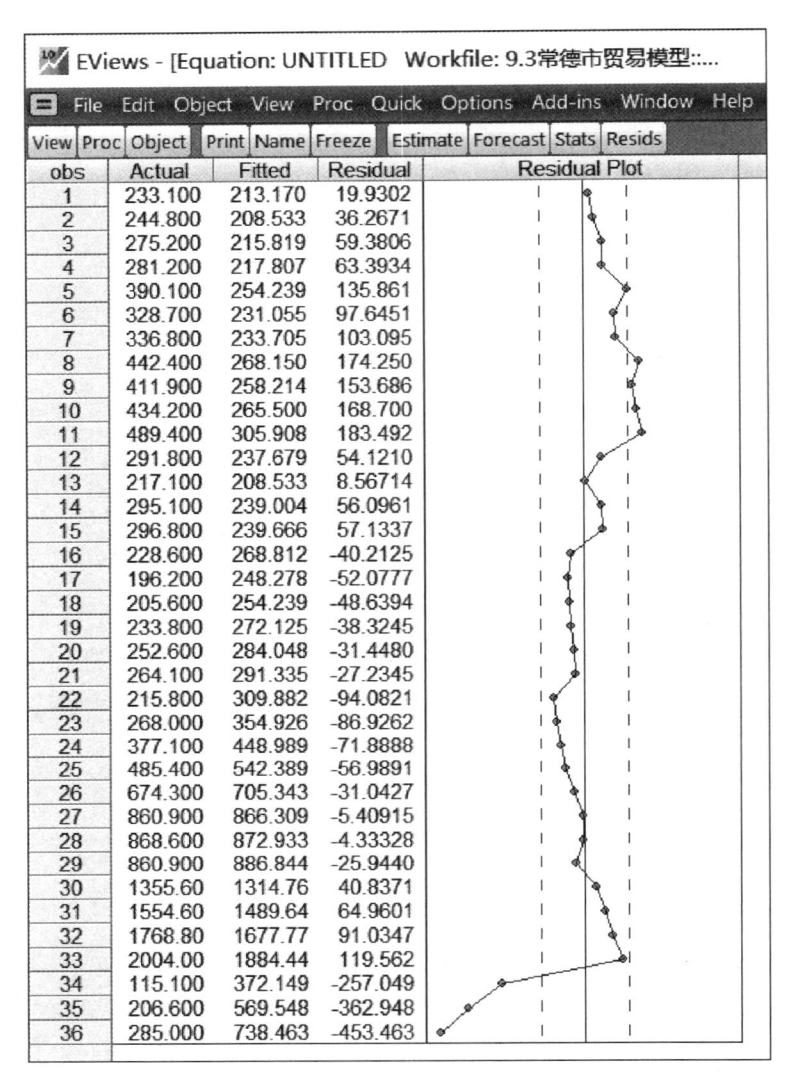

obs	Actual	Fitted	Residual
1	233.100	213.170	19.9302
2	244.800	208.533	36.2671
3	275.200	215.819	59.3806
4	281.200	217.807	63.3934
5	390.100	254.239	135.861
6	328.700	231.055	97.6451
7	336.800	233.705	103.095
8	442.400	268.150	174.250
9	411.900	258.214	153.686
10	434.200	265.500	168.700
11	489.400	305.908	183.492
12	291.800	237.679	54.1210
13	217.100	208.533	8.56714
14	295.100	239.004	56.0961
15	296.800	239.666	57.1337
16	228.600	268.812	-40.2125
17	196.200	248.278	-52.0777
18	205.600	254.239	-48.6394
19	233.800	272.125	-38.3245
20	252.600	284.048	-31.4480
21	264.100	291.335	-27.2345
22	215.800	309.882	-94.0821
23	268.000	354.926	-86.9262
24	377.100	448.989	-71.8888
25	485.400	542.389	-56.9891
26	674.300	705.343	-31.0427
27	860.900	866.309	-5.40915
28	868.600	872.933	-4.33328
29	860.900	886.844	-25.9440
30	1355.60	1314.76	40.8371
31	1554.60	1489.64	64.9601
32	1768.80	1677.77	91.0347
33	2004.00	1884.44	119.562
34	115.100	372.149	-257.049
35	206.600	569.548	-362.948
36	285.000	738.463	-453.463

图 9.30　残差图

Series: Residuals
Sample 1 36
Observations 36

Mean   −3.16e-15
Median   14.24869
Maximum   183.4924
Minimum   −453.4634
Std. Dev.   135.4053
Skewness   −1.543983
Kurtosis   5.989920

Jarque-Bera 27.71272
Probability 0.000001

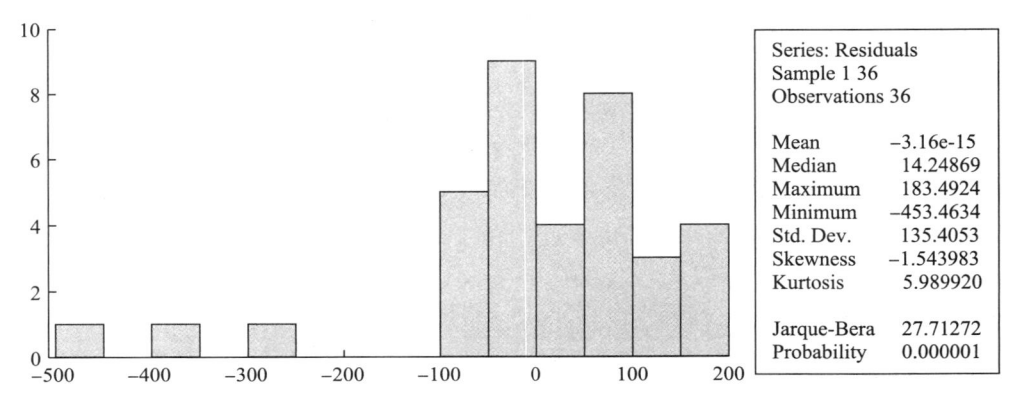

图 9.31　正态性检验结果

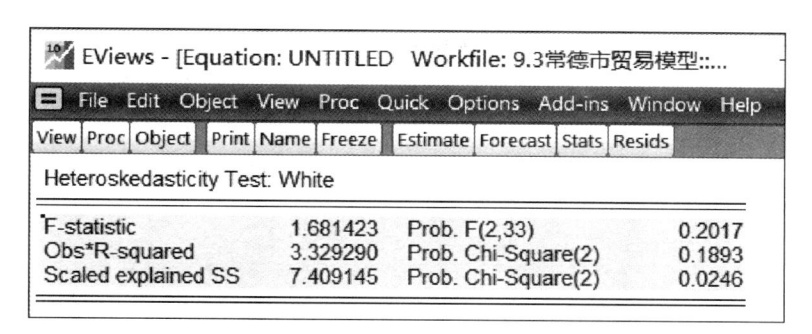

```
EViews - [Equation: UNTITLED   Workfile: 9.3常德市贸易模型::...
 File  Edit  Object  View  Proc  Quick  Options  Add-ins  Window  Help
View Proc Object  Print Name Freeze  Estimate Forecast Stats Resids
Heteroskedasticity Test: White

F-statistic            1.681423    Prob. F(2,33)         0.2017
Obs*R-squared          3.329290    Prob. Chi-Square(2)   0.1893
Scaled explained SS    7.409145    Prob. Chi-Square(2)   0.0246
```

图 9.32　White 异方差检验

现在"Obs * R-squared"的伴随概率为 0.1893，大于 0.05，说明接受原假设，不存在异方差。

6. 序列相关检验

在图 9.29 方程窗口下，点击"View"，出现下拉菜单，选择"Residual Diagnostics"，再点击"Serial Correlation LM Test…"。关于滞后期的选择，可以自行设定，一般不超过 3。滞后 1 期的结果如图 9.33 所示。

```
EViews - [Equation: UNTITLED   Workfile: 9.3常德市贸易模型::...
 File  Edit  Object  View  Proc  Quick  Options  Add-ins  Window  Help
View Proc Object  Print Name Freeze  Estimate Forecast Stats Resids
Breusch-Godfrey Serial Correlation LM Test:

F-statistic        68.89503    Prob. F(1,33)         0.0000
Obs*R-squared      24.34094    Prob. Chi-Square(1)   0.0000
```

图 9.33　滞后 1 期的 LM 检验结果

要比较"Obs * R-squared"项后面对应的伴随概率和 0.05 的显著性水平，滞后 1 期的结果是 0.0000，小于 0.05，说明拒绝原假设，存在一阶序列相关。

滞后 2 期和滞后 3 期的序列相关检验结果表明，统计量对应的伴随概率均为 0.00（见图 9.34 和图 9.35），小于 0.05，因此需要对模型进行修正。

```
EViews - [Equation: UNTITLED   Workfile: 9.3常德市贸易模型::...
 File  Edit  Object  View  Proc  Quick  Options  Add-ins  Window  Help
View Proc Object  Print Name Freeze  Estimate Forecast Stats Resids
Breusch-Godfrey Serial Correlation LM Test:

F-statistic        35.26123    Prob. F(2,32)         0.0000
Obs*R-squared      24.76344    Prob. Chi-Square(2)   0.0000
```

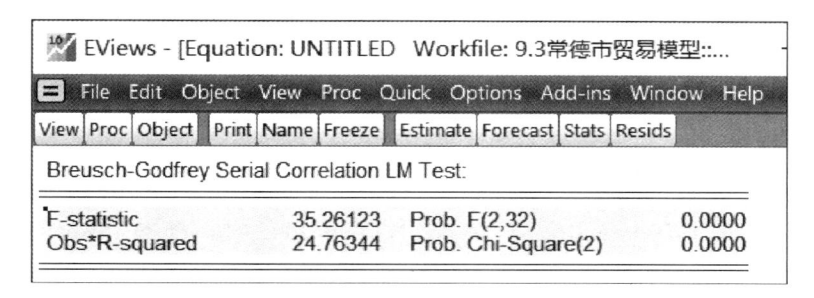

图 9.34　滞后 2 期的 LM 检验结果

```
EViews - [Equation: UNTITLED   Workfile: 9.3常德市贸易模型:...
File  Edit  Object  View  Proc  Quick  Options  Add-ins  Window  Help
View Proc Object | Print Name Freeze | Estimate Forecast Stats Resids
Breusch-Godfrey Serial Correlation LM Test:

F-statistic         23.00644    Prob. F(3,31)          0.0000
Obs*R-squared       24.84216    Prob. Chi-Square(3)    0.0000
```

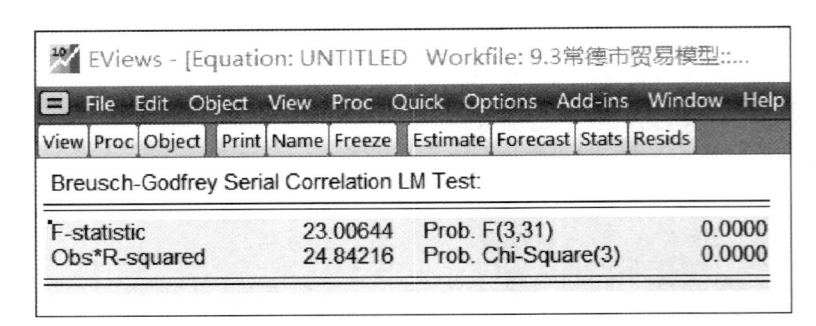

图 9.35 滞后 3 期的 LM 检验结果

可以使用序列相关的稳健标准误修正，只改变系数的标准误差和 t 统计量，不改变系数，或者根据相关阶数引入 AR（n）项。图 9.36 是稳健标准误修正后的结果，与图 9.27 相比，系数不变，标准误差和 t 统计量改变了。

经试算，引入 AR（1）和 AR（2）项后，序列相关模型就得到修正了（见图9.37）。

```
Equation: UNTITLED   Workfile: 9.3常德市贸易模...
View Proc Object | Print Name Freeze | Estimate Forecast Stats Resids
Dependent Variable: SCZZ
Method: Least Squares
Date: 09/19/18   Time: 10:51
Sample: 1 36
Included observations: 36
HAC standard errors & covariance (Bartlett kernel, Newey-West fixed
     bandwidth = 4.0000)

Variable         Coefficient   Std. Error    t-Statistic    Prob.

C                 123.7440      45.63233      2.711761      0.0104
CQMY              6.624132      0.382472      17.31927      0.0000

R-squared              0.914857    Mean dependent var     506.9500
Adjusted R-squared     0.912352    S.D. dependent var     464.0449
S.E. of regression     137.3821    Akaike info criterion  12.73736
Sum squared resid      641710.5    Schwarz criterion      12.82534
Log likelihood         -227.2725   Hannan-Quinn criter.   12.76807
F-statistic            365.3263    Durbin-Watson stat     0.341130
Prob(F-statistic)      0.000000    Wald F-statistic       299.9571
Prob(Wald F-statistic) 0.000000
```

图 9.36 序列相关稳健标准误修正后的结果

7. 模型设定偏误检验——RESET 检验

在图 9.36 的估计结果窗口点击"View"工具栏，选择"Stability Diagnostics"命令，然后选择"Ramsey RESET Test..."，在弹出的对话框的"Number of fitted terms"后面空白处输入需要的数字，先输入 1，再输入 2。

选择 1 期时，统计量的伴随概率都大于 0.05（见图 9.38 中颜色加深部分），接受原假设，模型不存在设定偏误。

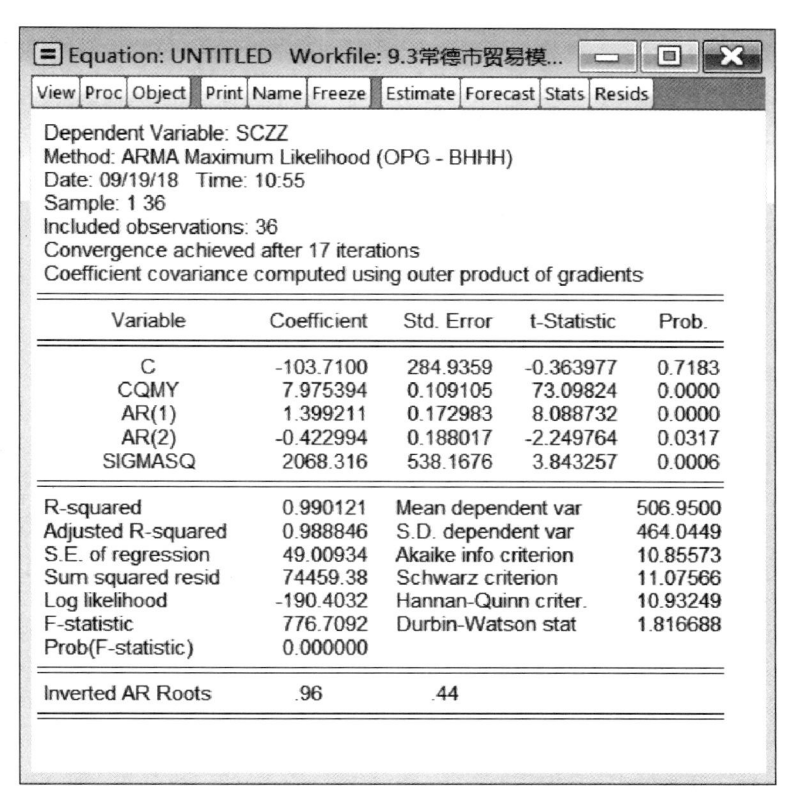

图 9.37　广义差分后的结果

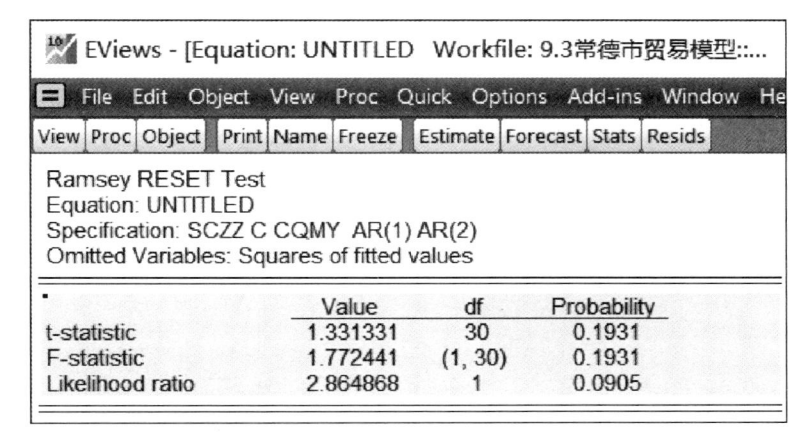

图 9.38　RESET 检验结果（一）

选择 2 期时，统计量的伴随概率都大于 0.05（见图 9.39 中颜色加深部分），接受原假设，模型不存在设定偏误。

再次进行正态性检验（见图 9.40），JB 统计量的伴随概率为 0.1526，大于 0.05，接受原假设，随机扰动项是正态分布的。

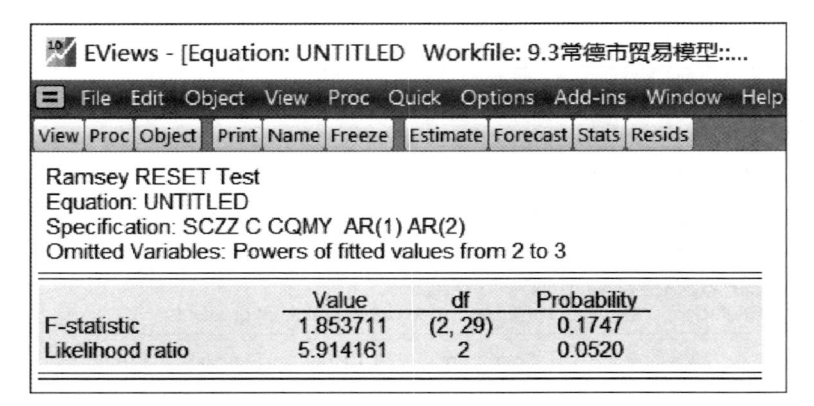

```
EViews - [Equation: UNTITLED   Workfile: 9.3常德市贸易模型::...
File  Edit  Object  View  Proc  Quick  Options  Add-ins  Window  Help
View Proc Object  Print Name Freeze  Estimate Forecast Stats Resids
Ramsey RESET Test
Equation: UNTITLED
Specification: SCZZ C CQMY  AR(1) AR(2)
Omitted Variables: Powers of fitted values from 2 to 3

                   Value        df      Probability
F-statistic       1.853711    (2, 29)      0.1747
Likelihood ratio  5.914161       2         0.0520
```

图 9.39　RESET 检验结果（二）

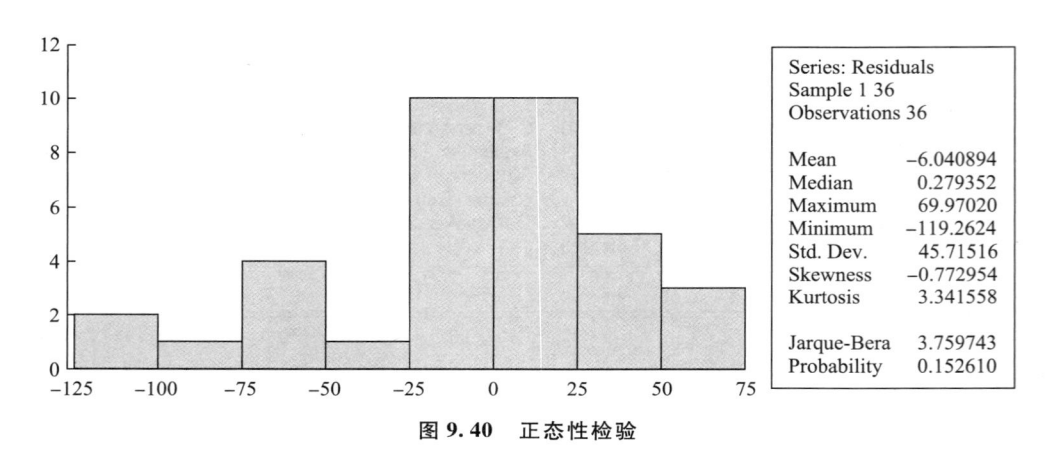

Series: Residuals	
Sample 1 36	
Observations 36	
Mean	−6.040894
Median	0.279352
Maximum	69.97020
Minimum	−119.2624
Std. Dev.	45.71516
Skewness	−0.772954
Kurtosis	3.341558
Jarque-Bera	3.759743
Probability	0.152610

图 9.40　正态性检验

三　预测

进入方程估计输出窗口，点击其工具栏中的"Forecast"对话框，全部选择默认，然后点击"OK"，得被解释变量的所有预测值及其标准误差（见图 9.41）。

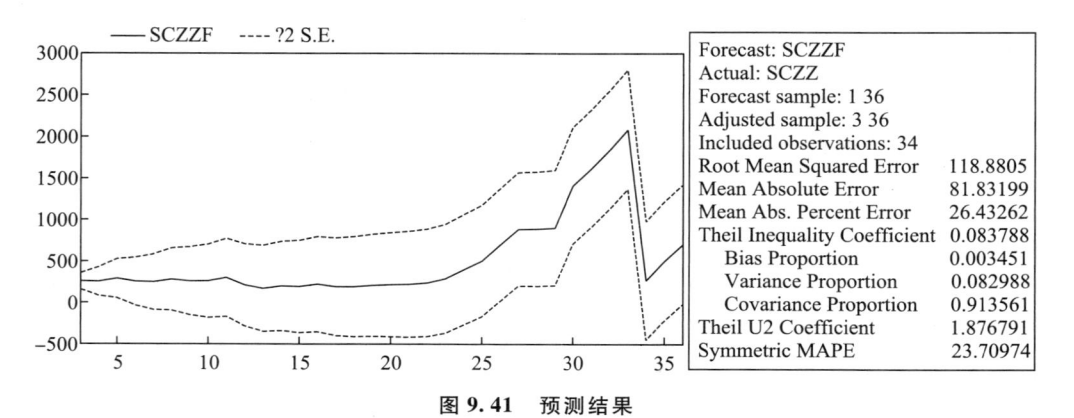

Forecast: SCZZF	
Actual: SCZZ	
Forecast sample: 1 36	
Adjusted sample: 3 36	
Included observations: 34	
Root Mean Squared Error	118.8805
Mean Absolute Error	81.83199
Mean Abs. Percent Error	26.43262
Theil Inequality Coefficient	0.083788
Bias Proportion	0.003451
Variance Proportion	0.082988
Covariance Proportion	0.913561
Theil U2 Coefficient	1.876791
Symmetric MAPE	23.70974

图 9.41　预测结果

在 2017 年 5 月，常德市城区贸易额是 118.4 亿元，预测 2017 年 5 月常德市生产总值。

在"Workfile"窗口选择 Proc\Structure，加入第 37 个 X 的值，在"Equation"窗口选择"Forecast"，更改预测年份，做出直方图，利用 EViews 10.0 得出的预测值为 444.7 亿元（见图 9.42）。

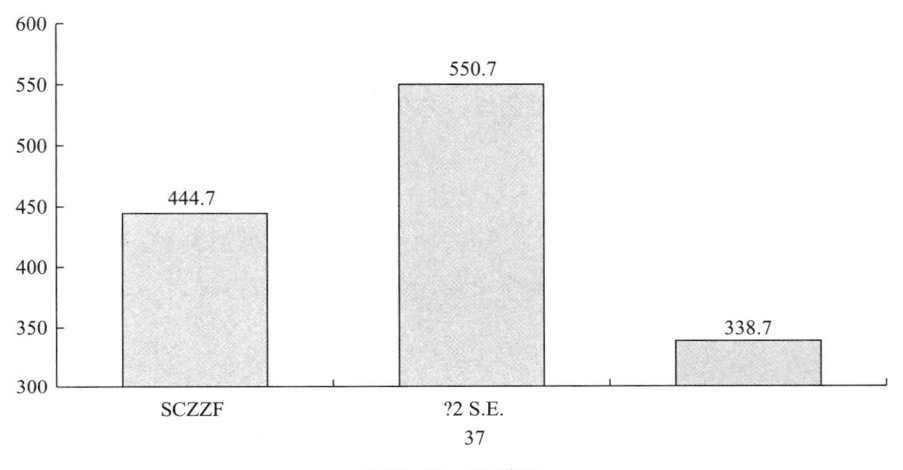

图 9.42　预测图

综上分析，近年来常德市生产总值随着城区贸易额的增加而显著增加，因此，通过刺激城区贸易额的增加能够有效地促进常德市经济的增长。

第四节　实际应用中的注意事项

尽量根据经济理论或者已经公开发表的文章来建立理论模型。

初级阶段的计量经济学教材使用的基本上是截面数据，截面数据容易出现异方差，实际应用中常采用取对数的方法来直接建立理论模型。如果采用时间序列数据，必须剔除价格因素的影响，采用不变价格。

如果得到了非期望的回归符号，应当检查哪些方面？

首先，检查各个系数的预期符号，例如，是否混乱使用虚拟变量。接着，通过趋势图或者散点图检查数据是否输入错误，或者出现了异常值。然后，检查是否遗漏了重要的解释变量，如果遗漏了重要的解释变量，最有可能引起非预期的符号；检查是否存在多余的解释变量，如果存在多余的解释变量，最有可能引起不显著的非预期符号；如果解释变量不止一个，那么要检查是否存在多重共线性，变量之间的多重共线性容易造成参数估计量的经济意义不合理；如果违背了经典假设，OLS 估计的结果也可能不合理，需要进行相应的异方差、序列相关性等检验和修正；检查样本选择的偏误，观测值不是随机选择的，也可能导致非预期的符号；

扩大样本容量，样本容量越小会使得标准误差越大。最后，检查你的理论模型。

需要重申的一些提示如下。

（1）在建立计量经济学理论模型前，查阅文献，确定模型的变量和形式，预期系数的符号。

（2）在估计模型之前，通过趋势图或者散点图检查和清理数据。如果输入无误时，还有异常值，异常值是不会自动被清除的，需要通过检查以决定异常值是否应当包含在样本中。

（3）注意必须满足 OLS 的古典假设，才能使用 OLS 估计，可以采用相应的方法进行检验和修正。

（4）通常来说，不要因为 t 值不显著而放弃一个重要的解释变量。一般来说，允许一个 t 值不显著的变量包含在计量模型中，是为了降低遗漏解释变量的风险。

（5）应当知道如何分析遗漏解释变量产生估计偏误的方向、大小，主要是根据经济理论以及拉姆齐检验。

（6）我们需要根据经济理论而不是拟合优度选择具体的函数形式，当然目前初中级阶段主要是线性回归模型以及能线性化的非线性回归模型。

（7）实际应用中，往往会出现多重共线性。存在多重共线性不会造成偏误，但会造成估计量方差偏大，估计的系数本身是无偏的。因此，最好的修正多重共线性的方法，也许是什么也不做。

（8）如果你得到了显著的 DW（序列相关检验的方法）或 White 统计量（异方差性检验法），首先考虑模型设定偏误存在的可能性。除非你使用了最优的模型设定，否则不要轻易使用 GLS 方法替代 OLS 方法，也不要轻易使用调整的标准误，即稳健标准误法。

（9）稳健标准误，例如，Newey-West 标准误，或 HCCC 标准误，将继续使用 OLS 系数估计值，仅仅是标准误的估计被改变了，系数本身的估计没有被改变。

（10）最后，如果有怀疑，请依据基本的思想、经济理论，而不是统计检验来判断模型结果。

第十章 多元线性回归模型案例解析

实际应用中，大多数计量模型使用的是多元线性回归模型。本章将结合相关案例解析多元线性回归模型的应用，主要介绍如何用计量经济学理论和软件进行多元线性回归模型的实证研究。每一个案例都包含了计量经济学建模的四个步骤：设定模型、收集数据、估计模型和模型检验。在正式的科研论文中，有些步骤是可以不显示在论文中的，本书的下篇将介绍计量实证论文的写作指导。这些案例也可以作为读者的练习。实施案例教学，为学生提供具体的、逼真的情景，引导学生运用计量经济学建模的四个步骤去思考、分析与处理实际的问题，通过分析、讨论与总结，培养学生的创新意识和解决现实问题的能力。

化妆品销售模型使用的是年度调查数据；中国农村居民消费模型是截面数据，使用的是非线性模型；女性择偶偏好的实证分析——以《非诚勿扰》为例，使用的也是调查的截面数据，引入了虚拟变量。

第一节 化妆品销售模型

一 模型和数据

本节的研究对象是化妆品销售。根据相关理论建立计量模型如下：

$$Y = \beta_0 + \beta_1 X_1 + \beta_2 X_2 + \mu$$

其中，Y 是年销售量，X_1 是地区人口数，X_2 是人均年收入（在正式的研究中，人均年收入是需要采用不变价格进行平减的）。关于某化妆品销售情况 15 年的调查数据见表 10.1。

表 10.1　某化妆品销售情况的样本数据

t	Y_t 年销售量（万瓶）	X_{1t} 地区人口数（万人）	X_{2t} 人均年收入（千元）	t	Y_t 年销售量（万瓶）	X_{1t} 地区人口数（万人）	X_{2t} 人均年收入（千元）
1	1.62	27.4	2.450	9	1.16	19.5	2.137
2	1.20	18.0	3.254	10	0.55	5.3	2.560
3	2.23	37.5	3.802	11	2.52	43.0	4.020
4	1.31	20.5	2.838	12	2.32	37.2	4.427
5	0.67	8.6	2.347	13	1.44	23.6	2.660
6	1.69	26.5	3.782	14	1.03	15.7	2.088
7	0.81	9.8	3.008	15	2.12	37.0	2.605
8	1.92	33.0	2.450				

二　估计和检验

1. 散点图分析

建立变量 X_1 和 Y 的散点图，如图 10.1 所示。可以看出 X_1 和 Y 之间呈现良好的线性关系。X_2 和 Y 的散点图如图 10.2 所示。

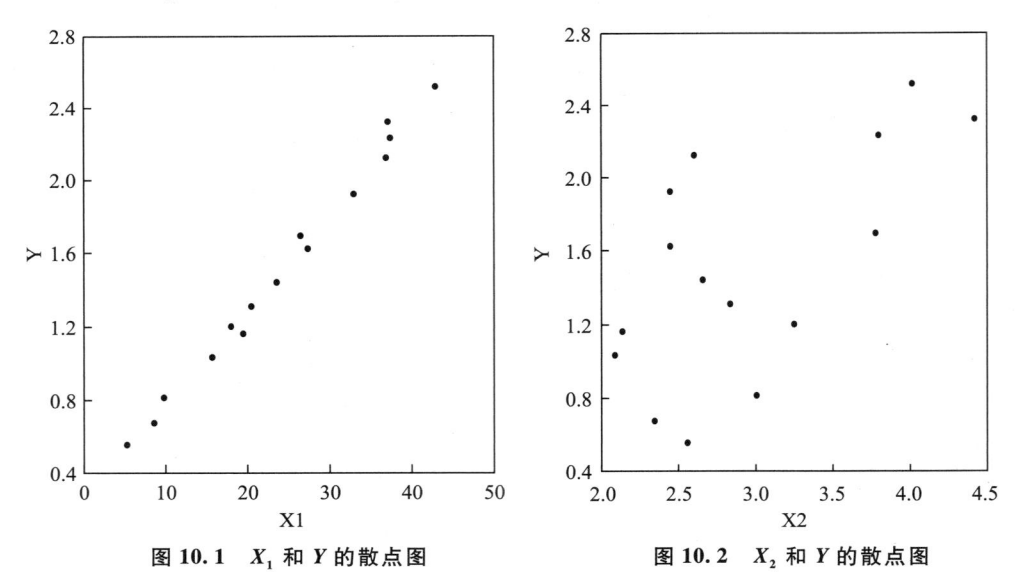

图 10.1　X_1 和 Y 的散点图　　　　图 10.2　X_2 和 Y 的散点图

注：为还原软件操作真实场景，图中变量形式与正文有所差别。下同。

2. 估计线性回归模型

点击主菜单的 Quick\Estimate Equation…，输入"Y　C　X1　X2"，然后点击"确定"，进行 OLS 估计，结果如图 10.3 所示。

估计的回归模型为：

```
Equation: UNTITLED   Workfile: UNTITLED::Untit...
View Proc Object   Print Name Freeze   Estimate Forecast Stats Resids

Dependent Variable: Y
Method: Least Squares
Date: 09/21/18   Time: 08:23
Sample: 1 15
Included observations: 15
```

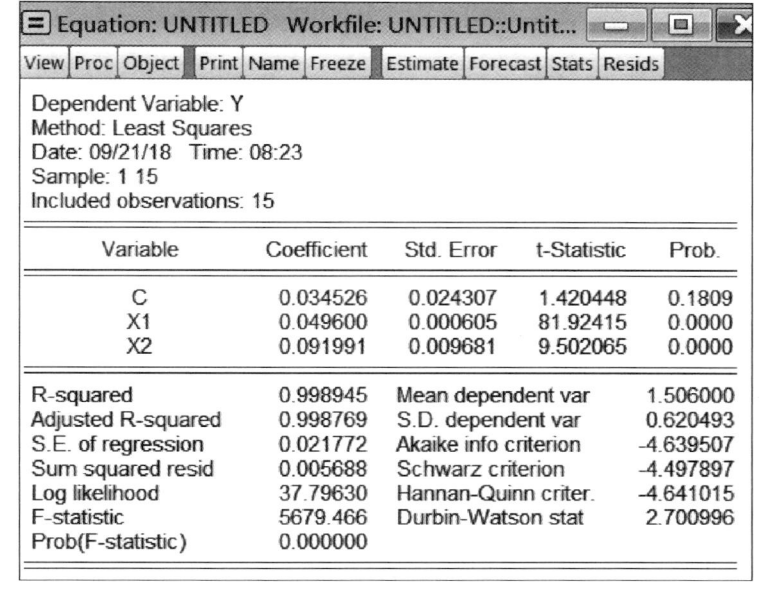

Variable	Coefficient	Std. Error	t-Statistic	Prob.
C	0.034526	0.024307	1.420448	0.1809
X1	0.049600	0.000605	81.92415	0.0000
X2	0.091991	0.009681	9.502065	0.0000

R-squared	0.998945	Mean dependent var		1.506000
Adjusted R-squared	0.998769	S.D. dependent var		0.620493
S.E. of regression	0.021772	Akaike info criterion		-4.639507
Sum squared resid	0.005688	Schwarz criterion		-4.497897
Log likelihood	37.79630	Hannan-Quinn criter.		-4.641015
F-statistic	5679.466	Durbin-Watson stat		2.700996
Prob(F-statistic)	0.000000			

图 10.3　OLS 估计结果

$$\hat{Y}_t = 0.0345 + 0.0496 X_{1t} + 0.0920 X_{2t}$$

$$(1.42) \quad (81.92) \quad (9.50)$$

$$R^2 = 0.9989, \quad S.E. = 0.0218$$

其中，括号内数字是相应 t 统计量的值，S.E. 是回归函数的标准误差，R^2 是可决系数。$R^2 = 0.9989$，说明上式的拟合情况好，化妆品销量变化的 99.89% 由地区人口数和人均年收入的变化来解释。X_1 和 X_2 系数的伴随概率都是 0.0000，小于 0.05，拒绝原假设，说明这两个解释变量和被解释变量之间存在线性回归关系。上述模型的经济解释是，地区人口数每增加 1 万人，人均年收入每增长 1000 元，某化妆品的年销售量将分别增加 0.0496 万瓶和 0.0920 万瓶。

除了 OLS 估计以外，还进行了 ML 估计。点击图 10.3 中的"Estimate"，出现估计方程设定的界面，估计方法选择"CENSORED"，进行 ML 估计，结果如图 10.4 所示。

还进行了 MM 估计。点击图 10.4 中的"Estimate"，出现估计方程设定的界面，估计方法选择"GMM"，进行 MM 估计，在"Instrument list"中输入"C　X1　X2"，然后点击"确定"，结果如图 10.5 所示。

可见，三种方法的估计结果是一样的。

3. 残差图

在估计结果的窗口选择 View\Actual, Fitted, Residual\Actual, Fitted, Residual Table，得到相应的残差图，如图 10.6 所示。大部分点在两条虚线之间，拟合结果较好。

接下来我们进行计量经济学检验，看该模型是否违背经典假设。

```
Equation: UNTITLED   Workfile: UNTITLED::Untit...
View Proc Object Print Name Freeze Estimate Forecast Stats Resids

Dependent Variable: Y
Method: ML - Censored Normal (TOBIT) (Newton-Raphson / Marquardt
   steps)
Date: 09/21/18   Time: 08:45
Sample: 1 15
Included observations: 15
Left censoring (value) at zero
Convergence achieved after 4 iterations
Coefficient covariance computed using observed Hessian
```

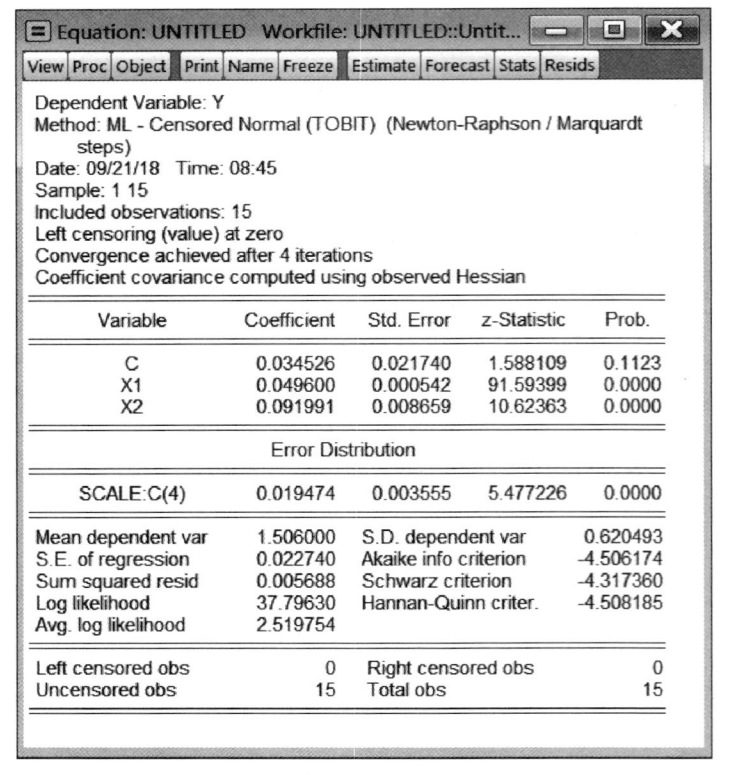

Variable	Coefficient	Std. Error	z-Statistic	Prob.
C	0.034526	0.021740	1.588109	0.1123
X1	0.049600	0.000542	91.59399	0.0000
X2	0.091991	0.008659	10.62363	0.0000

Error Distribution				
SCALE:C(4)	0.019474	0.003555	5.477226	0.0000

Mean dependent var	1.506000	S.D. dependent var		0.620493
S.E. of regression	0.022740	Akaike info criterion		-4.506174
Sum squared resid	0.005688	Schwarz criterion		-4.317360
Log likelihood	37.79630	Hannan-Quinn criter.		-4.508185
Avg. log likelihood	2.519754			
Left censored obs	0	Right censored obs		0
Uncensored obs	15	Total obs		15

图 10.4 ML 估计结果

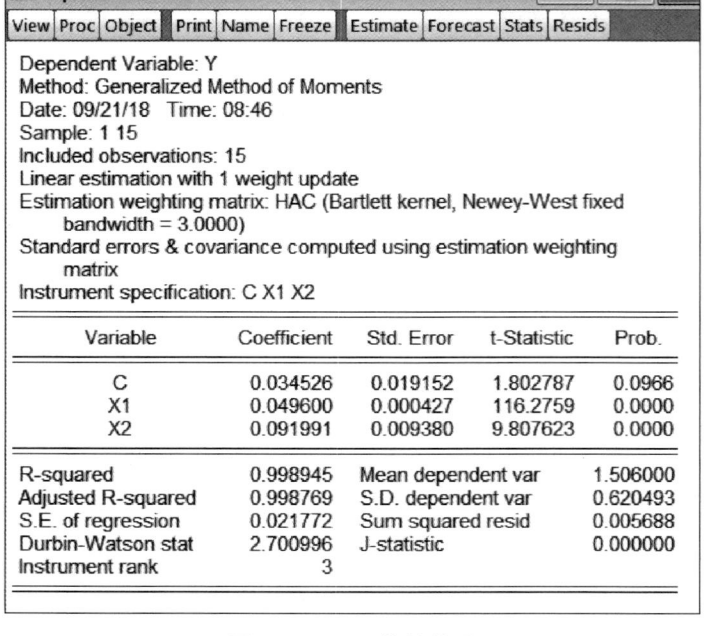

```
Equation: UNTITLED   Workfile: UNTITLED::Untit...
View Proc Object Print Name Freeze Estimate Forecast Stats Resids

Dependent Variable: Y
Method: Generalized Method of Moments
Date: 09/21/18   Time: 08:46
Sample: 1 15
Included observations: 15
Linear estimation with 1 weight update
Estimation weighting matrix: HAC (Bartlett kernel, Newey-West fixed
   bandwidth = 3.0000)
Standard errors & covariance computed using estimation weighting
   matrix
Instrument specification: C X1 X2
```

Variable	Coefficient	Std. Error	t-Statistic	Prob.
C	0.034526	0.019152	1.802787	0.0966
X1	0.049600	0.000427	116.2759	0.0000
X2	0.091991	0.009380	9.807623	0.0000

R-squared	0.998945	Mean dependent var	1.506000
Adjusted R-squared	0.998769	S.D. dependent var	0.620493
S.E. of regression	0.021772	Sum squared resid	0.005688
Durbin-Watson stat	2.700996	J-statistic	0.000000
Instrument rank	3		

图 10.5 MM 估计结果

第十章 多元线性回归模型案例解析

```
Equation: UNTITLED   Workfile: UNTITLED::Untit...
View Proc Object Print Name Freeze Estimate Forecast Stats Resids
obs    Actual    Fitted    Residual    Residual Plot
1      1.62000   1.61896    0.00104
2      1.20000   1.22667   -0.02667
3      2.23000   2.24429   -0.01429
4      1.31000   1.31241   -0.00241
5      0.67000   0.67699   -0.00699
6      1.69000   1.69685   -0.00685
7      0.81000   0.79732    0.01268
8      1.92000   1.89672    0.02328
9      1.16000   1.19832   -0.03832
10     0.55000   0.53291    0.01709
11     2.52000   2.53715   -0.01715
12     2.32000   2.28691    0.03309
13     1.44000   1.44979   -0.00979
14     1.03000   1.00533    0.02467
15     2.12000   2.10938    0.01062
```

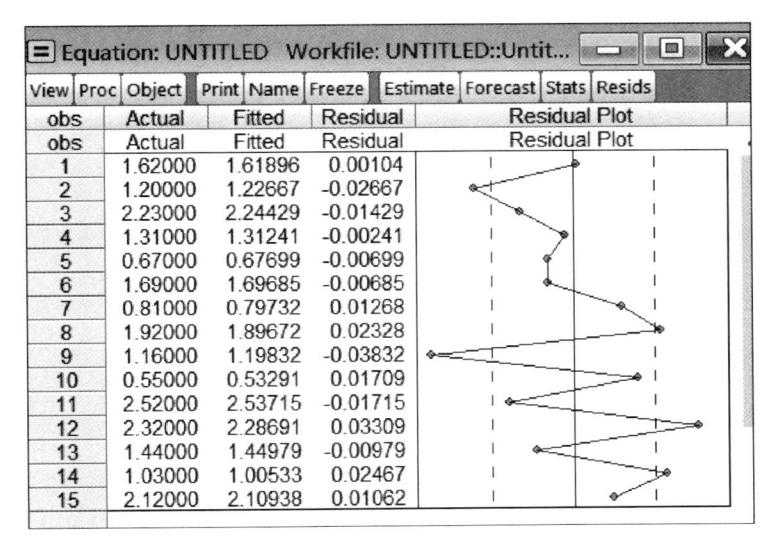

图 10.6 残差图

4. 正态性检验

在图 10.6 方程窗口下，点击 "View"，选择 "Residual Diagnostics"，再点击 "Histogram-Normality Test"，出现如图 10.7 所示的结果。

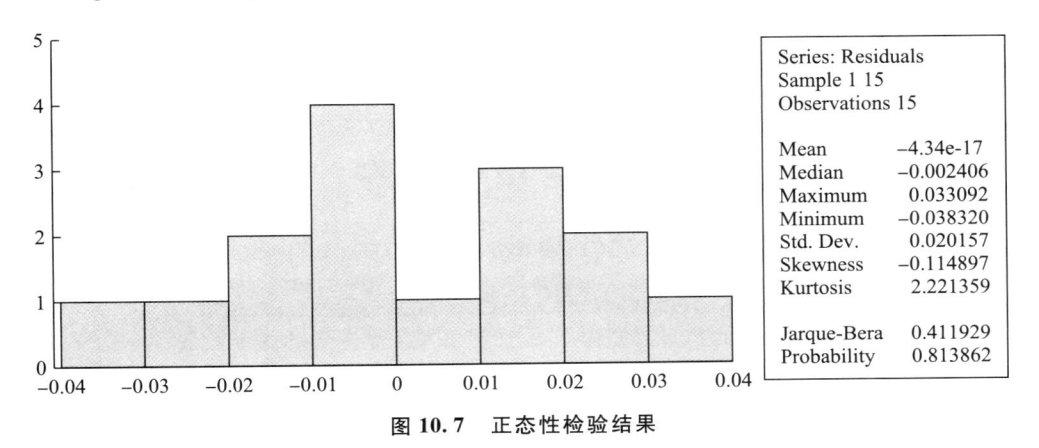

```
Series: Residuals
Sample 1 15
Observations 15

Mean        -4.34e-17
Median      -0.002406
Maximum      0.033092
Minimum     -0.038320
Std. Dev.    0.020157
Skewness    -0.114897
Kurtosis     2.221359

Jarque-Bera  0.411929
Probability  0.813862
```

图 10.7 正态性检验结果

我们看图 10.7 右侧的指标，"Jarque-Bera" 项的伴随概率 "Probability" 是 0.8139，大于 0.05，结论是随机扰动项是正态分布的。

5. 多重共线性检验

从图 10.3 的回归结果可以看出，所有的参数估计值都通过 t 检验，伴随概率均小于 0.05。初步判断变量之间不存在多重共线性。

进一步观察 X_1、X_2 之间的相关系数。EViews 操作方法为：点击数组文件窗口的 View\Covariance Analysis…，然后去掉 "Covariance" 前面的 "√"，选择 "Correlation"。得到变量之间的相关系数（见图 10.8）。

可见，变量之间的相关系数不高，不需要进行修正。

	X1	X2
X1	1.000000	0.568560
X2	0.568560	1.000000

图 10.8　相关系数

6. 异方差检验

在图 10.5 窗口点击 "View"，出现下拉菜单，选择 "Residual Diagnostics"，再点击 "Heteroskedasticity Tests…"，然后点击 "White"。

不管是含交叉乘积项还是无交叉乘积项，White 异方差检验结果的伴随概率均大于 0.05（见图 10.9 和图 10.10），说明接受原假设，不存在异方差。

Heteroskedasticity Test: White

F-statistic	1.801421	Prob. F(5,9)	0.2087
Obs*R-squared	7.502960	Prob. Chi-Square(5)	0.1858
Scaled explained SS	2.932419	Prob. Chi-Square(5)	0.7104

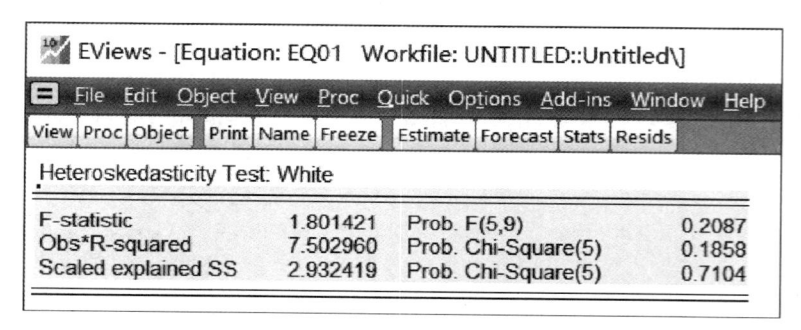

图 10.9　White 异方差检验（含交叉乘积项）

Heteroskedasticity Test: White

F-statistic	0.048011	Prob. F(2,12)	0.9533
Obs*R-squared	0.119074	Prob. Chi-Square(2)	0.9422
Scaled explained SS	0.046538	Prob. Chi-Square(2)	0.9770

图 10.10　White 异方差检验（无交叉乘积项）

7. 序列相关性检验

在图 10.10 方程窗口，点击 "View"，出现下拉菜单，选择 "Residual Diagnostics"，再点击 "Serial Correlation LM Test…"。关于滞后期的选择，可以自行设定，一般不超过 3。滞后 1 期的结果如图 10.11 所示。

滞后 1 期的结果中 "Obs*R-squared" 项后面对应的伴随概率是 0.0741，大于 0.05，说明接受原假设，不存在一阶序列相关。

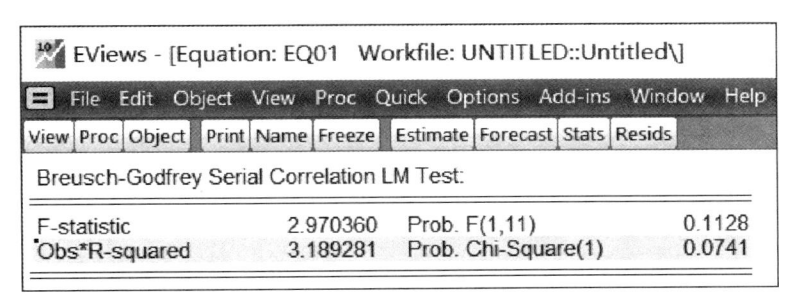

图 10.11 滞后 1 期的 LM 检验结果

滞后 2 期和滞后 3 期的结果是伴随概率均大于 0.05（见图 10.12 和图 10.13），接受原假设，不存在序列相关。

图 10.12 滞后 2 期的 LM 检验结果

图 10.13 滞后 3 期的 LM 检验结果

8. 模型设定偏误检验——RESET 检验

在图 10.3 的估计结果窗口，点击"View"工具栏，选择"Stability Diagnostics"命令，再选择"Ramsey RESET Test…"，在弹出的对话框的"Number of fitted terms"后面空白处，输入需要的数字，先输入 1，再输入 2。

选择 1 期时，统计量的伴随概率都大于 0.05（见图 10.14 中颜色加深部分），接受原假设，模型不存在设定偏误。

选择 2 期时，统计量的伴随概率都大于 0.05（见图 10.15 中颜色加深部分），接受原假设，模型不存在设定偏误。

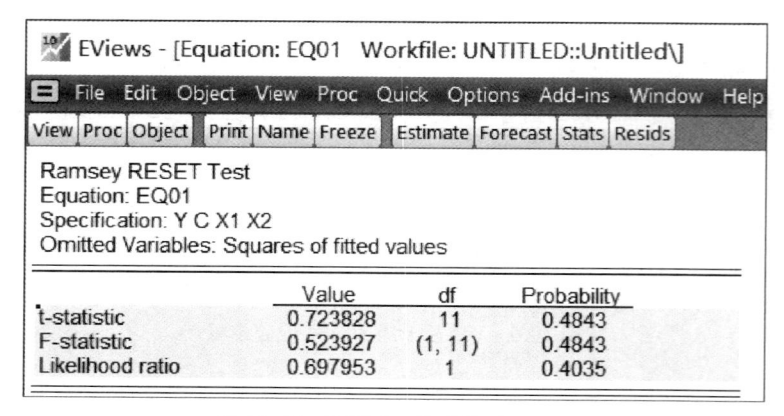

```
EViews - [Equation: EQ01  Workfile: UNTITLED::Untitled\]
File  Edit  Object  View  Proc  Quick  Options  Add-ins  Window  Help
View  Proc  Object  Print  Name  Freeze  Estimate  Forecast  Stats  Resids

Ramsey RESET Test
Equation: EQ01
Specification: Y C X1 X2
Omitted Variables: Squares of fitted values

                    Value        df       Probability
t-statistic         0.723828     11       0.4843
F-statistic         0.523927     (1, 11)  0.4843
Likelihood ratio    0.697953     1        0.4035
```

图 10.14 RESET 检验结果（一）

```
EViews - [Equation: EQ01  Workfile: UNTITLED::Untitled\]
File  Edit  Object  View  Proc  Quick  Options  Add-ins  Window  Help
View  Proc  Object  Print  Name  Freeze  Estimate  Forecast  Stats  Resids

Ramsey RESET Test
Equation: EQ01
Specification: Y C X1 X2
Omitted Variables: Powers of fitted values from 2 to 3

                    Value        df       Probability
F-statistic         1.600229     (2, 10)  0.2495
Likelihood ratio    4.164996     2        0.1246
```

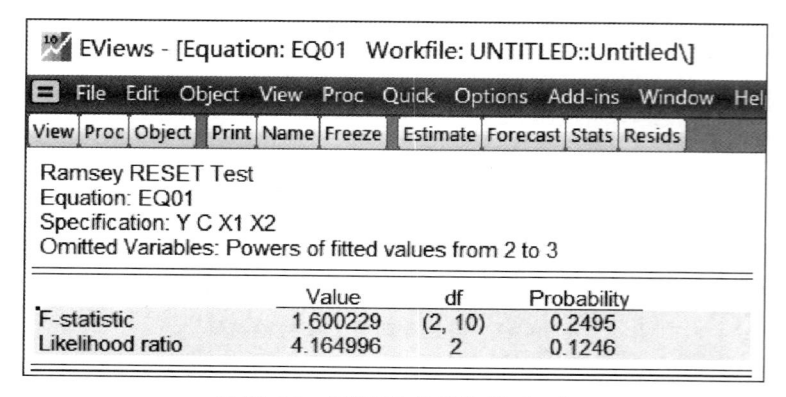

图 10.15 RESET 检验结果（二）

三 预测

进入图 10.3 的方程估计输出窗口，点击其工具栏中的"Forecast"对话框，全部选择默认，然后点击"OK"，结果如图 10.16 所示。

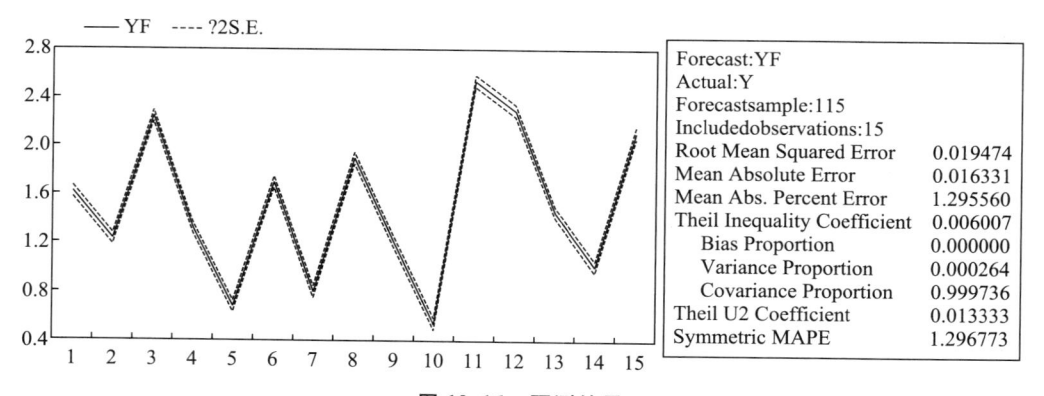

```
Forecast: YF
Actual: Y
Forecast sample: 1 15
Included observations: 15
Root Mean Squared Error        0.019474
Mean Absolute Error            0.016331
Mean Abs. Percent Error        1.295560
Theil Inequality Coefficient   0.006007
    Bias Proportion            0.000000
    Variance Proportion        0.000264
    Covariance Proportion      0.999736
Theil U2 Coefficient           0.013333
Symmetric MAPE                 1.296773
```

图 10.16 预测结果

假设某地区人口数为 22 万人，人均年收入为 2500 元，试对该化妆品打入这个地区后的销售情况做出预测。

在"Workfile"窗口选择 Proc\Structure，更改样本，加入第 16 年 X_1 和 X_2 的值，在"Equation"窗口选择"Forecast"，做出直方图。如果预测样本范围选项中只输入第 16 个样本，则可以得到第 16 个样本的预测值及置信区间。由图 10.17 可知第 16 年某地区化妆品销售量的预测值以及标准误差，再通过查表可以得到 t 统计量的临界值，最终可以计算预测值的置信区间。

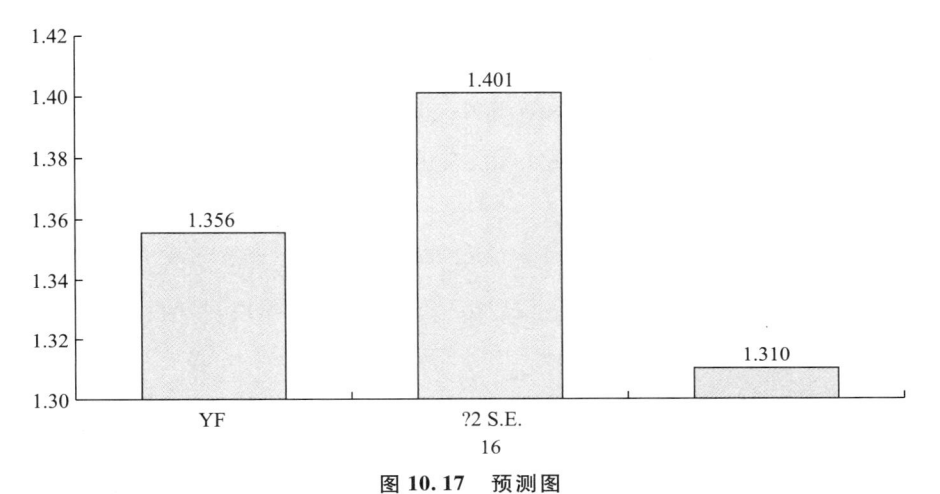

图 10.17 预测图

打开"yf"序列，可以看到预测值，如图 10.18 所示。1～15 为样本内预测值，即通过二元回归模型计算得到的 Y 的拟合值。第 16 个值为样本外预测，即假

图 10.18 预测值

设某地区人口数为 22 万人，人均年收入为 2500 元，对该化妆品打入这个地区后的销售情况的预测值大概为 1.3557 万瓶。

第二节　中国农村居民消费模型

一　模型设定

为考察中国农村居民从事家庭经营的纯收入（X_1）和其他来源收入（X_2）对中国农村居民人均消费支出（Y）增长的影响，根据消费理论，建立如下计量模型：

$$Y = \beta_0 + \beta_1 X_1 + \beta_2 X_2 + \mu$$

二　收集数据

表 10.2 列出了中国 31 个省、自治区、直辖市 2013 年农村居民家庭收入与人均消费支出的相关数据。

表 10.2　2013 年中国各地区农村居民家庭收入与人均消费支出

单位：元

地区	人均消费支出 Y	从事家庭经营的纯收入 X_1	其他来源收入 X_2	地区	人均消费支出 Y	从事家庭经营的纯收入 X_1	其他来源收入 $X2$
北京	13553.2	833.4	17504.1	湖北	6279.5	4381.6	4485.4
天津	10155.0	4571.6	9269.4	湖南	6609.5	2962.0	5410.1
河北	6134.0	3219.2	5882.7	广东	8343.5	2596.4	9072.9
山西	5812.7	2273.9	4879.6	广西	5205.6	3420.4	3370.5
内蒙古	7268.3	5348.4	3247.3	海南	5465.6	4153.8	4188.8
辽宁	7159.0	5160.2	5362.5	重庆	5796.4	3136.5	5195.5
吉林	7379.7	6855.1	2766.1	四川	6308.5	3321.2	4574.1
黑龙江	6813.6	6365.4	3268.7	贵州	4740.2	2355.9	3078.1
上海	14234.7	1062.0	18533.0	云南	4743.6	3650.4	2490.9
江苏	9909.8	4258.4	9339.4	西藏	3574.0	4157.0	2421.2
浙江	11760.2	4758.6	11347.4	陕西	5724.2	2500.3	4002.6
安徽	5724.5	3681.2	4416.5	甘肃	4849.6	2231.0	2876.8
福建	8151.2	4890.5	6293.7	青海	6060.2	2570.3	3626.1
江西	5653.6	3683.8	5097.7	宁夏	6489.7	3250.0	3681.0
山东	7392.7	4525.2	6094.7	新疆	6119.1	4654.5	2642.0
河南	5627.7	4285.4	4189.9				

资料来源：《中国统计年鉴 2014》。

三 估计与检验

1. 散点图分析

首先通过 EViews 建立散点图，考察 Y 与 X_1 和 X_2 的关系，如图 10.19 和图 10.20 所示。由散点图发现 Y 与 X_1 的线性关系不明显，与 X_2 呈现近似线性关系。

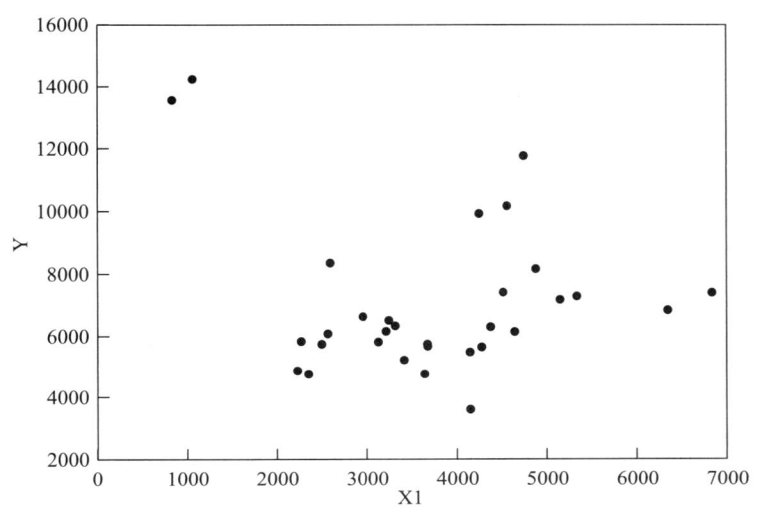

图 10.19　Y 和 X_1 的散点图

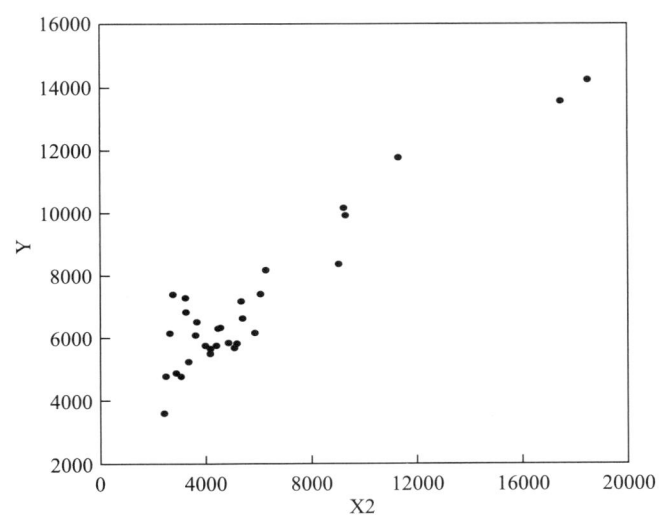

图 10.20　Y 和 X_2 的散点图

2. 估计线性回归模型

使用如下双对数模型进行回归可能更适合（可再次画散点图，取对数也可以消除异方差）：

$$\log(Y) = \beta_0 + \beta_1 \log(X_1) + \beta_2 \log(X_2) + \mu$$

其中 Y 表示农村居民人均消费支出，X_1 表示从事家庭经营的纯收入，X_2 表示其他来源收入。

点击主菜单的 Quick\Estimate Equation…，输入"log(Y) C log(X1) log(X2)"（log 在此为取自然对数的含义），点击"确定"，进行 OLS 估计，结果如图 10.21 所示。

```
Equation: EQ01   Workfile: 10.2农村消费模型::Un...
View Proc Object Print Name Freeze Estimate Forecast Stats Resids
Dependent Variable: LOG(Y)
Method: Least Squares
Date: 09/21/18   Time: 13:13
Sample: 1 31
Included observations: 31

Variable          Coefficient   Std. Error   t-Statistic   Prob.
C                 2.927765      0.882822     3.316370      0.0025
LOG(X1)           0.131579      0.066401     1.981585      0.0574
LOG(X2)           0.566326      0.056747     9.979809      0.0000

R-squared           0.797791    Mean dependent var      8.813353
Adjusted R-squared  0.783348    S.D. dependent var      0.308328
S.E. of regression  0.143514    Akaike info criterion  -0.952998
Sum squared resid   0.576698    Schwarz criterion      -0.814225
Log likelihood     17.77147     Hannan-Quinn criter.   -0.907762
F-statistic        55.23532     Durbin-Watson stat      1.341745
Prob(F-statistic)   0.000000
```

图 10.21　OLS 估计结果

写出如下回归分析结果：

$$\log(Y) = 2.9278 + 0.1316\log(X_1) + 0.5663\log(X_2)$$
$$(3.3164) \qquad (1.9816) \qquad (9.9798)$$
$$R^2 = 0.7978, \bar{R}^2 = 0.7833, F = 55.2353$$

两个解释变量前的参数估计值分别为 0.1316 和 0.5663，都为正数，且都处于 0 和 1 之间，这些参数估计值的经济含义是合理的。从 $\log(X_1)$ 前的估计参数看，2013 年，中国农村居民人均消费支出关于从事家庭经营的纯收入的消费弹性为 0.1316，表明当其他因素保持不变时，农村居民从事家庭经营的纯收入每增加 1%，人均消费支出将增加 0.1316%；同样的，$\log(X_2)$ 前的估计参数为 0.5663，表明当其他因素不变时，农村居民其他来源收入每增加 1%，人均消费支出将增加 0.5663%。可见，其他来源收入的增加对促进人均消费支出的增加起到了更大的作用。

两个解释变量的 t 统计量的值分别为 1.9816 和 9.9798。给定显著性水平 $\alpha = 0.1$，查 t 分布表中自由度为 28 的相应临界值，得到 $t_{(\alpha/2)}(28) = 1.701$。可见，两个解释变量的 t 统计量的值都大于该临界值，所以拒绝原假设（H_0：$\beta_1 = \beta_2 = 0$），即模型中引入的两个解释变量都在 10% 的水平下通过了显著性检验，这一结果意味着，对中国农村居民来说，从事家庭经营的纯收入及其他来源收入的变化都会影响人均消费支出的变动。

回归分析中得出调整的可决系数 R^2 为 0.7833，表明该模型的拟合优度较好。

在 5% 的显著性水平下，F 统计量的临界值为 $F_{0.05}(2，28) = 3.34$，回归分析得出 F = 55.2353 > 3.34，表明模型的线性关系显著成立。

除了 OLS 估计以外，还进行了 ML 估计和 MM 估计（见图 10.22 和图 10.23）。

```
EViews - [Equation: EQ01   Workfile: 10.2农村消费模型::Untit...
File  Edit  Object  View  Proc  Quick  Options  Add-ins  Window  Help
View Proc Object  Print Name Freeze  Estimate Forecast Stats Resids

Dependent Variable: LOG(Y)
Method: ML - Censored Normal (TOBIT) (Newton-Raphson / Marquardt
        steps)
Date: 09/21/18   Time: 14:23
Sample: 1 31
Included observations: 31
Left censoring (value) at zero
Convergence achieved after 4 iterations
Coefficient covariance computed using observed Hessian

Variable       Coefficient   Std. Error   z-Statistic   Prob.

C              2.927765      0.839018     3.489513      0.0005
LOG(X1)        0.131579      0.063106     2.085041      0.0371
LOG(X2)        0.566326      0.053931     10.50084      0.0000

               Error Distribution

SCALE:C(4)     0.136393      0.017322     7.874008      0.0000

Mean dependent var       8.813353    S.D. dependent var        0.308328
S.E. of regression       0.146148    Akaike info criterion    -0.888482
Sum squared resid        0.576698    Schwarz criterion        -0.703451
Log likelihood          17.77147     Hannan-Quinn criter.     -0.828167
Avg. log likelihood      0.573273

Left censored obs            0       Right censored obs             0
Uncensored obs              31       Total obs                     31
```

图 10.22　ML 估计结果

3. 残差图

在估计结果的窗口选择 View\Actual, Fitted, Residual\Actual, Fitted, Residual Table，得到相应的残差图，如图 10.24 所示。大部分点在两条虚线之间，拟合结果较好。

接下来我们进行计量经济学检验，看该模型是否违背经典假设。

```
EViews - [Equation: EQ01   Workfile: 10.2农村消费模型::Untit...
File  Edit  Object  View  Proc  Quick  Options  Add-ins  Window  Help
View Proc Object  Print Name Freeze  Estimate Forecast Stats Resids
Dependent Variable: LOG(Y)
Method: Generalized Method of Moments
Date: 09/21/18   Time: 14:24
Sample: 1 31
Included observations: 31
Linear estimation with 1 weight update
Estimation weighting matrix: HAC (Bartlett kernel, Newey-West fixed
    bandwidth = 4.0000)
Standard errors & covariance computed using estimation weighting
    matrix
Instrument specification: C LOG(X1) LOG(X2)
```

Variable	Coefficient	Std. Error	t-Statistic	Prob.
C	2.927765	0.573807	5.102352	0.0000
LOG(X1)	0.131579	0.061193	2.150234	0.0403
LOG(X2)	0.566326	0.045382	12.47897	0.0000

R-squared	0.797791	Mean dependent var		8.813353
Adjusted R-squared	0.783348	S.D. dependent var		0.308328
S.E. of regression	0.143514	Sum squared resid		0.576698
Durbin-Watson stat	1.341745	J-statistic		0.000000
Instrument rank	3			

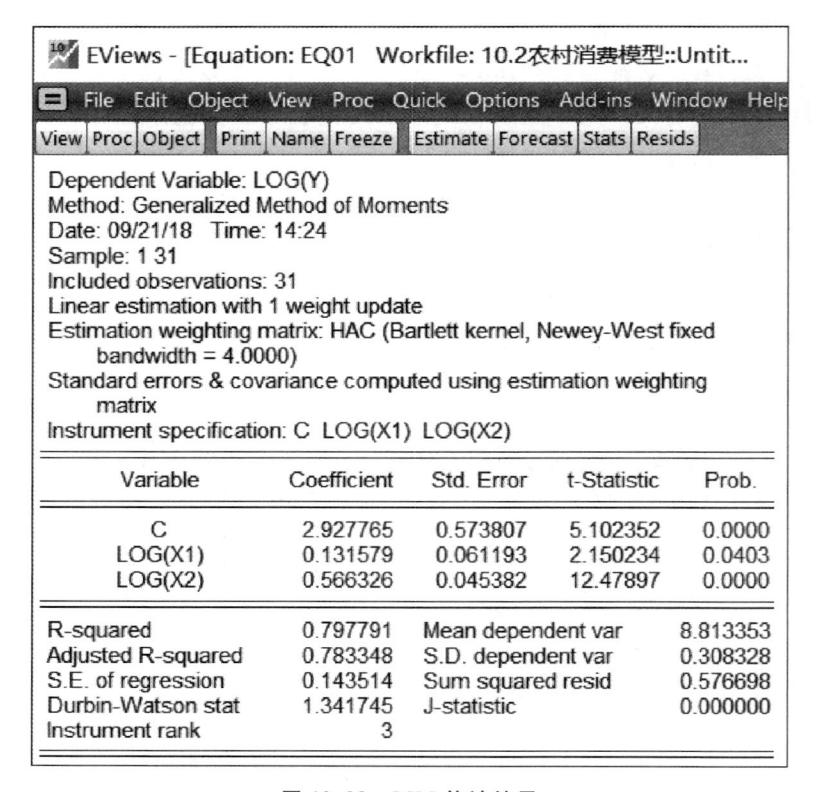

图 10.23 MM 估计结果

4. 正态性检验

在图 10.23 方程窗口下，点击"View"，选择"Residual Diagnostics"，再点击"Histogram-Normality Test"，出现如图 10.25 所示的结果。

我们看图 10.25 右侧的指标，"Jarque-Bera"项的伴随概率"Probability"是 0.5718，大于 0.05，结论是随机扰动项是正态分布的。

5. 多重共线性检验

从图 10.21 回归结果可以看出，所有的参数估计值都通过了 t 检验（在 10% 的显著性水平下），初步判断变量之间不存在多重共线性。

进一步观察 X_1、X_2 之间的相关系数。EViews 操作方法为：点击数组文件窗口的 View\Covariance Analysis…，然后去掉"Covariance"前面的"√"，选择"Correlation"。得到变量之间的相关系数（见图 10.26）。

可见，变量之间的相关系数不高，模型不需要进行修正。

6. 异方差检验

在图 10.21 窗口点击"View"，出现下拉菜单，选择"Residual Diagnostics"，再点击"Heteroskedasticity Tests…"，然后点击"White"。

含交叉乘积项时，"Obs * R-squared"的伴随概率小于 0.05（见图 10.27），存

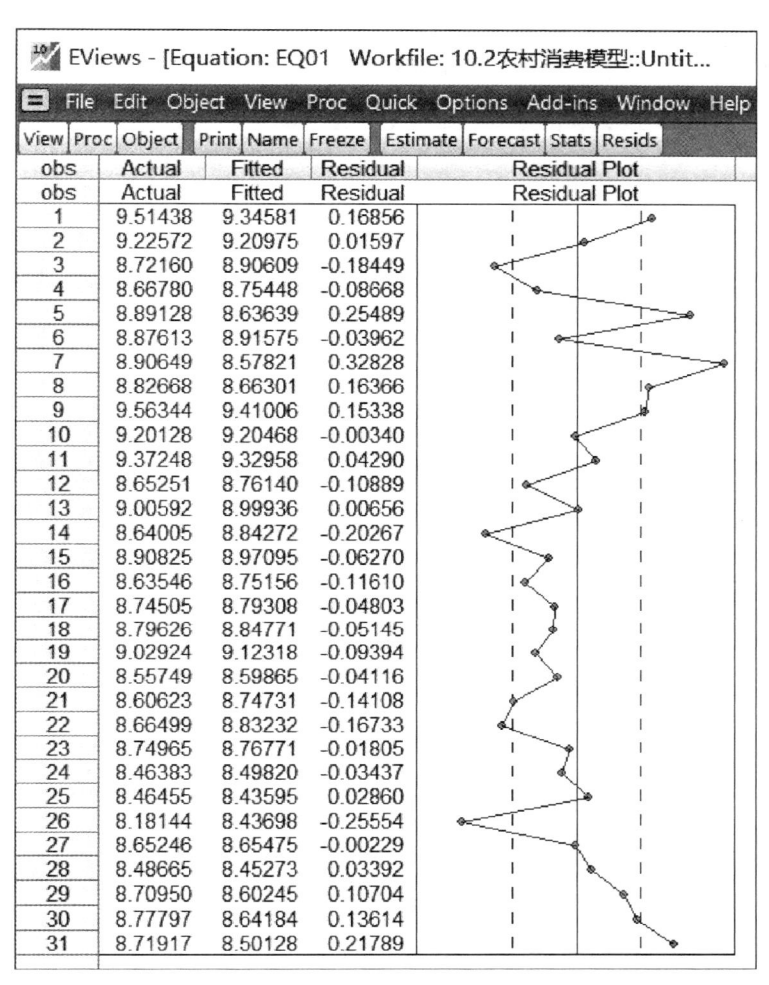

图 10.24 残差图

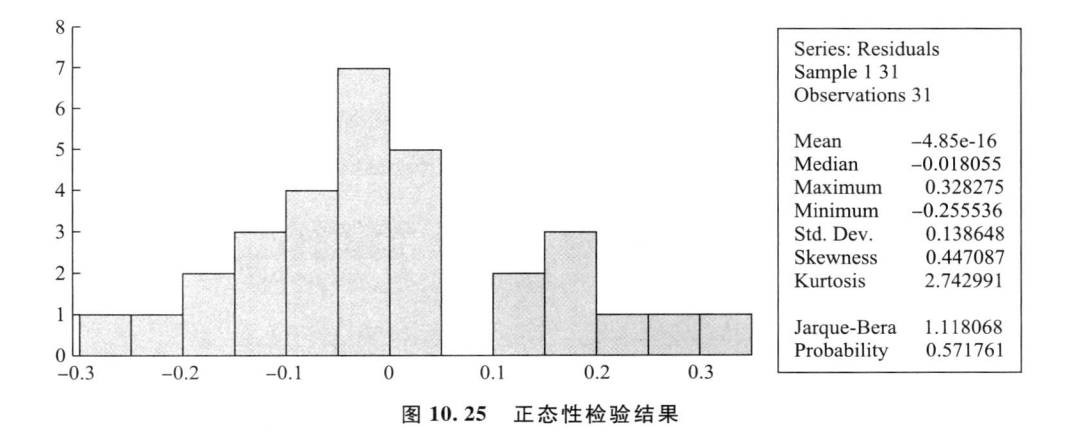

图 10.25 正态性检验结果

在异方差；但是无交叉乘积项的 White 异方差检验结果的伴随概率大于 0.05（见图 10.28），不存在异方差。

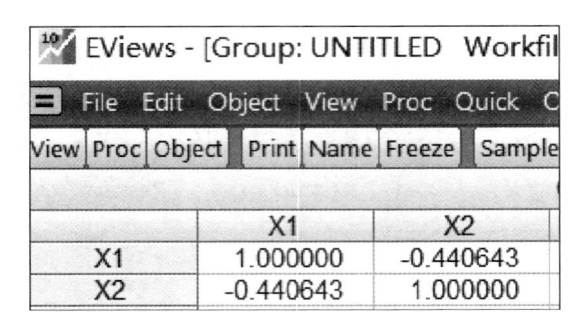

图 10.26 相关系数

	X1	X2
X1	1.000000	-0.440643
X2	-0.440643	1.000000

Heteroskedasticity Test: White

F-statistic	6.355517	Prob. F(5,25)	0.0006
Obs*R-squared	17.35025	Prob. Chi-Square(5)	0.0039
Scaled explained SS	12.33569	Prob. Chi-Square(5)	0.0305

图 10.27 White 异方差检验（含交叉乘积项）

Heteroskedasticity Test: White

F-statistic	1.382436	Prob. F(2,28)	0.2676
Obs*R-squared	2.786004	Prob. Chi-Square(2)	0.2483
Scaled explained SS	1.980795	Prob. Chi-Square(2)	0.3714

图 10.28 White 异方差检验（无交叉乘积项）

选用其他方法如 ARCH 进行检验，结果如图 10.29 所示，可知不存在异方差。

Heteroskedasticity Test: ARCH

F-statistic	0.807363	Prob. F(1,28)	0.3766
Obs*R-squared	0.840788	Prob. Chi-Square(1)	0.3592

图 10.29 异方差的 ARCH 检验

7. 序列相关检验

在图 10.29 方程窗口点击 "View"，出现下拉菜单，选择 "Residual Diagnostics"，再点击 "Serial Correlation LM Test..."。关于滞后期的选择，可以自行设定，一般不超过 3。滞后 1 期的结果如图 10.30 所示。

要看 "Obs ∗ R-squared" 项后面对应的伴随概率，滞后 1 期的结果是 0.1138，大于 0.05，说明接受原假设，不存在一阶序列相关。

图 10.30 滞后 1 期的 LM 检验结果

滞后 2 期和滞后 3 期的结果是伴随概率均大于 0.05，接受原假设，不存在序列相关。

图 10.31 滞后 2 期的 LM 检验结果

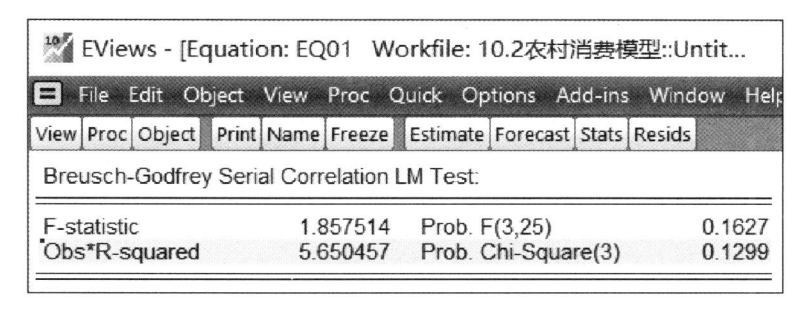

图 10.32 滞后 3 期的 LM 检验结果

8. 模型设定偏误检验——RESET 检验

接下来进行模型设定偏误检验，使用的是 RESET 检验方法。

选择 1 期时，统计量的伴随概率都小于 0.05，但是大于 0.01（见图 10.33 中颜色加深部分），在 1% 的显著性水平下接受原假设，模型不存在设定偏误。

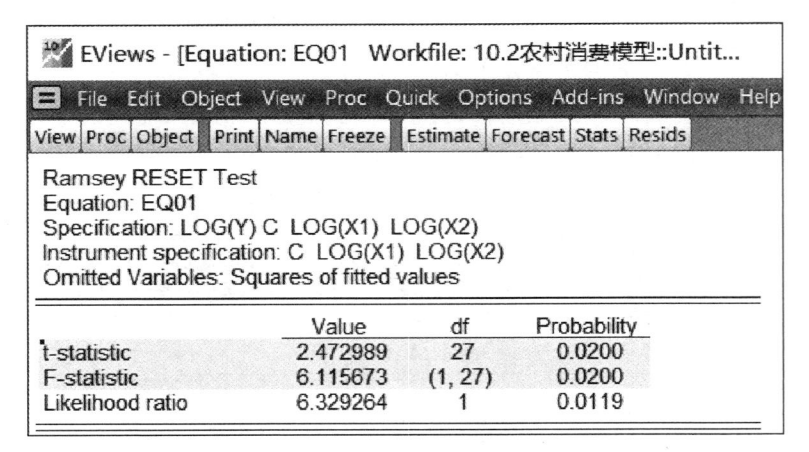

图 10.33　RESET 检验结果

四　预测

假设某省份农村居民从事家庭经营的纯收入为 5500 元，其他来源收入为 6000 元，对该省份农村居民的人均消费支出进行预测。

双击工作文件窗口的"Range"，将观测值和样本范围由原来的 1～31 修改为 1～32，在输入数据的第 32 行的 X_1 列和 X_2 列分别输入 5500 和 6000。打开估计方程窗口，点击"Forecast"，弹出预测对话框，将预测值序列和残差序列命名为"yf"和"se"之后得出预测图，如图 10.34 所示。

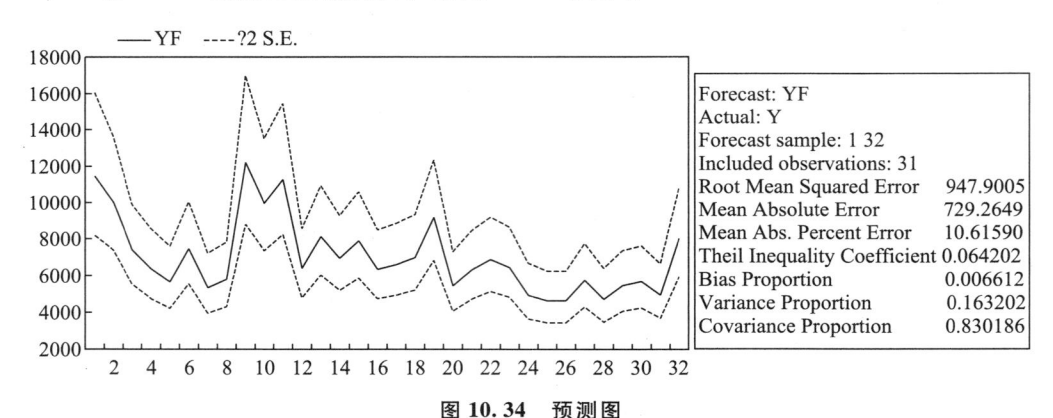

图 10.34　预测图

可看出假设某省份农村居民从事家庭经营的纯收入为 5500 元，其他来源收入为 6000 元，则该省份农村居民的人均消费支出的观测值大概为 8100 元。

第三节 女性择偶偏好的实证分析
——以《非诚勿扰》为例

当代,"剩女剩男"成为热点话题,类似《非诚勿扰》的相亲娱乐类栏目也备受欢迎。一个娱乐节目能够成为公众的焦点在于它背后反映出的社会问题,社会观念引起了人们的内心共鸣。《非诚勿扰》男嘉宾能否牵手成功所反映的就是当代女性的择偶观,更深层次地反映了社会的价值观。她们的择偶标准值得进一步研究,本书尝试从实证方面研究女性择偶偏好。

通过此案例,希望同学们掌握多元线性回归模型的原理,多元线性回归模型的建立、估计、检验及预测的方法,以及相应的 EViews 10.0 软件操作方法。

一 建立中国女性择偶偏好模型

建立模型最重要的是确定模型的变量和数学形式。一般是根据理论建立。今天的话题在学术圈叫择偶策略。

择偶策略的研究始于20世纪80年代美国心理学家 David Buss,随后国内也有学者做了大量的研究。根据知网的文献以及结合2018年5月21日团中央"青年之声"发布的《当代青年群体婚恋观调查报告》,我们发现关于女性择偶的标准现在基本上形成了三种理论。第一,好基因理论,主要指的是男士的身高、长相等为女性择偶的主要关注因素;第二,投资理论,主要指的是男士的职业、收入等为女性择偶的主要关注因素;第三,好爸爸理论,对应的是男性的人格特质,这个理论不好量化,我们暂时不考虑。

最终我们建立了两个模型,一个是好基因模型,考虑研究对象的特性,解释变量选取的是身高和容貌,其中容貌采用的是虚拟变量;另一个是投资模型,解释变量选取的是收入水平。两个模型的被解释变量都是女嘉宾最后亮灯个数。模型的形式暂时使用线性,后面根据检验再调整。

好基因模型如下:

$$Y_i = \beta_0 + \beta_1 X_{1i} + \beta_2 X_{2i} + \mu_i$$

Y:女嘉宾最后亮灯个数

X_1:男嘉宾的身高

X_2:男嘉宾的容貌

投资模型如下:

$$Y_i = \alpha_0 + \alpha_1 X_{3i} + \upsilon_i$$

Y:女嘉宾最后亮灯个数

X_3:男嘉宾的收入

二 变量的选择与数据来源

1. 数据来源和方法选择

本研究采用《非诚勿扰》栏目高潮期 2010 年的随机抽样原始数据，遵循随机抽样的思想，随机选取了 12 期节目，以每个男嘉宾为调查单位，共 60 个男嘉宾，调查内容为每个男嘉宾最后由女嘉宾为其亮灯个数及影响为其亮灯的各种因素的归纳与收集。由于有些样本的数据不完整，在对 60 个样本数据进行整理筛选后，最终保留了 44 个有效样本数据。本书使用的研究方法是随机抽样＋评估性测验方法。

2. 因变量与自变量的选取

Y 表示的是女嘉宾最后亮灯个数，由观察得到的数据。X_1 是男嘉宾的身高，采用的是和主持人孟非对比获取的数据以及珍爱网和世纪佳缘网登记的数据。男嘉宾的容貌 X_2 采用"1"表示潮/帅，"0"表示相反。容貌是一个衡量男嘉宾整体形象的综合因素，因为带有明显的主观性，无法很好地加以衡量，而女嘉宾对男嘉宾的第一轮灭灯数大致可以反映男嘉宾给女嘉宾的整体印象，因此用女嘉宾对男嘉宾的第一轮灭灯数来衡量男嘉宾形象气质是较好的方法。X_3 是男嘉宾的收入，根据男嘉宾的描述以及珍爱网和世纪佳缘网登记的数据整理而得。

变量的描述性统计如表 10.3 所示。

表 10.3 变量的描述性统计

	X_1	X_2	X_3	Y
Mean	175.7500	0.704545	9.113636	3.181818
Median	175.0000	1.000000	9.000000	2.000000
Maximum	181.0000	1.000000	21.00000	10.00000
Minimum	166.0000	0.000000	3.000000	0.000000
Std. Dev.	3.111307	0.461522	4.980034	3.472635
Skewness	−0.392199	−0.896644	0.892805	0.859985
Kurtosis	3.583864	1.803970	3.222699	2.271878
Jarque-Bera	1.752993	8.518342	5.936334	6.395506
Probability	0.416239	0.014134	0.051397	0.040854
Sum	7733.000	31.00000	401.0000	140.0000
Sum Sq. Dev.	416.2500	9.159091	1066.432	518.5455
Observations	44	44	44	44

三 模型的估计与检验

由于本案例使用了虚拟变量的数据,散点图的规律不明显,也不能取自然对数,在此不绘制散点图。

1. 投资模型的估计结果

本书对投资模型采用 OLS 估计法进行实证分析,估计结果如图 10.35 所示。

```
Dependent Variable: Y
Method: Least Squares
Date: 04/23/19   Time: 09:35
Sample: 1 44
Included observations: 44

Variable         Coefficient   Std. Error   t-Statistic   Prob.
C                0.352343      0.997969     0.353060      0.7258
X3               0.310466      0.096344     3.222461      0.0025

R-squared           0.198232    Mean dependent var       3.181818
Adjusted R-squared  0.179143    S.D. dependent var       3.472635
S.E. of regression  3.146249    Akaike info criterion    5.174688
Sum squared resid   415.7530    Schwarz criterion        5.255787
Log likelihood      -111.8431   Hannan-Quinn criter.     5.204763
F-statistic         10.38426    Durbin-Watson stat       0.162559
Prob(F-statistic)   0.002458
```

图 10.35 投资模型的 OLS 估计结果

因此,以《非诚勿扰》为例,我国女性择偶偏好的投资模型的估计式为:

$$\hat{Y} = 0.3523 + 0.3105 X_3$$
$$(0.3531) \quad (3.2225)$$
$$R^2 = 0.1982, S.E. = 3.1462, F = 10.3843$$

其中,括号内数字是相应 t 统计量的值,S.E. 是回归模型的标准误差,R^2 是可决系数。$R^2 = 0.1982$,说明上式的拟合情况一般,女嘉宾最后亮灯个数变化的 19.82% 由男嘉宾的收入解释。在 5% 的显著性水平下,因为 $t = 3.2225 > t_{0.025}(42) = 2.021$,所以检验结果拒绝原假设 $\alpha_1 = 0$,即女嘉宾最后亮灯个数和男嘉宾收入之间存在线性回归关系。上述模型的经济解释是,男嘉宾的收入每增长 1 万元,女嘉宾最后亮灯个数将增加 0.3105 个。

此外,我们还采用了其他的估计方法。OLS、ML 与 MM 估计结果一样(见图 10.36 和图 10.37)。

2. 好基因模型的估计结果

首先,采用 OLS 估计线性的好基因模型,得到的结果见图 10.38。

因此,以《非诚勿扰》为例,我国女性择偶偏好的好基因模型的估计式为:

```
Dependent Variable: Y
Method: ML - Censored Normal (TOBIT) (Newton-Raphson / Marquardt
    steps)
Date: 04/23/19   Time: 12:44
Sample: 1 44
Included observations: 44
Left censoring (indicator) is always zero
Convergence achieved after 3 iterations
Coefficient covariance computed using observed Hessian
```

Variable	Coefficient	Std. Error	z-Statistic	Prob.
C	0.352343	0.975024	0.361369	0.7178
X3	0.310466	0.094129	3.298294	0.0010
Error Distribution				
SCALE:C(3)	3.073911	0.327680	9.380832	0.0000

Mean dependent var	3.181818	S.D. dependent var		3.472635
Akaike info criterion	5.220142	Schwarz criterion		5.341792
Log likelihood	-111.8431	Hannan-Quinn criter.		5.265256
Avg. log likelihood	-2.541889			
Left censored obs	0	Right censored obs		0
Uncensored obs	44	Total obs		44

图 10.36　投资模型的 ML 估计结果

```
Dependent Variable: Y
Method: Generalized Method of Moments
Date: 04/23/19   Time: 12:44
Sample: 1 44
Included observations: 44
Linear estimation with 1 weight update
Estimation weighting matrix: HAC (Bartlett kernel, Newey-West fixed
    bandwidth = 4.0000)
Standard errors & covariance computed using estimation weighting matrix
Instrument specification: C X3
```

Variable	Coefficient	Std. Error	t-Statistic	Prob.
C	0.352343	1.069746	0.329371	0.7435
X3	0.310466	0.063129	4.917961	0.0000

R-squared	0.198232	Mean dependent var		3.181818
Adjusted R-squared	0.179143	S.D. dependent var		3.472635
S.E. of regression	3.146249	Sum squared resid		415.7530
Durbin-Watson stat	0.162559	J-statistic		0.000000
Instrument rank	2			

图 10.37　投资模型的 MM 估计结果

$$\hat{Y} = -1.4376 + 0.0107X_1 + 3.8754X_2$$

$$(-0.0533)\ (0.0704)\ (3.7662)$$

调整后的 $R^2 = 0.2275, S.E. = 3.0522, F = 7.3307$

```
Dependent Variable: Y
Method: Least Squares
Date: 04/23/19   Time: 12:46
Sample (adjusted): 1 44
Included observations: 44 after adjustments

Variable            Coefficient   Std. Error    t-Statistic    Prob.

C                   -1.437554     26.98302      -0.053276      0.9578
X1                   0.010748      0.152637      0.070416      0.9442
X2                   3.875417      1.028987      3.766244      0.0005

R-squared            0.263403     Mean dependent var     3.181818
Adjusted R-squared   0.227472     S.D. dependent var     3.472635
S.E. of regression   3.052223     Akaike info criterion  5.135364
Sum squared resid  381.9588       Schwarz criterion      5.257013
Log likelihood    -109.9780       Hannan-Quinn criter.   5.180477
F-statistic          7.330705     Durbin-Watson stat     0.227779
Prob(F-statistic)    0.001898
```

图 10.38 好基因模型的 OLS 估计结果（一）

其中，括号内数字是相应 t 统计量的值，S.E. 是回归模型的标准误差，R^2 是调整后的可决系数。$R^2 = 0.2275$，说明上式的拟合情况一般，女嘉宾最后亮灯个数变化的 22.75% 由男嘉宾的身高和容貌解释。

回归分析的结果对好基因理论更偏好一些，基于好基因理论的模型可以解释亮灯个数约 23% 的变化，而投资理论仅能解释约 20% 的变化。

在 5% 的显著性水平大，因为 X_1 的 t = 0.0704 < $t_{0.025}(41)$ = 2.021，所以检验结果接受原假设 $\beta_1 = 0$，即女嘉宾最后亮灯个数和男嘉宾身高之间不存在线性回归关系。这显然不合逻辑，可能与节目筛选有关，进入该节目的男女嘉宾都是有身高要求的，也可能需要进一步研究，因为 X_2 的 t = 3.7662 > $t_{0.025}(41)$ = 2.021，所以检验结果拒绝原假设 $\beta_2 = 0$，即女嘉宾最后亮灯个数和男嘉宾容貌之间存在线性回归关系，即男嘉宾越帅，女嘉宾最后亮灯个数将增加 3.8754 个。在 5% 的显著性水平下，因为 F = 7.3307 > $F_{0.05}(2, 41)$（其值在 3.22 和 3.23 之间），拒绝原假设，说明整个模型是显著的。

改变线性关系后，结果如图 10.39 所示。

好基因模型的估计式为：

$$\hat{Y} = -1659.504 + 18.9410 X_1 - 0.0540 X_1^2 + 4.1203 X_2$$
$$(-1.7589) \quad (1.7589) \quad (-1.7581) \quad (4.0661)$$

调整后的 $R^2 = 0.2650$，S.E. = 2.9773，F = 6.1667

所有的变量都通过了显著性检验，拟合优度也提高了。

OLS、ML 与 MM 估计结果一样（见图 10.40 和图 10.41）。

通过两个模型的对比发现，好基因理论可以解释亮灯个数约 26% 的变化，而

```
Dependent Variable: Y
Method: Least Squares
Date: 04/23/19   Time: 12:47
Sample (adjusted): 1 44
Included observations: 44 after adjustments
```

Variable	Coefficient	Std. Error	t-Statistic	Prob.
C	-1659.504	943.4888	-1.758902	0.0862
X1	18.94103	10.76872	1.758892	0.0862
X1^2	-0.054021	0.030727	-1.758062	0.0864
X2	4.120349	1.013336	4.066122	0.0002

R-squared	0.316238	Mean dependent var	3.181818
Adjusted R-squared	0.264955	S.D. dependent var	3.472635
S.E. of regression	2.977255	Akaike info criterion	5.106389
Sum squared resid	354.5619	Schwarz criterion	5.268588
Log likelihood	-108.3405	Hannan-Quinn criter.	5.166540
F-statistic	6.166616	Durbin-Watson stat	0.308797
Prob(F-statistic)	0.001513		

图 10.39　好基因模型的 OLS 估计结果（二）

```
Dependent Variable: Y
Method: ML - Censored Normal (TOBIT) (Newton-Raphson / Marquardt
    steps)
Date: 04/23/19   Time: 12:47
Sample (adjusted): 1 44
Included observations: 44 after adjustments
Left censoring (indicator) is always zero
Convergence achieved after 3 iterations
Coefficient covariance computed using observed Hessian
```

Variable	Coefficient	Std. Error	z-Statistic	Prob.
C	-1659.504	899.5813	-1.844752	0.0651
X1	18.94103	10.26757	1.844742	0.0651
X1^2	-0.054021	0.029297	-1.843871	0.0652
X2	4.120349	0.966178	4.264585	0.0000

Error Distribution			
SCALE:C(5)	2.838701	0.302607	9.380832	0.0000

Mean dependent var	3.181818	S.D. dependent var	3.472635
Akaike info criterion	5.151843	Schwarz criterion	5.354592
Log likelihood	-108.3405	Hannan-Quinn criter.	5.227032
Avg. log likelihood	-2.462285		
Left censored obs	0	Right censored obs	0
Uncensored obs	44	Total obs	44

图 10.40　好基因模型的 ML 估计结果

投资理论仅能解释约 20% 的变化。但是我们还没有足够的证据说明这两个理论哪个好哪个坏，因为在真正的研究中，收集数据过程更加严格。那么我们讲解这个

```
Dependent Variable: Y
Method: Generalized Method of Moments
Date: 04/23/19   Time: 12:48
Sample (adjusted): 1 44
Included observations: 44 after adjustments
Linear estimation with 1 weight update
Estimation weighting matrix: HAC (Bartlett kernel, Newey-West fixed
     bandwidth = 4.0000)
Standard errors & covariance computed using estimation weighting matrix
Instrument specification: C X1 X1^2 X2
```

Variable	Coefficient	Std. Error	t-Statistic	Prob.
C	-1659.504	1129.015	-1.469869	0.1494
X1	18.94103	12.90063	1.468225	0.1499
X1^2	-0.054021	0.036854	-1.465785	0.1505
X2	4.120349	1.293664	3.185022	0.0028

R-squared	0.316238	Mean dependent var	3.181818
Adjusted R-squared	0.264955	S.D. dependent var	3.472635
S.E. of regression	2.977255	Sum squared resid	354.5619
Durbin-Watson stat	0.308797	J-statistic	4.65E-34
Instrument rank	4		

图 10.41　好基因模型的 MM 估计结果

例子是希望大家能够了解计量经济学有广阔的用途，哪怕是一些我们可以去八卦的话题。

3. 两个模型的残差图

为了进一步评估模型，本节还绘制了两个模型的残差图。

在估计方程的窗口选择 View\Actual，Fitted，Residual\Actual，Fitted，Residual Table，得到相应的残差图，如图 10.42 所示。Actual 表示 Y_i 的实际观测值，Fitted 表示 $\hat{Y}_i$ 的拟合值，Residual 表示残差 $\hat{u}_i$。残差图中的两条虚线与中心线的距离表示残差的一个标准误差，即 S.E.。由图 10.42 可以看出，拟合情况一般。

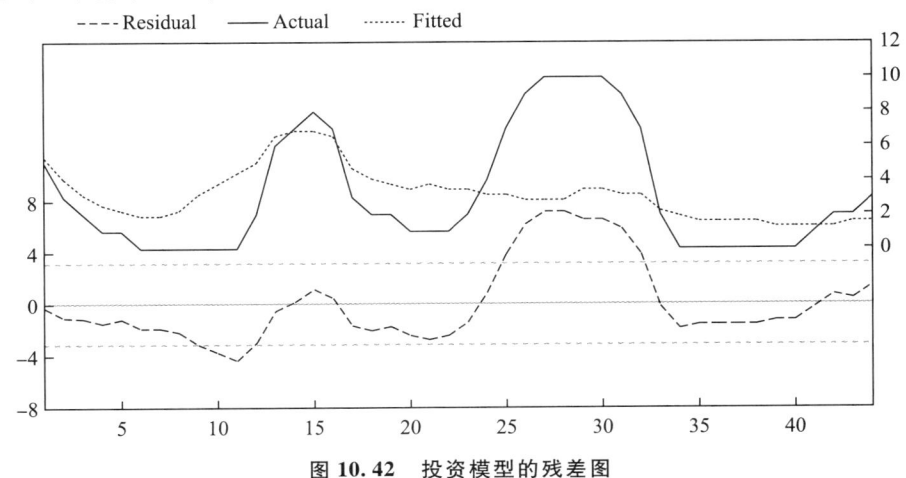

图 10.42　投资模型的残差图

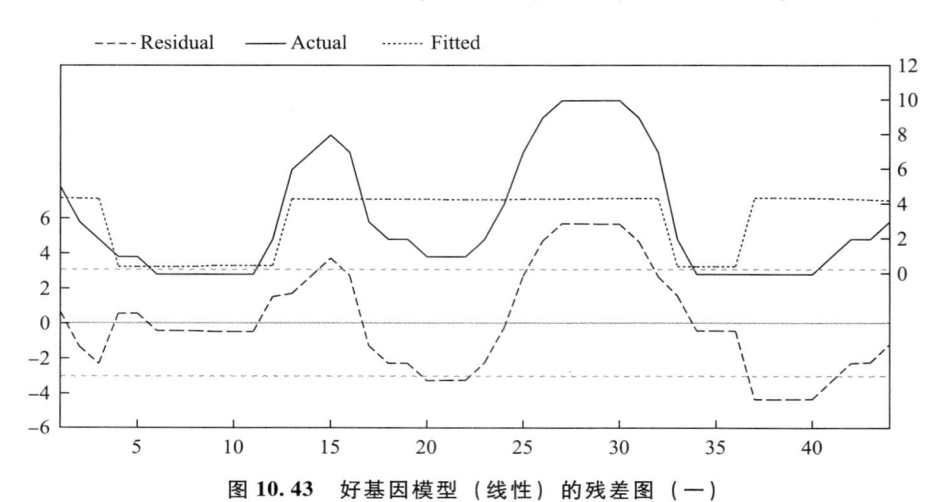

由图 10.43 和图 10.44 可以看出，好基因模型拟合情况好于投资模型。

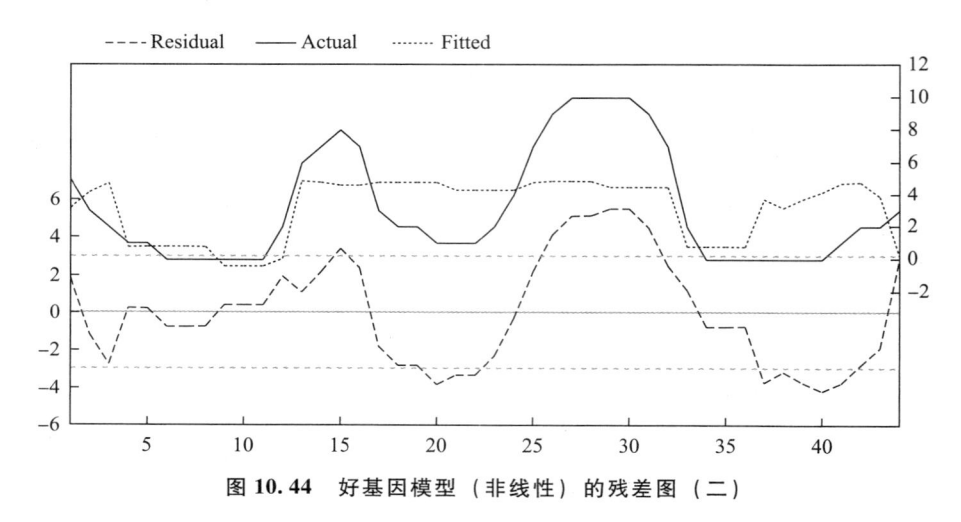

图 10.43　好基因模型（线性）的残差图（一）

图 10.44　好基因模型（非线性）的残差图（二）

接下来我们进行计量经济学检验，看该模型是否违背经典假设。由于其都是截面数据，不需要进行序列相关性检验。令 $X_{11} = X_1{}^{\wedge}2$。

4．正态性检验

在图 10.44 方程窗口下，点击"View"，选择"Residual Diagnostics"，再点击"Histogram-Normality Test"，出现如图 10.45 所示的结果。

我们看图 10.45 右侧的指标，"Jarque-Bera"项的伴随概率"Probability"是 0.2811，大于 0.05，结论是非线性的好基因模型的随机扰动项是正态分布的。

然而，投资模型的 JB 统计量的伴随概率是 0.0051（见图 10.46），小于 0.05，该模型的随机扰动项不是正态分布的。

5．多重共线性检验

由于好基因模型是多元模型，需要进行多重共线性检验。从图 10.39 回归结果可

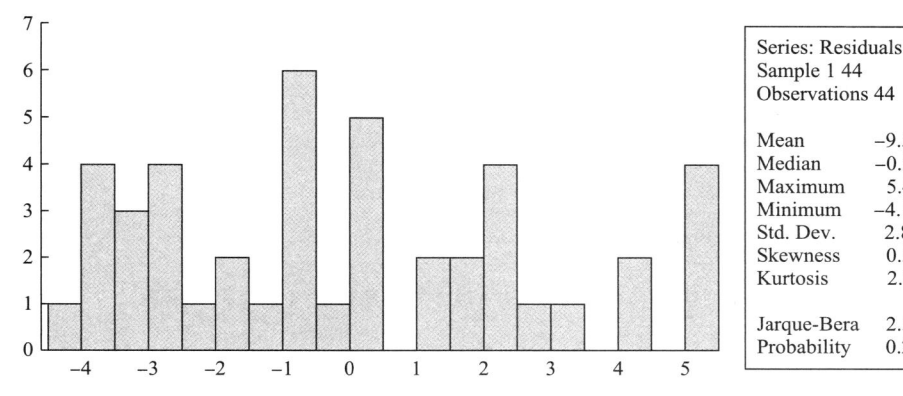

图 10.45 好基因模型（非线性）的正态性检验结果

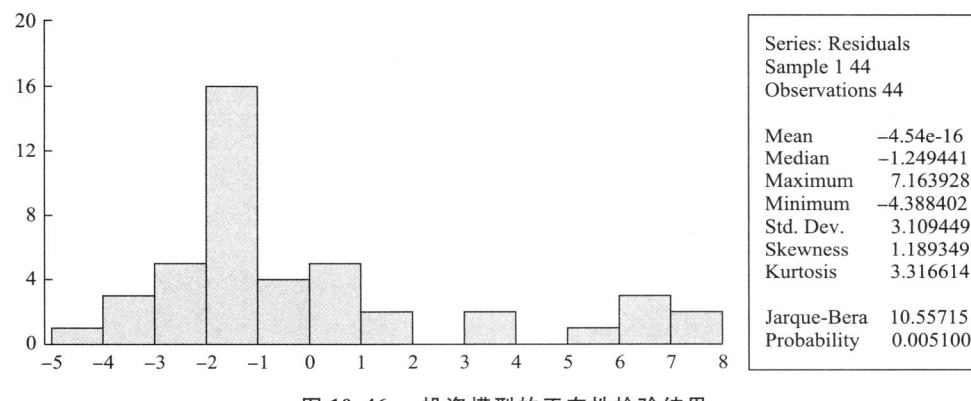

图 10.46 投资模型的正态性检验结果

以看出，所有的参数估计值都通过了 t 检验，初步判断变量之间不存在多重共线性。

进一步观察 X_{11} 与 X_2 之间的相关系数。EViews 操作方法为：点击数组文件窗口的 View\Covariance Analysis...，然后去掉"Covariance"前面的"√"，选择"Correlation"。得到变量之间的相关系数（见图 10.47）。

	X11	X2
X11	1.000000	-0.196533
X2	-0.196533	1.000000

图 10.47 相关系数

可见，变量之间的相关系数不高，不需要对模型进行修正。

6. 异方差检验

在图 10.39 窗口点击"View"，出现下拉菜单，选择"Residual Diagnostics"，再点击"Heteroskedasticity Tests..."，然后点击"White"。

不管是含交叉乘积项还是无交叉乘积项，White 异方差检验结果的伴随概率均大于 0.05（见图 10.48 和图 10.49），说明接受原假设，不存在异方差。

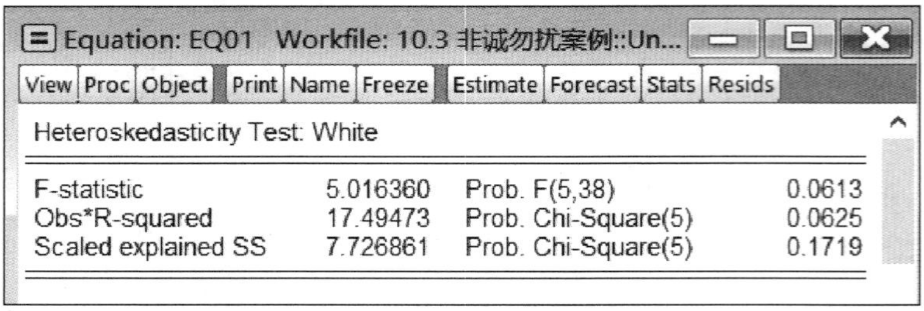
Equation: EQ01 Workfile: 10.3 非诚勿扰案例::Un...
View Proc Object Print Name Freeze Estimate Forecast Stats Resids
Heteroskedasticity Test: White
F-statistic 5.016360 Prob. F(5,38) 0.0613
Obs*R-squared 17.49473 Prob. Chi-Square(5) 0.0625
Scaled explained SS 7.726861 Prob. Chi-Square(5) 0.1719

图 10.48　好基因模型（非线性）的 White 异方差检验（含交叉乘积项）

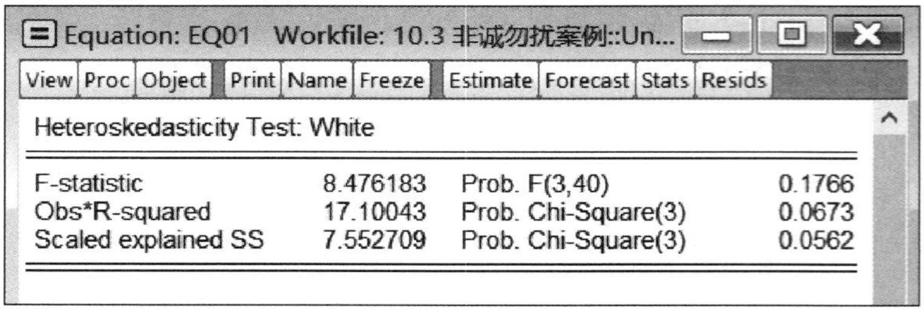
Equation: EQ01 Workfile: 10.3 非诚勿扰案例::Un...
View Proc Object Print Name Freeze Estimate Forecast Stats Resids
Heteroskedasticity Test: White
F-statistic 8.476183 Prob. F(3,40) 0.1766
Obs*R-squared 17.10043 Prob. Chi-Square(3) 0.0673
Scaled explained SS 7.552709 Prob. Chi-Square(3) 0.0562

图 10.49　好基因模型（非线性）的 White 异方差检验（无交叉乘积项）

在图 10.35 回归结果的窗口，进行异方差检验。

不管是含交叉乘积项还是无交叉乘积项，White 异方差检验结果的伴随概率均大于 0.05（见图 10.50 和图 10.51），说明接受原假设，不存在异方差。

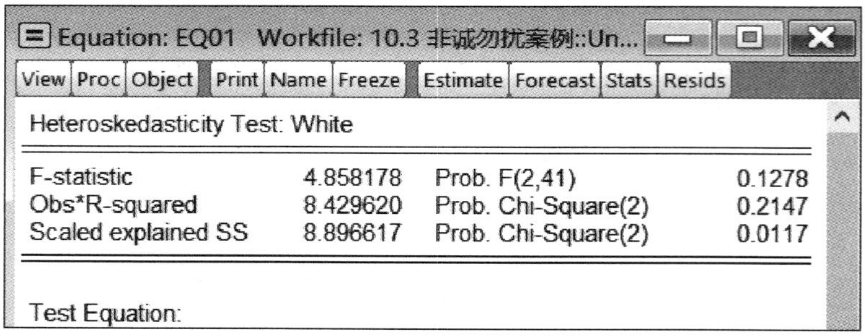
Equation: EQ01 Workfile: 10.3 非诚勿扰案例::Un...
View Proc Object Print Name Freeze Estimate Forecast Stats Resids
Heteroskedasticity Test: White
F-statistic 4.858178 Prob. F(2,41) 0.1278
Obs*R-squared 8.429620 Prob. Chi-Square(2) 0.2147
Scaled explained SS 8.896617 Prob. Chi-Square(2) 0.0117
Test Equation:

图 10.50　投资模型的 White 异方差检验（含交叉乘积项）

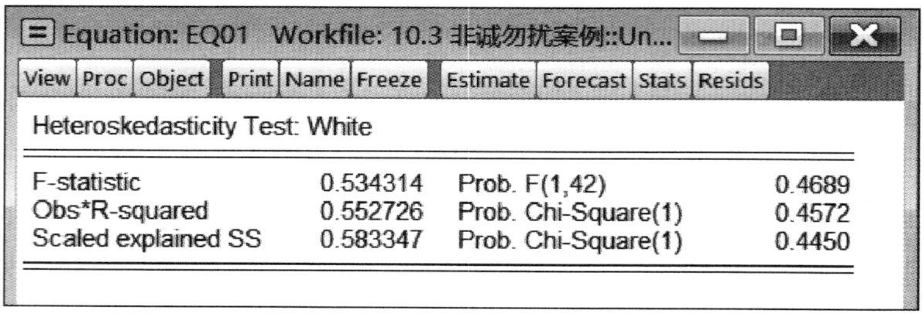
Equation: EQ01 Workfile: 10.3 非诚勿扰案例::Un...
View Proc Object Print Name Freeze Estimate Forecast Stats Resids
Heteroskedasticity Test: White
F-statistic 0.534314 Prob. F(1,42) 0.4689
Obs*R-squared 0.552726 Prob. Chi-Square(1) 0.4572
Scaled explained SS 0.583347 Prob. Chi-Square(1) 0.4450

图 10.51　投资模型的 White 异方差检验（无交叉乘积项）

7. 模型设定偏误检验——RESET 检验

在估计结果窗口，点击"View"工具栏，选择"Stability Diagnostics"命令，然后选择"Ramsey RESET Test…"，在弹出的对话框的"Number of fitted terms"后面空白处，输入需要的数字，先输入 1，再输入 2。

选择 1 期时，t 统计量的伴随概率是 0.0629（见图 10.52），大于 0.05，接受原假设，好基因模型不存在设定偏误。

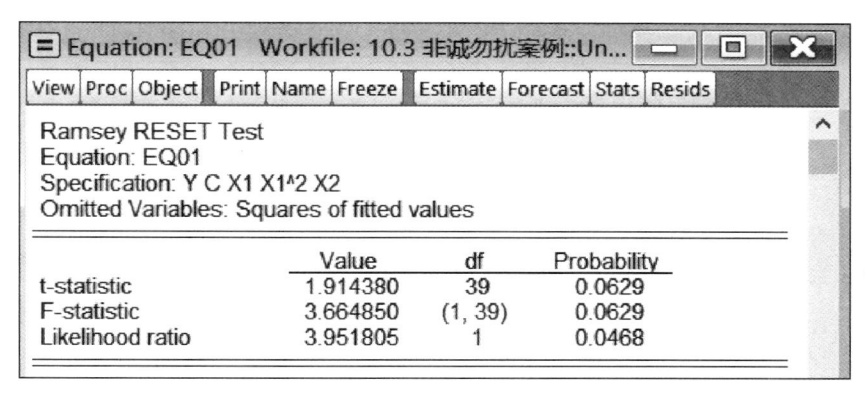

图 10.52　好基因模型 RESET 检验结果（一）

选择 2 期时，F 统计量的伴随概率是 0.0294（见图 10.53），大于 0.01，在 1% 的显著性水平下接受原假设，好基因模型不存在设定偏误。

图 10.53　好基因模型 RESET 检验结果（二）

选择 1 期时，t 统计量的伴随概率是 0.4867（见图 10.54），大于 0.05，接受原假设，投资模型不存在设定偏误。

选择 2 期时，F 统计量的伴随概率是 0.0446，大于 0.01，在 1% 的显著性水平下接受原假设，投资模型不存在设定偏误。

```
┌─ Equation: EQ01   Workfile: 10.3 非诚勿扰案例::Un... ─┐
│ View│Proc│Object│ Print│Name│Freeze│ Estimate│Forecast│Stats│Resids │
│                                                                      │
│ Ramsey RESET Test                                                    │
│ Equation: EQ01                                                       │
│ Specification: Y C X3                                                │
│ Omitted Variables: Squares of fitted values                          │
│                                                                      │
│                       Value        df        Probability             │
│   t-statistic         0.701944     41        0.4867                  │
│   F-statistic         0.492726    (1, 41)    0.4867                  │
│   Likelihood ratio    0.525627     1         0.4685                  │
```

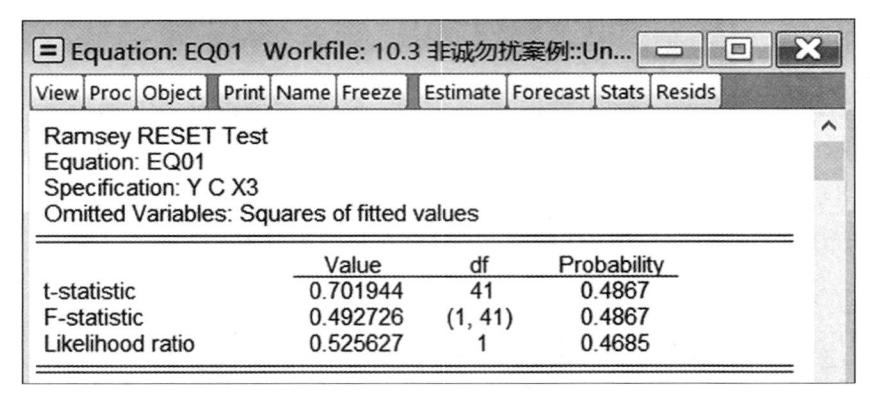

图 10.54　投资模型 RESET 检验结果 （一）

```
┌─ Equation: EQ01   Workfile: 10.3 非诚勿扰案例::Un... ─┐
│ View│Proc│Object│ Print│Name│Freeze│ Estimate│Forecast│Stats│Resids │
│                                                                      │
│ Ramsey RESET Test                                                    │
│ Equation: EQ01                                                       │
│ Specification: Y C X3                                                │
│ Omitted Variables: Powers of fitted values from 2 to 3               │
│                                                                      │
│                       Value        df        Probability             │
│   F-statistic         3.364115   (2, 40)     0.0446                  │
│   Likelihood ratio    6.840636     2         0.0327                  │
```

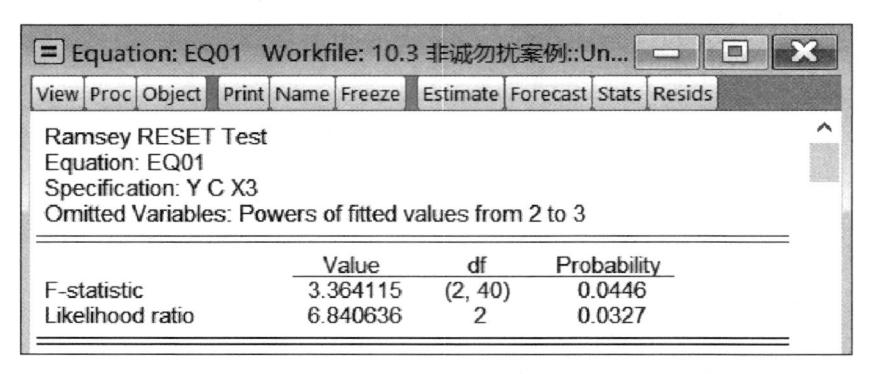

图 10.55　投资模型 RESET 检验结果 （二）

四　预测

预测是我们建立经济计量模型的目的之一，其操作如下：进入方程估计输出窗口，点击工具栏中的 "Forecast" 对话框，输入序列名 （Forecast name），该名称通常与方程中被解释变量的名称不同，这样就不会混淆实际值和预测值；作为可选项，可给预测标准误差随意命名［S. E. （optional）］，命名后，指定的序列将存储于工作文件中；用户可以根据需要选择预测区间 （sample range for forecast）；在"Output"中可选择用图形或数值来看预测值，或两者都用，包括预测评价指标（平均绝对误差等）。将对话框的内容输入完毕，点击"OK"得到用户命名的预测值序列。

注意：在进行外推预测之前应给解释变量赋值。

如果何炅老师上《非诚勿扰》，最后为他亮灯的数量有多少个？根据百度百科的个人资料和《福布斯》公布的 "2009 中国名人榜" 的数据，我们查到 X_1 = 1.72，$X_2 = 1$，$X_3 = 1255$，下面我们分别用两个模型做预测。

好基因模型的预测结果为 4.3 （见图 10.56）。投资模型的预测结果很高 （见

第十章 多元线性回归模型案例解析

图10.57），说明模型还有需要改进的地方。由于节目只有24盏灯，所以投资模型的预测值应该是24。

图形中可以得到这两个模型的预测值和标准误差，通过查表可以得到t临界值，根据置信区间的公式，预测值加减t的临界值乘以标准误差，就可以得到。这个留给读者自己算。

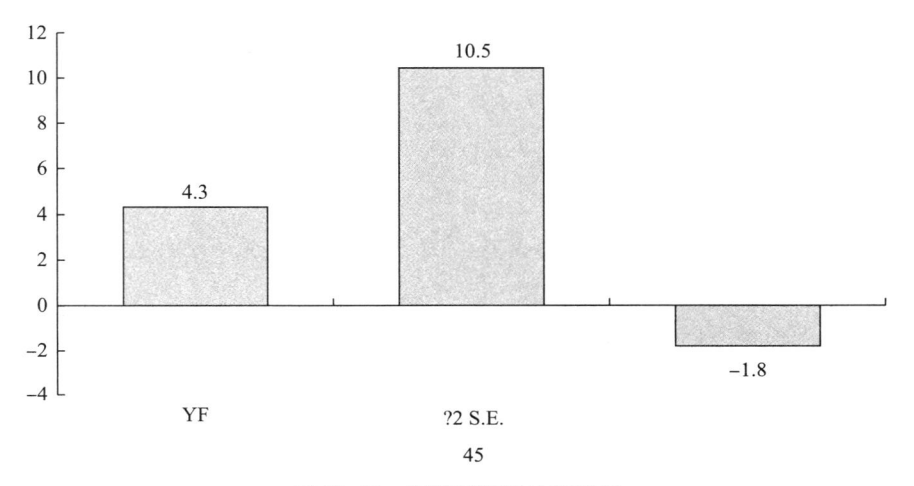

图 10.56 好基因模型的预测图

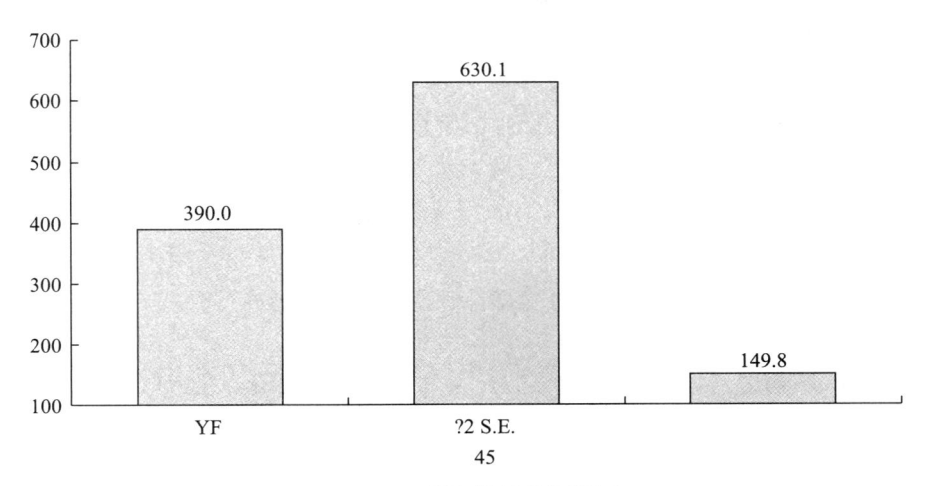

图 10.57 投资模型的预测图

第十一章 时间序列计量经济模型案例解析

时间序列分析方法由 Box-Jenkins 在 1976 年提出，它适用于各种领域的时间序列分析。

时间序列模型不同于计量经济模型的两个特点如下。

（1）这种建模方法不以经济理论为依据，而是依据变量自身的变化规律，利用外推机制描述时间序列的变化。

（2）明确考虑时间序列的非平稳性。如果时间序列非平稳，建立模型之前应先通过差分把它变换成平稳的时间序列，再考虑建模问题。

时间序列的计量经济模型的估计方法主要是 OLS，检验方法除了传统的经济检验、统计检验、多重共线性检验等违背经典假设的计量经济学检验方法外，还要进行单位根检验，不存在单位根就直接回归；如果存在单位根还要进行协整检验，只有存在协整关系才能运用 OLS 进行回归。

格兰杰因果关系检验不是逻辑上的因果关系，而是变量间的先后顺序，即是否存在一个变量的前期信息影响到另一个变量的当期。格兰杰因果检验不是必需的步骤。接下来本书选取了作者的三篇科研论文作为案例进行分析。

第一节 技术扩散、模仿与创新的技术进步效应研究
——基于我国大中型工业企业的实证分析

改革开放以来，我国企业数量迅速增加，规模持续壮大，尤其是大中型工业企业发展迅速，已成为国民经济发展中的重要力量。然而在取得令人瞩目成就的同时，由于缺乏核心技术，很多企业存在技术落后、产品质量低下等问题。尤其是在当前形势下，一边是欧美主权债务危机轮番爆发，导致国际市场动荡不堪；另一边是国内融资难、用工荒、成本上涨等不利因素持续困扰，国内经济环境错综复杂。我国企业在"内挤外压"的双重环境下，遭遇到严峻挑战。因此，依靠科技实现转型升级成为我国企业生存和发展的当务之急。

技术进步包括内源性技术进步和外源性技术进步。现阶段，我国企业存在R&D资源有限、专业技术人员缺乏、信息获取能力弱等问题。于是，通过技术扩散、模仿等方式获得外源性技术进步是解决企业目前发展困难的有效途径。然而，企业内部的R&D活动是企业技术进步的基本源泉，也是企业走向自主创新和提升竞争力的必经之道。因此，这两类技术进步途径都很重要。本文将结合经济增长理论和技术进步理论，运用我国大中型工业企业的数据，实证分析技术扩散、模仿与创新对我国大中型工业企业技术进步的短期和长期影响，探寻适合我国大中型工业企业的技术进步途径，为提升企业技术能力，最终实现自主创新提供科学性与可操作性建议。

一 计量模型构建和数据处理

（一）构建计量模型

本文将在D-S生产函数的基础上建立相应的计量模型，同时将国际创新活动的影响扩展为技术扩散（包括技术转移以及技术溢出等）和技术模仿，并利用中国工业企业数据对技术扩散、模仿与创新的技术进步效应进行量化分析和实证检验。

由于全要素生产率指数是技术进步对经济发展作用的综合反映，所以我们用全要素生产率（TFP）的变化来表示技术进步效应。按照内生创新理论的观点，技术进步是源于企业R&D投入的结果，人力资本仅是作为一种投入要素，而不是作为可以直接影响TFP的解释变量。因此，为了保持模型的理论来源和逻辑的一致性，本文将人力资本作为投入要素，以便更准确地测度各种技术进步途径对TFP水平的影响。所以构建以下计量模型：

$$\ln TFP_t = a_0 + a_1 \ln S_t^d + a_2 \ln S_t^{f-1} + a_3 \ln S_t^{f-2} + a_4 \ln S_t^{f-3} + \xi_t \tag{11.1}$$

其中：TFP_t为第t期的全要素生产率；S_t^d为第t期的国内R&D资本存量，表示国内技术创新；S_t^{f-1}表示技术模仿；S_t^{f-2}为技术转移（技术引入）指标；S_t^{f-3}为技术溢出指标；a_0为常数项；假设四者间满足对数线性关系，a_1、a_2、a_3、a_4分别为技术创新、技术模仿、技术转移与技术溢出对技术进步的变动弹性；ξ_t表示随机扰动项。

（二）变量的处理和数据来源

本文选取我国大中型工业企业的数据进行实证研究，时间跨度为1990~2010年，并以2000年为基期。

1. 被解释变量的处理与数据来源

由于TFP是时间序列数据，本文使用常见的柯布-道格拉斯生产函数法来计算TFP。

假定我国大中型工业企业在时间 t 初始技术水平为 A_0 的条件下,使用劳动 L_t、物质资本 K_t 和知识资本 S_t 三种生产要素进行生产,产出为 Y_t,假设技术进步是希克斯中性。

考虑如下柯布–道格拉斯生产函数:

$$Y_t = A_0 L_t^\beta K_t^\alpha S_t^\gamma \tag{11.2}$$

前面已经说明本文人力资本作为投入要素。因此,加入人力资本(H)的柯布–道格拉斯生产函数是:

$$Y_t = A_0 (L_t H_t)^\beta K_t^\alpha S_t^\gamma \tag{11.3}$$

我们用全要素生产率的变化来表示技术进步,将全要素生产率(TFP)定义为:

$$TFP_t = \frac{Y_t}{K_t^\alpha (L_t H_t)^\beta} = A_0 S_t^\gamma \tag{11.4}$$

其中,$0 < \alpha、\beta < 1$,$\alpha + \beta = 1$,只要求出 Y、K、L、H 和 α 即可。

产出 Y 用我国大中型工业企业增加值来表示,并采用 2000 年不变价格表示。资本存量 K 用大中型工业企业平均年末固定资产净值来表示,并用 2000 年定基固定资产价格指数进行平减;劳动投入 L 用我国大中型工业企业全部从业人员年平均人数表示。关于人力资本 H,本文采用大中型工业企业 R&D 人员表示。

最后,在柯布–道格拉斯生产函数 $Y_t = A_0 (L_t H_t)^\beta K_t^\alpha S_t^\gamma$ 两边除以 LH,再取对数,可以将上式变为 $\ln(Y/LH) = \ln A + \alpha \ln(K/LH)$,可计算出 α,从而得到 $\beta = 1 - \alpha$,本文计算得到中国的 $\alpha = 0.71$,$\beta = 0.29$。再根据 TFP 的计算公式,得到我国大中型工业企业的 TFP 结果。被解释变量所需的数据主要来自中经网统计数据库、科技部《中国主要科技指标数据库》、《中国统计年鉴》和《中国科技统计年鉴》等。

2. 解释变量的处理与数据来源

S_t^d 为第 t 期的大中型工业企业 R&D 资本存量,表示国内技术创新资源的投入。根据永续盘存法,我们用 Griliches(1980)的方法来计算中国大中型工业企业以 1990 年为基期的研发资本存量。基期的 R&D 资本存量可用下式计算:$S_{1990}^d = RD_{1990}/(g + \delta)$。其中:$S_{1990}^d$ 为 1990 年的研发资本存量;RD_{1990} 为 1990 年的研发资本支出;g 为基期之后的平均 R&D 投入增长率,本文计算结果为 $g = 25.18\%$;δ 为研发资本的折旧率,我们按照李平和钱利(2005)的做法设为 5%。

其余年份的研发资本存量依据永续盘存法来计算:$S_t^d = (1 - \delta) S_{t-1}^d + RD_t$。其中:$S_t^d$ 为 t 期国内的研发资本存量,RD_t 为 t 期研发资本经费支出。为了消除物价变动的影响,数据均用 2000 年不变价格表示。

S_t^{f-1}、S_t^{f-2}、S_t^{f-3} 也要用永续盘存法求出,计算方法和求国内研发资本存量类似。

技术模仿指标 S_t^{f-1} 用大中型工业企业技术改造经费表示。技术改造经费支出指本企业在报告年度进行技术改造而发生的费用,本文用此项作为衡量技术模仿的指标。

技术转移 S_t^{f-2} 用大中型工业企业技术引进经费支出表示。技术引进经费支出是指大中型工业企业在报告年度用于购买国外技术,包括购买设计、配方、流程、工艺专利、图纸等技术资料的费用,以及引进国外关键设备、仪器样机所支付的经费。本文以该变量作为国外技术向我国转移的衡量指标。

FDI 作为国际要素转移的主要载体,它不仅转移了资本要素,有效弥补了我国资金不足的缺口,而且同时进行技术、管理、知识等无形资产的转移,通过竞争与示范效应、人员培训、前后向关联效应等路径对我国大中型工业企业产生技术溢出,推动国内大中型工业企业劳动生产率和技术创新能力的提高。因此,本文的技术溢出 S_t^{f-3} 指标用 FDI 来表示。

解释变量所需的数据主要来自中经网统计数据库、科技部《中国主要科技指标数据库》和《中国科技统计年鉴》等。

二 实证研究与结果分析

(一)单位根检验

根据计量经济学的基本理论,实证分析之前要判定变量的平稳性,否则容易引起虚假回归。检验变量平稳性常用的方法是 ADF 单位根检验法,本文依据 ADF 单位根检验法的基本理论,结合检验形式、差分次数以及 DW 值大小,综合判断变量的单位根情况。

按照前面第一章的内容,在 EViews 10.0 软件里输入所有变量的数据,对所有的数据取对数。

首先,打开 ln*TFP* [ln*TFP* = log(*TFP*),即对 *TFP* 取对数] 的数据窗口,在该数据窗口下,点击左上角的"View"工具栏,出现下拉菜单,选择下拉菜单中的"Unit Root Test",即单位根检验。点击"Unit Root Test",出现的窗口分为四个部分:第一部分不用管;第二部分点击原序列"Level"前面的小圆圈,使其变为有"点"的,即选择原序列做单位根检验;第三部分点击"Trend and intercept",选择带时间趋势项和截距项的模型形式;第四部分可以先选择点击"User specified"前面的小圆圈,然后在"User specified"后面的空白处填写"1"。最后点击"OK",这样的检验结果如图 11.1 所示。

结果分为两部分,上面是单位根检验的结果,下面是检验方程的形式。

首先要看下面部分是否合适:观察"Variable"这一列的"C"(截距项)和"@trend('1990')"(时间趋势项)两项的 Prob. 数值是否小于 0.05,若小于成立则保留就不再剔除,现在结果是 0.0013 和 0.2717。时间趋势项的伴随概率大于 0.05,说明检验形式不对,改变检验形式重来,直到形式合适为止(注意,使用 t

```
Augmented Dickey-Fuller Unit Root Test on LNTFP

Null Hypothesis: LNTFP has a unit root
Exogenous: Constant, Linear Trend
Lag Length: 1 (Fixed)

                                                t-Statistic      Prob.*

Augmented Dickey-Fuller test statistic          -3.013361        0.1541
Test critical values:    1% level               -4.532598
                         5% level               -3.673616
                         10% level              -3.277364

*MacKinnon (1996) one-sided p-values.
Warning: Probabilities and critical values calculated for 20 observations
    and may not be accurate for a sample size of 19


Augmented Dickey-Fuller Test Equation
Dependent Variable: D(LNTFP)
Method: Least Squares
Date: 09/26/18   Time: 11:23
Sample (adjusted): 1992 2010
Included observations: 19 after adjustments

Variable         Coefficient    Std. Error    t-Statistic    Prob.

LNTFP(-1)        -0.604946      0.200755      -3.013361      0.0087
D(LNTFP(-1))      0.179502      0.195917       0.916214      0.3741
C                 0.480491      0.121669       3.949160      0.0013
@TREND("1990")    0.011992      0.010509       1.141127      0.2717

R-squared              0.480343   Mean dependent var     0.049808
Adjusted R-squared     0.376412   S.D. dependent var     0.190758
S.E. of regression     0.150637   Akaike info criterion -0.763223
Sum squared resid      0.340373   Schwarz criterion     -0.564394
Log likelihood        11.25062    Hannan-Quinn criter.  -0.729573
F-statistic            4.621736   Durbin-Watson stat     1.112285
Prob(F-statistic)      0.017576
```

图 11.1　第一次单位根检验结果

统计量的伴随概率确定采用何种形式，即是否包含截距项和时间趋势项）。

单位根设定的第四部分在最开始的时候空白处输入的是"1"，现在看这个"1"是否合适，就是看图 11.1 检验结果的下面部分的"Durbin-Watson stat"项的数值是否约为 2，如果结果为"否"，须回到单位根设定的"User specified"部分，空白处的数据改为"2"（3，4，…，n，这个数字一般很少超过 3 的），然后继续这样检测，直到答案为"是"。如果结果为"是"，则图 11.1 的下面部分任务完成。

现在，要比较上面部分的"Augmented Dickey-Fuller test statistic"的数值和下

面的"5% critical value"的数值,现在的结果是 −3.0134 大于 −3.6736,说明检验的序列(现在检验的是原序列)是非平稳的,至少有一个单位根。如果"Augmented Dickey-Fuller test statistic"的数值小于"5% critical value"的数值,则说明检验的序列是平稳的。现在的结论是原序列非平稳,至少有一个单位根,下面就要再检验确定单位根到底有几个,即回到单位根设定的第二部分确定差分次数,每选择一种差分,都需要确定模型的形式(第三部分)和滞后期(第四部分)。

经过多次尝试,对 lnTFP 序列的单位根检验最后结果如图 11.2 所示。

图 11.2 最后一次单位根检验结果

上述结果说明 $\ln TFP$ 是 I（0）的，形式是只有截距项。

前面是单位根检验的全部过程。归纳起来，上述检验结果如表 11.1 所示。一般来说，对于单位根检验的结果，如果以论文的形式在实证分析部分发表，要制成类似表 11.1 的格式。

表 11.1　变量的 ADF 单位根检验结果

变量	差分次数	检验形式 (C, T, K)	DW 值	ADF 值	1% 临界值	5% 临界值	结论
$\ln TFP$	0	(C, 0, 1)	1.97	-3.46	-3.83	-3.03	I(0)**
$\ln S_t^d$	0	(C, T, 1)	2.39	-3.91	-4.53	-3.67	I(0)**
$\ln S_t^{f-1}$	0	(C, T, 1)	1.45	-5.18	-4.53	-3.67	I(0)***
$\ln S_t^{f-2}$	0	(C, 0, 2)	2.24	-4.32	-3.86	-3.04	I(0)***
$\ln S_t^{f-3}$	0	(C, T, 1)	2.17	-8.91	-4.53	-3.67	I(0)***

注：***、**表示变量在1%、5%的显著性水平下通过平稳性检验；(C, T, K) 表示 ADF 单位根检验形式是否包含常数项、时间趋势项以及滞后期数。

上述检验结果表明模型所涉及的变量均是平稳变量，因此根据计量经济学理论，可以直接进行 OLS 回归，不需要进行协整检验。回归之前先做变量间格兰杰因果检验。

（二）格兰杰（Granger）因果检验

在理论上，技术扩散、模仿与创新之间存在相关关系。但它们彼此之间是否存在因果关系以及因果关系的方向并不明确，因此需要对这些变量之间的关系进行格兰杰因果检验。

格兰杰定理表明：存在协整关系的变量至少存在一个方向上的格兰杰因果关系。

首先打开全部数据窗口，然后点击"Group"数据组窗口左上角的"View"，出现下拉菜单，有一栏为"Granger Causality"（格兰杰因果关系检验），点击它。在格兰杰因果检验中，因果关系的方向对滞后期的选择非常敏感。故本文利用赤池信息准则（AIC）对滞后期进行选择，最优滞后期为 2，结果见表 11.2。

表 11.2　各个变量与技术进步的格兰杰因果关系检验

原假设	滞后期	F 统计量	伴随概率
$\ln S_t^d$ 不是 $\ln TFP$ 的格兰杰原因	2	4.83158	0.02537
$\ln TFP$ 不是 $\ln S_t^d$ 的格兰杰原因	2	1.41228	0.27624
$\ln S_t^{f-1}$ 不是 $\ln TFP$ 的格兰杰原因	2	0.94203	0.41320

续表

原假设	滞后期	F统计量	伴随概率
$\ln TFP$ 不是 $\ln S_t^{f-1}$ 的格兰杰原因	2	5.15607	0.02100
$\ln S_t^{f-2}$ 不是 $\ln TFP$ 的格兰杰原因	2	3.46677	0.05984
$\ln TFP$ 不是 $\ln S_t^{f-2}$ 的格兰杰原因	2	5.06065	0.02219
$\ln S_t^{f-3}$ 不是 $\ln TFP$ 的格兰杰原因	2	2.76283	0.09742
$\ln TFP$ 不是 $\ln S_t^{f-3}$ 的格兰杰原因	2	6.58480	0.00965

Granger 因果关系检验得到的结论是：在 10% 的显著性水平下，$\ln S_t^{f-2}$、$\ln S_t^{f-3}$ 和 $\ln TFP$ 互为因果关系；$\ln S_t^d$ 是 $\ln TFP$ 的格兰杰原因，但是 $\ln TFP$ 不是 $\ln S_t^d$ 的格兰杰原因；$\ln TFP$ 是 $\ln S_t^{f-1}$ 的格兰杰原因，但是 $\ln S_t^{f-1}$ 不是 $\ln TFP$ 的格兰杰原因。这说明，$\ln S_t^d$、$\ln S_t^{f-2}$、$\ln S_t^{f-3}$ 能够显著影响我国大中型工业企业的 $\ln TFP$，其中 $\ln S_t^d$ 与 $\ln TFP$ 之间为单项的因果关系，其余的为双向因果关系；而 $\ln S_t^{f-1}$ 对 $\ln TFP$ 的影响不显著，是因为 $\ln S_t^{f-1}$ 不是 $\ln TFP$ 的格兰杰原因，而 $\ln TFP$ 是 $\ln S_t^{f-1}$ 的格兰杰原因。

(三) 回归结果

接下来还要进行多重共线性、序列相关等计量经济学检验，读者可以参见第七章的内容，本节将进行上述检验，但是不展示检验结果了。

根据前面的分析和检验，我们可以用 OLS 直接回归，回归结果如表 11.3 所示。

表 11.3　OLS 回归结果

	$\ln TFP$	$\ln TFP$
C	-10.41* (-1.95)	-10.15*** (-3.40)
$\ln S_t^d$	-0.71* (-2.01)	-0.67** (-2.76)
$\ln S_t^{f-1}$	0.08 (0.06)	
$\ln S_t^{f-2}$	5.35*** (3.72)	5.33*** (3.97)
$\ln S_t^{f-3}$	-1.75*** (-3.23)	-1.73*** (-4.30)
AR(3)	-0.36*** (-3.73)	-0.36*** (-5.11)
R^2	0.82	0.82
DW	1.82	1.81

注：括号中的数字为 t 统计量，***、**、* 分别表示变量在 1%、5% 和 10% 的水平下通过显著性检验。

回归结果表明：从长期来看，对我国大中型工业企业技术进步影响最大的是技术转移，而且技术转移能够促进我国大中型工业企业技术进步；其次是来自 FDI 渠道的技术溢出，然而技术溢出会产生负面的技术进步效应；本国的技术创新投入也在某种程度上阻碍了大中型工业企业的技术进步；技术模仿也能促进技术进步，但是其影响不显著。

第二节 技术溢出、技能溢价与中国工资不平等

20 世纪 50 年代后，伴随着技术进步和包含前沿技术设备的资本品投资大规模增长，世界经济高速增长。然而，世界经济高增长并未使所有劳动者均等受益，反而由于不同人力资本所有者技能和劳动生产率的差异，技能型劳动者逐渐从普通劳动者中分离出来，出现技能型和非技能型劳动需求增长分化和技能溢价的新型劳动力市场问题。特别是到 20 世纪 70 年代，技能型和非技能型劳动报酬分化更为突出，并呈现两极化趋势（Morris and Western，1999）。美国和英国是这种变动的代表（Katz，1999）。同时，一些发展中国家，例如墨西哥等也出现了工资不平等加剧的现象（Hanson & Harrison，1999）。20 世纪 90 年代，随着收入差距的扩大，我国技能溢价的扩大也表现得十分明显。那么，导致这种变动的主要原因是什么呢？对这一问题的研究已成为经济学界的热点之一。本文从经济增长理论出发，结合技能溢价理论与国际技术扩散理论，实证研究在开放经济条件下影响我国工资不平等的主要因素。

一 模型构建和数据处理

（一）模型构建与变量选取

Murphy 等（1998）认为，产出 Y 需要 3 种投入要素：资本 K、技能型劳动力 S 和非技能型劳动力 U。为了便于分析，假定充分就业，并且规模报酬不变，则生产函数形式为：

$$Y_t = F(K_t, S_t, U_t) = K_t^\alpha [\lambda (A_t S_t)^\rho + (1-\lambda)(B_t U_t)^\rho]^{(1-\alpha)/\rho} (\alpha, \rho < 1) \quad (11.5)$$

其中，α 和 $(1-\alpha)$ 分别是资本和劳动力的产出弹性；λ 为分配参数，代表要素密集程度（$0 < \lambda < 1$）；A_t 和 B_t 分别为决定技能型劳动力与非技能型劳动力劳动生产率的技术进步；ρ 是技能型劳动力与非技能型劳动力之间的替代参数。技能型劳动力和非技能型劳动力的替代弹性 $\sigma = 1/(1-\rho)$。当 $-\infty < \rho < 0$ 时，$0 < \sigma < 1$，技能型劳动力和非技能型劳动力为互补关系。当 $0 < \rho < 1$ 时，$\sigma > 1$，两者为替代关系。本文假定 $\sigma > 1$。

假设劳动力市场完全竞争，工资等于劳动力的边际产出。技能型劳动力工资 W_t^S 与非技能型劳动力工资 W_t^U 之间的差距为 ω_t，则技能溢价的表达式为：

$$\omega_t = \frac{W_t^S}{W_t^U} = \frac{\lambda}{1-\lambda}\left[\frac{A_t}{B_t}\right]^{\rho}\left[\frac{S_t}{U_t}\right]^{-(1-\rho)} = \frac{\lambda}{1-\lambda}\left[\frac{A_t}{B_t}\right]^{(\sigma-1)/\sigma}\left[\frac{S_t}{U_t}\right]^{-1/\sigma} \quad (11.6)$$

对式（11.6）两边取自然对数，得：

$$\ln\omega_t = C + \frac{\sigma-1}{\sigma}\ln\left[\frac{A_t}{B_t}\right] - \frac{1}{\sigma}\ln\frac{S_t}{U_t} \quad (11.7)$$

其中 $C = \ln[\lambda/(1-\lambda)]$ 是常数。因为 $\sigma > 1$，则 $\partial\ln(\omega_t)/\partial(A_t/B_t) > 0$，$\partial\ln(\omega_t)/\partial(S_t/U_t) < 0$，即如果技能型劳动力的数量不变，技能偏向的技术进步将扩大工资差距；对于给定的相对技术水平 $\frac{A_t}{B_t}$，工资差距随相对需求而反向变化。

根据 Pissarides（1997）的研究，假设当技术水平相对较低的国家或地区效仿技术水平相对较高的国家或地区时，$\frac{A_t}{B_t}$ 发生变化。技术先进的国家或地区的技术可能通过贸易、外商直接投资等途径产生技术溢出效应，从而对发展中国家或地区的技术进步产生直接影响。因此，$\frac{A_t}{B_t}$ 的变化不仅包括本国的 R&D 活动，也包括技术先进国家或地区的技术溢出。我们假设相对生产率方程为：

$$\frac{A_t}{B_t} = f(S_t^d, S_t^f) \quad (11.8)$$

其中，S_t^d 为 t 期国内研发资本存量，S_t^f 为 t 期通过国际技术扩散获取的国外知识溢出。

国内外学者对进口和 FDI 的技术溢出做了大量研究，大多数学者从理论和实证方面证实了两者技术溢出的存在。我国作为一个贸易和引资大国，自然也要考虑这两个因素的技术溢出。不仅如此，据世界知识产权组织统计，有 90%~95% 的最新发明创造信息首先来源于专利信息，因而作为技术追随者的发展中国家和地区利用国外专利申请的技术溢出效应成为其获取先进技术信息的重要路径。此外，由于信息化时代的到来，知识和技术已经能够通过计算机网络、电话等途径更快更有效地传播，信息化革命为国际技术溢出提供了第四条渠道——信息技术。本文将选择进口、FDI、国外专利申请和信息技术四个因素作为技术溢出的渠道。

结合式（11.7）和式（11.8），我们构建以下估计模型：

$$\ln\omega_t = a_0 + a_1\ln S_t^d + a_2\ln S_t^{f-im} + a_3\ln S_t^{f-fdi} + a_4\ln S_t^{f-pat} + a_5\ln S_t^{f-IT} + a_6\ln\frac{S_t}{U_t} + \xi_t \quad (11.9)$$

其中，S_t^{f-im}、S_t^{f-fdi}、S_t^{f-pat}、S_t^{f-IT} 分别表示 t 期通过进口、FDI、国外专利申请

和信息技术路径溢出到我国的国外 R&D 资本存量，ξ_t 表示随机扰动项，其余变量含义同上。

（二）变量的选取与数据的来源和处理

由于要涉及对华的出口、FDI、国外专利申请和信息技术等渠道的技术溢出，考虑数据的可得性和合理性及体现本国的经济情况，本文选取日本、美国、德国、韩国、法国、英国、加拿大和澳大利亚 8 个国家作为技术溢出的来源地。样本期为 1990~2010 年，整理后得出的国外数据按照购买力平价汇率换算成以 2000 年为基期的美元计价，国内数据也以 2000 年为基期。

1. 技能溢价 ω_t

由于 $\omega_t = \dfrac{W_t^S}{W_t^U}$，只要知道技能型劳动力的工资 W_t^S 与非技能型劳动力的工资 W_t^U 即可。借鉴包群和邵敏（2008）的研究，本文将科技活动人员视为技能型劳动力 S，用科技经费内部支出额中的劳务费表示科技活动人员总报酬，用它除以科技活动人员数表示技能型劳动力的人均工资 W_t^S。非科技活动人员统一视为非技能型劳动力 U，由于非科技活动人员无法直接得到，我们用"全部从业人员年平均人数"与"科技活动人员数"的差值表示，计算非科技活动人员的人均报酬的方法同上。数据来源于历年《中国工业经济统计年鉴》、《中国科技统计年鉴》、《中国劳动统计年鉴》和中经网统计数据库。

2. 国内研发资本存量 S_t^d

国内研发资本存量的数据主要是利用各期《中国统计年鉴》的研究与试验发展（简称研发，R&D）经费支出计算。

我们用 Griliches（1980）的方法来计算各国以 1990 年为基期的研发资本存量。基期的 R&D 资本存量可用下式计算：

$$S_{1990}^d = RD_{1990} / (g + \delta)$$

其中：S_{1990}^d 为 1990 年的研发资本存量；RD_{1990} 为 1990 年的研发资本支出；g 为基期之后的平均 R&D 投入增长率，本文计算结果为 $g = 25.18\%$；δ 为研发资本的折旧率，按照李平等（2007）的做法设为 5%。

其余年份的研发资本存量依据永续盘存法来计算：

$$S_t^d = (1 - \delta) S_{t-1}^d + RD_t$$

其中：RD_t 为 t 期的研发资本支出。

3. 通过进口和 FDI 溢出的国外研发资本存量 S_t^{f-im} 和 S_t^{f-fdi}

本文运用 Lichtenberg 和 Pottelsberghe（1998）给出的方法来测度国外 R&D 资

本存量溢出，以下简称 LP 方法。

LP 方法构造的进口贸易、FDI 渠道的国外溢出 R&D 资本存量表述形式如下：

$$S_{it}^{f-im} = \sum_{j \neq i} \frac{IM_{ijt}}{GDP_{jt}} \times S_{jt}^{d}$$

$$S_{it}^{f-fdi} = \sum_{j \neq i} \frac{FDI_{ijt}}{GDP_{jt}} \times S_{jt}^{d}$$

其中，i 国表示中国，IM_{ijt} 表示 t 期 i 国从 j 国的进口额，FDI_{ijt} 代表 j 国第 t 期流入 i 国的实际外商直接投资，GDP_{jt} 表示在第 t 期 j 国的 GDP，S_{jt}^{d} 表示在第 t 期 j 国的国内 R&D 资本存量，采用永续盘存法计算，其余变量含义同上。

国外 GDP 和各国对华出口、FDI 和研发资本存量的数据来自 IMF、中国国家统计局网站、联合国教科文组织数据库等，并按照购买力平价汇率换算成以 2000 年为基期的美元计价。

4. 国外专利申请技术溢出 S_{t}^{f-pat}

我们按照 Lichtenberg 和 Pottelsberghe（1998）的原理沿用李平等（2007）的方法提出 S_{t}^{f-pat} 的计算公式为：

$$S_{it}^{f-pat} = \sum_{j \neq i} \frac{VP_{ijt}}{GDP_{jt}} \times S_{jt}^{d} = \sum_{j \neq i} \frac{PA_{ijt}}{TPA_{jt}} \times \frac{RD_{jt}}{GDP_{jt}} \times S_{jt}^{d}$$

其中，RD_{jt} 为 j 国第 t 年的国内研发支出；PA_{ijt} 表示 j 国第 t 年向 i 国申请的专利数；TPA_{jt} 表示 j 国第 t 年拥有的国内专利申请总数；VP_{ijt} 表示 j 国第 t 年流入 i 国的专利申请的价值，为 j 国第 t 年每个专利申请的价值（即 RD_{jt}/TPA_{jt}）与 PA_{ijt} 的乘积。

专利主要包括发明专利、实用新型和外观设计。发明专利的技术含量最高，难度也最大，属于高水平技术创新项目，因此我们使用国外发明专利申请来表示国外专利申请。此外，专利申请包括专利申请受理与授权两个方面，后者更能体现一国的实际创新成果。于是，我们选取国外向我国申请的发明专利授权量来表示国外专利申请。数据来自《中国科技统计年鉴》和历年《中国信息年鉴》，以及世界知识产权组织工业产权数据库等。

5. 信息技术溢出 S_{t}^{f-IT}

关于信息技术的度量，我们采用韩民春和徐姗（2009）的计算公式：

$$S_{it}^{f-IT} = \sum_{j \neq t} (IT_{it} + IT_{ijt}) \times S_{jt}^{d}$$

其中，$IT_{it} + IT_{ijt}$ 代表 i 国与 j 国的信息与通信支出占 GDP 的份额之和。数据来自中国国家统计局的国际数据和历年《中国信息年鉴》，以及联合国教科文组织数据库等。

6. 技能型劳动力和非技能型劳动力之比 $\dfrac{S_t}{U_t}$

本文将科技活动人员视为技能型劳动力 S，将非科技活动人员统一视为非技能型劳动力 U。非科技活动人员无法直接得到，我们用"全部从业人员年平均人数"与"科技活动人员数"的差值表示。数据来源于历年《中国科技统计年鉴》和《中国工业经济统计年鉴》。

二 实证研究与结果分析

（一）单位根检验

根据计量经济学的基本理论，实证分析之前要判定变量的平稳性，否则容易引起虚假回归。检验变量平稳性常用的方法是 ADF 单位根检验法，本文依据 ADF 单位根检验法的基本理论，结合检验形式、差分次数以及 DW 值大小，综合判断变量的单位根情况。结果如表 11.4 所示。

表 11.4 变量的 ADF 单位根检验结果

变量	差分次数	检验形式 (C，T，K)	DW 值	ADF 值	1% 临界值	5% 临界值	结论
$\ln\omega_t$	1	(N，N，1)	2.00	-2.64	-2.7	-1.96	$I(1)^*$
$\ln S_t^d$	1	(C，N，1)	2.33	-3.53	-3.86	-3.04	$I(1)^*$
$\ln S_t^{f-im}$	2	(N，N，2)	1.87	-2.27	-2.72	-1.96	$I(2)^*$
$\ln S_t^{f-fdi}$	2	(N，N，0)	1.80	-3.01	-2.7	-1.96	$I(2)^{**}$
$\ln S_t^{f-pat}$	2	(N，N，0)	1.77	-5.05	-2.7	-1.96	$I(2)^{**}$
$\ln S_t^{f-IT}$	1	(C，T，1)	1.74	-3.77	-4.57	-3.69	$I(1)^*$
$\ln\dfrac{S_t}{U_t}$	1	(C，N，0)	2.06	-5.23	-3.83	-3.03	$I(1)^{**}$

注：**、* 分别表示变量在 5%、1% 的显著性水平下通过平稳性检验；(C，T，K) 表示 ADF 单位根检验形式是否包含常数项、时间趋势项以及滞后期数。

（二）协整检验

变量的 ADF 单位根检验结果表明，理论模型中涉及的变量都是非平稳序列，并且解释变量的高阶序列出现两个以上。非平稳变量之间的最小二乘回归很可能为伪回归，因为蒙特卡罗模拟已经表明单位根变量之间的回归在很大程度上具有接受相关关系的更高的检验势。因此回归之前要判断变量之间的协整性，有协整关系才可直接利用普通最小二乘法，否则需要另行处理。

做协整检验有几个要求：

第一，两个或两个以上的变量才可以做协整检验；
第二，被解释变量的单整阶数要小于或者等于解释变量的单整阶数；
第三，有两个或者两个以上的解释变量的时候，解释变量的单整阶数要相同；
第四，只有一个被解释变量和一个解释变量的时候，两者的单整阶数要相同。
以上四点，记住最好，记不住就到这一页来查查。
前面的单位根检验表明，可以做协整检验。

做协整检验的变量都要显示出来，包括被解释变量。在全部数列窗口，点击数据组窗口左上角的"View"，出现下拉菜单，有一栏为"Cointegration Test"（协整检验），点击它。本节使用常用的"Johansen System Cointegration Test…"。

本节变量的JJ协整检验结果如表11.5和表11.6所示。

表11.5 三个二阶单整序列的协整检验结果

特征根	迹统计量（P值）	5%临界值	λ-max 统计量（P值）	5%临界值	原假设
0.846	51.03 (0.00)	29.80	35.53 (0.00)	21.13	不存在协整关系*
0.429	15.51 (0.05)	15.50	10.65 (0.17)	14.26	存在一个协整关系
0.225	4.85 (0.03)	3.84	4.85 (0.03)	3.84	存在二个协整关系

注：*表明在1%的显著性水平下拒绝原假设，P值为伴随概率。

表11.6 三个一阶单整序列的协整检验结果

特征根	迹统计量（P值）	5%临界值	λ-max 统计量（P值）	5%临界值	原假设
0.86	47.94 (0.00)	29.80	36.93 (0.00)	21.13	不存在协整关系*
0.41	11.01 (0.21)	15.50	10.14 (0.20)	14.26	存在一个协整关系
0.04	0.87 (0.35)	3.84	0.87 (0.35)	3.84	存在二个协整关系

注：*表明在1%的显著性水平下拒绝原假设，P值为伴随概率。

（三）格兰杰因果关系检验

利用时间序列模型进行计量实证研究时，格兰杰因果关系检验不是必需的。

（四）协整回归结果分析

协整检验结果表明上述变量之间具有协整关系，因此可以直接回归，结果如

表 11.7 所示。

表 11.7 协整关系的回归结果

	$\ln\omega_t$	$\ln\omega_t$	$\ln\omega_t$
C	-0.29 (-0.03)		
$\ln S_t^d$	-0.19 (-0.89)	-0.19 (-0.97)	
$\ln S_t^{f-im}$	-0.28** (-2.47)	-0.28** (-2.56)	-0.33*** (-3.58)
$\ln S_t^{f-fdi}$	0.08 (0.93)	0.08* (1.44)	0.09* (1.62)
$\ln S_t^{f-pat}$	0.17** (2.01)	0.17*** (3.13)	0.18*** (3.40)
$\ln S_t^{f-IT}$	0.29 (0.53)	0.27* (1.50)	0.10*** (2.38)
$\ln\dfrac{S_t}{U_t}$	0.50 (0.81)	0.51* (1.44)	0.18* (1.67)
$\overline{R}^2$	0.41	0.45	0.45
DW	1.60	1.60	1.58

注：括号中的数字为 t 统计量，***、**、* 分别表示变量在 1%、5% 和 10% 的水平下通过显著性检验。

我国技能型劳动力和非技能型劳动力的工资差距缩小，说明自主创新能改善我国技能溢价的现象，然而其系数不显著；进口渠道溢出的国外研发资本存量与 $\ln\omega_t$ 也呈现负相关关系，说明我国在同主要贸易伙伴的贸易中，通过进口方式获得的国外有效技术溢出明显地改善了我国的技能溢价现象。FDI、国外专利申请与信息技术的技术溢出与技能溢价呈现正相关关系，即通过这些方式获得的国外有效技术溢出使得我国技能型劳动力和非技能型劳动力工资差距反而增大，这与预期结果一致。技能型劳动力的相对需求 $\dfrac{S_t}{U_t}$ 也与 $\ln\omega_t$ 呈正相关关系。

第三节 多渠道 R&D 溢出、全球生产网络与中国农业技术创新绩效

一 模型的构建

根据内生增长理论：一国技术创新和技术进步活动是其经济增长的内在动力和源泉，新思想和新技术来源于 R&D 活动的投入及对知识存量的有效利用（Romer，1990）。以 $\dot{A}$ 代表技术进步增长率，$H_{A,t}^{\lambda}$ 代表 R&D 活动，A_t^{φ} 代表可利用的知识存量，内生增长理论建立如下基本模型：

$$\dot{A} = \delta H_{A,t}^{\lambda} A_t^{\varphi}$$

在 Romer 的模型中，$\lambda = \varphi = 1$，即 $\dot{A}_t / A_t = \delta H_{A,t}$，反映了技术进步增长率是可持续。但 Jones（1995）认为 φ 和 λ 可能小于 1，存在遏制长期可持续创新的可能性。

而当 $\varphi > 0$ 时，表明当前我国的 R&D 活动"站在巨人的肩膀上"；但当 $\varphi < 0$ 时，表明由于前期"竭泽而渔"我国的 R&D 活动出现低效率（Furman et al.，2002）。

受上述研究启示，本文以内生增长理论为基础，以农业的 R&D 经费和研发人员投入代表 R&D 活动的投入，国外 R&D 溢出表示可利用的知识存量，建立模型如下：

$$\ln TFP_t = \alpha_0 + \alpha_1 \ln A_t^d + \alpha_2 \ln L_t^d + \alpha_3 \ln A_t^f + \xi_t \tag{11.10}$$

其中：α 为各解释变量的系数，TFP_t 表示 t 期农业的技术进步率，A_t^d 和 A_t^f 分别表示 t 期内部 R&D 投入和国际 R&D 溢出，L_t^d 表示 t 期 R&D 人员，ξ_{it} 表示随机扰动项。

根据新增长理论和新贸易理论，技术知识可以通过进口、出口、FDI、人口流动以及国际会议等渠道传递。国内外学者对我国进口、出口和 FDI 的技术溢出做了大量研究，大多数学者从理论和实证方面证实了其技术溢出的存在。进入 21 世纪以来，我国农业实际利用外商直接投资增长迅速，从 2000 年的 67594 万美元增长到 2013 年的 180000 万美元，年均增长 7.83%，进口额增长了 10 倍左右，出口额也增长了约 4 倍。吸引外资和外贸对我国制造业和高技术产业的技术进步发挥了重要作用，它们对我国农业生产效率的提升作用又如何呢？本文将其引入模型进行分析。

依据内生增长理论，把内生 R&D 努力对技术创新效率的影响作为其他模型的对比基准，再在该模型中加入进口、FDI 和出口渠道的 R&D 溢出变量，综合考察所有因素对技术创新效率的影响。为了消除异方差等因素的影响，我们将各个变量取自然对数。本文建立计量模型如下：

$$\ln TFP_t = \beta_0 + \beta_1 \ln A_t^d + \beta_2 \ln L_t^d + \mu_t \tag{11.11}$$

$$\ln TFP_t = \beta_0 + \beta_1 \ln A_t^d + \beta_2 \ln L_t^d + \beta_3 \ln A_t^{f-im} + \beta_4 \ln A_t^{f-fdi} + \beta_5 \ln A_t^{f-ex} + \mu_t \tag{11.12}$$

其中：A_t^{f-im}、A_t^{f-fdi} 和 A_t^{f-ex} 分别表示进口、外商直接投资和出口渠道的 R&D 溢出，其余变量含义同上。

无论是进出口还是 FDI，都是我国农产品融入全球生产网络的标志。全球生产网络以不可阻挡之势把世界各国的资源纳入一个统一的配置系统之中，研究国际有效 R&D 溢出不得不考虑主导目前新国际分工格局的全球生产网络。

本文在模型（11.12）的基础上，把全球生产网络因素 VSS_t 纳入实证模型之

中,建立模型(11.13):

$$\ln TFP_t = \beta_0 + \beta_1 \ln A_t^d + \beta_2 \ln L_t^d + \beta_3 \ln A_t^{f-im} + \beta_4 \ln A_t^{f-fdi} + \beta_5 \ln A_t^{f-ex} + \beta_6 VSS_t + \mu_t \quad (11.13)$$

在模型(11.13)的基础上,进一步加入全球生产网络指数的平方项 $SVSS_t$,以检验其与农业创新能力的非线性关系:

$$\ln TFP_t = \beta_0 + \beta_1 \ln A_t^d + \beta_2 \ln L_t^d + \beta_3 \ln A_t^{f-im} + \beta_4 \ln A_t^{f-fdi} + \beta_5 \ln A_t^{f-ex} + \beta_6 VSS_t + \beta_7 SVSS_t + \mu_t$$
$$(11.14)$$

综合来看,全球生产网络主要通过影响产业自主研发以及各个渠道知识溢出等路径作用于产业技术创新。一方面,通过全球生产网络分工,我们可能获得垂直分工的潜藏利益;另一方面,发达国家希望强化现有分工模式,对于最新的核心性技术采取保护措施,以及我国农业对从外部获得的新技术吸收效果不好,可能导致促进作用降低。针对上述不确定性,借鉴刘海云和唐玲(2009)的做法,引入 VSS_t 与各个溢出变量的交互项,建立如下模型:

$$\ln TFP_t = \beta_0 + \beta_1 \ln A_t^d + \beta_2 \ln L_t^d + \beta_3 VSS_t \times \ln A_t^{f-im} + \beta_4 VSS_t \times \ln A_t^{f-fdi} + \beta_5 VSS_t \times \ln A_t^{f-ex} + \mu_t$$
$$(11.15)$$

二 数据来源与变量的处理

(一)数据来源

考虑数据的可得性和合理性,本文使用的样本区间为1990~2013年,数据来自相应年份的《中国统计年鉴》、《中国科技统计年鉴》、《中国农村统计年鉴》、中经网统计数据库、IMF、OECD网站等,所有的数据采用2000年不变价格表示,国外数据以2000年为基期的美元加权平均汇率折算。

(二)变量的处理

1. 技术进步率

本文从创新能力和创新效率双重维度衡量了我国农业的技术创新绩效。以创新效率为被解释变量,将创新能力作为其替代变量进行模型稳健性检验。本文用技术进步率衡量创新效率,创新能力用当年的农业植物新品种申请数作为衡量指标。

考虑变形的柯布-道格拉斯生产函数 $Y_t = A_0 K_t^\alpha L_t^\beta$,假设我国技术进步是希克斯中性,初始技术为 A_0,使用劳动 L_t 和资本存量 K_t 两种生产要素进行生产,产出为 Y_t。

根据柯布-道格拉斯生产函数,我们用全要素生产率 TFP 的方法来计算技术进步率:$TFP_t = \dfrac{Y_t}{K_t^\alpha L_t^\beta}$。其中,$0 < \alpha, \beta < 1$,$\alpha + \beta = 1$,只要求出 Y、K、L 和 α 即可。

总产出 Y 用我国农林牧渔业总产值表示。劳动投入 L_t 用我国年末农村就业人员表示。资本存量 K 采用农林牧渔业全社会固定资产投资额来代替，并采用 Goldsmith（1951）开创的永续盘存法计算。其中以 1997 年为基期的 R&D 资本存量可用下式计算：$K_{1997} = I_{1997}/(g+\delta)$。其中：$K_{1997}$ 为 1997 年的资本存量；I_{1997} 为 1997 年的固定资本；g 为固定资本形成对数形式增长率的平均数，本文根据统计年鉴的固定资本形成数据计算得出中国的 $g = 1.023\%$；δ 为资本的折旧率，设为 9.6%（李平、钱利，2005）。其他年份的 K 的估算公式为 $K_t = K_{t-1}(1-\delta) + I_t$，$I_t$ 表示第 t 年固定资本形成额。

最后，对柯布-道格拉斯生产函数两边取对数，可以变为 $\ln(Y/L) = \ln A + \alpha \ln(K/L)$，可计算出 α，从而得到 β，本文计算得到中国的 $\alpha = 0.55$，则 $\beta = 0.45$。再根据 TFP 的计算公式，得到我国农业的技术进步率。

2. 国内 R&D 投入和 R&D 人员

我们用农林牧渔业研究与开发机构科技活动经费内部支出表示 A_t^d，2009 年开始，这一项数据用 R&D 经费内部支出计算。根据永续盘存法，我们用 Griliches（1980）的方法来计算基期的 R&D 资本存量：$A_{1990}^d = RD_{1990}/(g+\delta)$。其中，$A_{1990}^d$ 为 1990 年的 R&D 资本存量；RD_{1990} 为 1990 年的 R&D 经费支出；δ 为研发资本的折旧率，我们按照李平和钱利（2005）的做法设为 5%；g 为基期之后的平均 R&D 投入增长率，本文计算结果为 $g = 1.102\%$。其余年份的研发资本存量依据永续盘存法来计算：$A_t^d = (1-\delta)A_{t-1}^d + RD_t$。R&D 经费支出的成分比较复杂，部分用于购买固定资产，也有一部分用于研发过程中的人员费用支出等，我们延用朱平芳和徐伟民（2003）的方法，以固定资产投资价格指数和居民消费价格指数的加权合成指数作为 R&D 的价格缩减指数，两者权重分别取 45% 与 55%。

关于从事农业活动的 R&D 人员，2009~2013 年用农林牧渔业的 R&D 人员表示，以前的数据用从事科技活动人员中农林牧渔业的科学家和工程师表示，为了统计口径的一致，1996 年以前的数据减去水利业的数据。

3. A_t^{f-im}、A_t^{f-fdi} 和 A_t^{f-ex}

本文运用 Lichtenberg 和 Pottelsberghe（1998）给出的方法来测度国外 R&D 资本存量，其表述形式如下：

$$A_{it}^{f-im} = \sum_{j \neq i} \frac{IM_{ijt}}{GDP_{jt}} \times A_{jt}^d, A_{it}^{f-ex} = \sum_{j \neq i} \frac{EX_{ijt}}{GDP_{jt}} \times A_{jt}^d$$

其中，i 国表示中国，IM_{ijt} 表示在 t 期中国从 j 国的农产品进口额，GDP_{jt} 表示在 t 期 j 国的 GDP，A_{jt}^d 表示在 t 期 j 国的国内 R&D 资本存量，采用永续盘存法计算，EX_{ijt} 表示 t 期中国对 j 国的农产品出口额，其余变量含义同上。兼顾我国农产品的主要贸易伙伴国以及世界知识资本投入较多的国家，考虑数据的可得性和合理性及体现本国的经济情况,本文选取日本、韩国、美国、加拿大、英国、德国、法国和澳大利亚 8 个国家作为 R&D 溢出的来源地。

由于外商投资企业已经在我国建立了子公司,它们在我国的 R&D 活动比该国的 R&D 活动对我国的影响更直接,再加上没有各国对我国农业 FDI 的数据。因此,本文使用的指标是:A_t^{f-fdi} = (农产品 FDI/FDI) × 大中型工业企业中外资企业 R&D 经费。

4. VSS_i

Hummels 等(2001)提出的垂直专业化概念有效地度量了一个国家或地区通过贸易在参与全球生产链中所做出的相对贡献。随着垂直专业化的深化,企业或行业外购的中间投入会增加,这可以通过技术外溢效应、学习的外部性和多样化促进其生产率提升(刘海云、唐玲,2009)。本书根据 Hummels 等(2001)的定义,企业 i 的垂直专业化份额 VSS_i 定义为:$VSS_i = VS_i/X_i$。式中,VS_i 表示该企业用于出口生产的全部进口中间产品价值,X_i 为总出口值。该指标的值越大,表明全球生产网络所表现出的国际分工特征越明显。

数据来源于"STAN:OECD Structural Analysis Statistics",本部分使用的是 1992 ~ 2013 年的数据。

三 估计与检验

(一)单位根检验

本文依据 ADF 单位根检验法的基本理论,使用 EViews 10.0 软件分别对各个变量进行平稳性检验,结合检验形式、差分次数以及 DW 值大小,综合判断变量的单位根情况,如表 11.8 所示。从检验结果可以看出,模型的各时间序列变量的原序列虽然都不是平稳序列,但是一阶差分后的序列都是平稳的,因此,这些时间序列都是一阶单整序列。

表 11.8 变量的 ADF 单位根检验结果

变量	检验形式 (C, T, K)	DW 值	ADF 值	1% 临界值	5% 临界值	结论
$\ln TFP_t$	(C, N, 1)	2.00	-2.10	-2.60	-1.96	不平稳
D($\ln TFP_t$)	(N, N, 1)	2.05	-3.15	-2.70	-1.96	平稳**
$\ln S_t^d$	(C, T, 1)	2.10	-0.49	-4.57	-3.69	不平稳
D($\ln S_t^d$)	(C, N, 1)	2.15	-4.32	-2.60	-1.96	平稳**
$\ln S_t^{f-im}$	(C, T, 1)	2.12	-1.81	-4.57	-3.69	不平稳
D($\ln S_t^{f-im}$)	(C, T, 1)	1.87	-4.84	-4.57	-3.69	平稳**

续表

变量	检验形式 (C, T, K)	DW 值	ADF 值	1% 临界值	5% 临界值	结论
$\ln S_{it}^{f-ex}$	(C, T, 1)	1.78	-2.54	-4.57	-3.69	不平稳
D ($\ln S_{it}^{f-ex}$)	(C, N, 0)	1.84	-3.43	-3.86	-3.04	平稳*
$\ln S_{it}^{f-fdi}$	(C, T, 1)	1.95	-1.70	-4.57	-3.69	不平稳
D ($\ln S_{it}^{f-fdi}$)	(N, N, 0)	1.87	-2.50	-2.70	-1.96	平稳*

注：**、*分别表示变量在5%、1%的显著性水平下通过平稳性检验；(C, T, K) 表示 ADF 单位根检验形式是否包含常数项、时间趋势项以及滞后期数。

(二) 协整检验

非平稳变量之间的最小二乘回归很可能为伪回归，因此回归之前要判断变量之间的协整性，有协整关系才可直接利用 OLS 进行估计。表 11.9 中 JJ 协整检验结果表明，上述变量之间在 5% 的显著性水平下，至少存在一个协整关系，因此可以直接回归。

表 11.9　JJ 协整检验结果

特征根	迹统计量 (P值)	5%临界值	λ-max 统计量 (P值)	5%临界值	原假设
0.86	104.54 (0.00)	69.82	42.77 (0.00)	33.88	不存在协整关系**
0.71	61.77 (0.00)	47.86	27.23 (0.05)	27.58	存在一个协整关系**
0.60	34.54 (0.01)	29.80	20.07 (0.07)	21.13	存在二个协整关系
0.39	14.47 (0.07)	15.49	11.03 (0.15)	14.26	存在三个协整关系
0.14	3.44 (0.06)	3.84	3.44 (0.06)	3.84	存在四个协整关系

注：**表明在5%的显著性水平下拒绝原假设，P值为伴随概率。

(三) 协整回归结果分析

协整回归结果如表 11.10 所示。在回归结果中，F 统计量值全部显著，各个变量在相应显著性水平下基本上通过 t 检验等。因此，模型具有一定的解释能力。在全球生产网络影响效应的考察中，无论是模型（3）考察其对农业技术创新效率的影响，还是模型（8）考察其对农业创新能力的影响，融入全球生产网络都有利于促进我国农业技术创新。但是模型（4）和模型（9）中，全球生产网络指数对农业技术创新效率的影响均显著为正，但是该指数平方项的系数显著为负，说明全球生产网络指数与我国农业技术创新效率存在倒 U 形关系。这意味着国际分工特征越明显，越会强化我国农业国际分工的不利地位，这不利于我国农业技术创新。本文计算的拐点为 3.7810 和 3.0174，而我国自 2004 年开始，VSS_t 已经超过了该拐点。

表 11.10　协整关系的回归结果

	模型（1）	模型（2）	模型（3）	模型（4）
C	-3.5122** (-2.6307)	2.0352* (1.8184)	1.7211 (0.3843)	2.8229 (0.3460)
$\ln A_t^d$	0.0234** (2.2660)	0.1061** (2.1957)	0.1440** (2.0957)	0.1105* (1.8672)
$\ln L_t^d$	0.3322** (2.1902)	0.1241** (2.1707)	0.0261* (1.9989)	0.1227** (2.2389)
$\ln A_t^{f-im}$		0.2887** (2.5054)	0.0110** (2.0394)	0.0368** (2.8307)
$\ln A_t^{f-fdi}$		-0.0751 (-0.6143)	0.0540* (1.7323)	-0.0870 (-1.2311)
$\ln A_t^{f-ex}$		-0.1036 (-0.4320)	0.2177* (1.9396)	0.0482** (2.3011)
VSS_t			0.0485** (2.0567)	0.0794*** (2.8932)
$SVSS_t$				-0.0105* (1.8732)
R^2	0.7454	0.8397	0.8085	0.8567
F	19.5192***	14.8388***	8.4462***	18.2987***
DW	1.8752	1.9952	1.9728	1.7823

注：括号中的数字为 t 统计量，***、**、* 分别表示在 1%、5% 和 10% 的显著性水平下拒绝原假设，表 11.11 和表 11.12 类似。

模型（1）中两个解释变量的系数都显著且为正，在另外三个模型中其系数虽有差异，但都为正，说明农业 R&D 经费和科研人员的投入对我国农业技术创新能力有重要的积极影响。R&D 人员带来的技术进步作用更大，这一方面可能是因为我国农业大部分属于劳动密集型产业，劳动力投入尤其是科研人员的增加能对劳动生产率提高有推动作用；另一方面可能由于我国农业科研经费投入与国外相比较少，且未全部用在科研上，现代农业科技适用型技术较缺乏，导致 R&D 经费投入产生的技术进步效应没有充分发挥（樊英、李明贤，2012）。在开放条件下，$\ln A_t^d$ 系数变大了，这可能是竞争效应、模仿效应、产业关联效用等导致农业自主研发效率的提升。

$\ln A_t^{f-im}$ 系数显著为正。我国农产品已出现长期逆差，一方面，大量农产品进口加剧了国内市场的竞争，迫使我国农业进行创新；另一方面，进口的农产品也给我国农业创新提供了模仿和创新思路，从而有利于提高我国农业生产效率。因此，政府还要继续加大农业基础教育投入，提高吸收能力，提高农业从业者的素质，努力实现二次创新，充分发挥进口技术溢出作用。FDI 的技术溢出影响大多不显著。这是因为 FDI 投入我国农业的资金有限，再加上跨国公司进行知识产权保护等，导致其溢出作用不大。出口也产生了积极的溢出作用。这可能是因为出口企业努力提高出口产品的科技含量，努力掌握国际市场的未来需求情况以及竞争对手的技术发展趋势，进而提高了其国际竞争力。

（四）全球生产网络对我国农业技术创新效率的影响机制

前文显示全球生产网络、国际 R&D 溢出对我国农业技术创新总体上表现为正向影响效应，那么全球生产网络对产业自主研发、国际技术溢出的作用又分别如何，不同影响渠道间是否存在差别？

由表 11.11 可知，在考虑了全球生产网络这一条件下，即模型（5），各个 R&D 溢出变量与农业技术进步率之间的正相关关系基本没有改变，但系数估计值减小了。这说明在全球生产网络背景下，产业间的技术溢出对农业部门劳动生产率的促进作用反而降低了。一方面，通过全球生产网络分工，我们获得了垂直分工的潜藏利益；另一方面，发达国家希望强化现有分工模式，对于最新的核心性技术采取保护措施，以及我国农业对从外部获得的新技术吸收效果不好，导致了促进作用降低。从实证结果来看，后一方面作用提高体现了跨国公司对发展中国家技术进步的结构封锁，这与刘志彪和张杰（2007）的研究结果一致。同时，$\ln A_t^d$ 和 $\ln L_t^d$ 的影响仍然显著。因此，在全球生产网络下，加强自主创新仍旧是产业进步的基础。

表 11.11 全球生产网络的作用机制

模型（5）	C	$\ln A_t^d$	$\ln L_t^d$	$VSS_t \times \ln A_t^{f-im}$	$VSS_t \times \ln A_t^{f-fdi}$	$VSS_t \times \ln A_t^{f-ex}$	R²	F	DW
系数	1.5980**	0.2496*	0.2158**	0.0256**	0.0006**	0.0497***	0.8328	11.6215*	1.9767
t 统计量	2.3296	1.8347	2.4988	2.4992	2.0394	2.7225			

(五) 稳健性分析

为了提高本文结论的可靠性,并考虑到可能存在的内生性问题,在模型估计时,将所有的解释变量都滞后一阶,以减小内生性造成的估计偏误,同时也对解释变量的当期值做了估计(受篇幅限制,估计结果未列出),对比发现主要解释变量系数的符号以及显著性都没有发生太大变化。此外,本文选取农业创新能力作为农业技术创新效率的替代变量进行回归,所得结果如表 11.12 所示。

表 11.12 稳健性检验回归结果

	模型 (6)	模型 (7)	模型 (8)	模型 (9)
C	26.539*** (4.6723)	6.9294 (1.0985)	1.7211 (0.7391)	1.8319 (0.3420)
$\ln A_t^d$	0.5555*** (12.4905)	0.2776*** (7.6778)	0.1445** (2.5697)	0.1432* (1.9382)
$\ln L_t^d$	0.8059* (1.7517)	1.1067** (2.0723)	1.0839*** (2.9893)	0.1258*** (2.9622)
$\ln A_t^{f-im}$		0.0211 (0.1169)	0.0111** (2.2304)	0.0361*** (2.7337)
$\ln A_t^{f-fdi}$		-0.1985* (-1.9478)	0.0532* (1.8356)	-0.0872 (-1.6855)
$\ln A_t^{f-ex}$		-0.7055** (-2.3551)	0.2038* (1.8930)	0.0784** (2.2911)
VSS_t			0.1082** (2.0729)	0.0694*** (2.9933)
$SVSS_t$				-0.0115* (-1.9846)
R^2	0.9025	0.9808	0.8830	0.8567
F	97.2***	184.3***	13.5***	18.3***
DW	1.8414	1.9872	1.8022	1.7823

从表 11.12 可以看出,主要解释变量系数的符号以及显著性都没有发生太大变化。由此可见,本文的实证研究结果具有稳健性和可靠性。

四 研究结论与启示

国内农业创新知识投入本应是我国农业生产效率提升的源泉,然而,本文实证检验却发现它在初始阶段能够提高我国农业生产效率,但是后来阻碍了其提升。一方面,可能由于我国农业科研投入较多,但是与国外相比较少,而且我国政府对农业研究单位的科研投资不仅少，而且未全部用在科研上，现代农业科技适用型技术较缺乏（樊英、李明贤，2012）；另一方面，创新需要一系列因素的支持，包括企业家、人力资本和R&D体系，支持体系不完善，导致R&D投入可能无法产生技术进步效应。因此，对于我国农业而言，可根据自身的特点，进一步增加农业科研投入，并将技术创新与技术模仿、技术扩散相结合，有步骤、有计划地提高农业生产效率，最终走向自主创新的道路。

出口技术溢出在开始阶段提高了我国农业生产效率，但随后又产生负向作用。这可能与我国农产品出口数量、技术吸收能力等有关。近几年来，我国的农产品贸易一直处于贸易逆差，而且我国农村人力资本水平较低。目前我国与这些发达国家还存在一定的技术差距，对国外技术的消化吸收还需要一定的时间。因此，我国应完善外贸政策，促进农产品出口，提升"出口中学"效应。

FDI的技术溢出效应不稳定，长期来看为负向作用。FDI作为国际要素转移的主要载体，它不仅转移了资本，同时还进行技术、管理、知识等无形资产的转移，然而其效应为负。一方面，可能由于我国吸引FDI增速很快，但是投入我国农业领域的有限；另一方面，外商投资企业凭借其技术、品牌等优势，形成了技术垄断，从而影响了我国本地相关企业自由、公平竞争。此外，外商直接投资还可能存在"挤出效应"。因此，我国应结合产业特点和技术结构，有步骤、有秩序地引入跨国公司，尤其是引进跨国公司的研发机构，为更好地利用技术溢出创造条件。

对中国农业全要素生产率贡献度最大的是进口溢出效应，而且其影响为正。一方面，产品进口加剧了国内市场的竞争，迫使我国农业进行创新；另一方面，进口的农产品也给我国农业创新提供模仿和创新思路，从而有利于提高我国农业生产效率。因此，政府还要继续加大农业基础教育投入，提高农业从业者的素质，充分发挥进口技术溢出作用。

下 篇
计量实证论文指导

第十二章　本科计量实证论文的写作指导

本科生需要撰写学年论文，需要完成课程论文，在大四时需要撰写本科毕业论文，甚至大学阶段需要发表科研论文。但是，很多学生无从着手。我们要强调的是，有几个基础性的问题需要解决，而且越早解决，解决得越好，这将是本章要介绍的内容。

第一节　计量经济学在经济研究中的角色

任何理论，不论讲起来多么有道理，若得不到实际资料佐证，是不易被大众所接受的。经济学科的研究论文，除了一小部分属于纯理论的数理推演外，大部分包含了实证研究，用实证研究方法来支持作者的论点，而计量实证方法成为目前经济研究论文中的重要方法。

分析资料的方式有千百种，我们经常看到下述两种情况：一是用同样的资料佐证完全对立的理论；二是资料本身并没有支持作者论点的证据，但经过人为包装组合后被用来作为作者的论据。于是，当我们阅读一篇实证论文时，除了看作者的资料是否能够支持其论点外，我们还要关注论文中使用的计量方法的好坏。有时候论文的原始资料太过纷杂琐碎，看不出其中的规律，只有经过仔细的筛选处理，支持某些论点的证据才能显现出来；有时候我们更需根据资料特性，发展新的计量方法等。这些对计量方法的深入讨论都变成一篇经济类论文的重要组成部分，它们和论文的理论部分具有同样的重要性。几乎每一位西方经济学家都有处理计量方法的能力和经验。也因为研究人口的众多，计量经济学的发展也就日行千里。

正因为如此，计量经济学在现代经济学中具有举足轻重的地位。

近几年来，我国使用计量经济学进行实证研究的学者也越来越多。教育部1998年确定的高等院校经济学类专业八门核心课程之一的计量经济学具有极强的应用性和实践性，其教学对培养经济与管理类应用型的人才具有十分重要的作用。

在教学过程中，我们发现很多学生的经济学基础比较薄弱，学生学起来很吃力，更重要的是即使掌握了理论，很多学生在写毕业论文与工作时对如何应用计量经济学课程摸不着头脑。因此，本章将介绍本科计量实证论文的写作指导，希望对读者有帮助。

第二节　本科计量实证论文的写作步骤

要撰写一篇好的学术论文，必须掌握好撰写学术论文的方法。下面本节将具体介绍如何撰写本科计量实证论文。

一　选题

选题的步骤包括从哪里选，怎样选，如何最终确定题目等。

（一）选题的来源

在没有确定研究方向之前，我们的选题从哪里来呢？常用的选题来源是我们原来使用的经济学教科书、笔记，经济学期刊、杂志，新闻事件，教师课题与论文等。选题的来源很多，如何选择适合自己的选题呢？

（二）怎样选题

一个好的科研论文的选题就意味着成功了一半。那么，作为一名本科生，我们究竟该如何来确定合适的选题呢？下面，本书给大家提供如下选题策略，供大家参考。

1. 从关注面和兴趣点入手

关注面和兴趣点会形成一个选题的"T型结构"库，其中"T"的那一"横"代表的是读者长期关注的研究领域，在这个领域里，读者拥有了广阔的学术视野和积累了丰富的知识；而"T"的那一"竖"则是读者感兴趣的研究领域，是纵向的深入思考，这一横一竖的"T型结构"便构成了论文选题的基础。

我们都知道，兴趣是最好的老师。我们对自己感兴趣的问题是愿意付出时间和精力去进行钻研的，这种钻研的结果很容易形成一些比较深入的思考，并且容易得到答案。而这种深度思考的过程就容易激发我们确定论文的选题。

另外，我们会对自己持续不断关注的研究领域有比较深入的理解，会在自己长期关注的研究领域形成比较宽广的学术视野，我们也会因为这种关注而积累下很多有关这个领域的概念、知识、理论和方法。那么，把这个问题作为我们的研究方向，我们会很快乐，也比较容易做出成绩。

关注面和兴趣点没有先后顺序，我们可以从长期关注的问题中找到兴趣点，也可以从感兴趣的问题入手，进行持续的关注，两者是相辅相成的。在过去并不算短的一段时间里，我们所持续关注和感兴趣的那个问题，就可能会是我们的研究方向。例如国际经济与贸易专业的学生，经过专业的学习，关注面经常是国贸领域的问题，从而可以发现一些自己的兴趣点，如FDI、进出口、贸易壁垒等。

2. 从专业方向和研究经历入手

我们所学习的专业可以作为我们选定研究方向的基础。因为自己的专业是我们比较熟悉的领域，我们又是科班出身，这会为我们进行研究提供很好的知识准备和理论基础。在自己专业方向的这个领域之内，对于目前有哪些问题属于学术前沿，现在这个领域的研究热点是什么，哪些问题已经不再是热点了等问题，我们还是比较了解的，甚至得心应手。其实专业方向就构成了我们选题的一个支撑点。

另外，从我们以往的研究经历入手也是一个不错的选择，比如在本科阶段我们要去撰写学年论文、毕业论文。我们之所以能够拿到学士学位，说明我们至少是写出了一篇还算不错的论文。有些学生可能还参与过一些科研项目，比如主持或者参与大学生研创项目、大学生创新创业项目，或者帮助老师做过与课题有关的调研，这些都算是一种研究经历。与此同时，我们在这个研究经历里为自己积累了一些论文写作经验。而这个研究经历通常是与我们专业方向相关的。专业方向和研究经历也是相辅相成的。

从专业方向和研究经历入手能保证我们至少不是从零开始，我们是有前期研究基础和准备的，我们是站在自己的肩膀上去看世界。

3. 从阅读文献入手：泛读+精读

泛读就是泛泛而读，追求的是数量。精读就是比较精准、细致的阅读，深度阅读。泛读和精读两相结合对于我们论文选题的意义就在于，它可以让我们在把握研究现状的基础上去寻找选题。

通过泛读我们可以把握学界研究进展，把握学界的整体研究状况，然后在这个研究现状里面，找到我们最感兴趣的、认为写得最好的文献来进行精读。然后我们通过精读来寻找论文选题的突破点。往往会是这样，通过精读我们突然有了一个灵感，然后顺理成章地就确定了论文的选题及其研究框架。

如果我们真的能够踏踏实实做好以上这三项工作，其实选题的任务也就基本完成了。经过这些步骤确定的选题往往都是我们相对熟悉的，有研究基础的，以及感兴趣的，这些都为我们保质保量完成这篇论文提供了最好的条件。

（三）怎样进一步筛选和确定题目

当确定好选题后，就需要进行筛选以确定最终的选题。可以去做一个文献数据库检索的工作。通过对于文献数据库里面那些已经发表的学术成果的检索，我们对自己现在这个选题进行一个"外部校准"，看一下这个选题的价值怎样，是否值得我们跟进。

通过文献检索的方式，从数量和趋势两个直观的方面，我们就可以对自己的选题是否可取进行评估。如果第一步的成果不幸被第二步否定了，那么，回过头去，重新选择。

（四）选题注意事项

我们在选择计量实证论文的研究题目时，要注意以下事项：第一，选择一个我们感兴趣的研究领域，同时我们对该领域有一些了解；第二，确保数据是可获得的，并要保证一定的样本容量，因为我们要进行计量实证研究；第三，确保我们的研究主题是有实质含义的，避免选择纯描述性的，或本质上是同义反复的研究主题；第四，选题不要过大或者过小，同时适合本科层次的学生。

在选题之后，还有一个重要的问题就是题目的表达，这里也有几个讲究。

一是题目不宜太长，太长表明作者缺乏概括能力和抽象能力，题目要求精练、简洁，要力求达到多一个字太长、少一个字太短的水平。

二是核心概念不宜多，最多两个，最好一个。核心概念超过两个，论文到底研究什么就非常难把握了，而且概念太多通篇很可能就是在解释概念，实质性的内容就被冲淡了。

三是表达要精准，题目如果引起歧义，或者模糊不清，那么论文在写作过程中很可能出现跑题现象。

（五）选题成功与否的标准

选题成功是研究成功的前提。没有好的选题，即便是洋洋洒洒数万言乃至数十万、数百万言，结果都是无用的废话。这就不能视之为成功的研究。成功的研究一定是建立在成功的选题之上的。

那么，什么是成功的选题呢？简而言之就是选题要有问题意识。

1. 选题应有具体范围

成功的科研论文的选题应该范围具体，不是大而全，也不能太小。一方面，选题不能过大，研究者的时间和精力有限，过大的选题会使研究无法深入下去，只如蜻蜓点水，研究结论也不一定可靠；另一方面，题目不能太小，研究过分注重琐碎的细节，从而使研究失去了价值和品位，应用范围受到局限，尤其是有的数据资料不具有代表性，没法从细节中发现事物发展的基本规律。

2. 选题要揭示目标取向

好的题目应该揭示研究的目标取向。研究的目标取向将反映研究是否有价值。因此，如果选题没有揭示研究的目标取向，而只是陈述了一个事实，那么就意味着该选题不值得研究,或者说前人已做了比较详尽的研究,目前已经没有深入研究的可能了,这种题目就不应该选。

3. 要对一个学术问题产生怀疑,或者说要有争鸣性

学术研究是无止境的,真理更是无止境的。学术观点的存在也是有条件限制的。很多学术观点在当时是对的,或者说是真理,但时间和条件都变化了,因而其真理性也可能会发生变化。因此,选题一定要敢于质疑,但是质疑必须要有理有据,而不是随便怀疑。在有理有据的基础上的怀疑,这样的选题一定是有价值的。

总之,选题是很讲究技巧的。

二 文献梳理和文献的使用

选好题目后,接下来需要查找文献。选题的问题意识来源于对文献的阅读和分析,问题不是凭空产生的,而是基于既有的研究而发现的。

文献是前人研究结果的总结,是我们写好论文的材料,也是研究的基础。文献是学术传承和学术伦理的载体。尊重文献就是尊重前人的研究。文献,也体现了学术发展的脉络。因此,文献在撰写论文中至关重要。在撰写论文之前,甚至在确定题目之前要做以下两件事,一是对文献进行必要的梳理,二是善于使用文献。

(一) 梳理文献的目的

目前公开出版的学术论文都有文献综述,梳理文献的目的在于以下方面。

1. 梳理所选问题的历史发展脉络

任何学术问题都有一个发展脉络,只有了解学术发展的脉络才能对学术问题进行深入研究,否则很容易造成重复研究。

不仅要梳理选题的国内研究现状,而且要梳理国际学术界对这一选题的研究现状,从而全面把握这一问题研究的基本状况。在学术论文中,开头就直奔主题的论文,一般不是好的论文。人贵在直,文贵在曲,论文的贵也在曲。而这种曲是通过对前人既有研究的追述和分析表现出来的。

2. 充分肯定前人所做的学术贡献

学术的传承就是要尊重历史,不尊重前人的学术贡献,就难以开拓新的研究领域,也难以对学术问题进行深入研究。任何人的研究都是在前人研究的基础上进行的新探索。这就是牛顿所说的,站在巨人的肩膀上。在研究中,这个巨人不是具体的一个人,而是所有对该学术问题做出了贡献的前人。不尊重历史,我们同样会陷入盲目自大的学风,从而最终也会陷入重复别人的研究,浪费学术资源。

3. 发现前人研究存在的问题，从而为自己的研究找到突破口

受环境和学者认知水平的影响，学术问题大多不是一代学人就能解决的，即使解决了，也可能存在研究的疏忽和漏洞，或者因主观能力的不足而存在研究的缺陷。因此，后辈学者就要反复不断地阅读、比较和分析前人的研究成果，从中发现研究存在的问题和漏洞。这样，自己的选题就有可能延续前人的研究并使之深化，或者弥补前人研究的漏洞和不足，或者在原有的领域发现新的研究方向等，这才真正体现了所做选题的研究价值。

（二）梳理文献的方法

几乎每一篇论文都需要梳理文献。有不少作者喜欢在文献综述部分一口气把相关的文献都罗列出来，认为这就叫文献梳理。事实上，罗列文献太多会导致喧宾夺主，使得论文篇幅不合理，有时还会出现正文想写下去但发现篇幅越拉越长而不敢深入下去了。

这种文献梳理方法是最不可取的，正确的文献梳理方法有以下方面。

第一，选择有代表性的文献，即在核心期刊或者权威刊物上发表的论文和权威论著，这些论文和论著代表了目前学术发展的基本状况。最好不要把那些不入流的刊物上的文章罗列出来，拉低你的文章的档次。如果读者不知道哪些属于高档次的期刊，可以参考最新版的 CSSCI 来源期刊目录或者北大中文核心目录、国外 SCI 目录，以及各个期刊的影响因子。

第二，一定要有最近年份的期刊，如果没有，就要思考为什么没有？是该选题不是热点问题了吗？该研究已经很完善了吗？还是自己疏忽了，遗漏了？

第三，选择有代表性的作者的论文，也就是权威学者的论文、论著。这些论文、论著同样也代表了学术发展的基本态势。

第四，根据研究视角来梳理文献。结合我们要研究的视角，特别是具体的问题来梳理文献，这样就大大缩小了文献范围，也有利于作者把握文献。整个梳理必须有很强的逻辑性。

第五，除了在文献综述部分进行文献梳理外，在正文撰写的过程中，可以对具体的观点进行文献追述。这种方法要求作者对学术史十分清楚，对论文的写作有娴熟的技术。这就不是一般的新手能够把握的了。

（三）使用文献的方法

在文献的使用上，相当多的作者以为文章中按照文献标注方法标注了就是使用了文献，事实并非如此。在使用文献上要注意以下几个问题。

切忌文献堆砌。有些作者为了文献而使用文献，用一大堆文献来吓唬读者，显示自己是阅读了大量文献的，但仔细看后会发现文献与论文的观点关联度不高。

使用文献的价值在于体现论文的研究深度和严谨性，而不是通过堆砌文献来炫耀自己的专业知识多么广博。如果是这样，结果可能适得其反。

切勿弄错文献信息。一定要去查找文献的源头，经典著作的文献更加需要阅读和查对。很多学者在引用文献时采用的是二手文献。而二手文献本身有可能存在问题，但作者因有惰性不愿意去查对，造成文献的作者及其相关信息错误，包括弄错出版时间、引用内容错误、页码错误、作者和译者错误等。这些会导致论文出现严重的硬伤。

可以自引文献，但是不要绝大多数是自引文献，完全回避其他学者的研究。这种情形体现出作者的自傲，以为这个问题没有人超过自己，因此不愿意引用他人的观点。甚至为了突出自己，把自己在非常不起眼的刊物上发表的小文章都自引出来。

切勿滥用网络文献与报纸文献。网络文献和报纸文献并非学术观点，这样的观点没有学术底蕴，因而，这些文献还不足以支撑一篇学术论文。如果通篇文章的文献都是网络文献或者报纸文献，这样的论文无论如何都是不深入的。当然，权威学术机构的学术网站、国际知名的研究机构网站等，这些网络文献是可以引用的。

最后，需要对文献进行评述，发现其不足之处，而这些不足之处正是你的文章的研究方向，也是文章的创新之处。

因此，使用文献体现了一个学者治学是否严谨，研究是否下功夫。使用文献是不能有任何投机取巧的方法的，必须老老实实。

三 计量实证部分的论证逻辑

选好题目，完成文献综述后，接下来可以进行计量实证分析了。当然，有些论文，在实证分析前也会描述背景、现状、原因等，是否需要这一部分可以根据作者的需求、文章的目的等综合来定。

如果是一篇计量实证论文，实证部分是主体。计量经济学作为实证分析的主要手法，已经被中国广大经济研究者接受。学习计量经济学的最后目的是进行实证研究。但对初学计量经济学的本科生而言，要写一篇运用计量模型进行实证研究的论文时，常有不知如何着手的感觉，这里本书便对实证研究的规划以及论文的写作提一些粗浅的建议。

本书借鉴 A. H. 施图德蒙的《应用计量经济学》（原书第 7 版）教材内容，从模型、数据和参数等角度出发，分析计量经济模型在实证分析中的应用。

（一）查阅国内外文献，获得计量经济学理论模型

计量经济学建模的第一步就是建立理论模型。确定理论模型包括选择合适的

变量、正确的模型形式等。而计量模型主要是根据相应的经济理论设立，可以从期刊、杂志、网络学术搜索等途径获得文献，从而获得相应经济理论模型。具体步骤如下。

1. 广泛收集参考文献，确定论文研究计划的目的和范畴

主要包括：论文所要解释的现象是什么？所要检验的假设或理论是什么？所要预测的趋势是什么？所要评估的政策是什么？等等。

2. 参考文献，建构实证计量模型

接着根据研究的目的和范畴构建实证的计量模型。一方面，研读与选题相关的经济理论，厘清各模型的异同及优缺点，思考改进文献中现存模型的可能；另一方面，应学习有计量实证分析的文献，掌握构建实证计量模型的范式。最后决定实证计量模型的雏形。

3. 建立计量经济学理论模型的注意事项

（1）检验模型的假设。从模型的角度来说，任何模型都包括环境假设、机制以及求解三部分。其中，环境假设对计量经济模型的正确使用尤为重要。在运用计量模型时，必须清楚模型的假设条件，并对这些条件做必要的检查和检验。计量经济模型区别于统计模型最重要的假设为：变量的外生性、许多因素可以造成变量内生性问题。工具变量法是对内生解释变量校正的常见方法。然而，有些研究中无从寻找工具变量，就必须依靠实验经济学的方法。

（2）选取合适的变量。计量经济学使用的是回归分析法，解释变量和被解释变量之间的因果关系一定要正确。尤其要注意，有些变量数值的产生很可能是由被解释变量决定的，或因果关系不很明确，也就是说，相对于被解释变量而言，解释变量是内生的，则在选取这些变量作为解释变量时，便要非常小心。解释变量的内生问题常常是研究被批评的主要原因。多元线性回归模型要注意解释变量之间的多重共线性问题。经济理论所牵涉的变量常常是无法观察到的，因此在做实证研究时必须采用替代变量，研究者要对所选用之替代变量的合理性详加说明。由于数据总有些缺失，常有人在束手无策之下，采用了很多匪夷所思的替代变量，这是不可取的。

（3）合理设定模型形式。回归模型的设定，尤其是解释变量的取舍，可在估计过程中不断修正。对被解释变量和解释变量均可尝试诸如对数、指数、幂函数等不同形式的转换。这些转换形式的确定以经济理论上的考虑最为重要，不能只为了提高模型的适配度，而盲目地做一些不合理的变量转换。

（4）变量的数据必须可获得。在选取变量之后，要初步调查是否有相关的资料，若无，则实证模型设计得再好也无用。因为计量实证模型需要数据进行估计。

伪回归在计量分析中也不少见。造成伪回归的原因很多，可能是由模型本身设定有误造成的，也可能是由数据结构造成的。计量经济学是结合了经济学理论

和统计学的定量分析方法,没有经济学理论基础的计量经济分析,很可能会导致伪回归结果;某些特殊的数据结构,如非平稳的时间序列或非平稳的空间数据,都可能导致伪回归结果。

(二) 变量的选取与数据来源说明

设定了计量经济模型后,需要联系实际设置的具体计量经济学实证模型的变量,包括被解释变量和解释变量含义的说明,如何度量的说明,模型的具体形式是什么,随机误差项的性质,等等。一般来说,只有理论上相关的解释变量才会被选择进入模型中,否则就是包含了多余的解释变量。有时,研究者也会根据他们的偏好或者研究目的做出选择。例如:构建需求函数时,理论告诉我们互补品、替代品的价格都是重要的解释变量,然而,选择哪些互补品、哪些替代品呢?

一旦解释变量被选定,接下来就要对回归系数的符号做出预测。例如常见的消费模型中,边际消费倾向是大于0小于1的。

(三) 收集数据,检查并清理数据

从哪里寻找各个变量的数据呢?有部分研究者通过调查或其他技术产生数据,但是大部分经济类研究者使用的是公开的数据。主要的数据来源包括以下方面。

1. 常用的国际数据来源

◇联合国统计司
◇OECD
◇IMF
◇世界银行
◇帕尔格雷夫世界历史统计

2. 常用的国内数据来源

◇国家统计局
◇地方统计局
◇政府机构网站
◇《中国统计年鉴》
◇其他年鉴、资料:《新中国五十年统计资料汇编》、《中国农村统计年鉴》、各省统计年鉴、各区域统计年鉴等

3. 常见的数据库

◇中国经济和社会发展统计数据库
◇EPS统计数据库
◇国研网统计数据库
◇国泰安数据服务中心

◇Wind 数据库

可能有读者问,如果通过查询所有可能的数据资料都没有找到相关数据,那么我们应当怎么办?对这个问题的回答取决于"有多少数据是缺失的"?

第一,少量观测值。

截面数据:将这些观测值剔除样本。

时间序列数据:使用相邻数据的均值等方法插入数据。

第二,根本没有观测值。

一个可行的方案是使用代理变量。例如,净投资在一些国家的数据中可能是没有资料的。在这种情况下,可以使用总投资作为代理变量,背后的假定是净投资是总投资的一定比例部分。

数据是进行实证分析的基础。数据按照来源,可以划分为微观调研数据、机构统计数据以及实验数据。当然经管类专业的学生主要使用的是前两类数据。当我们决定使用调查作为我们的数据来源时,一定要注意调查是比较困难的,因为需要仔细地思考调查的可行性;与被调查者保持联系,可能还需要追加问题;样本选择必须是随机的,不能是有选择性的;问答的表达必须是清晰的,同时不能带有倾向性等。不推荐经验研究的初学者使用调查的方法收集数据。

数据经常会出现系统性误差,包括测量误差和样本选择问题。如果数据存在系统性测量误差,工具变量方法通常是主要的解决方法;如果数据存在系统性的样本选择问题,Heckman 方法则是广为使用的校正方法。如果无视这些误差,可能使估计结果违背一致性。

输入的数据一定要准确,严格查核错假漏数据。用 EViews 10.0 软件画趋势图或者相关图是一个简单易行的验证数据的逻辑是否合理,或者数据是否有误的方法。

不论使用的是截面数据还是时间序列数据,数据越多越好,条件是必须来自同一总体的样本。

对数据进行描述性统计,例如求出数据的样本平均值、方差、极值、变异系数、变量间的样本相关系数等,有利于观测数据的性质。

选择数据意味着选择哪些具体的解释变量和被解释变量,数据必须具有以下质量。

◇完整性:所有变量必须有相同容量的样本观测值

◇准确性:数据本身准确,模型所需

◇可比性:统计范围口径与价格口径可比

◇一致性:总体和样本一致

(四)估计与评估模型

一旦完成建立模型、确定变量和寻找数据后,模型的估计就非常容易,使用

EViews 10.0，采用 OLS 或者 ML 方法，估计线性回归模型。本书前面的章节已经详细地介绍了如何估计和检验模型，在此不再赘述，只介绍一些需要注意的问题。估计的方法不应太简单，但也不必过于复杂，应针对问题采用合适的估计方法。估计方法的好坏不在于其复杂程度，而在于它是否能够帮我们得到正确的估计值。

估计模型之后，接下来需要对模型进行评估。只有评估通过后的模型才具有应用价值。评估的过程是严谨的，需要回答：估计的回归系数的符号、大小与预期一致吗？回归模型对数据的拟合优度如何？除了估计值以及对应的 t 检验以外，还可做 F 检验；横截面数据需要注意异方差的问题；时间序列的数据则要进行序列相关性检验，还有单位根检验；模型的稳定性要注意，可能需要诸如 Chow Test 或 CumSum Test 的检验；如果模型有多个解释变量，还要进行多重共线性检验；解释变量是不是内生的也需要检验；模型设定是否准确也要进行检验；等等。若检验没有通过，需要进行相应的修正，关于修正和检验的相关内容参考相应的教材。

由于技术上的限制，目前计量经济学是以统计学为基础的，现有的计量经济模型的检验主要还是基于统计检验，所谓"显著性"也是统计上的显著性，这不同于"经济上的显著性"。因此，在实证分析中，在讨论估计参数在统计上的显著性的时候，也必须讨论经济上的显著性，后者有时可能更重要。

（五）报告结果

计量经济学估计的回归结果有一个标准的报告模式，如下：

$$\hat{Y}_i = -151.0263 + 0.1179X_{1i} + 1.5452X_{2i}$$
$$(-3.066806)(6.652983)(3.378064)$$
$$R^2 = 0.9343, \overline{R}^2 = 0.9296, F = 191.1894, n = 31$$

括号中的值是回归系数的 t 统计量值，t 值用来检验真实的参数是否不为零。

计量经济学的估计结果通常会被运用到政策分析中去，但是 Lucas 批判认为参数的估计值可能会随着政策的变化而变化，使计量经济学无法为政策分析服务。为了应对 Lucas 批判，计量经济学家提出了变量超级外生性的概念。只有超级外生的变量，数据产生机制对估计参数结果才没有影响，这时的政策分析才有意义。

研究是一个论证的过程，论证是一个严密的逻辑思维过程。然而，当前众多的论文缺乏这种思维，大多数用发散性思维来写论文，因而论文就缺乏深度。论证的逻辑体现在以下几个方面。

1. 层次感

好的论文的论证逻辑一定是立体的、有层次感的。论文的论证逻辑是立体感的，这是一个刚性的现实要求，而不是臆想。好的论证逻辑就像剥洋葱，一层一层拨到中心,最后才知道洋葱中心究竟是什么,要给读者带来出人意料的结果。

2. 科学性

学术研究是一个求真的过程,这一过程需要大量的事实或史料经过逻辑论证之后才能得出结论。正是这样,学术才具有真理性和科学性。在阅读了大量文献之后而形成新的观点,然后使用更多的材料来证明我们的观点的科学性。

3. 严谨性

学术研究是一个求真的过程,因而需要研究者在论文写作中有严谨的态度。例如,学术论文在使用数据时一定要是权威性的数据,也就是权威机构发布的数据。然而,由于当前发布数据的机构比较多,一些作者在选取数据时太随意,不去研究一下机构本身的权威性,结果所用的数据被学界所质疑,甚至有的学者找不到数据的来源而随意改动数据,导致数据失去了真实性。关于调查的数据,一定要可靠,可靠性在于,调查的手段是否可行,抽样的方法,以及统计的方法等。论文所用材料和文献也是一样,尤其是对外国著作的翻译不能曲解原著的意思,作者在使用这些翻译著作时要认真挑选。

4. 突出核心观点

围绕核心问题展开论证,学术论文肯定有一个核心观点,所有的材料都是指向这个核心观点的。然而,现在不少作者为了凑字数,论文的关键词非常多,几乎是每一小节讲述一个关键词,整篇论文很有可能是一个"拼盘",而不是在一个关键词或者一个核心观点统领之下的论文。结果,篇幅很长,但不知所云。

5. 学理性,而非口语化

学术论文肯定是学术性很强的文章,它必须要超越日常生活的口语化表达。学术论文并不是要大众听得懂,而是要有专业背景的人才能听得懂。如果都能听得懂,那就不是学术论文了,学术论文都听得懂、看得懂,那就不叫专业学术论文了,学术论文大多只有专业人士才能看得懂;而且学术论文传承的不是一般的文化,而是一个民族的核心文化,这种文化是民族发展最大的精神动力和智力支持。它的影响是战略性的,而不是当前的普罗大众能不能看得懂和听得明。当然,学术的思想肯定要进行大众传播,这时候就需要用通俗的、口语化的方式来同大众交流。

四 论文的修改与查证

当完成一篇计量实证论文后,需要反复修改才能最终定稿。这是研究的一种态度,是对学术研究的认真和严谨。

作者如何修改自己的文章呢?

(1)首先要对文章的总体结构进行检查,这是第一步,也是关键的一步。主要检查论文在结构上是否存在不合理的地方,如头重脚轻、结构不对称、缺乏逻辑性等。

（2）计量实证论文有很多数据，作者需要对数据进行核对，看是否存在数据的错误，还要更新数据，尽量使用新的数据。

（3）对文章的文句进行斟酌，看是否有错别字、语句毛病，表达是否清晰等。

（4）对文献进行查证，看是否存在文献的错误，尤其是文献作者、日期等明显错误。

（5）对注释进行核对，看是否存在差错等。

五 论文的结尾

论文的结尾既是整篇论文的点睛之处，也是揭示学术在未来研究的发展趋势。因而，结尾一定要有气势。气势磅礴的结尾，往往能够凸显论文的整体品质。结尾应该包含以下内容。

（1）对前面的研究进行总结，不能泛泛而谈，集中到观点上来，体现结束语的作用，使读者更清楚作者的观点。

（2）要有大气磅礴之势，有行云流水之气。前面的论证是一个小心求证的过程，不能展示作者的文笔，但在结尾部分，可以充分展示作者的文采来归纳和抽象论文的要义。

（3）可以对该问题研究的发展趋势进行科学的预测，以及对该问题进行进一步的思考。

第三节 计量实证论文写作的总结

计量实证论文一般包括以下几个部分。

首页：题目、作者姓名、作者单位等。

中英文摘要：对全文宗旨做简单描述，并简述文章的目的是对经济结构的分析，对未来趋势的预测，还是对政策的评估；然后简单介绍所使用的模型及变量、数据的种类及来源、所估计的模型、所采用的计量方法；最后以最主要的实证结果为终结。

中英文关键词：最能体现全文主要内容或者观点的词，一般为 3~5 个。

绪论：说明研究的背景、目的、范围、性质、方法等。

文献综述：对与主题有直接和间接关系的文献做一个简单、清楚、有系统的回顾，并进行简单评述，指出不足，引出作者论文写作的目的。

模型设定：模型有理论模型和实证模型两类。理论模型是从经济理论中直接导出，而实证模型则是从理论模型衍生出来，是要以实际资料来估计的。理论模型通常需以数学公式推导，因此文章中可列出一些关键的数学公式以帮助理论的阐述，但不应长篇累牍地堆积只有间接关系的数学公式。实证模型通常是以回归模型的形式表示，对模型中所涉及的变量均须给予明确的定义，对解释变量和被解释变量之间的关系要详尽地说明，也要解释对模型中主要系数（或由这些系数所导出之弹性、乘数等）可能数值的大小及符号有怎样的理论预期。

变量的选择和数据资料说明：模型使用的变量如何计算必须清楚地说明；对数据的种类、性质、来源，数据修订的方式，数据中可能的错误和缺失，都要详细地说明，最好也能将资料的基本统计量表列出来。

实证分析：

（1）对计量方法的描述进行简单介绍，但是实证结果的报告必须详细。

（2）系数估计的主要结果均须以表列出，在表中每一个系数对应的变量名称要写清楚，每一个系数估计值旁均须伴随标准差或 t 统计量，也可加 P 值，对于显著的估计值也可附加诸如星号标记以提醒读者；显示模型整体表现的统计量，诸如 R^2、F 统计量、Durbin-Watson 统计量（时间序列资料），也可选择性地列于表内；在表下的注中，必须说明表中所有的特殊符号和简称；所有列举的统计数字应尽量保持统一的小数点位数，小数点后三位数或四位数均可，如果有很小或很大的数字，则可以用科学计数法表示，尽可能显示出三至五位有效数字；制表的基本原则就是要让读者便捷、完整而清楚地了解估计的结果。

（3）对主要回归系数估计值的大小、符号及显著与否要详加讨论。对于显著的估计值更要和理论预期值比较，若有明显的矛盾，则要探讨原因；若能在文献中找到类似模型的估计结果，则应择要报告，并做比较。对重要回归系数若是得不到显著的估计值，则要探讨其中原因；不能对不显著的估计值做出过度的解释，尤其不能宣称不显著的估计值支持或不支持某些特定结论。我们要知道估计值不显著，表示所使用的数据不能够提供足够的信息，若是没有足够的信息，当然不能够也不应该做出任何确切的结论。

（4）为提高文章的清晰度，能够条列的结果应尽量条列，能够列表的结果应尽量列表，表格应尽可能地明确，尽可能让读者不用在文章中到处找相关说明。

（5）所有具有政策意义的重要论点都要经过假设检定的严谨统计程序探讨其显著性。

（6）若要根据估计模型对数据外的时期或状况进行预测，则态度必须保守谨慎，尽可能设想预测不准的原因。

结论：对所有重要结果做一个完整、简明扼要的总结，指明未来研究的方向。

列举参考文献：尽量使用权威性的文献和较新的文献。

第四节　计量实证论文欣赏

接下来选取两篇较好的计量实证论文给读者欣赏,读者可以学习其写作的结构和方法。

文章一:粤港澳大湾区城市群和产业集群的耦合与经济增长的关系[*]

陈俊婷

(广东广州　　广东外语外贸大学　510420)

摘　要:本文选取 1996~2016 年粤港澳大湾区"9+2"个城市和地区的时间序列数据,分析了城市群和产业集群的耦合关系对经济增长的影响。回归分析结果表明,城市群和产业集群优势均对区域经济增长的促进作用不明显,但二者的耦合关系对经济增长的作用比较显著。因此,粤港澳大湾区未来的发展必须积极推动城市群与产业集群的耦合,发挥"产城融合"的正面效应。

关键词:粤港澳大湾区　城市群　产业集群　耦合　经济增长

Relation between Urban Agglomeration and Coupling of Industrial Cluster and Economic Growth Based on the Guangdong-Hong Kong-Macao Greater Bay Area

CHEN Junting

(Guangzhou of Guangdong　Guangdong University of Foreign Studies　510420)

Abstract:This paper selects the time series data of "9+2" region which belong to Guangdong-Hong Kong-Macao Greater Bay Area from 1996 to 2016, and analyzes the influence of the coupling relationship between urban agglomeration and industrial cluster on economic growth. The result of regression analysis shows that the advantages of urban agglomeration and industrial cluster are not obvious to the promotion of regional economic growth, but the coupling relationship between them has a significant effect on economic growth. Therefore, the future development of Guangdong-Hong Kong-Macao Greater Bay

---

[*] 本科毕业论文,未发表。

Area must actively promote the coupling of urban agglomeration and industrial cluster, and exert the positive effect of "city integration".

Keywords: Guangdong-Hong Kong-Macao Greater Bay Area; Urban Agglomeration; Industrial Cluster; Coupling; Economic Growth

一 引言

城市发展到现阶段，已逐步出现了城市群与产业集群这两种经济发展的模式。城市群是一种较为成熟的空间组织形式，是经济与产业发展到一定程度的产物。具体表现为在一定地域范围内的具有不同性质、类型以及等级规模的若干城市的集聚。而产业集群则代表在特定产业具有分工合作关系的不同企业在一定区域内的空间联合体。

现实中，区域产业集群在一定程度上会促进城市一体化的发展，使得区域内的城市尽快完善设施配备以跟上产业的发展脚步。而城市的集聚同样会引起产业集群的快速发展，使得产业间的分工更加专业、更加精细。与此同时，城市群和产业集群无形中形成的动态耦合系统，更是对经济发展有一定程度的影响。长期以来，城市群与产业集群的协调发展都是备受关注与研究的话题，"产城互动"更是引发政府对大区域内城市功能规划的深思。

国务院总理李克强在2017年召开的十二届全国人大五次会议上提出，"要推动内地与港澳深化合作，研究制定粤港澳大湾区城市群发展规划，发挥港澳独特优势"，这无疑是将粤港澳大湾区的发展问题提升至国家层面。同时也充分说明了国家与政府将致力于推动粤港澳大湾区城市群的发展，以此来促进大湾区城市群经济的全面提升。

鉴于粤港澳大湾区是目前政府建设的重点，而此城市群背后所辐射的经济情况更是群众所关注的焦点。因此，本文将结合粤港澳大湾区的背景，研究该区域的城市群优势与产业集群优势，同时挖掘两者之间的协调发展，并观察城市群与产业集群的耦合关系对经济发展所产生的影响。本文的主要研究内容有助于正确认识粤港澳大湾区的整体发展给经济发展带来的作用，并针对如何促进城市群与产业集群的耦合以产生更强的正向效应提出有效的参考建议。另外，针对城市群和产业集群耦合关系的研究，还有利于优化区域产业结构，推动城乡的统筹发展，从而全面提升区域的整体实力与竞争力，增强区域的自主创新能力。

本文余下部分的结构安排如下：第二部分，将回顾国内外文献对城市群与产业集群耦合关系的研究，整理研究思路；第三部分，将阐述城市群与产业集群发展的耦合机制，并建立模型以及说明变量；第四部分，将选取粤港澳大湾区城市群的相关数据进行实证分析；第五部分，将对实证结果进行解读，并提出相应的政策建议。

二 文献综述

关于城市群的研究，从现代意义上说，开拓者应为法国地理学家 Gottmann。他提出了有关大都市带的概念，将学术界带进了一个热烈研究与讨论的境地。Gottmann（1957）认为会在一定区域内出现大都市带现象，这种现象具体是指在特定区域会出现沿着轴线延伸发展的中心城市网络。这样的城市网络会使城市间带来人口、资金、交通、信息等要素的流动。当各种生产要素互相交流时，城市间会产生相互作用，从而预示着人类经济发展的组织形式即将产生巨大变化。

城市群的逐渐发展对产业集聚也渐渐产生了影响。Marshall（1920）首先留意到经济的外部性与产业集聚现象的高度关联性，他认为外部性会是促进产业集群的有效动力。Krugman（1991）利用数学模型来分析产业集聚优势带来的规模经济效应，其将有利于制造业中心的形成。这在一定程度上说明了产业集群的形成反过来也能促进城市群的逐步发育。

城市群与产业集群渐渐成为一个耦合的动态系统，它们之间的相互关系以及由此而带来的影响，更是备受国外学者们的高度关注。Baldwin 和 Forslid（2000）在假定劳动力是可以自由流动，同时企业间是垂直联系的情况下，研究了集聚与经济发展之间的关系，得出了集聚会促进经济增长的正向结论。Martin 和 Ottaviano（2001）利用内生经济增长理论解释了产业集聚会降低生产成本从而促进经济增长的现象，同时，经济发展又会推动要素流动，进一步实现产业空间集聚。

除了外国学者的学术研究以外，国内的学者也积极投身于城市群与产业集群耦合关系的研究。苏雪串（2004）指出了城市群与产业集群之间的关系，她认为二者会相互促进，同时产业集群将有利于城镇化的发展。因此，发挥产业集群和城市群的相互作用可以加速城市化进程。实际上，产业集群与城市群之间在一定区域内确实存在耦合的关系，而且两者关系的耦合程度与所在区域的整体经济发展具有正相关性（郭凤城，2008）。通过个案研究以后，朱丽萌（2010）认为鄱阳湖应当积极促进城市群与产业集群的耦合发展，来实现生态经济区在经济上的可持续发展。牟群月（2012）基于温台沿海城市群的面板数据，通过实证研究分析了城市群与产业集群的耦合发展机制，以及两者协调发展的内外因，得出了产业集群与城市群的耦合能够提升城市的经济竞争力，从而有助于区域经济增长。在对中部地区城市群与产业集聚的互动分析当中，项文彪和陈雁云（2017）发现产业集聚对区域经济影响较大，而城市集聚对区域经济的影响较小，同时两者的互动对区域经济增长的作用并不明显。

综上所述，已有较多文献专注于研究城市群与产业集群的互动发展，同时结合个案探究其关系对经济发展的实际作用。有别于以往的文献，本文将以粤港澳大湾区为背景，研究大湾区城市群与产业集群的耦合关系，基于大湾区所包含的9个城市以及2个地区在1996~2016年的时间序列数据，利用回归分析模型实证研究集群优势对经济增长的作用，并结合实际情况提出有效实用的政策建议。

三 模型构建及变量说明

（一）城市群和产业集群的耦合发展机制

城市群和产业集群的耦合关系，意指这两个集群体系在经济发展过程中相互作用与协同发展，从而彼此影响的状态。实际上，这两个体系构成了一种动态的系统，它会随情况不同而变化，但基本的耦合发展机制如图12.1所示。首先，因为城市发展过程中的边际报酬递增，部分产业开始集聚，有些还会迁入城市。随着产业集聚程度的不断提高，专业化分工日益明显，同时规模经济与外部经济效益显现，使得经济环境要求与城市服务相匹配，由此引起城市机构、服务的不断完善，最终导致城市规模扩大。这样的现象会带来生产要素在区域间的充分流动，接着就会引来更多新的产业集聚在该区域，从而使大城市或核心城市逐渐形成。与此同时，该区域又会吸引更多产业集聚到城市圈中，随着辐射效应与扩散效应的增强，最终便会形成联系密切的城市群。产业集群的优势会使城市的总体竞争力提升，而反过来城市群的集聚效益也会给产业带来积极的发展。总的来说，城市群和产业集群的耦合发展有利于经济主体对自身利益最大化的追求，同时，两者构成了有效的相互作用机制，形成了耦合的互动关系。

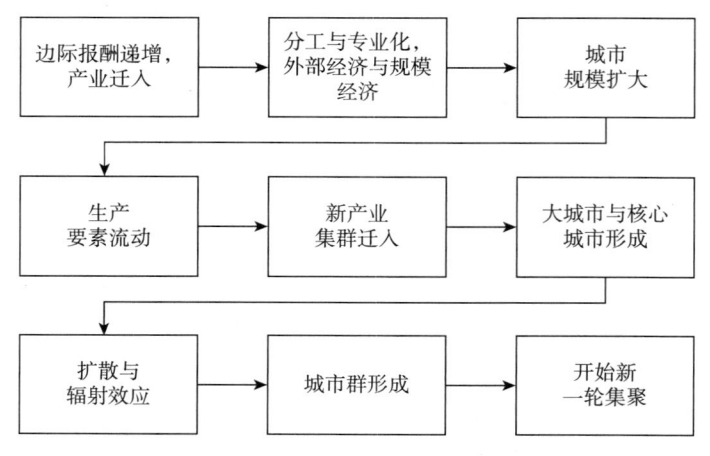

图12.1 城市群和产业集群的耦合发展机制

（二）模型构建

假定某城市群的所有产业都包含在产业集群当中，因此该城市群的GDP可以是各城市或者各产业集群的 GDP 总和。为研究城市群和产业集群的耦合与经济增长的关系，构建如下模型：

$$G = \alpha \times CS + \beta \times CY + \lambda \times (CS \times CY) + \varepsilon \quad (12.1)$$

其中，G 为被解释变量，代表某城市群的地区生产总值的增长率。其余皆为解释变量，城市群优势用 CS 表示，代表某城市群的集聚程度；而 CY 则代表某产业集群的集聚程度，也可理解为产业集群的优势；$CS \times CY$ 代表城市群和产业集群的耦合优势。

（三）变量说明

为考量城市群与产业集群的耦合对经济增长的影响，故采用地区生产总值增长率（即 GDP 增速）作为被解释变量。

另外，以各城市的城镇人口占总人口比例代表城市的集聚指数。目前我国仍是以第二产业为主，因此选择第二产业作为产业集群的代表来研究，以各城市第二产业从业人口占总从业人口的比例表示产业集聚优势。若城镇人口占比或第二产业从业人口占比的指标越大，则城市集聚或产业集聚的程度越高。各变量的具体定义如表 12.1 所示。

表 12.1 变量选择及其含义

变量	符号	指标	含义
被解释变量	G	GDP 增速	表示经济增长
解释变量	CS	城镇人口占比	表示城市群的集聚程度
	CY	第二产业从业人口占比	表示产业集群的集聚程度
	$CS \times CY$		表示城市群和产业集群的耦合优势
其他变量	ε		误差项

四 实证分析

（一）数据来源

本文以粤港澳大湾区城市群为研究背景，选取广州、深圳、佛山、东莞、惠州、珠海、中山、江门、肇庆、香港和澳门"9 + 2"个城市和地区 1996 ~ 2016 年的时间序列数据，分析粤港澳大湾区城市群与产业集群优势分别对经济发展的影响，并有针对性地研究二者的耦合关系对经济增长的作用。研究数据主要摘自各地区统计年鉴、EPS 统计数据库、国家统计局以及广东统计局等。

（二）城市集聚指数分析

城市的集聚指数用区域城镇人口指数来表示，其公式为：$CS_1 =$（区域城镇人口/区域总人口)/(全国城镇人口/全国总人口)。

从表达式中可以了解到,若区域的城市集聚指数大于 1 时,表明该区域的城市处于集聚状态,同时,集聚指数 CS_1 的数值越大,代表区域的城市集聚程度越高。

从图 12.2 可以看出粤港澳大湾区城市群的城市集聚程度,1996~2016 年的数据表示大湾区城市群的城市集聚指数均在 1.3 以上,这代表了粤港澳大湾区城市群的城市集聚程度较高。同时,我们也可以观察到该区域城市群的城市聚集指数从一开始便在缓慢地下降,其中的原因有可能是统计口径在此期间发生过变化,从而导致城市人口规模统计有偏差。还有可能是各城市间的经济和文化水平不一样,同时各城市的经济发展目标也不一致,因此各城市会有针对性地选择重点发展的产业和行业;不同的经济发展环境对劳动力的需求不一样,所吸引的劳动力也不尽相同,所以对城市人口的集聚会产生一定的影响。

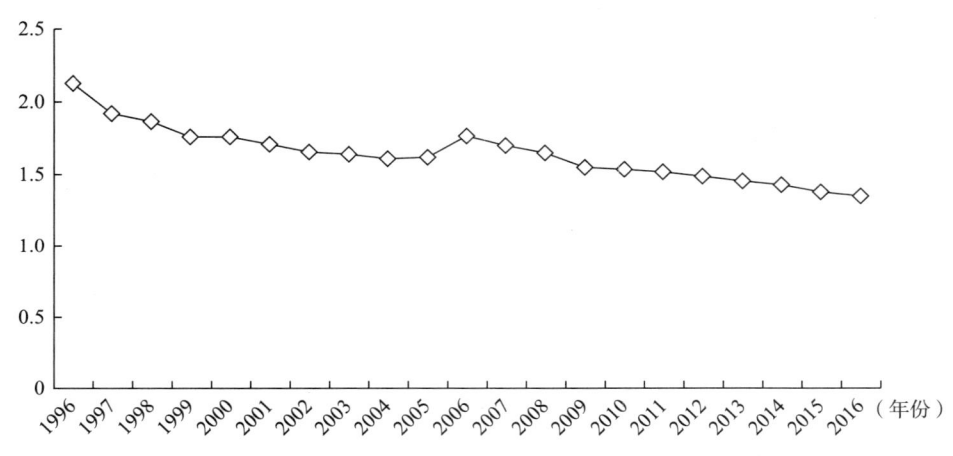

图 12.2 粤港澳大湾区城市群的城市集聚指数的趋势

(三) 产业集聚指数分析

产业集聚指数用区域第二产业从业人口指数来表示,其公式为:CY =(区域第二产业从业人口/区域从业人口)/(全国第二产业从业人口/全国从业人口)。

由上式可知,产业集聚指数 $CY>0$。当区域的 CY 值为 1 时,则代表第二产业呈均匀分布状态,不集聚于任何地区;而当区域的 $CY>1$ 时,表示该区域的第二产业处于集聚状态,同时数值越大,代表产业集聚程度越高。另外,若区域的 CY 趋近于 0 时,则表明第二产业不在该区域集聚,完全分布于其他区域(刘友金等,2001)。

图 12.3 是粤港澳大湾区城市群的产业集聚程度的趋势,可以看出,1996~2016 年粤港澳大湾区城市群的产业集聚指数基本在 1.5 以上,这代表了粤港澳大湾区的城市群间产业集聚程度较高。从该图我们也可以了解到,"第十个五年计划"期间,粤港澳大湾区城市群的产业集聚指数有明显上升趋势,表明产业集聚程度在

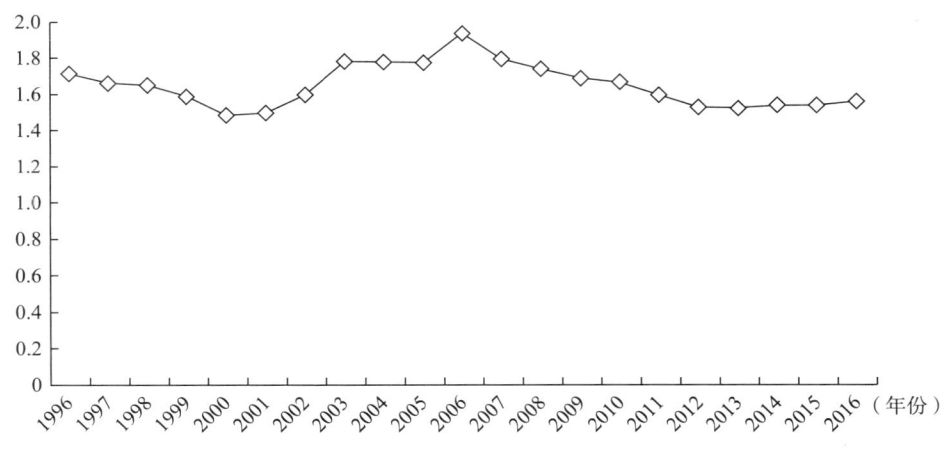

图 12.3 粤港澳大湾区城市群的产业集聚指数的趋势

提高,这有可能是我国产业转型升级的效果。但从 2006 年开始,产业集聚指数开始呈现相对下降趋势,直到 2012 年才开始渐趋平缓。本文的产业集聚指数主要以第二产业为代表进行研究的,因此说明了从 2006 年开始,第二产业的比重在总体下降,同时这也代表了粤港澳大湾区城市群第三产业比重在总体上升的结果。

(四)变量单位根与协整检验

1. 单位根检验

众所周知,经典的计量模型都是建立在时间序列呈现平稳的状态之下的。若用非平稳的经济变量进行回归分析,则容易导致两个实际上不相关的变量间的虚假回归,因此对于变量必须做单位根检验,来考虑其平稳性。表 12.2 将展示对 GDP 增速 G、城市集聚指数 CS_1、产业集聚指数 CY 以及两者耦合优势 $CS_1 \times CY$ 的单位根检验结果。

表 12.2 模型变量的单位根检验结果

变量	差分次数	检验形式 (C, T, K)	DW 值	ADF 值	5%临界值	1%临界值	结论
G	1	(0, 0, 1)	1.97	-6.55	-1.96	-2.70	$I(1)^{**}$
CS_1	1	(0, 0, 1)	1.92	-2.44	-1.96	-2.70	$I(1)^{**}$
CY	1	(0, 0, 1)	1.97	-2.69	-1.96	-2.70	$I(1)^{**}$
$CS_1 \times CY$	1	(0, 0, 1)	2.05	-2.56	-1.96	-2.70	$I(1)^{**}$

注:** 表示变量差分后在 5% 的显著性水平下通过平稳性检验;(C, T, K) 表示 ADF 单位根检验形式是否包含常数项、时间趋势项以及滞后期数。

变量的单位根检验结果表明:GDP 增速 G、城市集聚指数 CS_1、产业集聚指数 CY 以及两者耦合优势 $CS_1 \times CY$ 这四个变量皆是进行一阶差分后序列才平稳,说明四个变量的原序列都有一个单位根。

2. 协整检验

另外,学术界都清楚,没有协整关系的单整变量的回归仍然是伪回归。因此,必须对变量进行协整检验,而且上文的单位根检验已经证明了四个变量的单整阶数相同。表12.3 将展示四个变量的协整检验结果。

表 12.3 模型变量的协整检验结果

特征根	迹统计量(P 值)	5% 临界值	$\lambda - \max$ 统计量 (P 值)	5% 临界值	假设的协整方程数
0.861432	64.75217 (0.00)	40.17493	37.55147 (0.00)	24.15921	0**
0.660059	27.20070 (0.02)	24.27596	20.50068 (0.02)	17.79730	至多1个**
0.200878	6.700020 (0.36)	12.32090	4.260582 (0.59)	11.22480	至多2个
0.120491	2.439438 (0.14)	4.129906	2.439438 (0.14)	4.129906	至多3个

注:** 表示在5%的显著性水平下拒绝原假设,P值为伴随概率。

从表12.3 我们可以看出,没有协整关系的原假设的伴随概率为0,小于0.05,则拒绝原假设,说明变量间存在协整关系。同时,迹统计量的值64.75217 大于5% 显著性水平的临界值40.17493,说明至少有一个协整关系存在。同理可得,$\lambda - \max$ 统计量的值 37.55147 > 24.15921,同样可以得出四个变量存在协整关系的结果。

单位根检验已经验证了四个变量的原序列皆不平稳,而协整检验也证明了四个变量间存在协整关系。只有四个非平稳变量有协整关系才可以直接使用普通最小二乘法进行回归分析。

(五)回归模型结果

下面运用粤港澳大湾区中11个城市和地区1996~2016 年的时间序列数据,按照模型(12.1)建立 GDP 增速 G 与城市集聚指数 CS_1、产业集聚指数 CY 以及二者耦合优势 $CS_1 \times CY$ 之间的回归模型,并利用 EViews 6.0 进行数据分析。

从 EViews 6.0 的回归结果,我们可以得出粤港澳大湾区城市群的回归模型是:

$$G = -0.72 \times CS_1 - 0.52 \times CY + 0.43(CS_1 \times CY) + 0.97$$
$$(-0.70) \quad (-0.50) \quad (0.68) \quad (0.57)$$
$$R^2 = 0.26, DW = 1.92, S.E. = 0.04, F = 1.96, T = 21$$

变量下方括号内数字表示参数估计值对应的 t 统计量。

通过模型回归,我们发现模型的拟合优度为0.26,效果不算好。同时,代表产业集聚程度 CY 的系数为 -0.52,表示城市集聚程度 CS_1 的系数为 -0.72,两个指数均为负,在一定程度上说明这个时间段的产业集聚与城市集聚的优势没有得到充分发挥。在此回归模型之下,产业集聚优势相对于城市集聚优势对经济增长的作用更加明显。另外,产业集聚与城市集聚的耦合优势的系数为 0.43,这表明在当期城市群与产业集群的耦合对经济增长是有一定促进作用的。

(六) 模型自相关与异方差检验

1. 自相关检验

估计的回归模型需要做自相关检验,才能判断其是否符合理论的前提假设。自相关检验是对模型进行检验的方法之一,检验结果如表 12.4 所示。

表 12.4 模型自相关检验结果

	F 统计量 (P 值)	可决系数 R^2 (P 值)
一阶自相关	0.010911 (0.92)	0.014310 (0.90)
二阶自相关	2.304695 (0.13)	4.936267 (0.08)

表 12.4 的检验结果表明,一阶自相关检验 R^2 的伴随概率为 0.90,大于 0.05,说明接受原假设,即模型不存在一阶自相关。同样地,由于二阶自相关检验 R^2 的伴随概率为 0.08,大于 0.05,无法拒绝原假设,即接受模型不存在二阶自相关的结果。

2. 异方差检验

异方差检验是另一种检验模型的方法,检验结果如表 12.5 所示。

表 12.5 模型异方差检验结果

	F 统计量 (P 值)	可决系数 R^2 (P 值)
White 异方差检验	1.244677 (0.35)	8.426737 (0.30)

表 12.5 的分析结果表明,可决系数 R^2 的伴随概率为 0.30,大于 0.05,表明接受原假设,即该模型存在同方差,不存在异方差。

因此,上述构建的模型不存在自相关与异方差的情况。

(七) 稳健性检验

为研究上文所构建模型的稳健性,本文将采取变换变量的方法进行稳健性检验。上文对城市集聚指数的研究是采用区域城镇人口占比来表示的,但为了更准确地表达城市群的集聚程度,将城市的集聚指数改用城镇人口密度指数来表达,其公式为:CS_2 = (区域城镇人口/区域总面积) / (全国城镇人口/全国总面积)。

由图 12.4 可知,粤港澳大湾区城市群的城镇人口密度指数与上文所提及的区域城镇人口占比所呈现的状态大体是一致的,均是从整体上代表了粤港澳大湾区城市群的城市集聚程度呈现下降趋势。另外,城镇的人口密度指数均在 11 以上,表明该区域的城市相对来说还是比较集聚的。

更换变量以后,同样运用粤港澳大湾区中 11 个城市和地区 1996~2016 年的时

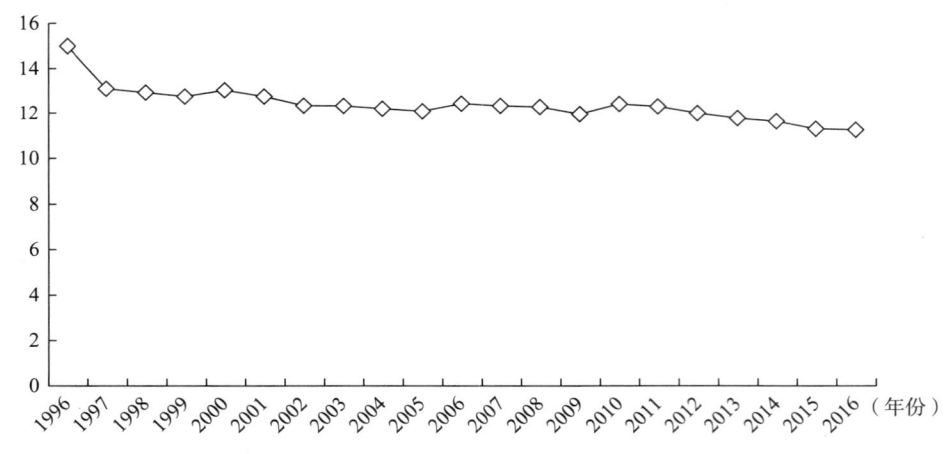

图 12.4　粤港澳大湾区城市群城镇人口密度指数

间序列数据，按照模型（12.1）建立新的回归模型，利用 EViews 6.0 进行数据分析。此次回归分析所得出的新模型是：

$$G = -0.12 \times CS_2 - 0.76 \times CY + 0.08(CS_2 \times CY) + 1.31$$
$$\quad\quad (-0.50) \quad\quad (-0.41) \quad\quad (0.51) \quad\quad\quad (0.43)$$
$$R^2 = 0.40, DW = 2.21, S.E. = 0.04, F = 3.74, T = 21$$

变量下方括号内数字表示参数估计值对应的 t 统计量。

由回归结果，我们可以发现新模型的产业集聚程度 CY 的系数为 -0.76，城市集聚程度 CS_2 的系数为 -0.12，与上文构建的模型结果相同，均对经济增长的促进作用不明显。但在新模型之下，粤港澳大湾区城市群的城市集聚优势比产业集聚优势对经济增长的影响更明显。不过，情况相似的是，在新模型中，城市群与产业集群的耦合优势系数为正数，表示二者的耦合效应对经济增长具有促进作用。

（八）结果分析

通过对回归模型的估计，我们可以发现：1996～2016 年，粤港澳大湾区城市群的产业集聚以及城市集聚效应对经济增长的作用并不显著，而城市群与产业集群的耦合优势却显示其对经济增长产生了促进作用。

研究结果出现上述现象，一方面是粤港澳大湾区城市和产业的集聚在一定程度上未形成规模，各城市皆具有自己重点发展的目标与方向，因此还未在这两个维度上形成有效的集聚，以至于对经济的增长未产生很大的效应；另一方面是政府对粤港澳大湾区城市群和产业集群的耦合优势比较重视，已逐渐有意识地去布局周围的城市与产业，使得两者逐渐形成互动的耦合系统，城市群和产业集群的耦合效应慢慢产生。单一的指标，如城市群集聚指数等是需要一定的规模才会有很明显的效果，但两者的综合是能够在一定时间内被观察出来的，因此就有了上述模型的结果。

五 结论及政策建议

从以上研究发现，粤港澳大湾区的产业集聚优势与城市集聚优势对区域的经济增长的促进作用不太明显，但二者的耦合对经济增长具有促进作用。目前，随着"产城互促"甚至是"产城融合"观念的提出，越来越多城市的规划布局开始考虑城市群与产业集群的协同发展，这也说明了城市群和产业集群的共同发展是未来的主流趋势，同时，如何促进城市群和产业集群的良性互动，使之为经济增长带来正面影响将是重点考虑的问题。

当今世界上，湾区已经成为带动全球经济发展的重点关注领域，由湾区带动经济发展而产生的经济效应，被称为"湾区经济"。而经济高度开放、资源高效配置、要素高度集聚、联系网络高度发达则是湾区经济的特征。目前，世界上比较知名的代表性湾区分别是纽约湾区、旧金山湾区、东京湾区和洛杉矶湾区。它们都是世界一流城市群的代表，以及"产城融合"的好例子。

因此，为了促进粤港澳大湾区的城市群与产业集群的良性互动和协调发展，从而进一步推动粤港澳大湾区的经济增长，产生更加积极与正向的湾区经济效应，本文提出以下几点建议。

第一，提升产业集群的质量。粤港澳大湾区在建设过程中，应注重产业布局的优化，发挥产业集聚对城市发展的积极作用，保障各产业分区的专业分工、高效合作，以推动产业的转型升级。积极促进以产业带动城市转型，争取达到"产城融合"的发展目标。同时，粤港澳大湾区可以充分利用自身的地理位置与产业优势，增加高新技术产业的规模和效益，淘汰落后产能，发展创新经济。

第二，加强城市群的规划与协调。粤港澳大湾区包括东岸知识密集型产业带、西岸技术密集型产业带、沿海生态环保型重化产业带等城市群产业带。各区域所拥有的优势以及发展的核心都不尽相同，因此政府应当结合每个城市的特色，利用各区域的资源禀赋优势进行合理分工，对城市群内部进行有机的规划与协调，使之成为专业的、有竞争力的城市群，并充分发挥其城市集聚优势。粤港澳大湾区的建设，可以尝试突破行政区域划分的限制，考虑采用网络布局或点轴开发的形式，逐渐形成点、线、面的城市群发展网络。城镇化程度的深化能推动城市群的发展，进而推动产业集聚的扩散和增大辐射效应，使得城市群和产业集群能够有机结合，并产生正向的耦合效应。

第三，推动城市产业分工，促进城市群与产业集群的耦合。产业集群有利于提升城市竞争力，推动企业间的分工及专业化。而城镇化进程的加速，能为产业提供更好的发展条件，从而促进产业的集聚。因此，应当根据不同城市的功能与发展定位，发挥各自的产业优势。粤港澳大湾区的总体目标是成为世界级的经济湾区，而其中包含的"9+2"个城市和地区，应有各自的明确定位。广州的定位是打造三大国际战略枢纽，即国际航运枢纽、国际航空枢纽、国际科技创新枢纽；深圳则是成为国际创新服务中心，提升全球科技产业服务，在湾区内协同构建创新生态链；东莞将加快推进交通一体化、产业市场化、环境国际化，努力打造粤港澳大湾区的国际制造中心；佛山定位为国际产业制造中心，致力于构筑创新创业人才支撑体系；中山是世界级现代装备制造业基地，发挥其贯通南北、承东启西的作用，成为综合性交通枢纽；随着港珠澳大桥即将建成，珠海将成为对接港澳市场的重要平台；位居西翼的江门，将朝着国家级先进制造业基地的目标前进；而肇庆将大力实施"东融西联"战略，打造传统产业转型升级集聚区；惠州依靠其临港、近海，拥有山河海湖资源的优势，立志成为粤港澳大湾区的生态担当，重点发展绿色经济；而香港地区则会为粤港澳大湾区提供企业融资、引进国际投资者，重心发展为全球金融中心及物流中心；最后，澳门地区定位为世界旅游休闲中心，加强建设国际旅游城市。

第四，加强政府宏观调控。粤港澳大湾区城市群的建设是为了推动内地与港澳间的合作与发展，逐渐提升国家在经济发展以及改革开放中的地位和功能。因此，在市场机制仍不算太成熟的环境之下，应该充分运用"看得见的手"，即利用政府职能进行宏观调控，为大湾区的城市群产业带提供良好的经济运行环境。中央及各地方政府应建立区域间的政策协调机制，打破行业垄断，促进公平竞争。政府间应通力合作，使城市群和产业集群更加互动协调地发展，进而促进经济的增长。

第五，完善城市群产业带的基础设施。原任广东省发改委主任的何宁卡曾表示，"要把粤港澳大湾区建设成为全球创新发展高地、全球经济最具活力区、世界著名优质生活区、世界文明交流高地和国家深化改革先行示范区"，这就要求大湾区城市群的基础建设要着实跟上脚步。粤港澳大湾区的城市间可以建设区域综合性的公共信息交换平台，推动信息化的基础建设。另外，大湾区还应打造完善的现代物流网络体系，合理布局物流枢纽与物流园区，形成物流、信息流、资金流等顺利流通的局面。只有完善基础设施建设，才能使产业集聚得到必要的条件支持，才能使整个城市群得以健康发展。

综上所述，城市群和产业集群的耦合关系，形成了一个有机的动态系统。它们互相协同、互相促进，产业集群推动城市群快速发展，而城市群也因为产业集群而得到迅速扩张。二者之间的有机结合使得经济得到提升，从而提高区域整体的竞争力。本文通过选取粤港澳大湾区城市群1996~2016年的时间序列数据，实证分析了城市群和产业集群优势对经济增长的影响，回归结果充分说明了粤港澳大湾区城市群和产业集群的耦合关系对经济增长的效果较为明显。同时，未来，"产城融合"必然是湾区城市和产业的布局与规划中所考虑的重点方向。因此，粤港澳大湾区应当朝着促进城市群和产业集群的耦合关系的方向前进，促使二者积极协调发展，从而迸发经济的魅力。

参考文献：

陈建军，胡晨光. 产业集聚的集聚效应——以长江三角洲次区域为例的理论和实证研究［J］. 管理世界，2008，（6）：68－83.

陈雁云，秦川. 产业集聚与经济增长互动：解析14个城市群［J］. 改革，2012，（10）：38－43.

陈雁云，朱丽萌，习明明. 产业集聚和城市群的耦合与经济增长的关系［J］. 经济地理，2016，（10）：117－122.

陈雁云. 产业发展、城市集聚耦合与经济增长的关联度［J］. 改革，2011，（4）：69－75.

郭凤城. 产业群、城市群的耦合与区域经济发展［D］. 吉林大学，2008.

刘友金，李洪铭，叶俊杰. 基于聚类分析的区域创新能力差异研究［J］. 哈尔滨学院学报（社会科学），2001，（2）：24－29.

牟群月. 产业集群与城市群的耦合发展研究——以温台沿海城市群为例［J］. 特区经济，2012，（5）：41－43.

苏雪串. 城市化进程中的要素集聚、产业集群和城市群发展［J］. 中央财经大学学报，2004，（1）：49－52.

王雨佳. 旅游产业集聚对经济增长的影响［D］. 上海社会科学院，2017.

吴勤堂. 产业集聚与区域经济发展耦合机理分析［J］. 管理世界，2004，（2）：133－136.

项文彪，陈雁云. 产业集群、城市群与经济增长——以中部地区城市群为例［J］. 当代财经，2017，（4）：109－115.

张云飞. 城市群内产业集聚与经济增长关系的实证研究［J］. 经济地理，2014，（1）：108－113.

郑江淮，高彦彦，胡小文. 企业"扎堆"、技术升级与经济绩效［J］. 经济研究，2008，（5）：33－46.

朱丽萌. 鄱阳湖生态经济区大南昌城市群与产业集群空间耦合构想［J］. 江西财经大学学报，2010，（5）：5－9.

Baldwin, R. E., Forslid, R. The Core-Periphery Model and Endogenous Growth: Stabilizing and Destabilizing Integration ［J］. *Economica*, 2000, (67): 307－324.

Ellison, G., Glaeser, E. L. Geographic Concentration in U.S. Manufacturing Industries: A Dartboard Approach ［J］. *Journal of Political Economy*, 1997, (105): 889－927.

Krugman, P. *Geography and Trade* ［M］. The MIT Press, 1991: 55－76.

Marshall, A. *Principles of Economics* ［M］. London: Macmillan, 1920.

Martin, P., Ottaviano, G. Growth and Agglomeration ［J］. *International Economic Review*, 2001, (42): 947－968.

Gottmann, J. Megalopolis, or the Urbanization of the North Eastern Seaboard ［J］. *Economic Geography*, 1957, (3): 189－200.

文章二：技术溢出、自主创新与我国经济波动[*]

欧阳秋珍[1]　陈　昭[2]

（1. 湖南文理学院　经济与管理学院，　湖南常德　415000；

2. 广东外语外贸大学　国际经贸学院，　广东广州　510420）

摘　要：本文从经济增长理论出发，结合 RBC 理论与国际技术扩散理论，利用我国与主要贸易投资伙伴 1990～2010 年的数据，实证分析了技术溢出、自主创新与我国经济波动的关系。研究发现：在不考虑吸收能力时，对我国经济波动影响最大的是 FDI 渠道的技术溢出，来自 FDI 的技术冲击能够减轻我国经济的波动；其次是进口渠道的技术溢出，然而通过进口渠道溢出的技术会加速我国经济波动；国内的技术创新对本国经济波动影响最小，而且影响为负。当考虑吸收能力时，所有变量的符号仍旧与原来一样，但是各个变量的影响程度发生变化，从大到小依次是：本国技术创新、FDI 技术溢出和进口技术溢出。脉冲响应函数与方差分解的结果也基本佐证了上述结论。此结论对于支撑国内持续开展科技创新活动意义重大。

关键词：技术溢出　自主创新　经济波动　脉冲响应　方差分解

Technology Spillover, Independent Innovation and Economic Fluctuation in China

OUYANG Qiuzhen[1]　CHEN Zhao[2]

(1. College of Economics and Management in Hunan University of Arts and Science,
Changde　415000; 2. College of International Trade and Economic
of GDUFS; School of International Trade & Economics, Guangzhou　510420)

Abstract: Combing with the Real Business Cycle Theory and international technology diffusion theory from the economic growth theory and by using the data from China and its main trade partners from 1990 to 2010, this article empirical analysis of the relationship among technology spillover, independent innovation and economic fluctuation relation in China. We found that: The technology spillover from the channels of FDI has the most affection on China's economic fluctuation, and the technical impact from the FDI can reduce the fluctuation of economy of our country without considering the absorption capabili-

---

[*] 本文已发表在《经济经纬》2013 年第 5 期。

ty; The second is the technology spillover from the channels of import, but it will accelerate economic fluctuations in China; The domestic technology innovation has minimal effect on economic fluctuation, but the effect is negative. When we consider the absorption capability, all variables remained with the original, but all the variables affecting the degree change, This sequence is: domestic technological innovation, FDI technology spillover and the import technology spillover. The impulse response function and variance decomposition results basically support the conclusion. This conclusion is significance to support that we carry out technological innovation activities continuously in China.

Keywords: Technology Spillover; Independent Innovation; Economic Fluctuation; Impulse Response; Variance Decomposition

自改革开放以来，我国经济保持了年均约10%的高速增长。然而，与高速增长同样不能被忽视的是大幅的经济波动。有时我国实际GDP增长速度高达15%，但有时低至不足4%，经济波动程度（标准差）高达4.1%。可以说经济的大幅波动是我国改革开放以来经济运行的显著特征之一。那么，我国的经济波动究竟是什么原因造成的呢？经济全球化发展是否对我国经济波动产生影响？怎样能够减小我国的经济波动幅度，提高经济增长的平稳性？本文从经济增长理论出发，结合真实商业周期理论与国际技术扩散理论，研究在开放经济条件下影响我国经济波动的主要因素。

一　文献综述

经济波动是一个国家或地区经济运行态势的重要指标和预测未来经济走势的风向标，因此，其一直是理论界关注的焦点。目前国内外学者试图从多个角度找出经济波动的影响因素，这些研究主要集中在以下几方面。

首先，传统的关于经济波动的影响因素研究主要集中在封闭经济下，探讨供给与需求冲击对总产出波动的影响。从供给方面来看，陈昆亭等（2004）、黄赜琳（2005）认为技术冲击和劳动供给的变化是中国经济波动的主要原因。从需求角度来看，郭庆旺（2004）认为，投资波动是改革开放以来中国经济波动的冲击源。刘树成等（2005）对中国2002年以来的经济周期进行了分析，研究发现消费结构升级的同时产生了经济的长期增长与短期波动。与前面不同，龚敏和李文溥（2007）从AD－AS模型出发，从总供给和总需求冲击的角度对我国经济波动进行了分析，认为我国经济平稳增长的关键因素正从需求转向供给。与此相反，王义中和金雪军（2009）采用含外生变量的结构向量自回归模型进行计量检验，研究发现供给冲击和需求冲击对经济波动的贡献基本相同，但需求冲击对我国经济波动起持久性作用，并进一步指出，金融危机期间，需求冲击比供给冲击更为重要。

其次，有学者从开放经济的角度研究了影响经济波动的主要因素，主要研究有以下方面。

有学者探讨了金融开放对经济波动的影响。Jansen 和 Stockman（2004）分析了国际直接投资与国际经济波动的关系，认为国际直接投资已成为国际经济波动的重要传导机制。李巍和张志超（2008）分析了 FDI 和非 FDI 资本账户开放对实际汇率和经济增长波动的影响，发现 FDI 资本账户开放会引起国内经济增长的不稳定，而非 FDI 资本账户开放引起的不稳定程度要明显小于 FDI 资本账户开放。而 Easterly 等（2001）分析得出金融全球化与宏观经济波动之间关系不显著的结论。Evans 和 Hnatkovska（2007）也发现金融开放与经济增长波动间存在非线性关系。

也有学者研究了国际贸易与经济波动的关系。Baxter 和 Kouparitsas（2005）从国际贸易角度，分析了国际贸易的发展与国际经济波动的协动性具有正相关关系。Calderon 等（2007）发现贸易强度与经济周期的相关性是明显的，但发达国家的相关性大于发展中国家。杨万平和袁晓玲（2010）分析了美国经济波动对中国经济冲击的长期传导机制和短期动态影响特征。脉冲响应分析结果表明，美国经济对中国经济的影响更大，美国经济的波动主要通过影响中国对美国出口的途径对中国经济增长造成冲击；方差分解结果显示，中国经济对美国经济的贡献更大。唐海燕和蒙英华（2010）运用美国与各东道国的双边服务贸易数据考察了服务贸易对经济波动的作用，结果发现服务贸易具有逆向冲击作用。

还有学者发现经济波动源于国际传导。经济全球化使不同国家的经济都相互联系在一起，这种相互联系通过商品和服务的贸易、相互联系的金融市场以及技术的扩散而实现，从而使得各经济体、各国家之间具有共同的波动性（Berk，1997）。Burstein 等（2008）认为，国际经济波动的同步性主要是由于对他国进口的依赖、包括价格在内的冲击、需求冲击、与贸易相关的冲击等。黄梅波和吕朝凤（2011）应用 H-P 滤波法对 G20 各成员国的经济周期进行了分析，结果表明，1980~2009 年各成员国的经济周期基本具有同周期性，G20 宏观经济政策协调具有可行性，G20 协调机制的运行有利于降低我国经济的波动程度。

此外，Comin 等（2009）探索了技术扩散和经济波动之间的关系，发现技术扩散对于解释发达国家和发展中国家之间的经济联动至关重要。张建辉和靳涛（2011）发现制度变革冲击对我国宏观经济波动具有重要影响。唐文强和严明义（2012）的研究结果表明，房价作为外生变量有效地解释了经济波动中存在的动态转移过程。

上述研究虽然较为全面，但都在一定程度上忽视了经济增长与经济波动的内在联系。经济增长与经济波动是密切相关的，在长期中影响经济增长的因素在短期中也不可避免地会影响经济波动。内生经济增长理论将技术进步作为一国经济持续增长的最终源泉和动力,这也在真实经济周期模型(Real Business Cycle,下称 RBC 模型)中得以体现。在 RBC 模型中,不同形式的技术冲击是产生经济周期波动的唯一来源。因此,有必要分析技术进步对我国经济波动的影响。虽然国内学者徐舒等(2011)也研究过技术扩散对经济波动的影响,但是缺乏相应的计量实证分析,没有将出口和 FDI 同时纳入分析。本文在前人研究的基础上,力图从以下几个方面进行拓展:第一,基于 1990~2010 年数据用计量经济学方法实证检验技术冲击对我国经济波动的影响;第二,技术进步来源不仅考虑内生性技术进步,而且根据本国国情分析了技术溢出的影响,同时考虑技术溢出的吸收能力;第三,技术溢出来源考虑进口和 FDI 渠道的国际传导。

二 模型构建和数据处理

(一) 构建计量模型

在世界各国不断开放、经济全球化日益深化的今天,一国的技术进步不再仅仅取决于本国的研发投入和创新能力,在很大程度上还取决于其他国家,特别是贸易投资伙伴国的研发投入,而国际技术溢出是实现各国分享研发投入成果的途径之一。在今天,技术溢出构成了发展经济学中"后发优势"的核心,是发展中国家赶超发达国家的重要手段,越来越多的国家和地区重视获得技术溢出。因此,本文的技术冲击不仅来源于本国的技术进步,也来自国外的技术溢出。技术溢出的渠道有很多,国内外学者的研究主要集中在 FDI 和进口等渠道的技术溢出。由于我国对外开放成就显著,2009 年进口和 FDI 都居世界第二位,2011 年进口额达到 17435 亿美元,实际使用 FDI 达到 1160 亿美元。于是,本文也主要分析进口和 FDI 渠道的技术溢出。

技术溢出的效果不仅取决于技术本身溢出的程度,也取决于东道国的技术吸收能力。对发达国家技术的吸收、转移与模仿,需要后进国具备一定的人力资本基础,当一国人力资本水平达到模仿的"门槛"后,才能实现对先进技术的有效模仿。因此,我们采用人力资本和技术溢出的交叉乘积项度量吸收能力。

根据上述分析,同时借鉴 Comin 等(2009a,2009b)的思想,本文建立两个模型,分别考虑不存在吸收能力和存在吸收能力时技术冲击对我国经济波动的影响,模型如下:

$$Vgdp_{it} = a_{0i} + a_{1i}S_{it}^d + a_{2i}S_{it}^{f-im} + a_{3i}S_{it}^{f-fdi} + \xi_{it} \quad (12.2)$$

$$Vgdp_{it} = a_{0i} + a_{1i}S_{it}^d + a_{2i}H_{it}S_{it}^{f-im} + a_{3i}H_{it}S_{it}^{f-fdi} + \xi_{it} \quad (12.3)$$

其中:i 代表国家,本文为了与技术溢出国进行区分,用 i 表示中国;$t=1$,2,3,…,T 表示时间;$Vgdp_{it}$ 为 i 国在第 t 期的经济波动;S_{it}^d 为 i 国在第 t 期的国内 R&D 资本存量，用以表示国内技术创新；S_{it}^{f-im} 表示通过进口路径溢出到 i 国的国外 R&D 资本存量，用来表示进口渠道的技术溢出；S_{it}^{f-fdi} 为通过 FDI 路径溢出到 i 国的国外 R&D 资本存量，表示 FDI 渠道的技术溢出；H_{it} 为 i 国第 t 期的人力资本存量；a_0 为常数项，a_{1i}、a_{2i} 和 a_{3i} 是各个变量的系数；ξ_{it} 表示随机扰动项。

(二) 变量的处理和数据来源

由于涉及对华的出口和 FDI 等渠道的技术溢出，考虑数据的可得性和合理性及体现本国的经济情况，本文选取日本、美国、德国、韩国、法国、英国、加拿大和澳大利亚 8 个国家作为技术溢出的来源地。样本期为 1990 ~ 2010 年，整理后得出的国外数据按照购买力平价汇率换算成以 2000 年为基期的美元计价，国内数据以 2000 年为基期。

1. 经济波动 $Vgdp_{it}$

Taylor 和 Woodford (1999) 指出，衡量一个国家宏观经济波动的方法就是看总产出和其他相应经济指标的时间序列对于它们长期趋势的偏离程度，这些指标很多。例如，美国国家经济研究局 (National Bureau of Economic Research，NBER) 使用了总产出、收入、贸易、就业等指标来测度经济周期波动，但最基本的指标是 GDP。因此，我们借鉴 NBER 的做法，经济波动主要是考察实际 GDP 偏离潜在 GDP 的程度，即：

$$y_t^{gap} = y_t - y_t^* \tag{12.4}$$

其中，y_t 是第 t 期实际 GDP，y_t^* 是潜在 GDP，y_t^{gap} 是实际 GDP 对潜在 GDP 的偏离。

为了能够更精确地描述我国宏观经济的周期性波动，我们这里并不采用 y_t^{gap} 指标来衡量经济波动，而是引入产出缺口指标。产出缺口表示实际产出与潜在产出之间的差额占潜在产出的比率，它反映了实际产出相对于潜在产出的偏离程度，即实际产出围绕潜在产出上下波动的程度。之所以选用产出缺口指标，原因在于它能够把趋势项和波动项完全分开，可以更加准确地反映出我国增长型经济周期波动的变化轨迹，同时又可以反映出现有经济资源的利用程度。产出缺口即经济波动 $Vgdp_t$，用公式表示为：

$$Vgdp_t = (y_t - y_t^*)/y_t^* \times 100\% \tag{12.5}$$

y_t 可以从历年《中国统计年鉴》获得，寻找 y_t^* 成为关键。

目前，度量潜在 GDP 的方法主要有单变量工具法、增长核算法、生产函数法和分部门核算加总法等。本文主要采用国际上较为常用的单变量工具法，其基本原理是通过分析实际 GDP 的数据，分离其中的周期成分，最后得到的长期趋势就是潜在 GDP。我们可以用公式表示：

$$y_t = y_t^{trend} + \varepsilon_t = y_t^* + y_t^{gap} \tag{12.6}$$

其中，y_t^{trend} 是第 t 期实际 GDP 的长期趋势，ε_t 是随机游走项，其余变量含义同上。

测定长期趋势的方法有很多种，Hodrick 和 Prescott（1997）滤波法是目前被广泛使用的一种。利用 H-P 滤波法可以将经济变量序列中长期增长趋势和短期经济波动成分分离开来。设 $\{y_t\}$ 是包含趋势成分和波动成分的经济时间序列，$\{y_t^T\}$ 是其中含有的趋势成分，$\{y_t^C\}$ 是其中含有的波动成分，则：

$$y_t = y_t^T + y_t^C \tag{12.7}$$

利用 H-P 滤波法从包含预测值的 $\{y_t\}$ 中将 $\{y_t^T\}$ 分离出来，将其看作潜在产出，记为 y_t^*。一般地，时间序列 $\{y_t\}$ 中的可观测部分 $\{y_t^T\}$ 常被定义为下面最小化问题的解：

$$\min \sum_{t=1}^{T} \{(Y_t - Y_t^T)^2 + \lambda [c(L)Y_t^T]^2\} \tag{12.8}$$

其中，$c(L)$ 是延迟算子多项式：$c(L) = (L^{-1} - 1) - (1 - L)$。

H-P 滤波法的问题就是使下面损失函数最小：

$$\min \sum_{t=1}^{T} \{(Y_t - Y_t^T)^2 + \lambda [(Y_{t+1}^T - Y_t^T) - (Y_t^T - Y_{t-1}^T)]^2\} \tag{12.9}$$

H-P 滤波法的关键是 λ 值的选取，根据 Backus 等（1992）的研究，采用 $\lambda = 100$ 来处理年度数据是比较合适的，本文用 $\lambda = 100$ 来处理真实 GDP 增长率序列。

最后，我们得到我国 $Vgdp_{it}$ 图形（见图 12.5）。

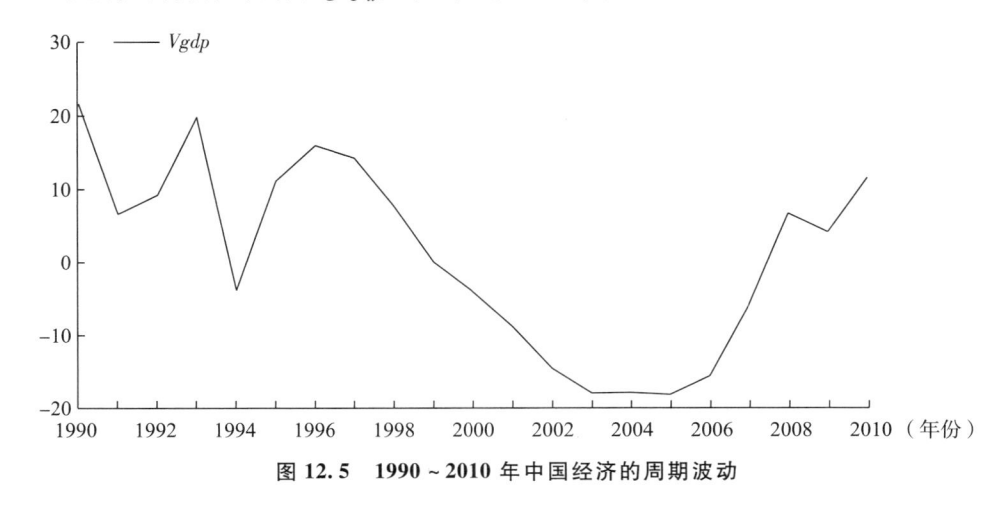

图 12.5　1990～2010 年中国经济的周期波动

2. 国内研发资本存量 S_{it}^d

我们用 Griliches（1980）的方法来计算以 1990 年为基期的研发资本存量。基期的 R&D 资本存量可用下式计算：$S_{1990}^{d} = RD_{1990}/(g + \delta)$。其中，$S_{1990}^{d}$ 为1990年的研发资本存量；RD_{1990} 为1990年的研发资本支出；g 为基期之后的平均 R&D 投入增长率；δ 为研发资本的折旧率，按照李平和张庆昌（2008）的做法设为5%。

其余年份的研发资本存量依据永续盘存法来计算：$S_{t}^{d} = (1 - \delta)S_{t-1}^{d} + RD_{t}$。其中，$RD_{t}$ 为研发资本支出，其余变量含义同上。国内研发资本存量的数据主要是利用各年《中国统计年鉴》的实际研究与试验发展（简称研发，R&D）经费支出计算。

3. 通过进口和 FDI 渠道溢出的国外研发存量 S_{it}^{f-im} 和 S_{it}^{f-fdi}

本文运用 Lichtenberg 和 Pottelsberghe（1998）给出的方法来测度国外 R&D 资本存量溢出，以下简称 LP 方法。

LP 构造的进口贸易、FDI 渠道的国外溢出 R&D 资本存量表述形式如下：

$$S_{it}^{f-im} = \sum_{j \neq i} \frac{IM_{ijt}}{GDP_{jt}} \times S_{jt}^{d} \qquad (12.10)$$

$$S_{it}^{f-fdi} = \sum_{j \neq i} \frac{FDI_{ijt}}{GDP_{jt}} \times S_{jt}^{d} \qquad (12.11)$$

其中，IM_{ijt} 表示第 t 期 i 国从 j 国的进口额，FDI_{ijt} 代表 j 国第 t 期流入 i 国的实际外商直接投资，GDP_{jt} 表示第 t 期 j 国的 GDP，S_{jt}^{d} 表示第 t 期 j 国的国内 R&D 资本存量，采用永续盘存法计算，其余变量含义同上。国外 GDP 和各国对华出口、FDI 和研发资本存量的数据来自 IMF、中国国家统计局网站、联合国教科文组织数据库等。

4. 人力资本存量 H_{it}

Schultz（1961）提出了人力资本理论，把人看作资本，并认为人力资本应包含健康、干中学、正式教育和迁移等。目前，我国尚未有权威的关于人力资本存量的计算方法，对于人力资本常用的度量方法有劳动者报酬法、教育经费法和受教育年限累积法等。根据本文的需要和条件，我们采用汤向俊（2006）的受教育年限累积法核算中国的人力资本存量，将劳动率分类，然后按照不同劳动力的人力资本水平对其进行加权求和，即得到总的人力资本存量，最后引入累积效应，计算公式如下：

$$H_{t} = \sum_{i=1}^{6} HE_{it} e^{\lambda h_{i}} \qquad (12.12)$$

其中，$i = 1、2、3、4、5、6$ 分别表示文盲或半文盲、小学、初中、高中、大学专科和大学本科及以上，H_{t} 为人力资本总量，HE_{it} 为 t 年第 i 学历层次的劳动力人数，h_{i} 为第 i 学历层次的受教育年限，e^{λ} 为累积效应。汤向俊（2006）按照受教育年限累积法已经计算出了我国 1978～2003 年的人力资本存量，2004 年以后的数据则按照同样的方法计算得出。

三 实证研究与结果分析

(一) 单位根检验

根据计量经济学的基本理论,实证分析之前要判定变量的平稳性,否则容易引起虚假回归。检验变量平稳性常用的方法是 ADF 单位根检验法,本文依据 ADF 单位根检验法的基本理论,结合检验形式、差分次数以及 DW 值大小,综合判断变量的单位根情况。检验结果如表 12.6 所示。

表 12.6 变量的 ADF 单位根检验结果

变量	差分次数	检验形式 (C, T, K)	DW 值	ADF 值	1%临界值	5%临界值	结论
$Vgdp_{it}$	1	(N, N, 1)	1.84	−3.29	−2.70	−1.96	$I(1)$ *
S_t^d	3	(C, T, 1)	2.09	−3.81	−4.67	−3.73	$I(3)$ **
S_t^{f-im}	2	(C, N, 1)	2.07	−3.86	−3.87	−3.05	$I(2)$ **
S_t^{f-fdi}	3	(N, N, 0)	2.00	−2.37	−2.71	−1.96	$I(3)$ **
$H_t S_t^{f-im}$	2	(C, T, 0)	2.19	−5.91	−4.57	−3.57	$I(2)$ *
$H_t S_t^{f-fdi}$	3	(N, N, 0)	1.92	−2.54	−2.71	−1.96	$I(3)$ **

注:*、** 分别表示变量在 1%、5% 的显著性水平下通过平稳性检验;(C, T, K) 表示 ADF 单位根检验形式是否包含常数项、时间趋势项以及滞后期数。

(二) 协整检验

变量的 ADF 单位根检验结果表明,理论模型中涉及的被解释变量是一阶单整序列,解释变量是高阶单整序列并且在各自模型中成对出现最高阶 I(3)。非平稳变量之间的最小二乘回归很可能为伪回归,因为蒙特卡罗模拟已经表明单位根变量之间的回归在很大程度上具有接受相关关系的更高的检验势。因此回归之前要判断变量之间的协整性,有协整关系才可直接利用普通最小二乘法进行回归,否则需要另行处理,本文变量的 JJ 协整检验结果如表 12.7、表 12.8 所示。

表 12.7 式 (12.2) 的 JJ 协整检验结果

特征根	迹统计量 (P 值)	5% 临界值	$\lambda - max$ 统计量 (P 值)	5% 临界值	原假设
0.86	68.67 (0.00)	47.86	36.93 (0.00)	27.58	不存在协整关系*
0.61	31.74 (0.00)	29.80	17.68 (0.14)	21.13	存在一个协整关系
0.52	14.06 (0.08)	15.49	13.97 (0.06)	14.26	存在二个协整关系
0.005	0.09 (0.76)	3.84	0.09 (0.76)	3.84	存在三个协整关系

注:* 表明在 1% 的显著性水平下拒绝原假设,P 值为伴随概率。

表 12.8 式（12.3）的 JJ 协整检验结果

特征根	迹统计量 （P 值）	5% 临界值	λ - max 统计量 （P 值）	5% 临界值	原假设
0.82	64.20 (0.00)	47.86	32.93 (0.01)	27.58	不存在协整关系*
0.62	31.27 (0.03)	29.80	18.22 (0.12)	21.13	存在一个协整关系
0.50	13.06 (0.11)	15.49	13.01 (0.08)	14.26	存在二个协整关系
0.002	0.04 (0.84)	3.84	0.04 (0.84)	3.84	存在三个协整关系

注：*表明在 1% 的显著性水平下拒绝原假设，P 值为伴随概率。

（三）协整回归结果分析

协整检验结果表明上述变量之间具有协整关系，因此可以直接回归，式（12.2）和式（12.3）的协整关系式回归结果分别如下：

$$Vgdp_{it} = 40.89 - 0.002 S_{it}^{d} + 0.03 S_{it}^{f-im} - 1.30 S_{it}^{f-fdi} - 0.45 AR(2)$$
$$(6.17) \quad (-5.75) \quad (5.98) \quad (-5.50) \quad (-2.09)$$
$$R^2 = 0.58, DW = 1.36, F = 4.76$$

$$Vgdp_{it} = 24.12 - 0.001 S_{it}^{d} + 1.15E - 07 H_{it} S_{it}^{f-im} - 4.62E - 06 H_{it} S_{it}^{f-fdi}$$
$$(4.74) \quad (-2.85) \quad (4.42) \quad (-4.15)$$
$$R^2 = 0.58, DW = 1.39, F = 7.73$$

变量下方括号中的数字表示参数估计值对应的 t 统计量。

回归结果表明：在不考虑吸收能力时，对我国经济波动影响最大的是 FDI 渠道的技术溢出，来自 FDI 的技术冲击能够减小我国的经济波动；其次是进口渠道的技术溢出，然而通过进口渠道溢出的技术会加大我国经济波动；本国国内的技术创新对本国经济波动影响最小，而且影响为负，即本国的技术创新能够减小本国的经济波动。

当考虑吸收能力时，所有变量的符号仍旧与原来一样，但是各个变量的影响程度发生变化。本国技术创新变成了影响经济波动的主要技术冲击，其次是来自 FDI 渠道的技术冲击，这两项冲击均减小了我国的经济波动；而进口渠道溢出的技术加剧了我国的经济波动，但冲击力度最小。

（四）脉冲响应函数

在 VAR 模型的基础上，我们尝试做脉冲响应函数图，观察反应变量变化对冲击变量的影响程度。脉冲响应函数结果如图 12.6 和图 12.7 所示。

脉冲响应结果表明：在不考虑吸收能力时，在前 3 期，三个变量对我国经济波动的冲击都较小，从第 4 期开始，各个变量的影响开始变得明显，S_{it}^{d} 对 $Vgdp_{it}$ 的影响为负，而且逐渐下降；S_{it}^{f-fdi}、S_{it}^{f-im} 对 $Vgdp_{it}$ 的影响为正，而且逐渐上升。加入人力资本后，各个变量变化方向一致，只是影响程度有所下降。除了来自 S_{it}^{f-fdi} 的冲击

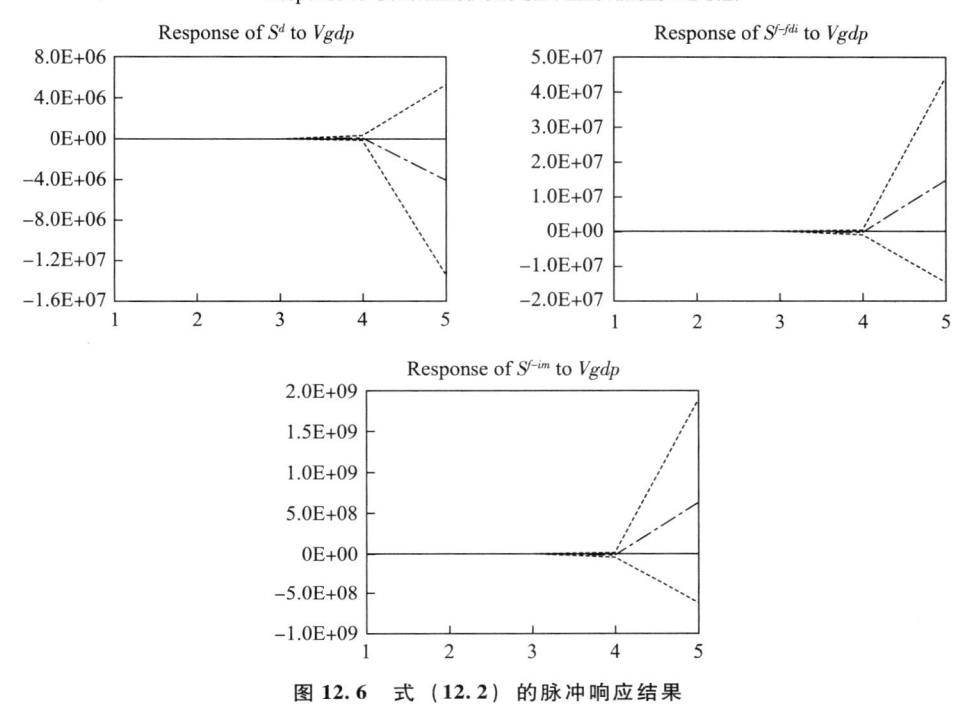

Response to Generalized One S.D. Innovations ± 2 S.E.

图 12.6　式（12.2）的脉冲响应结果

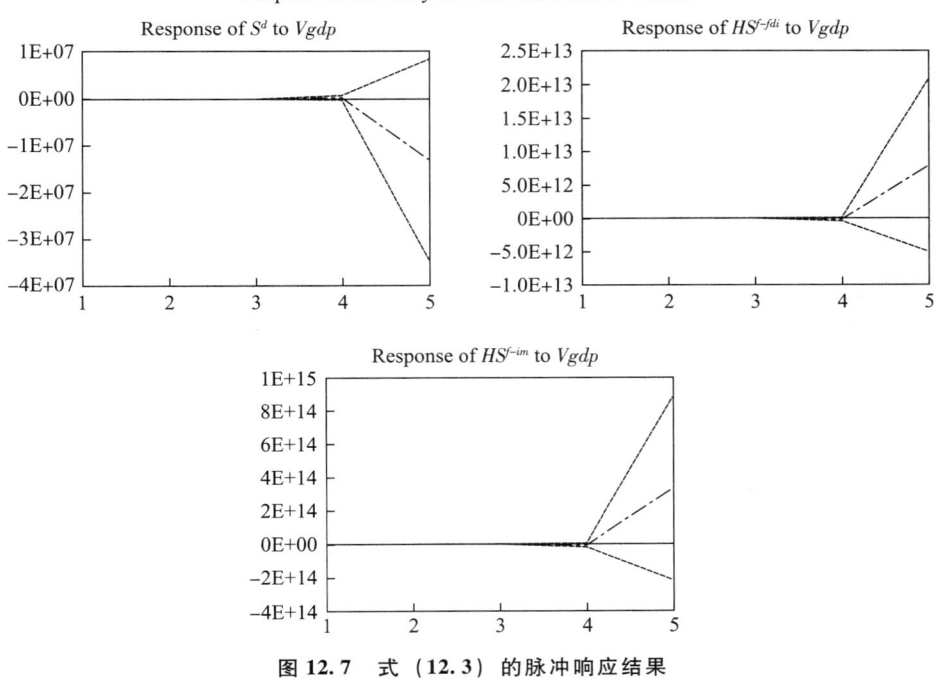

Response to Cholesky One S.D. Innovations ± 2 S.E.

图 12.7　式（12.3）的脉冲响应结果

与协整回归有所出入，其余变量上述结果和协整关系式的回归结果基本相同，两者相互佐证。脉冲响应函数表明这些冲击具有一定的滞后性。

（五）方差分解

在没有考虑吸收能力时，根据表 12.9 可以看出：技术冲击对我国经济波动的影响程度与协整模型的结果基本一致，按照从大到小的作用力排序分别是 FDI 技术溢出、进口技术溢出和本国的技术创新。从第 2 期开始，S_{it}^{f-fdi} 对我国经济波动的影响最大，而且其作用力呈现缓慢增加并在第 4 期达到稳定；其次是 S_{it}^{f-im}，在第 4 期对经济波动影响作用大体稳定，对方差分解的承载保持在 9% 以上；最后是 S_{it}^{d}，在第 1 期承载 4.23%，随着时间的变化，作用力变化不大。总体来看，方差分解的结果与式（12.2）协整回归结果保持一致。

表 12.9 根据式（12.2）的方差分解结果

时期	S.E.	$Vgdp_{it}$	S_{it}^{d}	S_{it}^{f-fdi}	S_{it}^{f-im}
1	8.3379	86.4720	4.2273	1.2478	8.0529
2	24.9750	11.4928	3.5866	82.6217	2.2989
3	942.1471	0.0188	4.8484	85.5218	9.6110
4	37571.41	0.0080	4.8374	85.8002	9.3544
5	1498906	0.0080	4.8375	85.7953	9.3592

当考虑吸收能力时，方差分解结果如表 12.10 所示，本国的技术创新活动对经济波动影响明显提高，对方差分解的承载力度由接近 5% 上升到 18% 以上；$H_{it}S_{it}^{f-fdi}$、$H_{it}S_{it}^{f-im}$ 对经济波动的作用力度则降低，尤其是 $H_{it}\ln S_{it}^{f-im}$ 对经济波动影响下降明显，对方差分解的承载力度由 9% 以上下降到 4% 多一些，下降了 50% 以上。其和协整模型式（12.3）结论基本一致。

表 12.10 根据式（12.3）的方差分解结果

时期	S.E.	$Vgdp_{it}$	S_{it}^{d}	$H_{it}S_{it}^{f-fdi}$	$H_{it}S_{it}^{f-im}$
1	8.008	83.466	3.042	5.034	8.458
2	27.026	8.241	17.35	73.581	0.828
3	1202.211	0.0048	18.188	77.064	4.743
4	53121.42	0.00036	18.224	77.191	4.584
5	2350148	0.00035	18.224	77.189	4.587

四 结论与启示

通过协整分析、脉冲响应函数和方差分解技术，我们发现，技术溢出冲击和本国的 R&D 投入是我国经济波动不容忽视的长期影响因素。在考虑吸收能力后，我国的技术创新活动能够熨平经济的波动幅度，是我国经济增长最重要的稳定器，其理论意义和现实意义重大。

国内研发支出能够提高我国技术水平，推动本国技术创新，减小我国经济波动。当不加入人力资本时，S_{it}^d 对 $Vgdp_{it}$ 影响最小，但是加入后，变为最大了。这是因为创新活动需要一个循序渐进的过程，即创新应该是在原有的知识存量基础上产生的，这样的创新更能被消化、吸收和利用，从而不会对本国经济产生较大的波动。此外，目前我国与这些发达国家还存在一定的技术差距，内资企业对国外技术的消化、吸收还需要一定的时间，导致加入人力资本后国外研发溢出的作用相对较小。因此，从 S_{it}^d 本身来看，技术自主创新是从根本上推动我国经济发展并保持经济平稳发展重要的因素，我们始终要加大自主研发力度，最终建立在自主研发的基础之上，实现技术自主创新能力的不断提升。

FDI 渠道的技术溢出对我国经济波动影响最大，但是也会减轻我国经济波动，加入人力资本后，其影响减弱了。FDI 作为国际要素转移的主要载体，它不仅转移了资本要素，有效弥补了我国资金不足的缺口，同时还进行技术、管理、知识等无形资产的转移，我国能通过其技术外溢效应及经营示范效应形成对本国技术与管理水平提高的直接推动，尤其是出口导向型的外商直接投资，更利于提高我国商品的国际竞争力，从而导致 FDI 渠道的技术溢出作用较大。另外，大量 FDI 企业廉价利用由当地人才和资源建立的研发机构，进行技术创新，FDI 还通过产业的后向与前向关联效应带动我国相关产业的发展，这些技术在某种程度上与我国生产力水平比较接近，从而减轻我国经济波动。但是，我国吸引 FDI 增速太快，而人力资本水平较低，对于技术的吸收能力未能跟上，导致加入人力资本后，该变量系数变小。因此，根据我国经济技术发展水平，结合行业特点和技术结构因素，引导跨国公司有步骤、有秩序地进入，采取鼓励先进技术、允许适宜技术、限制传统技术的引进方针，尤其是引进跨国公司的研发机构，确保跨国公司转移技术的先进性，为更好地利用技术溢出创造条件。对一些技术要求高，但自身技术开发薄弱的行业实施政策倾斜，从而更好地获取技术溢出效应。同时也要创造条件，合理消化和吸收技术溢出，实现二次创新。

进口渠道溢出的国外研发资本存量加剧了我国经济波动，加入人力资本后，其影响也减弱了。这说明我国的进口贸易可能存在以下问题。首先，发达国家为维持其在技术上的领先优势，会对向我国的技术出口制定某些限制措施，降低其先进技术外溢的规模和速度，使我国厂商无法获得核心技术，导致 S_{it}^{f-im} 小于 S_{it}^{f-fdi}。其次，1990~2010 年，中国从这些国家和地区的进口比重虽然在下降，进口市场在多元化，但是发达国家和地区一直是中国最大的进口来源地，这为我国进口高新技术产品以及模仿技术提供了前提，然而进口来源地的集中导致了这些国家的经济波动可能通过贸易渠道传导到我国,我国易受发达国家经济周期性波动的协同影响。再次,我国进口产品的方向选择可能存在问题,自由贸易可能会强化发展中国家的比较优势,使之专业化生产技术含量低的产品,从而引起溢出的高技术在短期不容易被吸收,而长期容易对国外形成技术依赖,本国创新能力得不到提高,导致溢出的技术与本国产业发展不适应,从而加剧本国经济波动。最后,从 S_{it}^{f-im} 角度看,本文测度的是"国外有效技术外溢"对我国经济波动的冲击作用。如果只是单纯地通过进口高技术含量的国外产品以满足国内需求,而忽视和缺乏对该项先进技术水平的学习、吸收,那么以贸易方式获得的潜在技术外溢就无法充分转化为有效的技术外溢,而且我国人力资本有限,存在贸易"门槛"效应,导致加入人力资本后的进口渠道的技术冲击作用减弱。因此,进口市场多元化,优化产品进口结构,提高本国技术吸收和再创新能力是减小我国经济波动的重要策略。

参考文献:

陈昆亭,龚六堂,邹恒甫. 什么造成了经济增长的波动,供给还是需求:中国经济的 RBC 分析 [J]. 世界经济,2004,(4):3-11.

龚敏,李文缚. 中国经济波动的总供给与总需求作用分析 [J]. 经济研究,2007,(11):32-44.

郭庆旺. 中国经济波动的解释:投资冲击与全要素生产率冲击 [J]. 管理世界,2004,(7):22-28.

黄梅波,吕朝凤. G20 经济波动的同周期性研究 [J]. 国际贸易问题,2011,(3):17-27.

黄赜琳. 中国经济周期特征与财政政策效应 [J]. 经济研究,2005,(6):27-39.

李平,张庆昌. 国际间技术溢出对我国自主创新的动态效应分析——兼论人力资本的消化吸收 [J]. 世界经济研究,2008,(4):60-88.

李巍,张志超. 不同类型资本账户开放的效应:实际汇率和经济增长波动 [J]. 世界经济,2008,(10):33-45.

刘树成,张晓晶,张平. 实现经济周期波动在适度高位的平滑化 [J]. 经济研究,2005,(11):10-21.

汤向俊. 资本深化、人力资本积累与中国经济持续增长 [J]. 世界经济,2006,(8):57-64.

唐海燕,蒙英华. 服务贸易能平缓经济冲击吗?[J]. 国际贸易问题,2010,(12):61-69.

唐文强,严明义. 房价与经济波动的区制转移 [J]. 财经科学,2012,(2):43-53.

王义中,金雪军. 中国经济波动的外部因素:1992-2008 [J]. 统计研究,2009,(8):10-15.

徐舒,左萌,姜凌. 技术扩散、内生技术转化与中国经济波动 [J]. 管理世界,2011,(3):22-31.

杨万平,袁晓玲. 美国经济波动对中国经济增长的影响及其传导机制研究 [J]. 世界经济研究,2010,(7):76-81.

张建辉, 靳涛. 中国转型式制度冲击与宏观经济波动 [J]. 经济学动态, 2011, (8): 63-69.

Backus, D. K., Kehoe, P. J., and Kydland, F. E. International Real Business Cycles [J]. *Journal of Political Economy*, 1992, 100 (4): 745-775.

Baxter, M., Kouparitsas, M. A. Determinants of Business Cycle Comovement: A Robust Analysis [J]. *Journal of Monetary Economics*, 2005, 52 (1): 113-157.

Berk, J. B. Does Size Really Matter [J]. *Financial Analysts Journal*, 1997, 53 (5): 12-18.

Burstein, A., Kurz, C., and Tesar L. Trade, Production Sharing, and the International Transmission of Business Cycles [J]. *Journal of Monetary Economics*, 2008, 55 (4): 775-795.

Calderon, C., Chong, A., Stein, E. Trade Intensity and Business Cycle Synchronization: Are Developing Countries Any Different [J]. *Journal of International Economics*, 2007, 71 (1): 2-21.

Comin, D., Gertler, M., and Santacreu, A. M. Technology Innovation and Diffusion as Sources of Output and Asset Price Fluctuations [R]. Harvard Business School Working, No. 9-134, 2009a.

Comin, D., Loayza, N., Pasha, F., and Serven, L. Medium Term Business Cycles in Developing Countries [R]. Harvard Business School Working, No. 10-029, 2009.

Comin, D. On the Integration of Growth and Business Cycles [J]. *Empirica*, 2009b, 36 (2): 165-176.

Easterly, W., Islam, R., and Stiglitz, J. Shaken and Stirred: Explaining Growth Volatility [C]. Annual World Bank Conference on Development Economics, 2001.

Evans, M., Hnatkovska, V. Financial Integration, Macroeconomic Volatility, and Welfare [J]. *Journal of the European Economic Association*, 2007, (5): 500-508.

Griliches, Z. R&D and the Productivity Slow down [J]. *American Economic Review*, 1980, 70 (2): 343-348.

Hodrick, R., and Prescott, E. C. Post-war U. S. Business Cycles: An Empirical Investigation [J]. *Journal of Money, Credit and Banking*, 1997, 29 (1): 1-16.

Jansen, W. J., Stockman, A. C. Foreign Direct Investment and International Business Cycle Comovement [R]. European Central Bank Working Paper Series No. 401, 2004.

Lichtenberg, F., and Pottelsberghe, B. P. International R&D Spillovers: A Comment [J]. *European Economic Review*, 1998, 42 (8): 1843-1891.

Schultz, T. W. Investment in Human Capital [J]. *American Economic Review*, 1961, 51 (1): 1-17.

Taylor, J. B., Woodford, M. *Handbook of Microeconomics* [M]. Elsevier Science Publishers, 1999: 97-101.

第十三章　计量经济学建模误区和模型的局限性

第一节　计量经济模型常见误区

随着我国经济学研究的深化和发展,计量经济模型的应用日益广泛。无论是经济理论研究还是经济现象分析,也无论是经济预测还是政策评价,都离不开计量经济模型。翻阅经济学期刊论文,很多文章使用了计量经济模型进行实证研究。随着计量经济模型的广泛运用,学术界对模型的有效性、模型在经济研究和应用中的地位等问题产生了激烈的争论。

毫无疑问,这些争论不仅有利于我们进一步认识计量经济模型的优势与不足,有利于保证经济研究的正确发展方向,而且也有利于计量经济模型自身的完善与发展。

然而,我们在对计量经济模型进行评价时,往往易曲解模型的真实面目,把一些本来不属于计量经济模型所固有的缺陷强加于之,从而使人们对模型性质和地位的认识陷入误区。因此,有必要全面、客观地去认识计量经济模型,以避免走入误区。只有全面、客观地认识计量经济模型才能有利于经济学研究的健康发展,这对于促进计量经济学和经济理论研究的健康发展有十分重要的意义。

一　片面看待计量模型的假设条件

使用计量经济模型进行参数估计需要一些假定条件,包括模型的假定、解释变量的假定和随机干扰项的假定等。不同的估计方法假定是不同的。如果这些假设条件不成立,则相应的估计方法就不能使用。有些学者对计量经济模型的批评集中在模型的假设条件上,他们认为这些假设在现实中很难完全成立,那么模型似乎就是一种凭空的想象,不会有太大的经济意义。其实,这种看法是十分片面的。

第一,模型都是有假设条件的,假设条件并非计量经济模型所特有。为了建立完整的理论体系,任何学科既要反映现实,又要对现实进行一定的抽象。要对现实进行抽象，就不可能反映现实中的每一个细节，只能重点考察与我们要建立的理论相关的主要内容。假设条件可以说是在任何理论体系中都是不可避免的。理论是人的抽象思维之结果，尽管人的思维具有很强的创造性，但其认识客观世界的能力绝不是无限的。

第二，假设前提并不妨碍模型的进一步完善。任何一个优秀的计量经济模型都不是有了数据就可立即估计出来的，而是经过了反复的估计—检验—修正—再检验—再修正的过程而日臻完善的。建模工作开始的时候，为了不受到过多因素的干扰，一般要先设立若干条假定。首先，在这些假定的前提下把模型建立起来，通过对有关指标的分析，发现模型存在的缺陷。然后，根据所发现的问题，对模型进行修正和完善，最终建立一个合适的模型。计量经济学理论中提出了许多修正的方法。例如，在发现多重共线性时可以增加样本容量，或者对原模型进行差分变换。没有任何一个模型可以被称为绝对的完善，我们可以在放宽基本假定的基础上不断完善模型。

第三，假设前提的设定并不是完全随意的。假设前提具有一定的主观性，但不是随心所欲地设定。建立假设条件，首先要考虑与实际情况尽可能地相符，是否做到了这一点一般要有先验的理论依据；其次有时某些设定没有直接的理论依据，假设条件是对现实的简化，但这种简化也不是随心所欲的。进行简化时，需要根据经验区分主要因素和次要因素，还要尽可能地保证所做的简化不至于明显降低模型的质量。简化是按照低成本、高效益的原则来进行的。因此，在认识计量经济模型时，我们既应当看到它是建立在一定假设条件的基础上，在应用中具有一定的局限性，同时又应当注意不要走向另一极端，以假设与现实不完全相符为理由而对模型过度地挑剔。

二 把计量经济模型等同于经济学的西方化

计量经济模型来源于西方，它是西方经济学中常用的工具。有些学者认为，如果过分强调其重要性就会与中国国情相悖，把我国经济学研究引上"西方化"的道路。

历史和逻辑的分析方法常常用于制度关系的分析，而实证分析方法则常用于行为关系的分析。在研究中，应当根据研究对象的不同而做不同的选择。我国现阶段的经济理论与实践中既包括各种制度关系，如政企关系、产权关系等，也包括诸多的行为关系，如居民的收入与消费支出的关系、利率与货币供应量的关系。对于行为关系，除了进行定性分析，还需要运用各种计量经济模型进行定量分析。因此，使用计量经济模型，绝不是经济学的"西方化"，而是我国经济理论研究以及经济建设实践的客观需要。如果仅仅因《资本论》中没有使用过计量经济模型，就把计量经济模型与马克思主义政治经济学对立起来，则严重违背了马克思主义实事求是的科学精神。

三　过分注重计量经济分析方法，把计量经济学等同于经济学的数学化

计量经济学是经济学、统计学和数学三者的结合。随着计量经济模型的广泛使用，有人将其称为经济学的"数学化"或"数字化"，并进行了激烈的抨击。有人提出，经济学是一门社会科学，反映的是人与人之间的社会关系，不同于自然界中的各种关系，计量分析方法不应该成为主要的研究方法。还有人认为，如果计量经济模型使用过多，丰富多彩的经济学就会被冷冰冰的公式和数字所取代，从而丧失经济学对社会的人文关怀。

就学科大类而言，计量经济学虽然广泛运用了数理统计、随机过程等数学知识，但仍然属于经济学这一学科范畴。计量经济模型旨在通过实证分析，对经济现象做出更精确的描述，并用模型去验证或反驳某种经济观点。模型是服从于经济研究和经济分析这个根本目的的。而公式和数字只是工具，是服务于经济研究和经济分析这个根本目的的。

只要研究者把握经济学的根本宗旨，不偏离研究的基本目的，计量经济模型的使用就不会改变经济学的基本性质而使之"数学化"或"数字化"。相反，模型的使用可以提高经济学研究的科学性和客观性，有利于为我国经济建设和经济发展提供切实可行的指导性建议，促进经济福利的增加，这正是计量经济模型对社会最大的人文关怀。

四　无法区分主要因素和次要因素

计量经济模型只是对经济现实的一个模拟，不可能把所有的因素都考虑进去，只能包括主要因素。这引起了一些人对计量经济模型的指责：怎么区分主要因素和次要因素呢？

在建立计量经济模型时，主要因素和次要因素的区分的确带有很强的经验性，但绝对不是随心所欲地进行选择的。这是因为：解释变量的选择要以一定的经济理论为先验依据；拟合优度检验和显著性检验可以把主要因素筛选出来；模型的设定偏误检验也可以检验相关变量的遗漏和无关变量的误选；格兰杰因果关系检验使解释变量的筛选更具科学性。

采用多种方法筛选出主要因素，使得建立的模型更加合理。

五　只能量化影响，无法反映质的因素

计量经济模型是对经济现象的定量分析，它利用样本数据，建立起回归方程，用以描述经济变量之间的数量关系。因此，有些学者认为，计量经济模型只反映

了变量之间的数量关系，无法反映质的影响。其实，这种看法也是片面的。

第一，事物的质和量本来就是密不可分的。质是一种事物区别于另一种事物的内在规定性，而量是表示事物存在和发展的规模、程度、速度等的数量的规定性。事物的质和量都是客观存在的。质是量的基础，并对量起制约作用；量是质的必要条件，任何事物都有其数量界限，即量对质起制约的作用。计量经济模型以方程的形式描述经济变量之间的数量关系，不仅有利于从定量的角度认识经济问题，还有利于通过数量关系更具体、更深入地认识经济现象的本质。

第二，定性因素在计量经济模型中受到越来越多的重视。如何将定性因素引入模型中来？这方面最有创造性的是虚拟变量模型的产生。虚拟变量不仅可以作为解释变量，也可以作为被解释变量，这为计量经济模型在定性与定量因素的结合上提供了广阔的发展空间。

第三，许多经济问题在本质上就是一种数量关系。作为事物的内在规定性，质在不同的事物中可以有不同的表现形式。有时它表现为一种定性的关系，有时也可以表现为数量关系。

第二节 计量经济模型的局限性

一 经济结构表述的局限

结构分析是计量经济模型的主要应用方向。传统的计量经济学一般是在逻辑实证主义的基础上发展起来的，并将经济理论定义成先验的事实，计量经济模型的主要功能就是为先验理论模型中存在的结构参数进行估值。现代计量经济学中存在的结构表述功能将侧重点放在计量经济学的结构观上，并对计量经济模型中经济结构表述存在的局限进行分析。在计量经济学环境下，结构经验主义提出科学描述的仅仅是结构领域的内容。结构表述功能是对经济机制进行描述的不变特征集，而这种不变特征集通常是由参数决定的。经验模型中，结构表述要求在样本信息时期延展、特征集扩大、新信息源增加以及政策体系变更的情况下，采取措施保持结构参数稳定不变。因此，结构理念需要借助稳定性与不变性来对其进行有效的理解，从而导致计量经济模型经济结构表述存在比较明显的局限。

二 理论检验的局限

计量经济学一般是借助基础理论来实现建模，然后对建立的模型进行检验从而实现对相关理论的检验，在此过程中检验理论的关键步骤是模型的设定。为了确保检验结果的准确性，一般需要添加一些假设到模型中去，以便其能够更好地应用到特定的数学方程和经济事件中去。计量经济模型一般由两部分组成，即理论本身和为解释理论设定的假设条件。计量经济模型一般属于两个系列假设的结合体，经济研究的过程一般是假定这两部分假设为真，然后通过对现实数据的分析来获得第二个假设方程的系数，从而说明计量经济模型中理论检验存在一定的局限性。

三 预测的局限

计量经济模型应用之一就是经济预测，主要是短期预测，预测也是判定模型的主要标准之一。随着计量经济模型的发展，预测也存在一些成功的案例。但是随着我国经济复杂性的发展，计量经济学变量预测的准确性遭到质疑，从而导致其模型预测存在一定的局限性。

综上所述，计量经济模型在经济理论研究中虽然存在一定的局限性，但把模型拒之门外，并全盘否定绝不是一种科学的态度。

主要参考文献

〔美〕A. H. 施图德蒙. 应用计量经济学（原书第7版）[M]. 杜江，李恒译，机械工业出版社，2017.

包群，邵敏. 外商投资与东道国工资差异：基于我国工业行业的经验研究 [J]. 管理世界，2008，（5）：46－54.

陈昭，刘巍，欧阳秋珍. 计量经济学软件 EViews 9.0 简明操作教程 [M]. 中国人民大学出版社，2017.

樊英，李明贤. 洞庭湖区现代农业科技服务组织创新研究 [J]. 武陵学刊，2012，（2）：41－46.

〔美〕古扎拉蒂，波特. 计量经济学基础（上下）（第五版）[M]. 费剑平译，中国人民大学出版社，2011.

韩民春，徐姗. 中国获得国际技术外溢的渠道 [J]. 国际贸易问题，2009，（4）：93－99.

〔美〕杰弗里·M. 伍德里奇. 计量经济学导论：现代观点（第五版）[M]. 张成思等译，中国人民大学出版社，2015.

李长风. 计量经济学（第二版）[M]. 格致出版社，上海人民出版社，2010.

李平，崔喜军，刘建. 中国自主创新中研发资本投入产出绩效分析——兼论人力资本和知识产权保护的影响 [J]. 中国社会科学，2007，（2）：34－38.

李平，钱利. 进口贸易与外国直接投资的技术溢出效应——对中国各地区技术进步的实证研究 [J]. 财贸研究，2005，（6）：40－50.

李子奈，潘文卿. 计量经济学（第四版）[M]. 高等教育出版社，2015.

刘海云，唐玲. 国际外包的生产率效应及行业差异——基于中国工业行业的经验研究 [J]. 中国工业经济，2009，（8）：78－87.

刘志彪，张杰. 全球代工体系下发展中国家俘获型网络的形成、突破与对策——基于 GVC 与 NVC 的比较视角 [J]. 中国工业经济，2007，（5）：39－47.

欧阳秋珍，陈昭，张建武，肖小勇．国际技术溢出与中国"一带一路"高技术产业技术进步 [M]．科学出版社，2018．

欧阳秋珍，邓丹．新型应用型本科院校案例教学法在计量经济学教学中的应用研究 [J]．教书育人（高教论坛），2017，(8)：108－109．

欧阳秋珍，邓丹．新型应用型本科院校经济仿真实验的发展之路——以湖南文理学院为例 [J]．教书育人（高教论坛），2017，(1)：32－33．

潘文卿，李子奈．计量经济学学习指南与练习（第四版）[M]．高等教育出版社，2015．

庞皓．计量经济学（第三版）[M]．经济科学出版社，2014．

张晓峒．计量经济学基础（第四版）[M]．南开大学出版社，2014．

朱平芳，徐伟民．政府的科技激励政策对大中型工业企业 R&D 投入及其专利产出的影响 [J]．经济研究，2003，(6)：45－53．

Furman, J. L., Porter, M., Stern, S. The Determinants of National Innovative Capacity [J]. *Research Policy*, 2002, (31): 899－933.

Goldsmith, R. W. A Perpetual Inventory of National Wealth, NBER Studies in Income and Wealth [Z]. National Bureau of Economic Research, 1951, (14): 5－61.

Griliches, Z. R&D and the Productivity Slow down [J]. *American Economic Review*, 1980, 70 (2): 343－348.

Hanson, G. H., & Harrison, A. Trade Liberalization and Wage Inequality in Mexico [J]. *Industrial and Labor Relations Review*, 1999, 52 (2): 271－288.

Hummels, D., Ishii, J., Yi, K. M. The Nature and Growth of Vertical Specialization in World Trade [J]. *Journal of International Economics*, 2001, 54 (1): 75－96.

Jones, C. I. R&D Based Models of Economic Growth [J]. *Journal of Political Economy*, 1995, (103): 739－784.

Katz, L. F. Changes in the Wage Structure and Earnings Inequality [Z]. In Orley Ashenfelter and David Card, eds., *Handbook of Labor Economics*, 1999 (3).

Lichtenberg, F., and Pottelsberghe, B. P. International R&D Spillovers: A Comment [J]. *European Economic Review*, 1998, 42 (8): 1843－1891.

Morris, M., and Western, B. Inequality in Earnings at the Close of the Twentieth Century [J]. *Annual Review of Sociology*, 1999, 25 (1): 623－657.

Murphy, K. M., Riddell, W. C., & Romer, P. M. Wages, Skills, and Technology in the United States and Canada [Z]. National Bureau of Economic Research, 1998.

Newey, W. K., and Powell, J. L. Asymmetric Least Squares Estimation and Testing [J]. *Econometrica*, 1987, 55: 819－847.

Pissarides, C. A. Learning by Trading and Returns to Human Capital in Developing Countries [J]. *World Bank Economic Review*, 1997, 11 (1): 17 – 32.

Romer, P. Endogenous Technological Change [J]. *Journal of Political Economy*, 1990, (98): 71 – 102.

后 记

自从我参与的第一本计量经济学软件 EViews 使用说明书《计量经济学软件 EViews 9.0 简明操作教程》出版以来，深得各位朋友的厚爱。非常感谢读者指出了书中的不足和错误之处，同时也提出了很好的建议，也为我写作本书提供了方向。对此，我非常感谢。正是在大家的支持下，我们有了继续做下去的动力，我们心怀感恩，继续努力。

我是在恩师陈昭教授的点拨下开启本书的写作之旅的。我写作和发表的每篇论文以及著作都凝结着恩师的思想和学术观点。他勤奋的工作态度、严谨的学术作风以及博学的知识内涵对我影响很大。感谢他不厌其烦的指导和提出的宝贵意见。感谢湖南文理学院经济与管理学院肖小勇院长对本书内容提出的很多宝贵的建议。

在本书写作期间，湖南文理学院经济与管理学院姚顺东博士、祁飞博士、毛琳凌老师与罗杰思老师等都给了我们很多的关心与支持。正是有了你们的支持和鼓励，我们才有动力完成本书。值本书出版之际，我们一一致以诚挚的谢意。

感谢湖南文理学院良好的教学科研环境和氛围，使我能有充裕的时间做一些自己喜欢的方向的研究。

本书所用软件 EViews 10.0 的安装方法说明书与全书所用数据的电子版本读者如有需要，可以发邮件到 ouyangqiuzhen@126.com 索取。

欧阳秋珍

2019 年 3 月 20 日于湖南文理学院校园

图书在版编目（CIP）数据

EViews10.0 的应用与计量分析 / 欧阳秋珍等著. --北京：社会科学文献出版社，2019.9
　ISBN 978 - 7 - 5201 - 5434 - 5

　Ⅰ.①E… Ⅱ.①欧… Ⅲ.①计量经济学 - 应用软件 Ⅳ.①F224.0 - 39

中国版本图书馆 CIP 数据核字（2019）第 184131 号

EViews 10.0 的应用与计量分析

著　　者 /	欧阳秋珍　苏　静　肖小勇　陈　昭
出 版 人 /	谢寿光
组稿编辑 /	陈凤玲
责任编辑 /	田　康
文稿编辑 /	王红平
出　　版 /	社会科学文献出版社·经济与管理分社（010）59367226 地址：北京市北三环中路甲 29 号院华龙大厦　邮编：100029 网址：www.ssap.com.cn
发　　行 /	市场营销中心（010）59367081　59367083
印　　装 /	三河市东方印刷有限公司
规　　格 /	开　本：787mm × 1092mm　1/16 印　张：19.25　字　数：376 千字
版　　次 /	2019 年 9 月第 1 版　2019 年 9 月第 1 次印刷
书　　号 /	ISBN 978 - 7 - 5201 - 5434 - 5
定　　价 /	128.00 元

本书如有印装质量问题，请与读者服务中心（010 - 59367028）联系

版权所有 翻印必究